70년 CNU의 리더스피릿

CNU & Leaderspirit

리더스피릿 Leaderspirit

리더십은 다양한 유형의 공동체가 등장하기 시작한 이래 우리 인류가 가장 주목해 온 보편적 관심사 중 하나이다. 진정한 리더는 단지 조직의 관리 기술뿐만 아니라 공동체 전체의 긍정적인 변화와 발전을 견인할 수 있는 태도와 능력을 갖추어야 한다. 이러한 의미에서 '리더에게 요구되는 정신'(leaderspirit)이란 구성원들이 지금 여기서 가장 필요로 하는 바, 즉 '시대정신'(Zeitgeist)을 정확히 파악하고 이를 새로운 '공유비전'(shared vision)으로 개념화한 후 다시 구성원과 더불어 성취할 수 있는 자세와 역량으로 규정할 수 있다.

4차 산업혁명시대로 대변되는 21세기는 인류의 문명사에서 끊임없이 등장했던 고전적 단어인 리더십을 새로운 정신적·문화적 가치개념으로 해석해야 할 시기이다. 공적 합리성, 개인의 자율성과 평등, 지속적인 자기계발이 공존과 번영의 필수조건인 시대가 도래한 것이다. 21세기 '리더스피릿'은 이러한 시대정신을 선도하고 강화할 수 있는 지도자의 자세 및 역량과 연결된다.

CNU리더스피릿연구소 The Research Institute of Leaderspirit of CNU

CNU리더스피릿연구소는 21세기와 한국사회라는 시공간에 적합한 리더와 리더정신(leaderspirit)의 모습을 탐구하고 전파하고자 2021년에 설립되었다. 동서고금의 인문사회과학 고전에 대한 새로운 해석과 응용을 기반으로 우리 한국사회의 다양한 문제를 리더십과 리더정신 차원에서 해결할 수 있는 토대를 마련하고자 한다. 장기적으로는 사회 각 분야에 적용될 수 있는 리더 육성 로드맵을 제시할 것이다. 관심 있는 분들의 동참을 기대한다.

문의 : youngsik@cnu.ac.kr

이 저서는 2019년 대한민국 교육부와 한국연구재단의 지원을 받아 수행된 연구임 (NRF-2019S1A5C2A03081332)

CNU리더스피릿총서3

70년 CNU의 리더스피릿

CNU리더스피릿연구소
CNU과학기술지식연구소

충남대학교출판문화원

총장 축사

CNU 100년을 향한 역사의 이정표

개교 70주년을 맞이하여 리더스피릿연구소가 기획한 『70년 CNU의 리더스피릿』의 출간을 충남대 구성원 모두의 이름으로 축하드립니다.

리더스피릿연구소가 2021년 설립된 이후 '리더스피릿총서' 1권(『고전의 창으로 본 리더스피릿』)과 2권(『공공성과 리더스피릿』)을 연이어 출간한 데 이어, 이번에 다시 3권을 출간하게 된 것은 괄목할만한 학술적 성과입니다. 특히 3권은 우리 학교를 위해 헌신했던 분들의 삶과 업적을 중심으로 70년 CNU의 역사를 회고하고 음미하는 기회를 제공한다는 점에서 매우 의미 있는 작업이라고 생각합니다.

전쟁의 와중에 설치된 전시연합대학을 모태로 출발한 충남대학교는 1952년 개교 당시 인력도 자원도 예산도 모두 부족한 상황이었습니다. 그러나 70년 세월의 흐름 속에서 이제 충남대는 중부권을 대표하는 거점국립대학교로 우뚝 서 있습니다. 이것은 그동안 숱한 위기와 난관을 극복하며 자신의 위치에서 학교를 위해 헌신해온 분들이 있었기에 가능한 일입니다.

『70년 CNU의 리더스피릿』은 충남대의 건학이념 정립과 캠퍼스 조성을 비롯하여 학교 발전을 위해 헌신한 역대 총장님들, 평생 교육과 연구에 열정을 바친 교수님들과 연구자들, 대한민국 수호와 민주주의 발전을 위해 초개와 같이 목숨을 던진 애국자들, 기부와 봉사를 통해 충남대 사랑을 실천한 행동가들을 발굴하여 이 분들의 숭고한 삶과 정신을 진솔하게 소개하고 있습니다.

일찍이 대전제일위인(大田第一偉人) 단재(丹齋) 신채호(申采浩) 선생은 "역사를 잊은 민족에게 미래는 없다"고 단언한 바 있습니다. 우리 역시 지난 시절 충남대를 거쳐 간 선배들이 보여준 지혜와 노력을 디딤돌 삼아 더 크고 웅대한 꿈을 꿀 수 있다는 사실이 결코 작지 않은 행운임을 기억해야 할 것입니다. '새로운 미래가치를 창출하는 우리나라 최고의 국립대학교'라는 'CNU 100년 목표'를 정립한 시점에서 출판된『70년 CNU의 리더스피릿』이 진정으로 반갑고 소중한 까닭입니다.

이 저술의 기획과 집필에서 출판에 이르기까지 수고를 아끼지 않은 연구소 구성원과 집필진 여러분께 감사와 격려의 말씀을 전합니다. 그리고 충남대 가족 모두의 건강과 행복을 기원합니다. 감사합니다.

사색과 결실의 계절에

총장 이 진 숙

발간사

함께 한 70년, 영원한 CNU

I.

올해는 우리 충남대학교가 개교 70주년을 맞이한 해입니다. 충남대는 한국전쟁이 한창이던 1952년 5월, 당시 행정구역상 대전이 포함된 충청남도 도민들의 일두일미(一斗一米) 운동을 기반으로 해서 도립대학으로 출범하였습니다. 충남대는 개교 당시부터 중부권 최초의 현대식 고등교육기관이라는 자부심과 함께 전란으로 피폐해진 대한민국 교육사업의 재건이라는 역사적 사명을 완수하고자 모든 구성원이 불철주야 매진하였습니다. 그러나 전쟁 중에 개교한 터라, 설립 당시에는 캠퍼스는 고사하고 교사(校舍)도 제대로 갖추지 못한 상황에서 당시 선화동에 있던 도청의 자재 창고 등 대전 시내 곳곳의 낡은 건물을 대학 본부와 강의실로 사용해야만 했습니다. 또한 개교 당시에는 구성원이 교수 12명, 직원 14명, 신입생 250명에 불과했으며, 조직 면에서도 단 2개 단과대학(문리과대학 및 농과대학)과 5개 학과로 출발하였습니다. 그러나 개교 이후 지속된 많은 이들의 헌신에 힘입어, 54년 4월에는 학내 기관 일부가 신축된 문화동 캠퍼스로 이전하는 등 빠른 속도로 대학의 기틀이 잡혀갔습니다.

개교 이래 70년의 세월이 흐른 2022년 현재 충남대는 45만 평 규모의 대덕캠퍼스를 중심으로 950여 명의 교수진과 2만 명을 상회하는 재학생들이 교육과 연구 그리고 사회봉사에 매진하는 중부권 거점국립대학으로 거듭났습니다. 그리고 지금도 구성원들은 21세기의 진정한 주역으로 자리매김하기 위해 다양하고 값진 노력을 배가하고 있습니다. 앞으로 가속화되는 학령인구 감소와 교육 무한경쟁 시대에 대응하며, 중부권 리더 대학의 위상을 공고히 하기 위해 무엇이 최선인지 충남대 가족 모두 지속적으로 고민하고 실천해야 할 것입니다.

II.

기나긴 역사의 흐름 속에는 충남대와 인연을 맺은 후 자신의 직책과 영역에서 묵묵히 최선을 다하였으며, 선공후사와 살신성인의 자세로 학교의 명예를 드높인 분들이 적지 않습니다. 『70년 CNU의 리더스피릿』은 개교 70주년을 맞이한 충남대가 더 큰 미래를 꿈꾸며 새로운 도약을 준비하는 시점에서, 우리의 역사와 발자취를 지난 세월 학교를 위해 헌신했던 분들의 삶과 업적을 중심으로 되새겨보기 위해 기획되었습니다.

셰익스피어는 "지나간 것은 서곡"(What is past is prologue)이라고 말한 바 있습니다. 우리 충남대가 팬데믹과 더불어 가속화된 변화의 물결에 대응하며 4차 산업혁명 시대를 선도하는 미래형 대학으로 거듭나기 위해서는 다양한 노력과 지혜의 결집이 필요할 것입니다. 그리고 그 가운데에는 과연 우리가 개교 이래 어떤 가치를 지향해 왔고 또한 실제로 무엇을 성취했는지 한 번쯤 되돌아보는 과정도 반드시 포함되어야 할 것입니다. 대학을 포함한 인류의 역사는 냉철한 자기반성과 성찰적 태도를 유지할 경우에만 나선형으로 발전할 수 있기 때문입니다.

우리 집필진은 충남대 70년 역사를 '리더십'과 '리더정신'(leaderspirit) 차원에서 새롭게 해석하고 재구성하고자 시도하였습니다. 철학자 헤겔이 강조한 바 있듯이, 역사란 단순히 주어진 것에 대한 실증적인 서술(Historie)이 아니라, 이미 발생한 사건들을 '자유의 확장'이라는 관점에서 새롭게 해석하고 재구성(Geschichte)할 때 비로소 객관적으로 성립하기 때문입니다. 우리의 노력이 충남대가 21세기에 부응하는 새로운 가치지도(value map)를 만드는 과정에서 하나의 초석이 되기를, 또한 더 큰 미래와 새로운 도약을 자극하는 영혼의 촉매제로 작용하기를 희망해 봅니다. 나아가 이 책을 접하는 독자들 모두 이제는 내가 CNU의 리더라는 자긍심으로 충만하기를 기대합니다.

2022년 가을

리더스피릿연구소장 **서영식**

목 차

헌신과 희생

세부 목차

봉사와 기부

연구와 교육

헌신과 희생

개척과 변혁

70년 CNU의

리더스피릿

I

인문학으로 대학을 디자인하다:

운정 성락서의 인문학적 비전의 총장 리더십

이종성

운정 성락서는 누구인가?[1)]

—

운정 성락서(芸庭 成樂緖, 1905-1988)는 교육자요, 행정가이면서 정치가로서 활동했을 뿐만 아니라 연속 3회 성균관장을 역임한 유학자이기도 하다. 특히 그는 1950년대 전반기에 충청남도지사로서 제2대 충남대 총장서리를 맡아 도정 운영과 대학발전의 토대 마련에 큰 업적을 남긴 인물이다. 성락서는 운포(芸圃) 성보영(成普永)의 장남으로 충청남도 공주군 공주읍에서 태어나 향년 84세를 일기로 충남대 의과대학 부속병원에서 별세하였다. 그는 자신의 호를 운정(芸庭)이라고 하였다. 성락서가 자신의 호를 운정이라고 한 것은 부친의 호를 계승한다는 취지가 뚜렷해 보인다. 그의 부친은 창녕성씨 운포공파의 중심인물로서 창녕성문의 새로운 중흥을 꿈꾼 인물인 것으로 파악된다. 운정은 이러한 부친의 기대를 저버리지 않고 운포공파의 핵심 인물로서 20세기 한국현대사에 뚜렷한 족적을 남긴 인물로 기억되고 있다.

경성제대 시절의 운정
(둘째 줄 왼쪽에서 두 번째)

운정은 어려서부터 남달리 총명하였다. 그는 공주공립보통학교를 졸업(1920)하고 경성제일고등보통학교(현 경기고등학교)를 졸업(1925)한 후 경성제대(현 서울대) 문학부를 졸업(1930)하였으며, 이후 중화민국 중화학술원에서 국제적으로 통칭되는 명예철학박사 학위를 취득(1974)하고 또한 충남대에서도 명예철학박사 학위를 취득(1982)하였다.[2)] 그는 경성제대 문학부를 졸업하였지만 구체적인 전공은 문학이 아니라 역사였다. 그는 문학부 안에 편제되어 있던 조선사학과에서 한국의 역사를 전공하였다.

운정은 교육자, 행정가, 정치가, 유학자로서 활발하게 활동한 인물이다. 그는 대학을 졸업한 이후 곧바로 중앙불교전문학교 강사(1930-1932)로 활동하였으며, 이어서 이화여자전문학교 교수(1932-1939)를 거쳐 성균관대 학감(1947)과 국학대학[3] 교무처장(1947)으로 활동하였다. 이후 제3대 충청남도지사(1952-1954)로 활동하던 시기에는 충남대 총장서리(1952-1954)를 겸직하면서 충남대의 발전을 위해 두드러진 활동을 보여주었다.

운정의 이력을 보면 그가 성균관대와 국학대학에서 직무를 수행하기 이전 몇 년 동안 잠시 휴식기가 있었음이 확인된다. 이때는 이화여자전문학교에서 교수로 근무하다가 잠시 대학을 떠났던 시기이다. 그는 이때 서울에서 대전에 내려와 활동하였는데, 이 무렵 그의 대전 생활은 한시적이었다. 이때 그는 중등교육에 관심을 갖고 대전에서 보문중학교를 설립한 후 초대 교장(1945)으로 활동할 만큼 한국교육의 발전을 위해 남다른 역할을 수행하였다.

운정은 보문중학교 초대 교장으로 있다가 몇 년 후에 다시 서울에서 활동을 재개하였다. 그는 이후 충청남도지사의 직임을 맡게 되면서 다시 대전으로 돌아와 생활하게 된다. 충남대와의 인연은 이때부터 맺어지며, 이후 그의 대전 생활은 임종 때까지 지속된다. 그가 충남대에 대한 끊임없는 관심과 애정을 가질 수 있었던 배경에는 공주 출신으로서 가지고 있던 애향심과 대전에 뿌리를 내린 그의 삶의 터전이 한몫하였음을 부정할 수 없다.

운정은 정부봉사 활동으로 제헌 국회의원(1948-1950)과 제3대 충청남도지사의 직임을 훌륭하게 수행하여 대한민국 초창기 헌정사와 행정사에 큰 행적을 남겼다. 또한 65세 이후 임종할 때까지는 유학자로서 유림의 각성과 사회참여 유도를 위해 노력하면서 새로운 시대에 맞는 유학 운동을 펼쳐 나갔다. 이것은 1970년부터 직책을 맡은 성균관장의 직임과도 무관하지 않다. 그는 제11대(1970년 6월 21일)부터 제13대(1976년 7월 24일)까지 총 3대에 걸쳐 6년 동안 성균관장직을 역임하였다.[4)]

이상과 같이 다양한 이력과 남다른 업적을 남긴 운정 성락서이지만 그에 관한 전문 연구 성과는 매우 희소한 상황이다. 이러한 상황에서 최근 이정우가 발표한 연구논문 2편[5)]은 운정사상에 대한 새로운 관심을 촉발시킨다. 그의 연구는 운정의 〈유가유신론〉과 〈윤리선언〉을 중심으로 운정의 사상적 입장을 검토하고, 그의 행정리더십 분야의 공공성 문제에 주목한 데 그 의의가 있다.

그러나 이처럼 제한된 연구의 풍토 속에서 아직까지 운정의 총장 리더십에 대해 주목한 연구 성과는 전무한 상황이다. 이에 이 글은 운정이 충남대 총장서리로 활동하던 당시 상황에 주목하고, 그가 어떤 대학을 만들고자 노력하였는지, 그의 리더스피릿 문제에 대해 검토해 보고자 한다. 이 글에서는 운정의 유고집인 『안엽기』를 주로 참고하면서,[6)] 주변 자료를 최대한 원용하여 논의해 보도록 하겠다. 다만, 운정의 총장 리더십을 확인할 수 있는 당시 자료가 매우 희소한 관계로 운정이 충남대 총장서리로 활동하던 전후 시기의 자료들까지 최대한 활용하여 논의할 것임을 전제한다.

이 글의 주제는 인문학적인 내용을 넘어 교육기관으로서 대학의 역할과 기능을 재고할 수 있는 논의의 토대가 된다는 점에서 유의미함을 갖는다. 특히 한국 학계에서 지역을 중심으로 한 고등교육기관에 대한 논의 자체가 활발하지 못한 현재의 실정을 감안할 때, 이 글은 초창기 한국 대학사 연구에 많은 시사점을 전해줄 수 있을 것이다.

CNU의 기반 정립과 총장서리로서의 업적

—

도시자 및 총장서리 시절(1953)

운정은 충남대의 제2대 총장서리다. 서리란 임명 동의가 되기 전에 직무를 대행하는 것을 말하여, 현직 자리에 앉은, 승인되지 않은 자를 말한다.[7)] 충남대의 제1대 총장서리는 진헌식(陳憲植, 1902-1980)으로 운정 바로 전에 제2대 충청남도지사(1951-1952)를 역임한 인물이다.

그러나 제1대 총장서리를 맡은 진헌식이 충남대와 인연을 맺은 기간은 1952년 5월 25일부터 같은 해 9월 8일까지로 실질적으로 보면 3개월 정도밖에 되지 않는다. 그는 1952년 5월 25일 정부로부터 도립 충남대학교 설립인가를 받아내어 교수 12명, 직원 14명, 신입생 250명을 선발하여 당시로서는 우리나라 유일의 도립 종합대학을 출범시켰는데, 이때 충남대는 문리과대학, 농과대학의 2개 단과대학의 5개 학과로 출발하였다.[8)]

이에 비해 제2대 충남대 총장서리가 된 운정은 2년 동안 실질적인 대학의 기틀을 마련하는 데 큰 역할을 담당한 공로가 있다. 그렇다면 이제 운정이 충남대의 대학 발전사에서 어떠한 역할을 담당하였고 어떻게 대학발전을 위해 노력하였는지, 그 구체적인 내용을 살펴보기로 한다.

나눔과 배움의 실천

운정은 "항상 불우한 이웃을 도울 줄 아는 마음의 자세가 필요하다"고 역설한다.[9)] 어느 시대에나 불우한 이웃이 없을 수는 없지만, 운정의 이 같은 발언은 일제강점기와 해방 전후의 한국사를 돌이켜볼 때 당시 국가적 상황의 빈곤 및 국민의 가난과 무관치 않다는 점에서 매우 주목된다. 가난에 헐벗어 힘들게 살아가고 있는 사람들의 고통을 외면하지 않겠다는 의지가 반영되어 있기 때문이다.

대한민국 정부 출범 이후 한동안 우리나라는 다른 나라로부터 물자 원조를 받아야 할 정도로 국가의 재정이 열악했던 시절이 있었다. 그 당시에는 수많은 사람이 제대로 된 교육을 받고 싶어도 받을 수가 없는 상황에 놓여있었다. 특히 대학 교육을 받을 수 있던 사람은 매우 제한적이라서, 그들은 다른 사람들로부터 선망과 부러움의 대상이었다. 전 세계적으로도 대단히 높은 학력 수준을 보이는 현재 한국의 상황에서 볼 때 격세지감이 아닐 수 없다.

운정은 부유한 가정에서 태어나 남부럽지 않은 생활을 영위하며, 한국을 대표하는 중등학교와 대학교에서 전문적인 교육과정을 이수한 인물이다. 그럼에도 그는 항상 겸손을 미덕으로 삼아 타자를 배려하고 자신이 가진 것을 남에게 나누어주려는 나눔의 정신을 실천하고자 노력하였다.[10)] 운정은 이른바 나눔의 리더십을 실천한 인물인 것이다.

전문 정치행정가로 활동할 시기에 운정은 누구보다 앞장서 국민재산 증식을 위해 노력한 공로가 있다. 이는 가난을 물리쳐서 어려운 사람이 없게 하겠다는 나눔의 의지를 몸소 실천한 것이라 할 수 있다. 그는 6 · 25전쟁으로 인해 폐허가 되어버린 국토를 다시 살리고자 유휴지 개발, 유축농업, 유실수 심기 등과 같은 운동을 적극적으로 전개해 나아갔다.[11] 이는 국민재산증식을 위해 노력한 업적의 하나로 기억되며, 불우한 이웃의 자력갱생을 이루어낸 나눔의 실천 행위에 해당한다고 볼 수 있다.

운정은 일제강점기와 해방 직후 한국 현대사에 있어 몇 안 되는 최고 엘리트 계층의 한 명이었다. 그는 국가의 빈곤이 경제적 가난에만 머무는 것이 아니라 지적인 배움의 측면에까지 영향을 미친다고 파악하였다. 그가 대전에 보문중학교를 설립(1945.12)한 것이라든가, 특히 대학교육에 큰 관심을 갖고 충남대의 기반을 마련하기 위해 불철주야 노력한 것은 모두 배움의 측면에서 지적 가난을 퇴치해보고자 한 국민교육에의 열망 때문이었다.

운정이 가졌던 국민교육에의 열망은 향후 지적 가난에 허덕이던 사람들에게 교육받을 기회를 충분히 제공할 수 있는 순기능으로 작용하였다. 이러한 운정의 국민교육에의 열망은 공자의 교육관을 연상시킨다. 그것은 『논어』「위영공」에서 제시한 '유교무류(有教無類)'로 표상되는 교육관으로서, 다름 아닌 교육이 있는 곳에 차별이 없다는 정신이다. 이러한 공자의 교육관은 배움의 나눔 정신이라고 볼 수 있다.

운정이 보여준 배움의 나눔 정신 역시 공자의 교육관과 무관치 않다. 그는 평생 유학적 지식인으로 살았고, 유교의 정점 인물로 공자를 높였던 사례가 있기 때문이다. 그는 공자와 같은 방식의 인문학적 열망을 통해 사람의 사람다움을 찾는 교육[12]을 이 땅에 실현하고자 하였고, 이를 현실화할 수 있는 구체적인 대상으로 충남대를 선택한 것이다.

지역과 상생하는 대학의 모델 정립

충남대는 6 · 25전쟁 중이던 1952년 5월 도립대학으로 창립되었다.

대학 설립의 계기는 대전지역으로 피난 온 민태식 교수와 한학자 김순동 등이 전시연합대학 설립을 계획하여 발족한 것으로부터 비롯되었다.13)

충남대 개교 1주년 기념
(앞줄 가운데, 1953)

도립 충남대가 탄생하기 이전, "1951년 11월부터 충남지역의 유지들은 충남의 인재 양성을 위한 대학 설립을 추진하였다. 11월 23일 충청남도의 시장·군수·경찰서장 회의에서 충남대설립기성회를 조직하고 다음 해 1월까지 10억 원을 모으기로 하였다. 회장에는 이영진 충남지사, 부회장에 충남도 문교사회국장과 민간인 1명을 위촉하고, 시 · 군에서는 시장과 군수를 각기 기성회의 지부회장으로, 경찰서장은 이사로 위촉하였다."14)

또한 "대전시의 경우는 손영도 시장이 지부 회장을 송진백 · 김용성 등이 이사를 맡았다. 기성회의 모금 운동은 범 도민적으로 전개되었다. 시 · 군별로 주민들에게 학교 설립의 필요성을 홍보하고 기부를 호소했다. 도민들은 돈이 없으면 쌀을 내는 등 십시일반으로 힘을 보탰다. 충남석유조합연합회는 5백만 원을 기탁했으며, 대전고등학교 호국단에서는 20만 원을 냈다. 서산 지역의 김두환 · 유승노 · 최병운 · 윤수권과 당진의 최한영 · 홍사철, 대전의 문갑동 등이 거액을 쾌척했다."15)

그야말로 충남대는 범지역적인 모금 운동과 기부를 통해 탄생한 대학인 것이다. 충남대 설립을 위한 모금 운동은 운정이 도정을 책임지던 시기에도 지속적으로 이루어졌다. 운정이 충남대 총장서리가 되었을 때는 충남대가 출범한 지 겨우 3개월 정도밖에 되지 않은 시기였다. 모든 것이 제자리를 잡지 못하고 있던 당시의 충남대는 대학의 모습을 제대로 갖추지 못한, 말 그대로 이름뿐인 대학에 지나지 않았다. 이러한 시기에 충남대의 운영을 책임지게 된 운정은 충남대의 기틀을 다지고자 동분서주 뛰어다녀야만 했다.

그 결과 운정은 문화동 캠퍼스 지역을 교지로 확보하는 것을 결정하였고, 재단법인 충남대 후원재단을 설립하였으며, 문리과대학과 농과대학 이외에 공과대학을 설치할 수 있었다.[16] 그 과정에 많은 우여곡절이 있었음은 두말할 필요가 없다. 숱한 우여곡절을 이겨내고 운정이 대전 문화동 소재 15만 평 대지에 문리대 2동, 농대 2동, 공대 1동의 건물 공사를 이루어낸 것이 1953년 4월 경의 일이었다.[17]

충남대 발전사에 있어서 운정의 가장 대표적인 업적은 교지 선정이라고 평가된다. 운정 당시의 충남대 교지 선정과 관련된 일련의 과정을 살펴보면 다음과 같다.

> 성락서 총장서리의 도지사 재임 기간 중에 총장서리로서 충남대의 행정 통괄을 함에 있어서 두드러진 업적은 교지 선정이다. 충남대 교지 후보지로서 현재의 충남도 공무원교육원 자리 일대(괴정동)와 공설운동장 자리(부사동) (당시의 교통부 부지), 홍도동, 문화동 등이었는데 교통관계 · 교육적 환경 · 구입상 문제 등이 고려되어 결국 현 문화동캠퍼스를 교지로 확보하도록 결정을 보았다. 군부와 토지교환조건으로 군용지 일부를 본교에서 인수하여 앞 군부와의 사이에 일직선의 도로를 개설하여 반듯한 교지를 확보하기에 이르렀다.[18]

충남대가 출범한 뒤에도 충남대는 변변한 캠퍼스가 없었다. 운정이 충남대 총장서리로 취임할 당시 충남대에는 교사가 없어 대전 시내 대홍국민학교와 문화동의 충남농업기술원, 충남도청 창고 등을 빌려 수업을 하는 등 차마 눈을 뜨고 볼 수 없는 상황이었다. 특히 충남도청 별관 자리는 당시 창고였는데, 창고에 가마니를 깔고 수업을 하는 실정이었다. 이러한 광경을 목도한 운정은 대학을 건립할 부지를 마련하는 일에 노심초사하게 되었다.[19)]

결국 운정의 노력에 힘입어 충남대는 온전한 캠퍼스를 갖추게 되는 문화동 캠퍼스 시대를 개막하게 된다. 충남대 문화동 캠퍼스의 당초 부지는 문화동의 구 대전일보사 자리였다. 그러나 당시 이곳이 황무지나 다를 바가 없었기 때문에 운정은 3관구 사령부의 자리를 문화동 캠퍼스와 환지할 것을 요청하여 역사적인 충남대의 문화동 캠퍼스 시대를 열게 된다.

이때 "문화동과 대사동의 교지 구입과 함께 곧 교사 신축에 들어갔는데, 먼저 53년 10월 6일 농대가 부지 11만 평을 선정하여 그중 우선 8천 평을 매수하여 건평 358평의 실험실 2동(본관 뒤의 건물) 및 부속사를 신축하여 54년 4월 23일 농대가 그곳에 이전하였으며, 다음 문리대는 대사동 637번지에 부지를 장만하여 제2본관 건물을 착공하게 되었다. 1952년 10월 16일 충남대학교 후원재단이 설립되었으며, 공과대학이 증설되어 농대 제2 실험실에서 개강하였다. 농대는 실험농장 운영을 개시하였고, 대학 연습림으로 보문산 178,920평을 대여받았다."[20)]

문화동캠퍼스(1950년대)

운정이 충남대의 교지를 확보해나갈 당시 그는 십시일반으로 도민의 기부를 받을 수밖에 없었다. 농경제 사회를 벗어나지 못하고 있던 당시 상황에서 운정은 농가에 요청하여 가마니 한 장, 고추 한 주먹, 마늘 한 통이라도 기부할 것을 독려하는 갹출 운동을 전개하였고, 당시 초등학생부터 중등학교 학생들에게는 10전, 1원이라도 좋으니 자신의 위치에서 성의껏 기부해 달라고 하는 모금 운동을 펼쳐 나갔다. 운정이 어떻게나 시장 · 군수를 닦달했던지 혹자는 당시의 그를 보고 '충남도지사'가 아닌 '충남대지사'라고 평가할 정도였다고 한다.[21]

충남대의 역사는 그야말로 도민 매 호당 가마니 한 장과 겉보리 한 말 모금 운동으로 시작되어 국채권 발행으로 이어지는 범도민 운동에서 비롯되었다. 운정은 "재단법인으로 충남대학교 후원재단을 설립하고 사무소는 대학의 사무국 내에 두었다. 기본 재산은 설립기성회에서 기부한 국채권과 현금 10억 원이었다. 재단은 설립 후에 사업 목적을 달성하기 위하여 서산시 고북면의 해안 90여 정보에 대한 공유수면 매립 면허를 얻어 염전의 조성에 착공한 바 있으나, 재정 조달이 용이하지 않았을 뿐 아니라 여러 해의 극심한 해랑으로 시공한 시설이 누차 유실되어 사업이 좌초됨에 따라 목적을 달성하지 못하였다"[22]고 한다.

비록 상황이 여의치 않은 탓에 후원재단의 사업이 소기의 목적을 이루지는 못했으나, 운정은 충남도민과 대전시민에게 '우리의 대학'을 손수 만들어보자는 운동을 전개하여 당시 국내 유일의 도립대학을 건설하는 계기를 마련하였다. 충남대는 이처럼 대학 교육에 대한 의지를 가진 훌륭한 리더와 순수한 열정으로 뭉친 지역사회 구성원들의 협력으로 탄생하였다. 지역과 상생하는 대학의 이상적인 모델이 운정에 의하여 탄생한 것이다. 대학은 지역발전의 요람이다. 따라서 학문의 전당을 만들어 놓는 것은, 곧 지역사회 발전의 밑바탕이며 초석이라고 말할 수 있다. 운정은 일찍이 이를 자각하고 지역사회와 함께하는 대학 건설에 온 힘을 바쳐 충남대 역사에 뚜렷한 업적을 남긴 것이다.[23]

인문학적 총장 리더십: 인문학으로 대학을 디자인하다

충남대는 인문학 정신을 토대로 탄생한 대학이다. 이것을 주도한 충남대 초창기의 여러 인물 가운데 운정의 역할은 매우 크다. 운정은 충남대를 인문학으로 디자인하려는 목표와 의지를 가지고 있었고, 그것을 직접 실천에 옮긴 지행합일의 총장 리더십을 보여준 인물이다.

그렇다면 이제 여기에서는 운정이 기획한 얼의 자각과 민족 충대 건설의 꿈, 충남대를 한국학 연구의 본산으로 만들고자 한 대학 특성화 계획 및 역사와 철학, 윤리를 강조한 인문학 중심의 대학 설계를 기획한 운정의 총장 리더십의 문제에 대해 구체적으로 살펴보기로 한다.

얼의 자각과 민족충대 건설의 꿈

운정은 충남대에 민족정신의 생명원이라 할 수 있는 '한국의 얼'을 뿌리내려 국가발전의 토대를 구축하고자 하는 원대한 목표를 가지고 있었다.[24] 운정은 그것이 '나'를 세우고 '우리'를 찾는 일이라고 보았다. 그는 그것이 오랜 기간 자기비하와 숭외관념, 자조와 자학 등에 빠져 있

개교 1주년 기념식에서 연설하는 운정 (1953.5.25)

던 사회적 분위기를 일소함과 동시에 자기의 주체성을 승화시키는 일이라고 인식하였다.[25] 이른바 '얼'의 자각이 주체적 자존 향상의 길임을 천명한 것이다.

운정은 충남대에서 총장서리로 활동할 때만이 아니라 후일 성균관장으로 재직하던 시기에도 끊임없이 '얼 정신'의 회복에 관하여 역설하였다. 그는 '얼 정신'이 "장구한 역사의 축적에 의해 형성된 특성으로서 우리 민족의 혈맥 속에 관류되고 있는 민족혼이며 민족으로서의 위기(爲己)의 정신을 말하는 것이다"[26]라고 보아, 그것을 한민족의 뿌리라고 인식하였다.

운정이 언제부터 '얼 정신'을 강조한 것인지는 확실치 않으나, 위당(爲堂) 정인보(鄭寅普, 1893-1950)와의 학문적 교유 이후 그에 대해 더 많은 관심이 생겨난 것이라 추정된다. 위당은 1930년대에 자신과 뜻을 같이한 사람들과 함께 조선학 운동을 전개하였는데, 이때 그의 사상과 운동에 공감한 사람들은 그의 집을 찾아 사랑채에 버티고서 아예 잠을 자는 사람들도 많았다고 한다.

이이화는 위당이 고생 끝에 내수동에 사저를 마련했는데,[27] 이때 많은 학생들이 위당의 집 사랑채에 버티고서 잠을 자고 밥을 얻어먹었다고 기록하고 있다. 당시 민태식, 성락서 같은 학생들은 아예 위당의 집 사랑채에서 기거했는데, 위당은 이들에게 겨레의 얼을 불어넣고 글을 가르쳤다고 한다.[28]

또한 인터넷 자료로 올라와 있는 월전(月田) 장우성(張遇聖, 1912-2005) 화백의 회고담 가운데도 운정이 위당에게 수시로 가르침을 받았다고 하는 기록이 확인된다. "이 무렵 위당 댁에는 동교 민태식(東喬 閔泰植)씨와 성균관장(成均館長)을 지낸 운정 성낙서(芸庭 成樂緒)씨가 수시로 와서 가르침을 받고 있었다"[29]라고 한 내용이 그것이다.

위당의 딸 정양원(鄭良婉)의 「담원문록 발문」에는 위당이 사랑한 후학으로 홍이섭(洪以燮, 1914-1974), 정지용(鄭芝溶, 1902-1950), 김충현(金忠顯, 1921-2006), 민태식 등과 함께 운정이 거론되고 있다.[30] 이러한 사례들을 볼 때, 운정은 위당의 사상에 깊이 공명하였고, 실제로 그의 영향을 크게 받았음을 확인할 수 있다. 운정이 평생 강조한 '얼' 사상은 위당의 사상에 그 기원을 두고 있다고 볼 수 있는 것이다.

운정은 '얼 정신'이 "조선조 말기에 일제 침략이 노골화될 때부터 애국지사들이 민족의 분발을 촉구하고 민족정신을 고취하기 위하여 반만년의 찬란한 전통문화를 선양하면서 우리를 지켜온 전통적 민족정신 재환기에 심혈을 경주하였다. 최남선 씨의 광문회(光文會) 사업이 그것이며 좀 후에 정인보 씨가 '조선의 얼'을 주장한 것이 정신 면의 단적 표현이다"[31]라고 하여, 위당이 '조선의 얼' 찾기 운동을 제창한 선구자였음을 밝힌다.

운정은 위당이 제창한 '얼' 사상에 깊이 공명하여, 전통적 민족정신의 뿌리인 '얼 정신'을 찾아야 한다고 강조한다. 그는 전문적이며 체계적인 방식으로 '얼 정신'에 관하여 구체적인 논의를 개진하는 데까지 이르지는 못하였다. 그러나 그에 대한 구체적인 논의는 위당의 사상을 소환하여 검토하는 것만으로도 충분하다고 여겼기 때문에 새로운 논의나 구체적인 평가를 덧붙일 필요가 없다고 보았을 것이라 여겨진다.

위당은 인간이 '얼'을 가진 존재라고 했다. 위당은 "사람이라는 존재는 거죽만 가진 존재가 아니다. '얼'을 가진 존재여야만 진정한 의미의 인간이라는 존재인 것이다. 슬기롭고 어리석고 어질고 못나고를 가릴 것이 없구나. 누구나 '얼' 빠진 사람이라는 말이 거죽만 가진 사람을 가리킨다는 데에는 전혀 이견이 없을 것이다"[32], "사람이면서도 '얼'이 없다면 그 사람은 사람이라고 할 수 없으리라"[33]라고 했다. 그리고 그는 마음의 중추가 '얼'이라고 보고,[34] "그 누구도 빼앗아갈 수 없기에 '얼'을 귀중하다고 하는 것이다"[35]라고 했다. 위당은 인간을 존엄한 존재라고 보고, 그 이유가 '얼'을 가지고 있기 때문이라고 본 것이다. 이러한 위당의 '얼' 사상은 다분히 인간 주체성에 근간을 둔 인본주의적 성격을 갖는다.

운정 역시 인간존재의 위대성을 역설하면서,[36] 인간다움의 가치구현을 강조하는 인본주의적 입장을 구체적으로 천명한다. 운정은 '진정한 나'의 완성과 '민족의 얼'의 발양을 중시한다. 그에게서 '얼'은 민족에게만 전유되는 존재가 아니라 '진정한 나'와 함께하는 존재이다. 운정은 특히 위당의 '얼' 사상을 윤리적 실천을 통해 드러내고자 하여 〈윤리선언〉을 제창할 정도였다.[37] 운정은 효(孝) · 경(敬) · 충(忠) · 애(愛) 등의 윤리적 덕목을 실천하는 사람이라야 '진정한 나'의 범주에 편입될 수 있다고 본다. 그는 그 가운데도 특히 효가 근저가 되어야 한다고 볼만큼 효를 강조한다.[38]

뿐만 아니라 위당이 『조선사연구』를 편찬하면서 이를 「오천년간 조선의 얼」이라고 하여 강조한 것처럼[39] 운정 역시 '5천 년 [전통적] 얼 정신'[40]을 민족의 생명원이라고 강조함으로써[41] 민족정신을 발양시키기 위해 노력하였다. 일찍이 위당은 '조선의 얼'과 관련한 기원 문제에 있어서 단군과 단군조선에 관하여 주목한 바 있다. 그는 단군 기사의 사실 부분이 불변적인 의의가 있다고 간주하면서, 일제 식민주의자들이 신화 부분만 발론하고 사실 부분을 의도적으로 무시하였다고 비판한다.[42] 요컨대 위당사학은 일제하 단군 말살의 위기를 맞아 성립된 항일민족사학의 성격을 띤다.[43]

이와 같은 위당의 '얼' 사상의 맥락과 관련된 단군과 단군 조선론은 운정에게서도 확인된다. 운정은 '얼'이 민족과 국가와 역사의 지주라고 보면서, 그 '얼'이 5천 년을 이어왔다고 인식한다. 그리고 신화로만 치부되던 단군론에서 국가가 탄생하는 기원을 확인하고, 단군을 우리 겨레의 시조로 인정한다. 뿐만 아니라 운정은 '환인(桓因)'과 '환웅(桓雄)'이 우리말 '한울'의 한자 번역어라고 보아, 그것이 '조선의 얼'이 담긴 한울의 세계관에 기반을 두고 있음을 강조한다. 그 한울의 세계관이 또한 민족정신의 바탕인 홍익인간의 이념을 낳았다는 것이 운정의 입장이다.[44]

그런데 시간이 흐를수록 민족정신과 밀접한 연관성을 갖는 '얼의 정신'이 침체일로에 빠져드는 현실은 문제가 아닐 수 없었다. 위당은 얼이 빠져나가는 현실을 제자리로 되돌려야 한다고 보고 이렇게 말한 바 있다. '얼'이란 "알기만 쉬운 것이 아니라 누구에게든 다 존재하는 것이기도 하다. 누구에게나 다 존재하는 그런 '얼'을 지니지 못했다면 그것을 본래의 상태대로 되돌리는 일이 급선무일 것이다. 누구나 다 지니지는 못했지만 애초부터 누구에게나 다 존재하는 것이기에 언제든지 원상태로 되돌릴 수 있"는 것이다.[45]

이와 같은 위당의 언명처럼 운정도 '얼'을 되찾는 일을 급선무로 생각하여, '얼의 정신'을 충남대에 뿌리내리려고 하였다. 위당의 '얼의 정신'을 계승한 운정의 역사 이념과 인식은 식민사론에 매몰되지 않도록 하기 위한 민족혼의 유지를 최대 목적으로 부각하는 일에 나름의 성공을 거둔 것으로 평가할 수 있다.[46] 운정이 '민족의 얼'과 '얼의 정신'에 관심을 갖게 된 성장배경이 있다. 하나는 공주지역에서 내로라하는 부자였던 부친이 전 재산을 독립운동 자금으로 쾌척한 사례,[47] 그리고 다른 하나는 어린 시절 한문 선생님으로 모신 이건복(李建福)에게서 배운 독립의식 고취와 관련된 교훈의 사례,[48] 또한 공주보통학교 시절에 국혼을 불러일으키는 이야기를 많이 전달해준 김현구라는 선생님의 교화

사례[49] 등을 들 수 있다.

한편 운정은 이화여자전문학교에서 7년 간의 교수 생활(1932년 4월-1939년 3월)을 하였는데, 당시 일제강점기 치하에서조차 그는 우리말로 우리나라 역사를 가르쳤다. 이러한 운정의 행위는 조선총독부의 요시찰 감시의 대상이 되어 감사에 지적될 수밖에 없었고, 결국 그는 교수직을 사임하는 상황에 놓이게 되었다. 그는 민족자주 정신을 고취하고 한국인의 긍지와 분발을 제창하려는 목적 아래 일본사 시간에도 한국역사를 가르쳤고, 동양사 시간에도 한국역사를 가르쳤다가 이것이 결정적인 문제로 지적됨으로써 이화여자전문학교를 떠나는 계기가 되고 말았다.[50]

운정의 일생은 평생 '민족의 얼'과 '얼의 정신'을 되찾아 주체적이고 자주적인 자세로 살아야 한다는 사명감의 실천으로 일관된 것이었다. 운정은 자신의 사명감과 실천 의지를 충남대의 건설에 깊이 삼투시켰다. 그가 충남대를 '민족의 얼'이 깃든, '홍익인간'을 구현할 교육의 터전으로 만들고 싶었던 바람도 평소 자신이 견지하고 있던 지론을 실천하는 것과 다르지 않았다. 그래서 그는 자신의 바람이 현실화될 수만 있다면 머잖은 시기에 "민족정신을 찾으려거든 충대로 가라"는 말이 나오게 될 것임에 틀림없을 것이라고 확신한 것이다.[51] '민족충대'를 만들어보겠다는 운정의 꿈은 이렇게 탄생한 것이다.

대학 특성화 계획: CNU를 한국학 연구의 본산으로

운정은 충남대 총장서리로 취임하면서 "본 대학교는 종합대학으로서 우리나라에서도 가장 이상적인 문화 기술 방면에 치중하여 타 대학에서는 보지 못할 만한 문화전당을 건설하고자 하오니 훌륭한 교풍을 세워서 한국에서 유일한 대학교를 만들도록 노력"[52]해줄 것을 대학 구성원들에게 요청하였다. 운정은 다른 대학과 차별화되는 충남대만의 독자적인 전통을 세우는 것이 중요하다고 보았고, 이를 위해 훌륭한 교풍을 정립할 필요성이 있음을 역설한 것이다.

운정은 충남대를 한국에서 최고가는 한국학 연구의 본산으로 만들고자 하는 목표를 가지고 있었다. 이와 관련하여 운정은 〈충남대학 관계 제반에 관한 담화문〉을 발표하면서 이렇게 말하였다.

> 대학에 건물이 완공되었으니, 충대 특색을 만들고자 하여, 충대도서관에 우리나라에서 출판된 한문 서적은 모두 수집하고자 했습니다. 충남에는 학자들이 많아서 서적이 많이 있을 테니 그것을 수집해서 우리나라 역사, 문화, 철학에 관한 서적하면 충남대학이다 하는 소리가 나게 하자는 것입니다. 즉 한국학 연구의 본산으로 만들자 하는 것이지요. 충남대학 특색을 한국학에 역점을 두어 한국학에 대한 책을 많이 수집했습니다.[53]

운정은 문사철로 집약되는 인문학 연구를 강화함과 동시에 그중에서도 한국학 연구에 주력할 것임을 분명히 한 것이다. 그리고 이를 위해서 충남대 도서관의 기능과 역할에 주목하고, 한국의 역사, 문화, 철학 등 한국학 연구와 관련된 다양한 서적을 폭넓게 수집하여 비치할 것을 계획하였다. 그 결과 한국학 연구와 관련된 서적을 보려면 충남대에 가보아야 한다는 평가가 언제 어디서든 자연스럽게 나올 수 있게 하는 것이 그의 바람이었다.

운정은 자신이 계획한 한국학 연구의 본산으로서의 충남대 건설을 위해 다방면으로 노력하였고, 또한 어느 정도 소기의 목표에 도달하는 성과를 보였다. 그는 "도서 수집에 전력을 집중한 결과 각 방면의 문헌과 각종 도서 1만 5천여 권을 확보하게 되었다"[54]고 밝힌 바 있다. 운정은 도서 수집에 전력을 기울여 짧은 시간에 적지 않은 도서를 충남대 도서관이 소장할 수 있는 기틀을 마련한 것이다.

도서 수집은 도서관이 자료를 선택하고 수서하는 측면 및 각종 자료를 이용자에게 제공하여 도서관과 이용자 상호 간에 인터페이스(interface)가 이루어지게 하는 내재적 기능이다.[55] 운정은 이와 같은 도서관의 내재적 기능들이 원활하게 이루어질 수 있도록 함과 동시에 충남대 도서관의 체계를 갖추고자 노력한 것이다.

충남대 부속도서관(1961-1967)

운정이 이처럼 도서관의 기능과 역할에 주목한 것은 그가 경성제대에 재학하던 시절에 보았을 법한 그곳 도서관에 비치되어 있던 한국학 관련 연구 서적들이 큰 자극제가 되었으리라 추정된다. 그는 경성제국대학 도서관을 타산지석으로 삼아 이를 충남대에 이식하고자 한 측면이 있었을 것이라 짐작된다. 특히 해방 이후 6 · 25전란 중이던 충남대 건립 초창기에 북한에서는 경성대학 도서관의 도서들을 김일성종합대학으로 옮겨가려던 정황이 있었는데, 운정에게 이러한 상황은 예사로운 사건이 아닐 수 없었다. 그가 자료 보존의 중요성을 더 크게 인식한 이유가 있었던 것이다.

더욱이 운정이 사상적으로 크게 영향을 받은 위당이 1930년대에 주도적으로 펼쳐 보인 조선학 운동의 영향력 또한 간과할 수 없다. 운정은 위당이 중심이 되어 "일제의 식민 사관과 식민 지배 이데올로기에 대항하여, 서구 문명을 맹목적으로 수용하는 경향과 민족을 경시하는 일부 공산주의 사상 경향을 비판하면서 한국 역사와 문화의 독자성과 주체성을 탐구하고 근대 민족 국가 수립의 가능성을 실학에서 찾으려고 했던"[56] 조선학 운동에 공명하였다. 그는 일본으로 반출되던 한국학 자료들을 안타깝게 바라보던 차에 '민족의 얼'을 더 이상 상실하지 않고 되찾을 수 있는 방편의 하나로써 한국학 연구 자료들을 최대한 수집하여 도서관에 보존하는 방법을 도모한 것이다.[57] 그의 이러한 노력이 초창기 충남대 도서관의 성격을 결정지었다고 보아도 과언이 아니다.

한편 도서관은 몇 가지 내재적 기능 이외에도 사회적 기능으로서 보존적 기능, 문화적 기능, 교육적 기능, 여가 선용적 기능, 정보 제공의 기능 및 연구적 기능을 갖추고 있어야만 한다.[58] 특히 대학 도서관은 다른 지역 도서관이나 특수한 목적으로 설립된 도서관들과는 달리 연구적 기능과 밀접한 연관성을 갖는다. 운정은 충남대 도서관이 충남대 구성원과 관련 학계 연구자들을 위한 연구의 산실이 되기를 바랐다.

운정은 또한 충남대 도서관이 그 기능과 역할에 충실하기 위해서는 보존된 자료들이 적극적으로 활용되어 학문 발전에 일익을 담당해야 한다고 보았다. 그래서 그는 도서관에 수집된 다양한 자료들을 학문적으로 활용하는 각종 연구회의 조직을 활성화해야 한다고 인식하였다. 앞서 본 것처럼 충남대 도서관의 내재적이며 사회적인 기능에 주목했던 그는 이렇게 말하기도 한다. "일방 작년부터 사학연구회가 조직되어 백제 문화에 관하여 연구 중이며 계속하여 국문학, 철학 연구회도 조직되어 사계 연구에 크게 공헌하고 있다."[59]

요컨대 충남대 건립 초창기에 문사철 연구자들이 각자 자신의 분야에서 전공에 맞는 학술연구회를 조직하여 활발하게 활동하고 있음을 고무적으로 평가한 것이다. 그 저변에는 충남대 도서관의 귀중한 학술 가치를 지닌 소장자료가 전문 학자들에 의하여 가치 있게 활용되고 있다는, 소장자료와 이용자 사이의 인터페이스에 대한 신뢰감이 내재되어 있다는 점을 부정할 수 없다.

여기서 한 가지 주목할 점은 운정이 대학 캠퍼스의 상징을 도서관으로 인식하였다는 사실이다. 도서관은 연구자들에게 보존 자료를 제공할 뿐만 아니라 학생들의 독서와 학습을 위한 문화공간으로서의 자기 역할을 담당한다는 점에서 매우 중요한 장소성을 갖는다. 운정은 이 점을 정확하게 인식하고 있었던 것이다. 그러나 제대로 된 교육시설조차 갖추지 못한 충남대 초창기에 충남대 도서관 역시 도서관다운 면모를 찾기가 어려웠던 것이 사실이다. 충남대 도서관은 1953년 문리과대학에서 발족할 당시 창고에서 출발할 정도로 그 사정이 매우 좋지 않았다.[60)]

이때 운정의 '죽마고우'면서 당시 문리과대학 학장으로 재직하던 동교 민태식[61)]은 초창기의 열악한 조건과 당시 전쟁상황 중임에도 이를 극복하고 각종 한국학 관련 자료를 중심으로 한 많은 자료를 수집하는 데 온 힘을 기울이고 있었다. 이때 수집된 자료들은 대부분 한적본(漢籍本)이었는데, 지금에 와서는 국학 연구에 큰 도움을 주고 있는 자료들이다.[62)] 당시 논산 김용훈씨의 한적본 5백여 권과 공주 이세찬씨의 한적본 5백여 권, 대천 안모씨의 한적본 5백여 권, 옥천 송재덕씨의 한적본 1천여 권, 서울 김사용씨의 외국 서적 2백여 권과 경성대학교 교수였던 일본인 모씨의 동양철학 서적 2백여 권, 그리고 사학자 황의돈씨로부터 다수의 책을 기증받았다. 또한 교수 및 학생들의 학문연구와 학습을 지원하고 충청남도의 문화창달을 위하여 도민의 성금으로 도서 5백 권을 구입하였다.[63)]

또한 이 당시 충남대 도서관이 설립된 것을 기뻐한 도민들은 성금을 모아 도서를 구입하도록 하는 한편 귀중한 한적본을 기증하기도 하였다.[64)] 당시 총장서리인 운정과 학장이던 동교가 한마음 한뜻으로 힘을 모아 충남대 도서관의 내실을 다져나가고자 한 노력의 면모가 확인된다. 이러한 노력이 기반이 되어 문리과대학 도서관은 장암(藏菴) 지헌영(池憲英, 1911-1981) 교수를 초대 관장으로 선임하여 충남대 부속도서관을 정식 출범시키게 되는데, 이때가 1957년이다.[65] 이때 비로소 학문의 전당 역할이 가능해짐에 따라 교수 · 학생들의 학문연구와 학습활동을 지원함은 물론 지역주민에게도 자료를 개방함으로써 대학 도서관의 사명을 다하게 되었다.[66]

충남대 도서관에 대한 운정의 이념은 향후 충남대가 문화동에서 대덕연구단지 내로 캠퍼스를 이전하는 과정 중에도 많은 영향을 미친다. 충남대 도서관은 1979년 12월 21일 신축건물을 착공한 이후 1982년 5월 25일 마침내 중부권에서 가장 큰 규모이면서 최고의 초현대식 건물을 갖는 도서관을 개관하게 된다.[67] 그런데 충남대 도서관은 대학 캠퍼스의 가장 중심이면서도 가장 전망이 좋은 곳에 자리잡고 있다. 충남대는 대학 캠퍼스 중심부에 총장실을 포함한 대학 본부를 설립하지 않고 중앙도서관을 건립한 것이다.

이러한 사례는 국내외적으로 매우 큰 희소성이 있다. 그리고 그 희소성이야말로 충남대의 큰 상징이자 자랑으로 전해진다. 이러한 대학 도서관에 대한 가치 부여는 초창기 대학 설립을 주도한 운정과 그와 뜻을 같이한 동교 같은 인물들로부터 연유한 것임을 부정할 수 없다. 운정은 일찌감치 충남대 도서관이 충남대의 중심 건물이자 상징적인 건물이 될 수 있도록 하는 이념의 토대를 제공했다. 운정은 그야말로 학생과 연구자 중심의 도서관 건립을 실행한 선도적인 총장 리더십을 발휘한 것이다.

운정의 총장 리더십 정신은 대덕연구단지 캠퍼스로 이전한 충남대의 중앙도서관 위치 선정에도 크게 반영되었다고 보아야 한다. 그는 대전과 충청남도는 고래로 학자와 애국지사를 많이 배출한 고장이기 때문에 그 전통을 살려 한국학 연구의 전당을 만들어야 한다고 보았고,[68] 충남대 도서관이 그 일에 중추적인 역할을 담당해야 한다고 인식하였다. 운정은 한국학 연구를 중심으로 하여 서울대학교에 버금가는 충남대를 건설하고자 한 학교발전의 뚜렷한 총장 리더십[69]을 지녔던 인물이다.

인문학 중심의 대학 설계: 역사와 철학, 그리고 윤리의 강조

앞서 살펴본 것처럼 운정은 충남대를 한국학 연구의 산실로 만들고자 했다. 그는 무엇보다 한국의 문학, 역사, 철학 등 인문학의 심층 연구에 진력할 수 있는 분위기를 조성하는 것이 급선무라고 생각했다. 운정이 충남대 총장서리를 맡았을 당시 문리과대학에서 인문학을 담당한 교수진은 학장서리인 민태식(閔泰植, 동양철학)을 비롯하여 손낙범(孫洛範, 국어국문학), 노도양(盧道陽, 문화사), 김창균(金昌鈞, 동양사), 김순동(金舜東, 한문학), 지헌영(池憲英, 국문학사) 등으로 구성되었다.[70] 이들은 당대 한국을 대표하는 저명한 인문학자들로서, 문학과 역사, 철학을 전공한 인물들이다.

운정의 유고집 『안엽기』를 통해 볼 때, 운정에게서는 문 · 사 · 철로 요약되는 인문학 가운데 국문학에 관련된 논의가 거의 발견되지 않는다. 이렇게 국문학 분야에 대한 논의 자체가 운정에게서 절제되고 있음은 그 분야의 전문 학자를 존중하여 모든 책무를 그들에게 위임하고자 한 취지가 있었기 때문이라고 여겨진다. 운정이 대학에서 역사를 전공하고, 명예철학박사 학위를 받은 상황을 고려할 경우, 그는 역사와 철학 분야의 전문성을 가진 인물이었다고 평가된다.

성균관 가을 행사(석전제)
(앞줄 중앙, 1974.9.23)

운정은 대학에서 전공으로 배운 역사학과는 별개로 동양철학에 대한 조예도 매우 깊었다. 그와 죽마고우였던 동교의 전공이 동양철학이라는 점을 감안할 때, 두 사람 사이의 인간적 우정이 학문적 우정으로까지 승화되어 이들은 역사와 철학을 겸하여 연구하는 데까지 이르지 않았나 생각된다. 또한 운정은 충남대 총장서리가 되기 전에 이미 다른 대학의 강사와 대학교수로 재직한 이력이 있는데, 중앙불교전문학교에서는 인도철학을 강의하였고, 이화여자전문학교에서는 한국사와 함께 동양철학 분야의 대표학문인 유학을 강의하였다. 운정이 문·사·철의 인문학 영역 가운데 역사와 철학에 매우 해박할 수밖에 없고, 그에 대한 관심과 애정이 깊을 수밖에 없는 연유가 있었던 것이다.

운정은 대학에서 역사와 철학이 없어서는 안 된다는 생각을 지니고 있었다. 이러한 생각은 충남대의 초창기 건립이념으로 적용되어 당시의 충남대가 비록 외형적으로는 제대로 된 건물 하나 온전하게 갖추지 못했을지라도 인문학의 내실을 공고히 할 수 있는 실력 있는 교수진을 확보함으로써 이들을 중심으로 한 교육과 연구의 토대만큼은 튼실하게 갖추었다는 평가를 가능케 하는 원동력으로 작용했다.

역사의식의 강조

운정은 전문 역사학자답게 충남대의 학생들에게 현실에 대한 정확한 역사인식을 통한 역사의식(Historical consciousness)[71]의 소중함을 자각할 필요성이 있음을 강조하였다. 운정에게 사상적인 영향을 강하게 미친 위당은 일찍이 이렇게 말한 바 있다. "역사의 줄기와 가지에 대한 구명 작업은 바로 '얼'에 관한 중요한 단서를 찾는 작업이라 할 수 있다. 만일 그 변천에 대한 구명이 확고하게 이루어지지 않으면 그 진가를 발휘하기가 어렵다."[72] 요컨대 전통적으로 면면히 내려온 '얼의 정신'을 찾아야 함을 강조하여 민족의식을 고취하여야 한다고 본 것이다.

역사의식이란 전통적인 한국의 '얼'을 구명하고자 한 위당의 정신처럼 과거의 역사를 반성하고 국가와 민족의 발전을 도모하고자 하는 미래지향적 비전의 방향성을 깨닫는 행위를 가리킨다고 말할 수 있다. 운정은 〈충남대학교 총장서리 취임사〉에서 대학이 민족의 내일을 개척하는 중요한 기관임을 자각하여 국가사회에 이바지해야 한다고 강조했는데,[73] 이 또한 운정의 역사의식과 관련이 있다. 운정은 대학의 존립 목적이 역사의식과 무관할 수 없음을 밝힌 것이다. 이른바 역사의식이 없는 대학은 대학이라고 볼 수 없다는 것이 운정의 입장이었다고 평가된다.

운정은 특히 교육진흥에 대한 투철한 사명의식을 가지고 있었다. 그는 충남대 총장서리와 겸무하던 충청남도지사 직무 시기에 행한 도의회 시정방침 연설에서, "국민교육은 국민생활의 기저가 되는 것으로서 교육의 결과는 직접 그 민족의 역량을 상징하는 것이라고 생각한다"[74]는 입장을 피력하여, 국민교육을 통한 국가관과 민족관 수립을 위해 노력하였다. 그 교육의 핵심 정신은 위당으로부터 영향받은 '민족의 얼'

과 '얼의 정신'을 되찾는 것이었다.[75]

운정은 5천 년을 이어온 유구한 민족의 역사에 대해 자긍심을 가지라고 했다. 그리고 그는 단군을 강조하고, 화랑도 정신이나 정몽주, 이색, 길재, 성삼문, 이순신, 최익현, 정인보, 안창호 등의 충절과 주체의식을 기린다. 운정이 기린 대상들은 모두 사적 개인을 넘어서 공동체의 운명과 존립을 위해 헌신한 인물들이라는 공통점이 있다.

올바른 역사의식이란 앞에서 언급한 인물의 경우처럼 개인의 사적인 행복을 넘어서 공동체의 행복을 도모하기 위해 자신을 희생하는 멸사봉공의 삶의 태도와 밀접한 연관성을 갖는다. 올바른 역사의식에서는 위선과 이기주의가 배제되며, 비역사적인 사이비 인격의 요소가 제외된다. 운정은 『안엽기』의 여러 곳에서 당대 현실에 나타나고 있는 이기주의와 이데올로기적인 역사주의를 종용하는 사이비 인격의 요소를 강력하게 비판한다. 그것이 올바른 역사의식에 어긋나기 때문이다. 운정의 주장이 아니라 하더라도 대학의 존립 목적에서 역사의식이 배제될 수 없는 이유가 있는 것이다.

철학적 문제의식의 필요성

운정은 끊임없이 철학(philosophy)의 필요성과 그 중요성을 언급한다. 널리 알려진 것처럼 철학은 만학의 여왕이요, 인문학의 꽃이다. 철학에는 인생과 세계관에 관한 근원적 질문들이 내재되어 있다. 운정은 〈충남대학교 총장서리 취임사〉를 통해 대학의 정신이 철학적 비전에 토대를 두고 있어야 함을 명시적으로 밝힌 바 있다.

운정은 동양철학을 대표하는 고전의 하나인 『대학』 경1장의 내용을 인용한다. "대학의 도는 명덕을 밝힘에 있으며, 백성과 친함에 있으며,

지극한 선에 이르는 데 있다"[76]는 것이 그것이다. 운정의 철학적 문제의식을 대변하고 있는 이 『대학』 경1장의 내용은 동양철학의 수양론과 경세론, 그리고 윤리학적 입장을 매우 폭넓게 반영하고 있다.

그런데 운정의 취임사에서는 대학(university)의 이념과 『대학』에서 제시한 '대학의 도'를 등치관계로 인식하였음이 확인된다. 물론 『소학』에 비해 상대적으로 『대학』은 대학생이 읽어야 할 경전에 해당할 것임에는 이견이 없겠지만, 대학생이라면 마땅히 『대학』의 도를 구현하려는 철학적 목표를 가질 필요성이 있음을 전제한 인식이었다고 파악된다. 『대학』에서 제시한 '대학의 도'란 '큰 학문의 도'로서, 대학의 지성인들이 목표로 삼아야 할 것임에 의심의 여지가 없기 때문이다.

운정은 충남대 총장서리에 취임하는 자리에서 『대학』 경1장의 내용을 인용한 후 "대학은 어디까지나 인간 본연의 성품에 투철한 인격을 함양하여 각자 개개의 개성을 발휘하여 국가사회에 이바지하려는 데에 그 존립의 목적이 있는 것이니, 본 이념에 투철하여 일로매진하여야 한다"고 역설한다.[77] 그는 충남대 학생들에게 대학생이라면 마땅히 인격 함양을 위해 정진함으로써 국가사회를 위해 봉사하는 삶을 살겠다는 뚜렷한 목표를 가지고 생활해야 한다고 당부한 것이라 할 수 있다.

다른 한편 운정은 충남대 총장서리를 역임한 이후에도 인간이라면 반드시 철학적 사유를 외면할 수 없게 되어 있음을 실존적 물음을 원용하여 논의한다. 운정은 "우리는 어디서 왔으며 우리는 무엇이며 또 우리는 어디로 가는가"를 묻는다.[78] 그리고 이에 대해 이렇게 말한다. "폴 고갱(Paul Gauguin)이라는 프랑스의 인상파 화가가 현대문명에 환멸을 느끼고 자연과 원시를 찾아간 곳이 대양주의 타이티였고, 거기서 그린 한 화면에 이와 같은 화제를 써 놓고 죽었다. 우리의 소종래는 어떠하며 우리는 무엇을 어떻게 하고 있으며 또 우리는 장차 어떤 방향으로

갈 바를 설정하는가?"[79] 인생의 근원적인 문제들을 찾아가는 철학적 사유가 우리의 현주소를 반성케 해주리라는 생각 때문에 운정은 늘 이와 같은 철학적 문제의식을 가지고 살 것을 요청했다고 본다.

운정은 그 철학적 문제의식이 언제나 새로운 형태와 방식으로 현실에서 살아나야 한다는 점을 잊지 않기를 희망한다. 운정은 이렇게 말한다. "희랍의 플라톤(Platon)이나 아리스토텔레스(Aristoteles)의 사상도 그 전 체계를 받아들일 수는 없지만, 그 근본 사상은 언제나 새롭게 살아날 수 있는 것과 마찬가지다."[80] 이처럼 전통철학도 현실에서 늘 새로운 것들과 만나 새롭게 변화하여 살아날 수 있기를 바란 것이 운정의 입장이었다. 지금 이 자리에서 나와 우리의 현장성을 묻는, 살아있는 철학적 문제의식을 요청한 것이라 볼 수 있다. 운정은 충남대에 이러한 철학을 심고자 한 것이다.

윤리실천의 중요성

운정은 충남대 총장서리와 함께 겸직하던 충청남도지사가 되었을 때 양심사회 건설을 목표로 도정을 운영하였다. 후일 성균관장으로 활동할 시기에 발표한 운정의 논설문이나 연설문에서는 이 양심사회 건설에 대한 언급이 매우 많다. 그런데 운정은 자신이 제창한 양심사회가 구현되기 위해서는 윤리(ethics)가 실천되지 않으면 안 된다는 입장을 피력한다.

운정은 윤리의 정의가 간단치는 않지만, 이를 인륜으로 이해한다면 큰 문제가 없을 것이라고 본다.[81] 이러한 전제를 인정한다면 윤리란 인간과 인간의 상호관계성에서 마땅히 서로가 지켜야만 할 당위의 원리를 말하는 것이라고 볼 수 있다. 그리고 평생 유학적 독서인으로 살았던 운정의 입장에서 볼 때, 윤리란 오륜과 같은 다섯 가지 인간관계의 질서라고 이해 가능한 개념이다. 즉 부자 · 군신 · 부부 · 장유 · 붕우 상호 간에 지켜야 할 도리가 그것이다.

유가가 제시한 인륜과 관련하여 일찍이 맹자는 이렇게 말한 바 있다. "사람에게는 도가 있다. 배부르게 먹고, 따뜻하게 입고, 편안하게 살면서 배움이 없으면 금수에 가깝다, 성인이 이를 걱정하여 설(契)을 사도로 삼아 인륜을 가르쳤으니, 부모와 자식 사이에는 친함이 있어야 하고, 임금과 신하 사이에는 의리가 있어야 하며, 부부 사이에는 구별이 있어야 하며, 어른과 어린이 사이에는 순서가 있어야 하며, 붕우 사이에는 신의가 있어야 한다."[82] 이와 같은 맹자의 말은 오래된 것이라 자칫 고개를 돌리기 쉽지만, 사람과 사람 사이의 윤리로서의 인륜을 마냥 낡은 도덕이나 고루한 계율을 지키라는 것으로 오해해서는 곤란하다는 것이 운정의 생각이었다.[83]

운정은 윤리에 대한 관심과 그에 대한 실천 의지가 매우 강했다. 그는 한국과 일본의 교육을 비교해볼 경우만 하더라도 한국에서는 『수신』이나 『윤리학』 과목에 대한 교육이 상대적으로 적고, 그 중요성조차 현저히 낮게 평가되는 상황이라고 파악한다.[84] 운정은 이를 매우 안타깝게 생각하고 도의교육(道義教育) 부재의 현실을 반성하면서,[85] 하루속히 윤리교육이 강화되어야 함을 역설한다. 운정은 특히 오륜 가운데 기본이라고 할 수 있는 첫 번째 덕목인 '효'를 중시하면서, 효에 대한 실천 운동을 제창한다. 그는 효의 윤리를 찾아 인간완성의 길을 닦고 이를 대타적인 관계에 적용하여 확장해 나아가야 한다고 역설한다.[86] 효가 백행의 근본이라고 본 인식 때문이다.[87]

이와 같은 윤리에 관한 입장과 윤리교육 강화에 대한 의지는 운정의 평소 지론이었다. 그는 윤리를 사회정의의 이념으로 이해하여 이를 신조로 삼고 살아야 한다고 본다.[88] 운정이 충남대 총장서리로서 직무를 수행한 2년여 기간에도 이러한 입장은 변함없이 적용되었다. 운정은 1952년 충청남도지사로 부임하면서 양심사회 구현을 시정방침으로 정했는데,[89] 이 시기에 그는 충남대 총장서리를 겸직하고 있었기 때문에 그가 세운 시정방침은 충남대의 교학 이념에 고스란히 반영되었을 것임을 부정할 수 없다. 그는 모든 충남대 구성원들이 각자 인격 연마를 통해 개인을 넘어 국가와 세계로 자신의 꿈과 의지를 관철시켜 나아갈 수 있기를 기대하였다.

운정이 『대학』에서 제창한 유가의 '수신-제가-치국-평천하'의 원리를 중시한 것[90] 역시 이와 같은 사유에 기초한다고 볼 수 있다. 이러한 『대학』의 정신은 유가철학의 '수기'와 '치인'의 정신으로 요약된다. "수기란 … 인간사회의 연관 속에서 자기를 닦는 것이며 수기로 닦은 덕을 세상에 나아가 널리 펴서 이상적인 세상을 만들자는 것이다. 수기는 곧 직접적인 윤리요 치인은 광의의 정치윤리인 것이다."[91]

요컨대 운정은 자아의 인격을 닦아 늘 덕으로써 타자를 배려하고, 또한 그것을 세상에 펼쳐 나아가면서 살 것을 요청한 것이다. 이를 위해 운정은 양심과 윤리실천의 필요성을 강조하였고, 이것을 충남대의 토대가 되는 기본정신으로 만들고자 노력한 것이다. 이러한 운정의 교육이념을 현실에 제대로 구현할 수만 있다면, 양심사회의 도래는 그 실현 가능성이 더욱 높아질 것이라 예상된다.

인문학의 비전 또는 운정의 총장 리더스피릿

—

영국 랭커스터대학교 영문학 석좌교수인 테리 이글턴(Terry Eagleton)은『문화란 무엇인가』라는 책을 통해 '대학이란 무엇인가?'에 대해 심각한, 그러면서도 매우 근원적인 문제를 제기한 바 있다. 그는 이렇게 말한다.

> 인문적 비판의 핵심부로서 수세기에 걸친 전통을 가진 대학은 현재 야만적일 만큼 속물적인 관리 이데올로기의 지배 아래 놓인 사이비 자본주의 기업으로 전환되면서 사라지는 중이다. 한때 비판적 성찰의 무대였던 학술 기관들은 마권 판매소와 패스트푸드점과 더불어 시장기관으로 점점 축소되고 있다. 이제 대부분의 대학은 가치란 주로 부동산의 문제라고 여기는 테크노크라트들의 손아귀 속에 있다. 대학의 새로운 지식 프롤레타리아들은 플라톤과 코페르니쿠스에 대한 그들의 강의가 얼마나 경제에 많은 도움이 되는지의 여부로 평가받으며, 취직 못한 졸업생들은 일종의 룸펜 지식인 무리를 구성한다.[92)]

대학의 기본이념이 속물적인 관리 이데올로기에 의해 사라지고 있으며, 대학의 가치는 이제 테크노크라트(technocrat)들에 의해 물신화된 지 이미 오래라는 지적이다. 이러한 대학의 물신화 구조 속에서 철학을 포함한 인문학의 가치는 매우 절망적이라는 것이 테리 이글턴의 입장이다.

테리 이글턴이 말하는 테크노크라트는 전문지식을 갖춘 직업관료라는 가치중립적 개념이 아니라, 사회의 기계화와 조직화를 가속화시키는 존재라는 일종의 이데올로기적인 개념의 특성이 강하다. 이들은 신자본주의와 결탁하여 전통 인문학에서 존숭한 종이책에 대한 가치조차 부정하면서 이들을 감시하고 관리하는 역할을 담당한다.[93)]

충남대에서 명예 철학박사 학위 취득
(1982.5.25)

운정이 자신의 시대에 테크노크라트의 탄생을 예상하고 있었는지에 대해서는 정확하게 알 수 없다. 운정의 시대만 하더라도 인문학적 가치가 사회를 이끌어 나아가는 원동력을 제공하고 있었고, 관료들도 전문적인 기술관료보다는 인문학적 소양을 갖춘 인물들이 대부분이었기 때문이다. 그러나 지금은 시대가 변하여 이전의 많은 전통적인 가치들이 전복된 상황에 놓여있다. 그렇다면 운정이 생각하였던 인문학적 가치들은 전혀 의미가 없는 것인가에 대해 다시 한번 묻지 않을 수 없다.

사회가 급변하여 제아무리 기술적인 가치가 인문학적인 가치를 압도한다고 하더라도, 결국 기술도 인간의 행복을 위해 존재하는 것이라면 기술과 인간은 상호 화해하지 않으면 안 된다. 그래서 그 화해의 중심에 인간다움을 전제로 한 가치가 자신의 역할을 제대로 수행할 수만 있다면,[94] 사회의 발전은 좀더 바람직한 방향성을 갖게 될 것이라 여겨진다. 운정의 총장 리더십에 주목할 경우 그 인간다움의 가치란 인본주의적인 특성을 갖는 것으로서, 그 궁극의 비전은 홍익인간의 정신을 구현하는 것으로 귀결된다. 또한 이러한 비전의 제시야말로 인문학의 미래를 밝히는 하나의 대안이다.

운정은 인간의 인간다움을 '얼의 정신'에서 찾고, 진정한 리더라면 자신의 주체성 확립과 더불어 타자에의 배려 정신을 잊지 말아야 한다고 강조한다. 그리고 이러한 정신은 공동체 구성원의 인화 문제로 귀결되어 상호 소통과 조화의 관계성 확립 문제로 이어진다. 실제로 운정은 단과대학 간에 혹은 교수 상호 간에 인화를 도모하여 충남대의 토대를 굳건히 하였다고 평가된다.[95] 운정의 총장 리더십은 대학에 참된 인문학의 정신을 뿌리내리고자 한 것이었다. 운정의 총장 리더십 정신은 인간이 중심이 되어 세계를 이분법적으로 갈라 세운 후 그것을 차별한다거나 인간이 기술이나 대상 세계에 매몰되어 자신의 주체성을 잃어버리고 물상화되는 방식의 존재 형식을 거부한다.

이와 같은 인문학적 정신 위에서 운정은 인간과 기술의 근간이 되는 과학의 소통을 주장한다. 그 역시 과학의 진보 발달에 따라 인류 생활의 각 분야에서 많은 변화가 일어난다는 점을 직시한다. 그는 국방력의 강약도 과학교육의 정도 여하에 따라 결정된다는 점을 잘 인식하고 있었다. 이러한 점 때문에 그는 과학교육에 치중하여 이에 대한 적극적인 진흥책을 강구, 실천해야 한다는 입장을 분명히 밝히기도 했다.[96] 그는 충남대가 인류사회에 공헌할 수 있는 정신문화의 전당으로서, 또 과학문명의 전당으로서 크게 발전할 것을 염원하여 마지않았다.[97]

운정은 또한 요즘의 평생교육의 범주 안에 포함될 수 있는 성인교육의 중요성을 강조하여 문맹을 방치해서는 안 된다고 주장하기도 한다. 문맹을 방치한다는 것은 민주정치의 원리에 위반된다는 것이 그 이유였다. 그는 "성인교육은 지도층의 열의만 있으면 그 시간과 장소를 선택할 필요도 없으며 또한 경제가 반드시 수반되어야 하는 것도 아니라고 생각"하였다.[98] 성인교육은 개인의 가치 있는 삶과 구성원 상호 간의 믿음을 공유한다는 장점이 있다. 성인교육이 담당하고 있는 인문학적 가치가 있는 것이다.

이상에서 살펴본 것처럼 운정은 인문학적 정신으로 대학을 디자인하여 과학교육과 성인교육을 포함한 평생교육의 성과를 통해 개인과 공동체의 행복을 지향하는 총장 리더십을 발휘하였다. 그런데 충남대 총장서리로서 그가 쌓은 업적은 그의 조력자이자 실질적인 인문학 리더십의 발현자였던 동교 민태식을 제외하고 평가하기 어려운 측면이 있다. 운정은 자신이 기획한 충남대 건설의 방침과 정신이 동교 이후에 중단되었다고 안타까워했다. 충남대 초대 총장이었던 동교가 자리에서 물러난 이후 한국 고서적 수집도 중단되었고, 국내 최고의 한국학 연구의 산실을 만들고자 한 의지도 어느 사이엔가 있는 듯 없는 듯 사라져 버렸다고 한다. 〈역대 총장의 회고와 전망〉(1977.5.23.)에서 운정은 이것이 유감이라고 밝혔다.[99)]

운정 성락서 선생 추모비
(세종시 전의면 달전리 소재)

운정이 세상을 떠나고 없는 지금, 운정의 유감이 후학들에게 현재진행형으로 남아있다는 이 엄연한 현실이야말로 인문학이 고사되고 있는 현실에서 더 큰 유감일지도 모를 일이다. 대학을 인문학으로 디자인하고 그 위에 과학과 공학의 색깔을 입힐 수 있는 새로운 시대의 총장 리더십이 기다려지는 시점이다. '인문학의 미래가 곧 대학의 미래'라고 본 김현진의 다음과 같은 말은 여전히 유효하고, 유효해야만 한다는 것이 나의 입장이다.

> 대학이 단순한 지식 공장, 지식 박물관이 아니라 창의적이고 윤리적인 지성의 요람으로 기능하기 위해서는 대학의 동맥에 인문학의 피가 흘러야 한다. 도대체 언제까지 인문학 타령을 할 거냐고 하면, (…) '본질에 대한 사유'에는 결코 유효 기간이 있을 수 없다고 힘주어 말할 것이다.[100)]

Ⅱ

충남대 출범과 동교 민태식 총장의 군자 리더십

민황기

충남대 개막과 신화 창조, 동교 민태식

—

민태식(閔泰植) 선생은 자가 군일(君一)이고, 아호는 동교(東喬)이며, 본관은 여흥(驪興)이다. 동교는 우암 송시열의 문인인 애일당 민진강[1]의 7세손으로 아버지는 민영선(閔泳善)이고 어머니는 전주이씨이다.[2] 그는 1903년(광무 7) 5월 16일 대전광역시 유성구 도룡동에서 태어나고 1981년 8월 15일 서울특별시 강남구 방배동 자택에서 향년 79세 노환으로 별세했다.

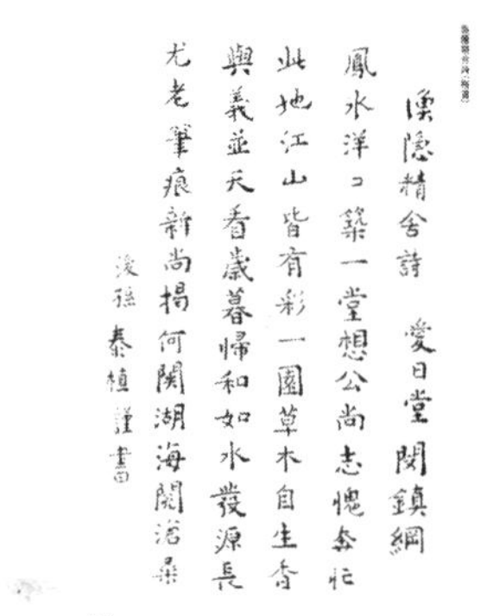

민태식 박사 유묵
(애일당 민진강의 어은정사 시)

동교는 온순한 천성과 성실한 성품을 갖고 태어났다. 하지만 그의 평생 시대상을 대략 살펴보면 유년기는 국혼이 끊어져 가는 대한제국의 어려운 시절이고, 청장년기는 일본 식민통치의 서러운 시절이며, 노년기는 대한민국 건국 후 어지러운 시절이었다. 고금의 5천 년 역사에 비추어 볼 때 일찍이 이와 같이 엄혹한 시대가 없었으니 이때에 살고 간 선비를 감히 평론하고 견줄 데가 쉽지 않을 것이다.

그러나 동교의 삶과 대사업은 당대에 우뚝하여 비록 후대의 춘추사필이라 하여도 우러러 감탄하지 않을 수 없을 것이다. 그의 인생 여정은 신구(新舊)를 겸한 실천하는 유학자였고, 동서의 학문을 아우르며 지성과 감성과 의지를 겸비한 교육자였으며, 이상과 현실에 충실한 인격을 갖춘 도학(道學) 군자였고, 국한문의 문자향을 즐기며 꽃피운 예술가였다.

동교는 대학 졸업 후 연희전문학교 교수를 역임하였고, 해방되던 해인 1945년 서울대 교수로 취임하여 근무하다가 1950년 한국전쟁으로 남하하여 고향인 대전에 거주하게 되었다. 이때 동교의 주도하에 손낙범, 김순동 등과 함께 충청남도 전시연합대학 운영위원회를 구성하고 회장에는 대덕군 출신 제헌 국회의원 송진백이 담당하고 대학내 학사 행정은 동교가 맡아 설립하기에 이르렀고 학장에 동교가 취임했다.

충남도민의 숙원이던 '전시연합대학'이 동교를 중심으로 개교하게 되자, 전시연합대학 운영위원회 체제를 바로 도립 충남대 설립 기성회 체제로 바꾸어 진헌식 충청남도지사가 기성회장에 취임하고 동교를 비롯하여 여러 교수들이 주동이 되어 충남대를 창립할 것을 합의하고 기성회와의 합의 하에 범 도민운동으로 확대시켜 나갔다. 이때 도민들은 매 호당 가마니 한 장씩 모으기 운동으로 시작하여 겉보리 한 말씩 모으기 운동으로 발전시키는 한편, 국채권도 발행하여 범 도민운동으로 승화시켜서 그 기금으로 충남대 설립의 기반을 갖추게 되었다.

민태식 총장 진영

1952년 5월 25일 드디어 충남대 설립 인가를 얻어낸 도립 충남대는 초대 총장서리로 진헌식 지사가 취임하고 문리과대학 학장서리로 동교가 취임했다. 진헌식 총장서리가 취임 3개월 반 만에 내무부장관으로 부임함에 따라 후임으로 부임해 온 성낙서 지사가 총장서리로 발령되었다. 당시 충남대는 전국에서 유일한 도립대학이었으며, 도지사가 총장서리였으므로 대학의 모든 업무가 도청에서 추진되었고 대학 행정은 학장, 교학처장, 사무국장들에게 위임되어 처리되었다.

성낙서 총장서리 또한 1954년 9월 충남도지사를 사임함에 따라 본교 총장서리도 자동 사임하게 되었으며, 같은 해 12월 2일자로 당시 문리과대학 학장이던 동교가 총장서리를 겸무하게 되었다. 그리고 1955년 6월 30일 조교수 이상으로 구성된 전교 법정교수회에서 민태식 학장을 총장으로 선출하고, 같은 해 8월 20일자로 총장발령을 받았다. 이것이 전임총장의 취임은 처음이며 민선총장으로 취임한 것도 처음이어서 충남대 역사상 그 의의는 자못 크다고 하겠다.

충남대 총장 취임
(문리과대학 교정, 1955.8.29)

개교 당시 학교 실정은 실로 매우 열악하고 궁색하였다. 1954년부터 1960년에 이르는 만 5년이 넘는 총장 재임기간에 동교는 애향심과 교육열로 대전시 문화동에 캠퍼스를 이전할 때 자나깨나 문화동에 학교를 설립할 것을 생각하여 불과 근 3년에 문리과대학 · 농과대학 · 공과대학과 본부 및 대학원, 부속 도서관 등 종합대의 면모와 체제를 갖췄다. 그리고 교지 확장, 교사 증축, 대학원 인가, 도서관 신설, 실험실 확장, 실습공장 신설, 2부대학(야간) 신설, 교수 충원, 대학신문 발간, 기타 간행물 발간 등의 업적을 남겼다.[3] 대학 설립 초창기는 동교가 교수, 학장, 초대 전임 총장으로서 1960년 7월 15일까지 대학 발전과 교육 발전에 남다른 역할을 수행함으로써 초창기 충남대 발전의 신화가 만들어졌다.

하지만 동교의 생애, 학문과 사상을 알 수 있는 자료는 적은 편이다. 또한 지금까지 그에 대한 학술적인 연구는 거의 이루어지지 않은 상황이다. 다만 관련 자료로는 그의 문집 『동교 민태식 박사 문집』 1권을 비롯한 고희기념 논총과 채근담 번역서 및 유묵 선집 등이 남아 있다. 그리고 충남대 교사를 통해 그의 업적을 살펴볼 수 있다.

이와 같은 엄혹한 시대에 살고 간 한 선비의 삶과 철학을 살피는 일은 오늘의 인간과 사회를 반추해볼 수 있는 좋은 계기가 될 수 있다. 특히 그의 삶과 철학 속에 담겨 있는 힘과 지혜로서의 리더십은 어떠한 것일까 더욱 주목된다.

유학자·교육자로서의 삶과 철학

동교 민태식은 유학의 가풍 속에서 우리나라 유학의 정통을 계승하였다. 7세에 아버지로부터 한학을 수업받기 시작하였다. 또한 어린 시절 이웃에 살던 충남도지사를 역임한 운정 성낙서와도 함께 한문을 배웠다.[4] 그의 아버지는 말씀마다 "어떻게 하면 돈을 번다든가 또 어떻게 하면 영달을 해서 잘 사느냐는 것보다도 어떻게 하면 훌륭한 인간이 되느냐에 힘쓰라"라고 하였다.[5] 아버지는 부귀영화보다는 훌륭한 인간이 되라고 늘 가르쳤던 것이다. 13세에는 학포 김충, 덕암 이섭, 삼연 김건표 등 여러 선생에게서 한학과 서예 지도를 받았다.

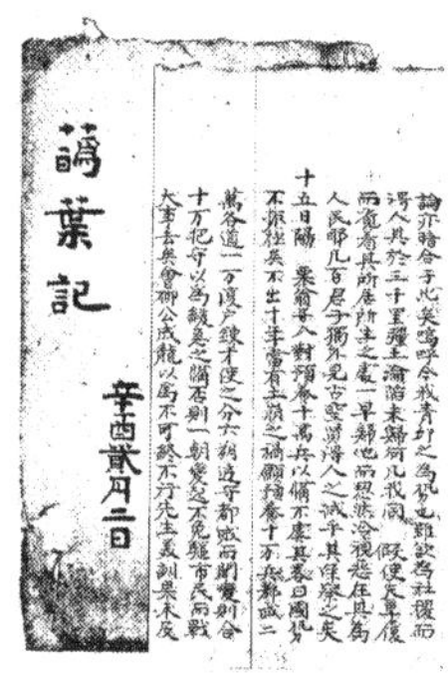

위엽기(18세 때 일기)
左; 일기의 표지
右; 율곡의 10만 양병설에 대한 소감

한국합병늑약이 되고 난 다음부터는 순사들이 찾아와 학교에 보내라고 거의 강권을 발동하다시피 하여 14세에 공주보통학교에 입학하여 양학을 공부하였으나, 방과 후에는 모셔 놓은 선생한테서 한자를 배우고 붓글씨를 썼다. 16세에는 공주보통학교 수석졸업으로 경성고등보통학교(경기중학교 전신)에 추천 입학하였으나,[6] 아버지의 교시로 고향으로 내려와 극재 송병관[7]의 문하에서 사서, 『시경』, 『서전』 등 한학을 전공하였다. 그는 이때 유학에 대한 눈이 떠지기 시작했다고 술회하였다.[8] 아버지는 선생에게 유학밖에 공부할 것이 없다 하며, 유학자로 키우고 싶어하였던 것이다. 19세에 중학과정의 공주 영명학교에 잠시 다니다가, 좀 더 중앙무대에서 호흡하고 싶은 생각에서 서울의 배재고등보통학교로 옮겨 24세에 졸업하고 연희전문학교에 입학하여 다니다가 중퇴하였다. 26세에 경성제대 예과에 입학하여 동 법문학부 철학과에 진급한 다음에는 중국철학을 전공하였다.

이와 같이 동교는 줄곧 철학, 특히 유학을 연구하면서 대학을 졸업한 후로는 유학자, 교육자로서 한평생을 보냈다. 그의 이력을 간략히 정리해 보면 다음과 같다. 그는 31세에 경성제대를 졸업한 뒤 배재고보와 중앙고보 교유로 한문과 조선어를 가르쳤으며, 5년 뒤에 연희전문학교 전임강사로 옮겨 마침내 교수로 승진하였다. 41세에 일본 제국주의의 학병권유강연을 거부하여 연희전문학교 교수를 면직 퇴거당하였는데,[9] 이는 그가 평소 유학의 실천성을 중요시하여 사람을 사랑하라는 유학의 인(仁)의 실천적 정신에 기인한 것이라 볼 수 있다.[10] 이어 그는 개성박물관장의 한직으로 물러나 문화재 보호에 진력하였다.

동교는 조국광복 후에는 다시 교육계로 돌아와 공주중학교장으로 추대되고, 서울대 교수로 와서 중국철학을 본격적으로 강의하게 되었다. 당시 그는 교수로서 학생과장의 중임을 띠고 그 험난한 시절에 말썽 많은 다수의 학생들을 높은 덕화로써 효유하고 계도하여 매사가 순조롭게 해결되었다.[11] 이것은 그의 인격의 감화와 리더십으로 이루어진 것이다.

동교는 한국전쟁을 만난 후, 1951년에는 대전에 보문중학교 교사로 재직하면서 '전시연합대학'을 창설하고 그 학장에 취임하였다. 그 다음 해 충남대 교수를 거쳐 문리과대학장으로 임명되었다. 2년 뒤에 그는 충남대 총장으로 취임하여 1954년부터 1960년에 이르는 만 5년이 넘는 총장 재임 기간에 종합대학의 기반 구축에 진력하였으며, 특히 동양학 연구에 각별히 노력하였고, 구미의 교육계를 시찰하기도 했다. 대학 설립 초창기에 그는 교수, 학장, 초대 전임 총장으로서 1960년 7월 15일까지 대학 발전과 교육 발전에 크게 기여했고 초창기 충남대 발전의 신화가 만들어졌다.

고희기념 축하글씨(여초 김응현)
고희기념 축하그림(남정 박노수)

1960년 58세에 총장직을 사임하고 서울 문리사범대(현 명지대)학장에 취임하여 대학교육에 이바지하였고, 2년 뒤에는 성균관대 교수로서 유교사상의 선양에 진력하였다. 66세에 성균관대에 유학대학을 창설하여 초대 학장으로 취임하는 한편, 서도회를 설립하여 학생에게 서예를 지도하며 전국 남녀학생 서예 공모전을 연례행사로 시행하였다. 학장을 퇴임한 후 성균관대에서 명예철학박사 학위를 받았으며, 이어 성균관 부관장에 피선되었다.

67세에는 동방연서회 초대회장으로 취임하여 우리나라 서예발전에 심혈을 기울이고 다음 해에는 현정회의 이사에 추대되어 단군정신으로 민족정기를 찾는 데 주력하였다.

69세에는 사문학회 초대회장으로 추대되어 『송자대전』을 영인 출판함과 동시에 전통사상부흥과 민족주체성 확립을 위하여 많은 강연회를 개최하고, 또 학보를 거듭 발행하여 우리나라 유학부흥에 큰 공헌을 하였다.

70세에 동양문화연구소를 창설하여 도덕윤리의 현대적 연구와 한문 한자교육 및 민족 예술 발전에 온 힘을 경주하였다. 그동안 사림의 추대로 노산사 원장, 대로사 이사, 성균관 및 한국청년유도회 고문, 모현동지회 회원 등으로도 활약하였다.

이와 같이 동교는 유학자, 교육자, 예술가로서 활발하게 활동하며, 대학 행정가로서도 남다른 두각을 드러냈던 인물이다. 그는 유가의 가통(家統)이 이미 그의 삶과 철학의 근본을 이뤘고, 생애 전반이 주로 유학적 활동으로 연계되었으며, 그의 논문, 수상(隨想), 논설 · 논평, 강연 · 강의의 내용 대부분이 유학사상으로 이루어져 있다. 그의 학문과 수양에 대한 부단한 계발과 연마는 그로 하여금 대성의 길을 열어준 것이다. 그는 당시 어수선한 교육계와 사상계 속에 유학사상을 다듬어서 살았고 이미 행동으로 사람의 귀감을 보여 주었다.

동교는 약육강식, 적자생존의 제국주의의 여파로 물질지상주의와 공리주의와 개인이기주의 및 쾌락주의가 만연되는 세태에 결연히 인본주의를 주창하여 인간의 존엄성을 고취하였다. 그는 물질과 정신이 절대로 병립할 수 없는 것도 아니며 도리어 정신을 망각한 물질이 아니라 정신이 주체가 되는 물질이 더욱 아름답고 완전한 사회, 건전한 인간을 이룩할 수 있다고 하였다.[12)]

그래서 동교는 현대 시대풍조의 결함을 보완하는 길은 구사(九思)[13)]와 구용(九容)[14)]과 사물(四勿)[15)]과 삼성(三省)[16)]의 실천윤리로 일용간에 있어서 반드시 천리를 체득하여 실사회에 구현하는 이상적인 학문은 오로지 유교의 인성교육뿐임을 변증하였다. 특히 유교의 교육방법은 이상과 현실에 충실하여 덕성을 함양하고 지성을 계발하여 실천에 용감함으로써 그 진가가 발휘되기 때문에 인류문화의 심후(深厚)하고 정박(精博)한 고도진전을 기약할 수 있다고 하였다.

동교는 국가적으로는 법치보다는 덕치를 주장하고, 패도보다는 왕도를 고창하였고, 개인적으로는 부귀영화의 욕구를 충족시키기보다는 도덕의 실천에 과감하라고 하였다. 그렇기에 정치, 경제, 사회 등 모든 면에서 도의를 주체의식으로 하지 않는 행동은 아무리 커다란 성과를 얻었다고 하여도 그 가치를 별로 인정하지 않았다.

민태식 박사의 묘소

이와 같이 동교의 삶과 철학에는 유학사상이 언제나 깊게 자리하고 있었으며, 그가 바람직한 생각과 행동을 할 수 있는 리더스피릿으로 기능할 수 있었다. 그러므로 그가 대학 총장을 퇴임한 뒤에도 많은 제자 및 귀인들이 그를 존경하며 함께 하였다. 특히 그의 고희기념 논총[17]이나 사후 발간된 문집[18]에서도 그의 인품과 덕업(德業)의 위상을 찾아볼 수 있다.

시대와 사회를 이끄는 힘과 지혜, 군자 리더십

동교 민태식은 "우리는 정치적 자주독립은 찾았지만 사상적 자아는 찾지 못하고 있다 … 자아를 찾기 위한 가장 빠른 지름길은 우리 민족의 기록들인 유교 문헌에 눈을 돌려야 한다. 그러면서 다시 한번 유학을 부흥시켜야 한다"고 주장하였다. 그러나 그는 오늘날 유학도가 할 일은 과거 우리나라 유교의 말단적인 폐해는 솔직히 인정해 이를 청산하되

현대적 의의를 밝혀야 한다고 평소에 입버릇처럼 후학들에게 타일러 왔다.[19)]

그래서 동교는 평생에 군자의 학문이라 할 수 있는 『논어』를 지극히 애독하여 일생생활에서 생각과 행실이 그 밖으로 벗어날까 항상 두려워하였다.[20)] 특히 그가 공자의 행동철학에서 군자로서의 실천성을 강조하는 데서 그의 삶과 인격을 엿볼 수 있다. 그리고 그는 자서전의 제목도 '군자의 길'로 남겨 일생의 방향과 가치를 웅변해주고 있다. 그러하기에 이희승 박사는 동교에 대해 우리나라 유학의 정통을 계승한 권위자이며, 고매한 인격의 소유자로 학창시절부터 '군자'라는 칭호로 알려졌다고 평가하였다.[21)] 그러면 이제 그의 삶과 철학의 기반이 되는 리더십에 대해 살펴보기로 한다.

문자향을 꽃피운 예술가로서의 수신 리더십

동교 민태식은 어려서부터 한학과 서예를 씨줄과 날줄 삼아 수양에 매진하였다. 대학 졸업논문을 순한문으로 썼다는 그는 평생을 고등교육에 헌신하며 유교철학과 더불어 묵선의 경지에 통달하여 고고한 생애를 보냈다.[22)] 조광조와 송시열, 양선생을 모신 도봉서원의 기념비에 쓴 것처럼 이미 세상에 알려진 금석문도 있고, 한자뿐만 아니라 한글의 서예에도 능하여 강릉 오죽헌의 율곡 선생 유적정화기념비 등에서 보이는 것과 같이 그 독보적인 경지를 개척하였다. 평소 친분이 있었던 사회인사 및 친지 제자들에게 보낸 몇몇 서찰에도 그 섬세하고 고결한 문필의 향기가 서려 있다.

동교는 중국 당나라의 서예가인 유공권(柳公權; 778~865)[23)]의 "마음이 바르면 글씨도 바르다(心正則筆正)"라는 명언을 자신의 예술관의 한 면으로 삼고 있다.[24] 이 말은 정심(正心)을 강조한 것이라 할 수 있다. 이에 대해 그는 역시 예술도 정신의 기본자세, 즉 윤리적인 면을 중요시하는 것으로 이해하여 인격이 예술 감정을 좌우하는 원동력이 된다고 보았다.[25] 서예는 인간의 주체적 도덕성을 바탕으로 하는 것이고, 이로부터 우러나온 것이야말로 참다운 예술이라는 것이 그의 예술관이라 볼 수 있다. 마치 공자가 "군자는 자신에게서 찾고, 소인은 남에게서 찾는다"[26]라고 하였듯이 군자는 모든 것을 자기 몸에 돌이켜 찾는 것(求諸己)의 수신 리더십이라고 할 수 있다. 이 리더십이야말로 바람직한 리더가 될 수 있는 길인 것이다.

민태식 박사의 유묵
(율곡선생유적정화기념비,
노은선생기념비)

동교는 서예가 옛날부터 줄곧 발전해온 경위와 필서와 결구에 나타난 내면적인 고구(考究)도 등한히 여길 수 없다는 점을 옛 서예가의 주장을 들어 말하였다. 그는 완당 김정희의 '글씨에 반드시 기가 있어야 하거나(書卷氣)',[27] '글에는 향기가 있어야 한다(文字香)'는 것도 필치로 표현할 수 없는 조화로운 기백을 이른 말이라 하였다. 그렇기에 완당의 작품을 감상하려고 하면 먼저 그의 인격과 학문을 연구하는 공정이 선행되어야 한다.[28] 그래서 그는 "서예란 기법만으로 되는 것이 아니라 엄정한 서도로서의 기본적인 연구를 하되 인간이 하는 것이므로 인격, 성품을 소홀히 하여서는 안 된다"고 하며, 우리 문화를 참작하여 도의 앙양에 이바지하고 연구하며 배우는 자세를 강조하였다.[29]

국어국문학자 이희승은 이러한 동교에 대해 입신의 경지에 도달한 서도의 호지자(護持者)로 평생을 한결같이 교육계에 바쳐온 그 덕성은 서예의 길에서 연마된 바 크다고 하였다.[30] 서예가 이배원은 '군자는 재능을 깊이 감추고 밖으로 나타내지 않듯이 선생의 서풍은 군자장기(君子藏氣)의 덕이 깃들어 있다.……선생의 서풍을 내강외유하여 오만하지도 않고 화려하지도 않고 오직 겸허할 뿐이어서 창고(蒼古) 자연한 그 글씨에는 덕향(德香)의 치기(癡氣)만 감돌고 있다'라고 하여 숭고한 인격의 바탕에서 빚어질 듯한 신묘한 조화의 산물이라고 보았던 것이다.[31]

동교는 소나무의 기상, 난초의 향기, 깨끗한 학이 한데 어울리는 것 같은 풍채를 구비하여, 비록 높은 산이나 깊은 골짜기나 달밤의 학을 보지 않아도 그윽이 선생을 우러러보면 경외스럽고 평온한 감정을 얻을 수 있었다고 후학들은 기억하고 있다.[32] 이처럼 그는 정심(正心)을 바탕으로 하는 서도로 문자향을 꽃피우며 서예가로서의 수신 리더십으로 남다른 덕업을 쌓으며 군자로서의 삶을 영위하였던 것이다.

충남대 초대 총장으로서의 서번트 리더십

충남대 졸업식장의 동교(1958)[33]

충남대는 '전시연합대학' 체제를 거쳐 도립으로 설립되었으며, 다른 지방 종합대학과 같이 기초가 될 전신의 교육 시설이 전혀 없었다. 따라서 개교인가는 얻었으나 빈약한 도 재정 사정으로 시설의 완비를 기대하기 어려운 형편이었다. 이러한 험난한 형국을 타개하여 교육 대계를 세우는데 중심에 있던 인물이 동교 민태식이었다.

동교 민태식은 충청남도에 전시연합대학의 설립의 필요성을 역설하며 개교를 주도하였고, 학장에 취임하여 시설과 환경은 물론 수업과 학생 지도 등 제반 행정상의 어려움을 슬기롭게 대처하며 학사행정을 이끌었다. 나아가 동교를 비롯하여 여러 교수들이 주동이 되어 충남대를 설립할 것을 합의하고 충남대학교 설립 기성회와의 합의하에 범 도민 운동으로 확대시켜 나갔다. 그리하여 1952년 5월 25일자로 충남대 설립인가를 얻어낼 수 있었다. 이 무렵 그는 충남대 교수로 재직하게 되었고 다음 해 규모가 제일 큰 문리과대학 학장으로 임명되어, 대학으로서의 면모와 체제를 갖추며 젊은 인재들을 육성하기 위해 온갖 정성을 기울였다. 그리고 그는 1954년 12월 초대 총장으로 취임하여 1960년 7월까지 5년이 넘는 총장 재임 시기에 교지 확장, 교사 증축, 대학원 인가, 도서관 신설, 실습공장 신설, 이부대학 신설, 교수 충원, 대학신문 발간 등의 일을 수행하였다. 개교 당시 12명밖에 되지 않았던 교수가 74명, 14명에 불과했던 직원이 30명으로 증원되었다. 민 총장이 주력한 것은 초창기의 교지 선정과 매입, 교사 신·개축, 학과 증과, 대학원 설치, 도서관 설치 등이었다.[34] 모두 신설 대학의 기반 조성을 위해 필수불가결하고 시급한 사정이 있는 사업들이었다. 특히 그는 빈약한 대학 재정 상황을 타개하기 위해 중앙의 내무부와 적극 교섭하였는데, 이 과정에서 많은 예산을 받아 넓은 교지를 매입하였고 또한 교사 신축에 힘썼다. 한편 지방의 직장을 가진 자나 혹은 면학 희망자를 위한 교육의 기회를 확대하기 위하여 1958년 9월 18일 이부(야간부)대학의 설립인가를 받기도 하였다.

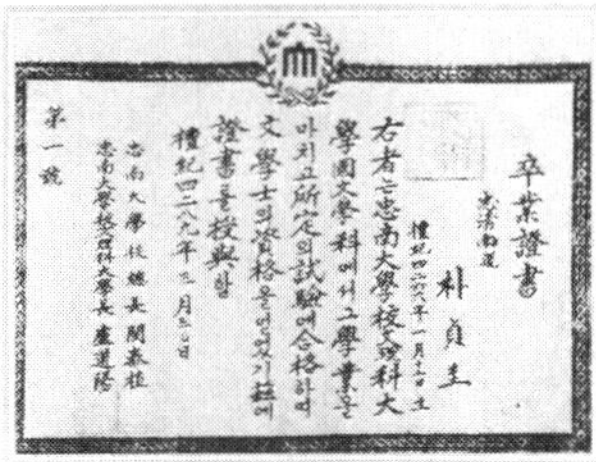

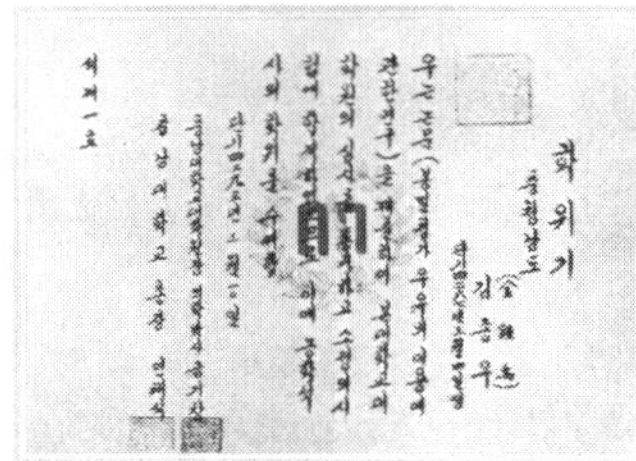

충남대 학사학위증서 제1호(1956.3.30)
충남대 석사학위증서 제1호(1960.3.10)

민태식 총장은 초창기 학칙 및 제 규정을 비롯한 학사행정을 정비하였으며,[35] 대학 행정 가운데 특색 있는 것은 인사 행정과 교수 채용이었다. 인화를 가장 강조한 그는 인사에 신중을 기하여 사람을 쓰는 데 아주 조심성 있게 관찰하고 적격자인가를 충분히 살펴서 채용하였다. 대학에 일단 전임교수로 채용되면 그 당시는 현재와 같이 재임용제가 없어서 법적인 과오만 없으면 정년 퇴직시(만 65세)까지 근무할 수 있는 때였기 때문에 사람됨과 학문적 실력을 충분히 고려하지 않을 수 없었던 것이다.[36]

무엇보다도 민태식 총장의 지론은 "대학 교수는 학문 이전에 먼저 인격을 갖추고 도덕적으로 좋은 사람이어야 한다"는 것이었다. 이는 인간 존중을 바탕으로 섬기고 봉사하는 자세로 구성원들을 후원하고 지지함으로써 잠재력을 이끌어 내는 리더십에 기인한 것이라 볼 수 있다. 따라서 채용을 희망하는 시간강사를 여러 교수가 예의 주시하며, 관찰할 기회를 갖도록 하였다. 즉 전임교수를 희망한다 하여 바로 전임강사로 발령하거나 조교수로 문교부에 상신하지 않고, 적어도 1학기 동안 강의를 맡겨서 성실도, 대인 관계, 학문적 능력 등을 평가할 수 있게 하였으며, 학과 교수들의 의견을 최대한 반영하였던 것이다.

당시에 많은 인사, 강사들이 전임교수를 희망하였으나 결국 소수의 강사들만이 전임교수로 발탁되었는데, 그것은 민태식 총장의 인사방침이 그만큼 엄격했다는 점을 방증하는 것이다. 당시 전국의 여러 대학 중 충남대가 가장 인화 단결되었으며, 대학 당국과 교수간에 위화감이 없이 원만한 행정을 수행해 나간 점은 그의 서번트 리더십을 잘 보여주는 것이다.

동교는 총장 취임식 때 본부 중심 대학운영보다 각 단과대학의 특성을 살리는 단과대학 중심의 대학운영을 하겠다고 피력하였다.[37] 이것은 각 단과대학 구성원이 자율성과 공동체 의식, 주인의식을 갖도록 내재적인 의미를 부여하여 지시보다는 대화와 섬김을 중요한 관리 도구로 사용하고, 구성원의 일체화와 공감대 형성을 통하여 조직의 목표를 달성하도록 하는 것이었다. 이 역시 서번트 리더십의 한 면이라 할 수 있다. 더욱이 그는 학풍 진작에 힘썼는데, 교수나 학생이 연구한 바를 각 단대 발행의 잡지, 가령 문리과대학은 『상원』, 농과대학은 『대지』, 공과대학은 『천근』 등에 발표하기도 하였으며, 각 단과대학마다 연구발표회가 개최되었다. 또한 그는 직접 외부 학자나 인사를 초청하여 연구발표회를 열어서 학생들과 교수들이 듣게 하기도 하였으며, 그가 연구발표회에 참석하기도 하였다.

또한 동교는 조선조 후기 실학사상을 존귀하게 여겨 반계 유형원의 『반계수록』 번역사업에 착수하도록 하였으며, 문리과대학 김순동 학장이 이 일을 추진하였다. 아직도 식민사관의 잔재가 남아 있던 때였으므로 충남대에서 국내 최초로 『반계수록』 번역을 시작한 것은 국학 진흥과 민족주체사상 고취라는 점에서 큰 의의가 있었다. 번역사업은 민 총장 이래의 이정호 · 강진형 · 김영묵 등 4대 총장에 걸쳐 충남대 고전번역회 한장유, 권영원 선생이 주야로 심혈을 기울여서 번역을 하고 주석을 달아 발행하였다. 이것은 오역이 없는 정확한 번역으로 정평이 나 있어 현재까지 실학연구의 소중한 자료로 이용되고 있다.[38)]

충남대학보 창간호(1959.6.2)

그리고 동교는 충청남도의 지역적 특성을 감안하여 백제 연구에 힘쓰도록 백제연구소의 활동을 적극 지원하였다. 아울러 부여와 금산 등이 인삼 재배의 적지임을 고려하여 농과대학에서 인삼 특수 재배와 연구에 힘쓰도록 권장한 바 있었고, 공과대학에서는 직물 공장을 연구용으로 직영케 하였다.[39)]

뿐만 아니라, 대학의 면학 분위기 심화를 위한 여론을 조성하고 대학인의 자질 향상과 유대 강화를 목적으로 대학신문사를 허가받아 1959년 6월 29일 「충남대 학보」를 창간하고 학보사의 사장에 민태식 총장이 당연직으로 겸무하여 발행하였으며,[40)] 또 교수논문집 제1집을 1959년 12월 3일 창간 발행하였다.

그밖에 교기 · 모표 · 뱃지 및 교가 등 학교 상징물을 제정하여 충남대의 창학이념과 전통, 그리고 이상을 담아내며, 대학의 위상을 제고하고 대학 구성원으로서의 자긍심과 패기를 갖도록 하였다.

동교는 총장 재임 당시 대학 발전을 위해서 자주 정부의 고위층 사람을 만났는데 언제나 점심은 설렁탕 한 그릇으로 대접을 마치니, 청렴한 그에게 감복해서 아는 이들은 '설렁탕 총장'이라고 별명을 붙여 주었다고 한다.[41)] 이러한 예도 자신을 낮추고 겸손하며 희생하는 서번트 리더십의 단면이라 할 수 있다.

참 스승으로서의 지 · 인 · 용 리더십

동교 민태식은 일찍이 서양철학의 논리적 분석방법을 도입하여 한국유학을 연구하는 제1세대이었다. 그는 일본제국 통치 이후 의리학이 발붙일 곳이 없을 정도로 학계가 실학과 서양학으로 경도되었을 때에 오직 홀로 의연히 의리학의 가치를 설파하고 급류에 정신적 지주가 되어 만회책을 강구하였다. 즉 외래 사조의 홍수 속에 서구의 학풍을 연모한 나머지 자기의 고유한 문물이나 사상까지도 망각하여 가면서 그 흐름에 추종하려는 심정이나 태도를 크게 경계하였다. 또한 동시에 약육강식, 적자생존의 제국주의의 여파로 물질지상주의와 공리주의와 개인이기주의 및 쾌락주의가 만연되는 세태에 결연히 인본주의를 주창하여 인간의 존엄성을 고취하였다. 인간에게는 천지인 삼재적 가치가 있음을 역설하며 지성의 연마와 감성의 조화와 의지의 단련으로 지(知) · 인(仁) · 용(勇)을 겸비한 인격을 갖추어야 한다고 주장하였다.[42] 그는 인간의 본성에서 발원하는 지 · 인 · 용의 심적 작용으로써 윤리도덕의 중추이념이 되고 행동의 표준이 서며 생활의 지침을 이루는 것이라고 보았기 때문이다.[43]

공자가 말한 "지혜로운 사람은 의혹되지 않고 어진 사람은 근심하지 않고 용기 있는 사람은 두려워하지 않느니라"[44]는 것은 『중용』에서 말하는 천하의 달덕(達德)으로[45] 군자가 갖춰야 할 덕목이다. 여기서 지는 배우기를 좋아하여 견식이 높고 지혜로운 것을 말하고, 인은 덕행을 쌓고 박애를 베풀어 어질고 자애로우며 인덕이 있는 것을 말하며, 용은 수치를 알아서 품성이 당차고 과감한 것을 말한다.[46] 이 세 가지를 깨달으면 '수신(修身)'을 아는 것에서 '치인(治人)'을 아는 것은 물론, '치천하국가(治天下國家)'까지 알 수 있게 된다는 것이다. 따라서 지 · 인 · 용의 군자 리더십은 시대와 사회를 이끄는 힘과 지혜로, '수신'은 물론 '치인'에서 '치천하국가'까지 가능하게 하는 덕목이 된다. 동교는 이것이 곧 지 · 인 · 용의 덕성의 효과라고 말한다.

동교는 어려서부터 앎에 대한 열망이 매우 높았다. 그는 당시 세태에 따라 의학이나 법학으로 영달의 길을 가지 않고 아버지의 지도에 따라 철학의 길을 선택하여 동양철학, 특히 유학에 깊이 천착하였다. 그는 옛날에 배웠던 한학과 책을 다시 상기시키면서 열심히 공부하였다. 경성제대 학생이었을 때 그는 후지즈카 치카시(藤塚隣; 1879~1948)[47]의 수업 중에 중국철학의 대가인 어느 교수의 저서 중『예기』한 구절이 잘못 인용된 것에 대해 올바르게 지적하고 소상하게 설명함으로써 교수를 깜짝 놀라게 한 일이 있었다.[48]

또한 그는 학생시절에 우리나라에 대해 폭넓게 알고 싶어 육당(六堂) 최남선(崔南善; 1890~1957)을 자주 찾아가기도 하였다. 그리고 위당(爲堂) 정인보(鄭寅普; 1893~1950)는 연희전문 때부터 사귀어 많은 귀여움을 받았다. 그러한 석학들과의 만남은 뒷날 그의 학문에 커다란 도움이 되었다고 한다. 특히 정인보와는 여름방학 때 장성 백양사 운문암에 가서 40여일 간을 함께 있으면서 사문에 대한 얘기를 밤낮없이 논의했다고 한다. 아울러 설문학의 대가인 성대(惺臺) 권병훈(權丙勳; 1864~1941)과 정인보와 만날 수 있는 계기를 마련하여 그의 집에서 학문적인 담론을 나누게 하기도 하였다.

특히 그는 대학의 사명은 학문을 연구하고 인격을 도야하는 것임을 깊이 인식하고, 대학 행정으로 분주한 총장 재직 중에도 중국철학 강의만은 계속 담당해서 맡았으며, 공무출장으로 결강하게 되면 반드시 보강을 하였다.[49] 평소 그의 지론대로 총장이 되었다 하더라도 직접 학문과 교육을 조홀(粗忽)히 할 수 없다는 점을 실천한 것이다. 총장이 학부 강의를 맡았다는 사실은 대학생에 대한 호학(好學)에 바탕한 교육이 얼마나 귀중한 것인가를 알리는 일면이라 하겠다. 이는 마치 "안회라는 제자가 호학했는데 노여움을 남에게 옮기지 않으며, 잘못을 두 번 다시 저지르지 않았다"라는 정신과 흡사하다.[50] 그는 '호학'정신을 통하여 노여움을 옮기지 않게 하고 잘못을 반복하지 않도록 하게까지 하였던 것이다. 여기서 우리는 그의 지(知)의 리더십을 단적으로 엿볼 수 있다.

뿐만 아니라 동교는 정년 퇴직을 한 뒤에도 평생의 학문을 몸소 실천하여 참 스승으로서의 모습을 보여주었다. 대체로 사람이 늙으면 세속에서의 욕망을 거두고 하던 일을 모두 잊은 채 초야에서 조용히 살고자 한다. 그러나 어진 사람은 늙으면 늙을수록 더욱 도덕이 높아져서 학문을 완성하고 사업을 성취하기 마련이다. 그가 총장으로 정년 퇴임하자 충남대 문과대학 제자들은 5월 25일 충남대 개교기념일을 전후해서 해마다 그를 모셔다가 강연회와 서예전을 개최해서 그를 기쁘게 해 드렸다. 그 모임의 이름을 그는 '경우회(敬友會)'라 지어 주고 글씨까지 써주었다. 경우회의 회원은 그의 직계 제자인 조종업, 신동호, 유남상, 김길락, 도수희, 성주탁 교수 등을 들 수 있다. 제자는 아니지만 그의 학덕을 흠모해서 김성준, 정기돈, 민동근 교수 등이 이 모임에 참여해서 작고하던 1981년 전해까지 모셔다가 강연회와 서예 전시회를 가진 바 있다.[51]

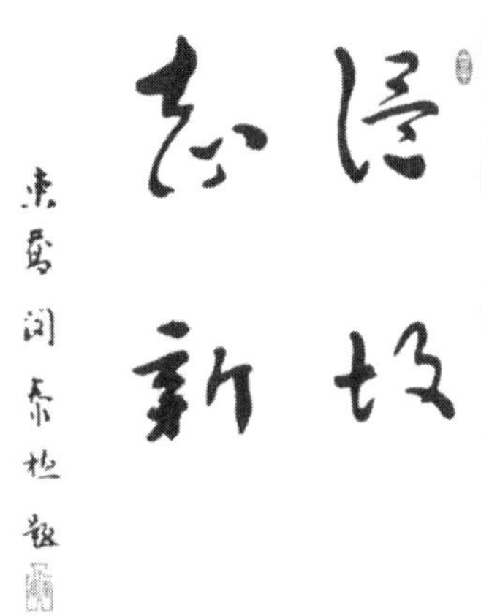

동교 민태식 박사 유묵(초서)

동교는 온 세상에 양풍으로 들떠 우리의 전통문화를 돌아보는 이가 드물던 날에 동방연서회 초대회장으로 취임하여 우리나라 서예발전에 심혈을 기울였고, 현정회의 이사에 추대되어 단군정신으로 민족정기를 찾는 데 주력하였다. 또한 사문학회 초대회장으로 추대되어 『송자대전』을 영인 출판함과 동시에 전통사상부흥과 민족주체성 확립을 위하여 많은 강연회를 개최하고, 또 학보를 거듭 발행하여 우리나라 유학부흥에 큰 공헌을 하였다.

그리고 1972년에는 동양문화연구소를 창설하여 도덕윤리의 현대적 연구와 한문 한자교육 및 민족 예술 발전에 온 힘을 경주하였다.

그동안 사림의 추대로 노산사 원장, 대로사 이사, 성균관 및 한국청년유도회 고문, 모현동지회 회원 등으로 활약하였다.

신선을 찾아 푸른 산으로 들어가는 것은 쉬운 일이나 세속에 살면서 사람노릇 다 하기는 어려운 일이다. 만년의 그 많은 직책이 대부분 새로운 역사를 개척하는 일이며, 모두 보수가 없는 봉사의 자리였고 그 많은 일이 공적을 내세우려는 것이 아니라 호학하며 행동하는 후학의 도리를 말없이 실천하는 것이다.

1960년 8월 9일 총장 이임식의 공식적인 인사가 끝난 다음 동교는 "나는 5년 동안 총장직에 재임하면서 사환에게조차 한 번도 꾸지람을 해본 일이 없이 지냈다"고 술회하였다.[52] 그의 따뜻한 인품과 본보기를 잘 나타내준 말이라고 생각된다. 또한 그는 한국전쟁이 일어나 피난을 못가고 있다가 반동교수로 몰려 인민재판을 받을 때 다른 어떤 교수가 자신의 발뺌을 하여 엉뚱한 곤혹을 치른 일이 있었는데, 그는 이에 대해 사람을 사랑하는 인(仁)의 정신이 없었던 것으로 지적하였다.[53] 이것은 그가 유학은 적당과 요령을 배격하고 실천을 필요로 하는 학문이며, 공자의 인은 인간행위의 기본이념이라고 보았기 때문이다. 이는 마치 맹자가 '인은 사람다움'[54]이며 '사람의 마음'[55]으로, '인하면 영화롭고, 인하지 못하면 치욕을 받는다'라는 인간의 떳떳한 정을 말하면서 '지금에 치욕을 싫어하면서도 불인에 처함은, 이는 마치 습한 것을 싫어하면서도 낮은 곳에 처함과 같은 것이다'라고까지 비유하는 정신과 맥락을 같이한다.[56] 그의 차마 하지 못하는 마음(不忍人之心)의 인(仁)의 리더십이야말로 리더와 구성원이 함께 더불어 쌍무적 관계로 존립 가능하게 한 것이다. 이런 점은 "인간을 인간답게 만들려는 교육에 있어서도 '나는 이렇게 하는데 너는 왜 따라오지 않느냐?'고 하는 것은 있을 수 없는 일이다. 이것은 비단 교육에서 뿐만이 아니라 그것은 이해력이 결여되어 있기 때문이다. 그렇게 하라는 측에서는 통쾌할지 모르지만 그것은 수긍이 안 가는 지도 방법이다"[57]라는 그의 교육관과 가치관과도 맥락이 닿아 있다.

동교는 모든 일에 대체와 소체를 분별하여 도덕과 의리에 관계되는 일이면 추호의 굽힘이 없이 앞장서서 나아갔다. 하지만 그것이 공명과 이익에 대한 것이면 조금도 생각에 걸림이 없이 흘려보내 둥글둥글 지냈다. 그러므로 작은 일을 가지고 그를 만난 사람은 가부가 분명치 않은 분으로 생각했고, 큰 일을 가지고 그에게 상의한 사람은 그를 두려워하였다고 한다.[58] 또한 그는 어려서 경성고등보통학교에 무시험으로 입학하게 되었지만, 일본정부에서 세운 관학일 뿐 아니라 올바른 교육을 받을 수 없다는 이유로 시골의 고명한 한학 스승을 찾아 학문의 길을 걸었던 것이나, 일정의 야만적인 폭거에 굴복할 수 없음을 적어놓은 그의 일기 「화엽기」에서 애국정열에 잠기는 비분강개한 심경을 찾아볼 수 있다.[59] 나아가 그는 41세에 일본 제국주의의 학병권유강연을 거부함으로써 연희전문 교수를 면직 되거당하는 의연함과 용기 있는 행동을 보인 적이 있다.[60] 이는 자기의 옳지 못함을 부끄러워하고, 남의 옳지 못함을 미워하는 의(義)와 같은 마음으로 과단성 있게 행동하는 용(勇)의 리더십에 기초한 것이라 할 수 있다.

결국 동교는 인(仁)을 우선으로 삼는 어진 사람으로 덕을 이루어서 이치가 사사로움을 이길 수 있으므로 순조롭거나 거슬리는 상황에 있어도 마음에 근심하지 않았다. 또한 지(知)를 우선으로 삼는 지혜로운 사람으로 학문에 나아가서 이치에 밝게 비쳐서 일과 물건을 만남에 마음에 미혹되지 않았다. 그리고 용(勇)을 우선으로 하는 용기 있는 사람으로 행동에 나아가서 기운이 도와 리에 합하여 책임이 중대하여도 두렵지 않을 수 있었던 것이다.

앞에서 살펴본 바와 같이 동교는 어려서부터 한학과 서예로 학습한 수신 리더십의 토대 위에 구성원과의 공감과 섬김으로 조직의 목표를 달성할 수 있는 대학 총장으로서의 서번트 리더십을 드러냈으며, 아울러 참 스승으로서의 지 · 인 · 용의 덕목을 평생의 방향과 가치로 삼고 실천함으로써 군자 리더십을 발휘하였다. 이러한 리더십은 그에게 삶의 원동력이며 시대와 사회를 이끌 수 있는 힘과 지혜로 리더스피릿의 근간이었던 것이다.

민족 자아의 구현과 우리의 할 일

—

동교 민태식은 우리의 민족 자아를 유학에서 찾아 정통성을 확립하려고 노력하였다. 나는 누구인가의 개인의 자아가 아니라, 우리 민족의 자아 찾기에 일생을 보냈다. 그는 "우리는 정치적 독립은 찾았지만 사상적 자아는 아직 찾지 못하고 있다"고 하면서 우리 민족의 자아 형성 요소는 다양하지만 그 골격을 이룬 것은 유교사상이라고 하였다.[61]

그러므로 동교는 역대의 성현들이 이에 더욱 용의(用意)한 바가 있다고 하였다.[62] 즉 "밥을 먹는 동안에도 인에서 멀리 아니한다"[63]고 하는 공자의 인애정신을 비롯하여 『중용』의 '성(誠)'이나 『대학』의 '명덕(明德)'을 들고 있다. 또한 우리나라에서는 퇴계의 '경(敬)'에 대한 공부나 율곡의 '입지(立志)'·'명지(明智)'·'독행(篤行)'을 고조(高調)한 것이다. 이것은 다 인간 자아의 본원적인 원명처를 밝히는 동시에 이 정신이 곧 실천에 반영되는 근본적인 요체임을 분명히 제론한 것이라고 그는 보았다. 또한 그는 영국의 석학 토인비 박사가 현대 기계문명의 결함을 보완하려고 하면 먼저 정신혁명이 필요하다고 제론한 것은 매우 시의에 적절한 것이라고도 평가하였다.[64] 현재 교육과정에서 미술에는 한국화가 없고, 한국음악은 국악이라 하여 변두리에 머물러 있다. 그러나 '한국학'에 이어 '세계 속에 한국학'이 발현되고, 한자교육 열풍이 불고, 한의원(漢醫院)이 한의원(韓醫院)으로 바뀌었으니 그동안의 성과라 하겠다.

또한 동교는 한국인의 정체성을 홍익대도(弘益大道)에서 찾았다. 그는 사서오경을 연구하고, 서양철학의 논리적 분석 방법을 도입하여 그 접합점을 인성에서 찾아, 건전한 발전은 주체성에 의해서 이루어진다고 보았다. 그 변하지 않는 주체성의 핵심은 인성이라고 갈파하면서, 인성은 동서양이 같다고 하였다. 또한 인성은 인성(仁性)을 주체로 인도로 나아가야 하며, 홍익인간의 정신은 인·애(仁·愛)가 포함된 사상으로 한 국가, 한 민족을 초월하여 세계와 인류의 정신적인 지도이념이 되고도 남음이 있다고 하면서 홍익대도의 빛을 밝혀야 한다고 역설하였다. 아울러 효는 인(仁)을 실천하는 기본이며, 충

민태식 박사의 전각

은 자기의 정성을 다하는 것으로, 신하가 임금에게 하는 충은 소수를 위한 것이요, 윗사람이 아랫사람을 이롭게 하는 충은[65] 다수를 위한 것이라 하였다. 이것이 민주주의의 최고의 이념이며 경영철학이 될 수 있다고 하였다.

이와 같이 동교는 일생 동안 홍익대도의 길에서 자아 발견에 노력하여, 삶 자체가 고매한 학덕의 삶이 되어 '군자'라는 칭호를 받게 되었다. 아울러 한중국 고전을 섭렵하다 보니 자연스럽게 유학, 한문학의 대가로 서예의 옹호자가 되어 고매한 삶을 누리었다.

동교는 우리들에게 한국인의 정체성(정통성과 주체성)을 찾아 한국인이 나아갈 바를 제시하고 있다. 국제화, 세계화가 주창되는 이때에 나는 누구이며, 어디로 갈 것인가? 한걸음 나아가 우리 민족은 어디에서 왔으며, 어떻게 가야 할 것인가? 물질만능주의로 이기심이 팽배한 혼탁한 사회에서 우리는 어떻게 살아야 하나? 이것이 바로 오늘을 사는 우리가 해야 할 일이다.

Ⅲ

‘건설 총장’ 화곡 서명원의 대학 혁신과 리더스피릿

이영자

혁신의 아이콘, 화곡

—

대전에 위치한 충남대는 1952년 개교한 이래 올해로 개교 70주년을 맞았다. 그동안 중부권 거점국립대학으로서, '창의 · 개발 · 봉사' 정신을 갖춘 인재 양성이라는 교육이념을 바탕으로 수많은 인재를 배출해 왔다.

그런데 최근 들어 "벚꽃 피는 순서대로 대학이 문을 닫는다"라는 이른바 '벚꽃엔딩'이 현실이 되고 있다. 급격한 학령인구 감소로 지방 소재 대학들의 신입생 충원에 비상이 걸린 것이다. 지방대학의 몰락은 지역의 소멸 위기와 직결된다는 점에서 심각한 문제가 아닐 수 없는데, 이 위기 상황이 사립대를 넘어서 국립대로도 점차 확산되고 있다. 향후 10년이 지방대학의 존폐를 판가름하게 될 골든타임이 될 것이라고도 한다.

이러한 상황 앞에서 충남대 역시 이전의 명성을 되찾기 위한 개혁이 필요하다. 그렇다면 어떻게 개혁할 것인가? 충남대의 역사를 살펴볼 때, 충남도민의 정성을 모아 상아탑을 세우고 내실을 다졌던 초창기 보운캠퍼스 시대를 지나, 1970년대 중후반부터 80년대 후반까지는 학교 규모를 대폭 확장하고 세계로의 도약을 준비하는 중흥기이자 확장기였다고 말할 수 있다. 이 시기에 보운캠퍼스에서 대덕캠퍼스로의 이전을 기획하고 실천에 옮김으로써, 충남대에서 새로운 차원의 교육과 연구의 장을 연 사람이 바로 화곡(華谷) 서명원(徐明源 1919-2006) 총장이다.[1)]

화곡은 1977년부터 1985년까지 8년 동안 충남대 8-9대 총장을 역임하였다. 또한 화곡은 총장 퇴임 후 곧바로 28대 문교부 장관으로 봉직하는 등 평생에 걸쳐 한국 교육의 혁신을 위해 헌신한 인물이기도 하다. 특히 충남대 총장 재직 당시 자신을 '건설총장'이라고 칭하며 대덕 캠퍼스의 이전 및 확장에 매진함으로써, 충남대가 양적으로나 질적으로 크게 성장할 수 있는 기반을 마련하였는바, 이러한 획기적인 성장을 바탕으로 충남대는 지역에서의 역할 강화와 더불어 중부권을 대표하는 거점국립대학이라는 위상을 차지할 수 있었다.

2022년 현재 충남대는 4차 산업혁명, 포스트 코로나 시대, 지방대 소멸 위기 등 다양한 위기와 변화의 요구에 직면해 있다. 화곡은 미래사회에 성공적으로 대처하려면 변화에 민감해야 하고 앞을 내다볼 수 있는 비전이 있어야 함을 강조하였다. 그리고 그것은 무엇보다 교육을 통해서 가능하다고 보았다.[2] 또한 우리 인류는 무한한 조정능력을 가지고 있기에, 인간이 만든 문제는 인간 스스로 해결할 수 있는 지혜와 슬기를 가지고 있다는 신념과 용기를 잃지 않는다면 겁날 것은 없다고 하였다.[3]

이 글에서는 20세기 후반 충남대의 중흥을 선도한 바 있는 화곡의 리더스피릿에 대해 살펴보고자 한다. 21세기의 한복판에서 충남대가 어떤 혁신을 바탕으로 미래사회를 준비해야 하고, 또한 창의적이며 세상에 헌신할 수 있는 인재를 양성할 수 있을지 고민하는 과정에서, 지난 세월 화곡이 총장으로 재임하며 구상했던 '충남대 300년 마스터플랜'과 그의 실천궁행은 매우 유의미한 이정표가 될 것이기 때문이다.

항일정신으로 무장한 전형적인 한국 선비

—

전 대만사범대학 총장은 한국의 '선비정신'을 언급하며, 한국의 살아 있는 '선비'로 화곡을 꼽았다. 그가 언급한 선비란 학식과 인품과 지조를 모두 갖춘 인물이다. 화곡이야말로 이 셋을 모두 갖춘 선비, 한마디로 "교육 신사"라는 것이다.[4] 실제로 화곡은 주변인들에게 온화한 인품과 높은 덕망 그리고 대쪽 같은 지조를 함께 지녔다는 평가를 받아왔다. 이 밖에도 사람들은 그를 '군자'로 칭하기도 하였다.[5] 화곡이 선비정신을 갖춘 군자의 풍모와 젠틀한 신사의 모습을 두루 갖춘 것은 그의 가정과 적지 않은 연관이 있다.

화곡은 1919년 10월 27일 충남 논산군 구자곡면(현 연무읍) 마산리에서 우봉(又峰) 서해석(徐海錫) 선생과 김금(金金) 여사의 장남으로 태어났다. 본관은 대구이며 독립운동가로 잘 알려진 서재필 박사의 재종손이다. 어린 시절부터 애국애족의 가통(家統)을 체득한 화곡은 항일정신에서 남다른 면모를 보였으며, 특히 서재필 박사를 닮아서 그의 고고한 사도(士道)의 맥을 가장 훌륭하게 이어받은 것으로 평가되곤 하였다.[6]

화곡은 유년 시절 부친 슬하에서 천자문을 배웠다. 그러나 그는 천자문이 천지현황(天地玄璜)으로 시작하는 철학서인 만큼 어린 나이에도 암송만 시키는 공부 방법이 그다지 효율적이지는 않다고 생각했다. 그러다가 8세(1926)에 입학한 보인보통학교에서의 수신, 국어, 조선어, 산술, 체조 등 근대식 과목은 화곡에게 무척 흥미롭고 인상적이었다.[7]

화곡은 1932년에 공주공립고등보통학교에 입학하였는데, 이미 그 시절부터 투철한 항일정신을 드러냈다. 그는 일본 역사 자랑만 늘어놓는 가르배 선생의 일어 수업에서 "대포다! 대포야!(거짓말이라는 뜻)"라고 고함을 질렀다가 숙직실로 끌려가 몽둥이로 호되게 맞았다.[8] 또한 1938년 공주보고 졸업을 앞두고는 앨범 맨 끝에 수록되는 요세가기(寄書: 기록모음)에 무궁화(武, 宮, 華)라는 세 글자를 따로 써서 우리 민족의 상징인 무궁화(無窮花)를 음으로 표기하려는 시도가 적발된 적도 있었다. 이 사건은 사실을 알게 된 쓰쓰미(堤) 교장의 관용으로 퇴학 대신 요세

가기를 다시 쓰는 것으로 마무리되었다.[9)]

경성제대 시절의 화곡

이후 화곡은 1939년에 경성제대 예과에 입학하였다. 이때 축구부 주장을 맡아 일본인과 차별당하는 한국인 학생들의 애국심 고취에 열을 올렸다. 1942년에는 경성제대 본과 문과 법문학부에 입학하여 철학과 심리학을 전공하였다. 경성제대 시절 화곡은 여러 선후배들을 모아놓고 "민족의 생존과 자유 해방을 위해 우리 젊은이는 단결하고 힘을 길러야 한다"[10)]고 토로하기도 하였다.

또한 화곡은 일본의 침략전쟁에 앞장설 수 없어 일본의 강요에도 단호히 학도병 지원을 거부하고, 학도 징용을 선택한다. 지원병 훈련소에서 고이소(小磯) 총독은 "징용공도 천황폐하의 적자임에는 틀림없으니 앞으로 충성을 다해 달라"고 당부하며 '대동아공영권(大東亞共榮圈)' 건설의 당위성과, 그를 위해서는 전쟁이 불가피함을 주장하였다. 이에 화곡은 조선 학도에게는 우이독경이나 다름없고, 어찌 남의 나라를 쳐들어가 선량한 국민들을 괴롭히는 것을 성전(聖戰)이라고 말하는지 울분을 토하였다.[11)]

징용 생활 중에는 복장 불량으로 일본 병사로부터 구타를 당했는데, 아파서가 아니라 왜놈한테 맞은 것이 분해서 눈물을 흘렸다고 한다. 그때 마쓰모도(松本) 오장(伍長)이 나타나 자초지종도 묻지 않고 구타했다는 이유로 일본 병사를 두들겨 팼는데, 그가 바로 4·19혁명 당시 발포 명령을 내리지 않아 우리나라의 민주주의를 앞당긴 참모총장 송요찬 장군이었다.[12)]

또한 화곡은 친일하는 배신자를 찾아내 자루를 씌우고 뭇매를 때리기도 하였고, 폭동을 일으키기도 하였다.[13] 그러면서 마음속으로 일본의 패망을 바랐다. 당시 화곡은 일본의 패망이 멀지 않았음을 예측하고 폐병을 핑계로 요양 허가를 받아 고향 논산으로 내려와 있었다. 그러다가 사상범으로 붙잡혀 강원도 유치장에 수감 된다. 그러나 수감 중 탈출하여 하왕십리 당고모댁, 동향 친구의 한의원 등에서 도피 생활을 하였다. 도피 생활 중에 광복을 맞아 화곡은 "조선독립만세"를 외치며 진심으로 기뻐하였다.[14] 이후 화곡은 대학에 복학하였고, 1946년 7월에 경성대학 심리학과를 졸업하였다.

화곡은 1948년에 미군정청의 개리오아(GARIOA) 장학생으로 선발되어 도미한 후, 다시 1949년에 조지 피바디 사범대학(George Peabody College for Teachers) 대학원에 한국 국비 유학생으로 입학하였다. 그곳에서 1950년에 심리학 석사학위를 받았고, 1951년에는 교육학으로 전공을 변경하여 학업을 이어 갔으며 1953년에 교육학 박사학위를 취득하였다.[15]

피바디 대학 유학 시절에도 화곡의 항일정신은 이어진다. 그는 유학생들이 각자 자신의 나라의 문제점을 간단히 소개하는 프로그램에 참여하게 된다. 이때 지방 대도시의 장학관인 일본 유학생은 "우리는 땅을 더 필요로 한다"라며, 일본은 인구는 많고 땅이 좁아서 불편하다는 말을 거꾸로 했다고 한다. 당시 화곡은 "그렇다면 어떤 땅을 원하느냐?"고 다소 공격적으로 추궁했고, 그는 "한국을 원하는 것은 아니다"라고 변명했다. 화곡은 여기서 물러서지 않고 "어떤 땅, 어디를 원하느냐"고 재차 물었다. 그는 입장이 곤란해졌는지 "태평양의 섬 어느 곳"이라는 궁색한 답변을 했다.

이에 화곡은 "일본은 고도의 기술과 교육적 인프라를 토대로 영토확장보다는 상품 수출로 외국에 진출해야 한다"고 촉구했다. 그러나 일본인 장학생은 땅이 더 필요하다고 계속 주장하다가 참가자들의 야유를 받고 단상을 내려왔다고 한다. 그러자 화곡은 일본이 평화헌법에 제한된 방위비 예산을 슬쩍 인상하였음에도 러시아에 이어 중국을 효과적으로 견제해야 한다는 명분을 내세워 이를 묵과하고 있는 만큼, 우리는 일본의 본질을 직시하고 늘 가상의 적국으로 경계해야 한다고 역설하였다.[16)]

화곡은 1954년 유학생활을 성공적으로 마친 후 귀국하여 이화여대 교육학 교수로 취임하였다. 화곡은 1957년에 서울대 사범대학 대우교수가 되었으며 곧이어 서울대 교수로 1977년까지 재임하였다. 또한 화곡은 1960년 8월부터 1961년 5월까지 문교부 사무차관을 지내기도 하였다. 이후 화곡은 1962년에 서울대 교무처장, 1964년에 서울대 총장 서리, 1971년 서울대 사범대학장, 1973년에 서울대 부총장을 지냈다. 그리고 1977년부터 1985년까지 충남대 8대와 9대 총장을 역임하였다. 1980년에는 미국 웨스턴 미시간 대학교(Western Michigan University)에서 명예 법학박사를 취득하기도 하였다.

충남대 총장을 마친 후 화곡은 1985년 3월부터 1987년 7월까지 교육개혁심의회 위원장으로 활동하였으며, 1986년 10월에는 중앙일보가 김수환 추기경과 함께 화곡을 '올해의 인물'로 선정하기도 하였다. 이후 화곡은 1987년 7월부터 1988년 2월까지 28대 문교부 장관을 역임하였다. 그 외에도 1989년에 한국학원총연합회 회장, 1991년에 경원대학교(현 가천대학) 총장, 1995년에 세계교육협의회 한국지회장을 역임하였으며, 2006년 4월 14일 숙환으로 별세하였다.

주요 저서로는 『교육원리』, 『현대교육총서』, 『교직과 교사』 등이 있다. 화곡은 1976년 12월 박정희 대통령으로부터 국민훈장 모란장을, 1985년 2월에는 전두환 대통령으로부터 국민훈장 무궁화장을 수여 받

았으며, 1998년에는 문화체육부 세종문화상(교육부문)을 수상하였다.[17]

화곡은 많은 업적과 화려한 이력에도 불구하고 절대 권위를 내세우지도 권력을 앞세우지도 않았다. 화곡은 그와 함께 일했던 주변인들에게 늘 존경받았고, 인화(人和)가 저절로 이루어졌다는 평가를 받는다. 인화를 이룩해야 한다는 것을 말로 하거나 권위로 성취하려는 생각은 추호도 없었다. 이것이 화곡의 인격이며,[18] 내면에 한국의 선비정신과 서재필 박사를 배출한 집안의 가통이 흐르고 있었기에 가능했던 것이다.

탁월한 교육행정가, 충남대 '건설 총장'

—

화곡의 교육철학과 300년 대계 마스터플랜

화곡은 교육학자가 되기 전부터 확고한 교육철학을 가지고 있었다. 그는 공주보고 시절부터 고급 인력 양성은 억제하고 기술교육만 허용하는 일제의 우민화 교육 정책을 비판하였다.[19] 화곡은 우민화 교육의 폐해를 극복하고 식민 통치와 한국전쟁 후의 신속한 국가재건을 위해서는 균형적인 교육이 필요하다고 보았다. 특히 한 나라의 교육관과 교육이념은 전쟁이나 정권 변동에도 흔들려서는 안 된다는 신념을 일찍부터 지니고 있었다.

화곡은 원래 건축학이나 심리학에 관심을 가졌다. 공주보고 시절 유일한 한국인 교사인 정인택 선생을 만났을 때도 건축학 전공을 권유받았으나 진학하지 못해 아쉬워한 바 있다. 그러다가 화곡이 1950년 미국에서 심리학 석사학위를 취득한 후 1951년에 다시 교육학으로 전공을

서명원 총장 근영

바꾼 것은, 맥그로 힐(McGraw Hill) 교육총서의 감수자인 해롤드 벤저민 박사의 명연설을 들은 이후였다. 그러나 박사과정 입학 당시 한국에서는 6 · 25 전쟁이 발발하였다. 화곡은 박사과정을 계속 밟을지 귀국할지를 두고 고민하였다. 이때 지도교수인 본(Vaughan) 박사의 조언이 박사학위 과정을 지속하게 된 계기가 된다. 지도교수는 "돌아가면 애국심은 충족하겠지만 최전방에서 총알받이가 될 것이 분명하다. 전선에서 싸우다 죽는 것만이 애국이 아니다. 박사학위를 받고 돌아가 조국을 재건하는데 사력을 쏟아라. 교육적 재건이야말로 경제적, 정치적 재건보다 중요할 수 있다"라고 조언하였다. 이를 계기로 화곡은 학업에 전념하여 교육학 박사학위를 받게 된다.[20] 이 과정을 통해 화곡은 바른 인재를 만들어 내는 교육학이야말로 '보다 중요한 건축학'이라는 사실을 깨닫게 된다. 특히 일제의 식민통치를 겪은 우리 민족에게 인재 양성은 무엇보다 중요한 일이기 때문이다.[21]

화곡은 흔한 유학파 교육학자와는 달랐다. 미국 유학파임에도 화곡의 교육철학에는 늘 '주체성'과 '민족'이 핵심을 이룬다. 당시 교육행정가들 중에는 외국의 이론에 지나치게 의탁해 우리 고유의 것을 천시하는 경우가 적지 않았다. 그러나 화곡은 한국인으로서의 긍지를 가지고 교육행정을 실천해 나갔다. 심지어 외국인과 대화할 때도 그들에게 학문적 이론은 물론이거니와 재담, 술, 춤 등 어느 것으로든 우리 한국이 우월하다는 것을 보여주어야 직성이 풀렸다.[22]

이처럼 주체성에 기반한 교육철학을 토대로 화곡은 50년을 교육학자로서 그리고 교육행정가로서 활동하였다. 당시 한국은 일제강점기와 한국전쟁의 후유증으로 국토 재건과 더불어 여러 가지 내홍을 겪으면서도 여러 분야에서 근대화에 박차를 가하고 있었다. 화곡은 한국 교육의 근대화 과정에서 중추 역할을 하면서, 미래지향적인 교육개혁을 준비하고 또한 실천하였다.

화곡에 따르면 교육개혁 시도가 반복해서 실패하는 이유는 폭넓은 분석이 이뤄지지 않기 때문이다. 예를 들어 대학 정원을 얼마나 늘려야 할지 결정하기 위해서는 직종의 변화 등 산업계 동향을 먼 미래까지 예상해야 한다. 단순한 예측이어서는 곤란하고 면밀한 분석이어야 한다. 산업계에서 요구하는 인력이 고급 기술인력인지 단순한 기능공 수준인지까지 파악이 가능해야 비로소 정확하게 대학 정원을 정할 수 있는 것이다. 교육계가 입시 교육에만 매달리는 것을 지양하고, 학부모들의 근시안적인 교육열을 교정시킬 정도로 근본적인 개혁에 나서야 전인적인 교육이 실현될 수 있다는 것이 화곡의 생각이었다.[23] 그리고 그가 내세운 것이 바로 '교육 300년 마스터플랜'이었다.

미래지향적 교육개혁과 함께 추진해야 할 정책이 바로 지역 중심의 교육자치이다. 교육은 각자의 개성에 맞게 실시되어야 하며, 교육의 기회 또한 균등하게 주어져야 한다. 특히 교육의 기회균등은 민주주의 이념에 속하며 또한 헌법에 보장된 기본권리이다. 더 나아가 화곡은 유학 시절부터 미국에서 일찍 시행된 교육자치를 면밀히 관찰하며 그 중요성을 자각하게 된다. 획일적인 교육의 부작용이 분명히 존재하며, 제주도와 충청북도가 다르고 서울 시내에서도 중앙과 주변부가 같지 않다고 보았다. 따라서 천편일률적으로 국정교과서를 암기시키는 교육은 민주적이지 않았고 개성의 발달에도 부적합했다고 화곡은 회고하고

있다.[24] 같은 맥락에서 화곡은 대학의 자치활동도 매우 중시하였다.[25]

교육자치의 궁극적인 목적은 지역사회에 공헌하는 인재를 양성하는 데 있다. 화곡은 대학과 지역사회의 연계가 필요함을 자주 언급하였다. 총장 시절에는 산학연 협동을 위해 표준과학연구소와 협동 과제를 수행하기도 하였다. 또한 대덕연구단지에 국내 최초의 선박연구소가 있음을 파악한 직후인 1982년에는 공과대학에 조선공학과(현 선박해양공학과)를 설치하기도 하였다.

교육자치제는 1949년 시작되어 어느 정도 정착되기까지 약 60년의 세월이 걸렸다. 그리고 화곡이 예견하고 주장했던 바, 대학이 지역과 상생하며 지역사회를 위한 인재를 양성해야 한다는 사실은 21세기에 들어선 오늘날 점점 더 강조되고 있다. 예컨대 2021년 혁신도시법 개정으로 지역인재 채용이 의무화되었으며, 더불어 지역인재 양성은 대학의 매우 중요한 과제가 된 것이다. 앞으로 충남대가 중부권역의 인재들에게 4차 산업시대의 요구에 부응할 수 있는, 또한 지역 현안에 최적화된 인재를 지속적으로 육성한다면 지역과 함께 성장하는 명실상부한 거점국립대학으로 거듭날 것이다.

충남대 '건설 총장'

1977년 화곡이 총장으로 부임했을 당시 충남대는 매우 열악한 상황에 놓여 있었다. 그러나 박정희 대통령이 대전 인근에 제2의 수도를 건설하고 충남대를 제2의 서울대로 만들겠다는 포부를 밝힌 만큼 일말의 기대감도 존재했다. '건설 총장'을 자임한 화곡은 충남대를 한강 이남의 최고 대학으로 만들어 보겠다는 결의를 다졌다.[26]

"대학의 이전사업은 장기적인 안목에서 계획되어 건설되고 발전하여야 한다"는 것이 화곡의 소신이었다.27) 장기적인 안목에서 28만 평의 캠퍼스 부지는 미래를 내다볼 땐 협소하다고 느꼈다. 화곡은 100만 평 캠퍼스의 꿈을 갖고 주변 농지 확보를 위해 허름한 옷차림을 하고 '암행 조사'를 벌이기도 하며 부지확보에 열정을 쏟았다. '교육 300년 마스터플랜'을 실현하기 위해서는 훨씬 크고 웅장한 캠퍼스 확보가 필수적이었기 때문이다.28)

충남대 총장 시절

화곡의 마스터플랜 중에서 첫 번째는 공주사대(현 공주대)를 충남대로 통합하고, 농대를 공주로 이전하고 확장하는 것이었다.29) 충남대는 2009년 공주대 및 공주교대와의 통합을 추진하다가 학내 반대와 공주대의 반발로 무산된 적이 있다. 학령인구 감소와 행정의 효율성 강화를 위해 1도 1국립대 추진이 점차 가속화될 것으로 예상되는 상황에서 40여년 전에 구상된 화곡의 마스터플랜은 선견지명을 담은 것임을 분명히 확인할 수 있다.

또한 화곡은 총장 시절, 대덕캠퍼스를 설계하는 과정에서 도서관을 정중앙에 위치시켜 대학을 상징하는 건물로 삼기로 하였다. 도서관 앞에는 호연지기(浩然之氣)를 기를 수 있도록 널찍한 광장을 조성하였다. 캠퍼스를 조성하는 동안 나무 한 그루라도 전체와의 조화를 생각하며 심었다. 음악학과는 타 단과대와는 떨어진 곳에 두어 마음 놓고 연주할 수 있도록 배려하였다. 화곡은 충남대 캠퍼스를 찾은 많은 사람들로부터 "조경도 세심하고 공간 배치도 훌륭하다"는 칭찬을 들을 때 일생에서 가장 큰 보람을 느꼈다고 회고하였다.30)

대덕캠퍼스 구상과 준공으로 인해 화곡은 자신을 건설총장으로 칭하였다. 그는 당시 공사 기간 내내 마치 건설현장 소장처럼 작업현장에 상주하면서 전 과정을 진두지휘하였다.[31] 특히 화곡은 고향에서 교육 발전을 위한 대역사를 담당한다는 것은 아무나 누릴 수 있는 영광이 아니기에 예산을 알뜰히 집행해 부실시공 없이 기일 안에 공사를 끝내야 한다는 막중한 사명을 느꼈다고 한다.[32] 이러한 사명감과 리더십이 오늘날의 충남대를 있게 한 원동력이 되었던 것이다.

화곡은 충남대 30주년 기념물 건립 과정에서 경주 불국사 석가탑과 영지의 고사를 떠올렸다. 즉 그는 백제문화의 상징인 부여 정림사지 5층 석탑의 모형을 그대로 재현하고 탑과 도서관이 물속에 비칠 수 있는 영탑지를 구상하였다. 나아가 바라보는 각도에 따라 중앙도서관과 대학본부 등의 건물이 연못에 비칠 수 있도록 설계하였다. 이 충남대 석탑은 우리 민족의 유구한 문화 창조 정신을 상징한다.[33] 이곳은 아름다운 전망 덕분에 완공 직후부터 졸업앨범 촬영을 위한 필수코스가 되었으며, 충남대 내에서도 가장 수려한 조경을 자랑하는 장소 중 하나로 손꼽힌다.

중앙도서관과 영탑지

백마상 준공식

대덕캠퍼스 조성 당시 충남대 총동문회에서는 교수(敎獸)인 백마의

상을 건립하기로 하고 모금활동을 진행하였으며, 남녀공학인 만큼 암수 두 마리의 백마가 약진하는 '백마상'을 설계하였다. 백마는 충남대를 상징하는 동물로서 지성과 야망을 지니고 이상을 실현하고자 하는 충남대인의 정신을 나타낸다.[34] 백마상 아래에는 큰 받침대가 있으며 좌우에 인상이 존재하는데 우측상에는 수레바퀴가 새겨져 있다. 수레바퀴는 원이라는 상징을 통해 단결과 협동을 나타낸다. 수레바퀴의 살은 11개인데, 이것은 대덕 캠퍼스 건립 당시 충남대에는 7개의 단과대학과 4개의 대학이 존재하여 그렇게 구성되었다고 전한다.[35] 지금도 백마상은 충남대의 웅비를 상징하는 건조물로 그리고 학생들의 만남의 장소로 각광 받고 있다.

화곡은 대학 건물은 공장 건물과 달리 기능적인 편리함도 중요하지만 창의성과 아름다운 인성을 함양하기 위해서는 독특함과 예술성이 필요하다고 생각하였다. 사실 300년 앞을 내다보고 학교를 건설하겠다고 공언했으나, 캠퍼스 건설의 경우 1년 단위로 예산이 책정되기 때문에 장기 사업은 어려운 점이 적지 않았다. 먼 미래를 보고 계획을 세우려 해도 현재의 여건(학생, 교수, 학급의 규모 등)에 묶여 승인받기 어려웠던 것이다.[36]

어느날 박정희 대통령이 대덕연구단지 시설을 시찰하고 예고 없이 충남대를 방문했을 때, 화곡은 정부가 예산을 찔끔찔끔 주어서 공사가 지지부진하니 어느 세월에 완공될지 모르겠다고 불평하였다. 이에 박 대통령은 모든 공사가 예정보다 1년 앞당겨 완공되도록 집중적으로 투자하라는 지시를 내렸다. 그 후로는 굳이 요구하지 않아도 수백억 원의 예산이 수월하게 내려왔다. 다른 국립대에서 "충남대 때문에 예산 따기가 별 따기"라고 불평이 나올 정도였다.[37]

또한 화곡은 중앙도서관을 대덕캠퍼스의 정중앙 남향에 배치하여 충남대의 상징으로 만들겠다고 계획하였다. 그러나 당시 학생수에 맞춰 설계된 도서관 모형은 성냥갑처럼 왜소하고 볼품없었다고 한다. 이에 실망한 화곡은 도서관, 박물관, 대학본부 3개 시설을 한 건물에 두었다가 차차 규모가 커지면 하나씩 독립시키는 방법을 생각해 내고 실행에 옮겼다.[38] 이후 대학본부를 독립시키면서 도서관은 충남대를 대표하는 건물이 되었다. 그리고 2021년 10월에는 지상 2층, 지하 2층의 최첨단 복합교육 공간인 신축관을 개관하면서, 비로소 40여년 전 화곡이 원했던 충남대 랜드마크 도서관이 완성될 수 있었다.

다른 한편 화곡은 당시 문교부장관을 설득해 보운 캠퍼스의 6만 평 부지를 메디컬센터 용도로 확보하기도 하였다.[39] 낙후되고 비좁았던 구식 대학병원을 명실상부한 중부권역 최대 의료기관으로 성장시킨 것이다. 그것이 바로 문화동 보운캠퍼스를 중심으로 형성된 '메디컬센터'이다. 이를 위한 부지확보가 이루어지고 의과대학 부속병원 건물이 새롭게 준공되었다. 이 또한 화곡의 열정과 경륜 그리고 선견지명의 소산이었다.[40]

새로운 캠퍼스 조성 과정에서 화곡은 예산 확보에 만전을 기함은 물론, 예산 집행에서 누구보다 꼼꼼한 태도로 일관하였다. 실제로 도서관 옆 시계탑 건설 당시에는 철근 수가 하나 모자란 것을 발견하고 그 건설업자에게 처음부터 다시 공사를 하도록 지시한 경우도 있었다. 화곡은 영세업자에게 다소 미안한 일이었지만 국민의 세금으로 대학 캠퍼스를 짓는 만큼 철저한 감시와 그 결과에 대한 책임 추궁이 필요했다고 회고하였다.[41]

화곡은 충남대 종합발전계획을 수립하고 캠퍼스 이전과 함께 1차 발전계획(1977년부터 1981년)을 완성하였으며, 나아가 2차 발전계획(1982년부터 1986년까지)도 차질없이 진행하였다. 화곡은 당시 단과대학 개편도 적극적으로 추진하였다. 즉 1979년부터 문리과대학을 문과대학과 이과대학으로, 법경대학을 법과대학과 경상대학으로 분리하였다. 8개 단과대학 34개 학과에서 64개 학과로 확대되었고, 학부 졸업정원도 발전계획 초기 3,720명에서 완성년도에는 14,880명에 달할 정도로 비약적인 성장을 이루었다.

8년을 넘어 영원한 충남대 총장으로

화곡은 충남대 총장으로 부임한지 8년 차에 정년의 나이에 이르게 되어 1985년 2월 28일자로 교육계를 떠나야 했다. 8년 세월은 정치적으로도 격동기였고 대학도 소용돌이에 휩싸인 시기였다. 충남대는 당시에 대부분의 시설이 대덕 캠퍼스로 이전한 상태였고 보운 캠퍼스에는 메디컬센터로 발돋움한 의과대학과 부속병원, 간호학과 등이 남아 있었다.

화곡은 대덕캠퍼스는 "서명원 총장의 작품"이라는 말을 들을 때마다 기쁘면서도 조심스러워했다. 또한 캠퍼스 이전 시기였던 만큼 '건설 총장'이라는 표현을 자랑스럽게 여겼으나, 교육행정 등 다른 부분에서는 행여라도 소홀히 한 바가 없었는지 여러 차례 자문하기도 하였다. 총장의 본분은 역시 학내 구성원들이 학문적 성과를 확립하고 교육에 전념할 수 있도록 뒷받침하는 것임을 누구보다 잘 알고 있었기 때문이다.

화곡은 8년 총장 생활 가운데 가장 큰 업적은 역시 캠퍼스 이전이었다고 자평한다. 이에 대한 보답으로 동상 건립 움직임이 있었다.[42] 이와 관련해서 퇴임 당시 화곡은 살아있는 사람의 동상은 세우지 않는 것이라며 펄쩍 뛰었지만 이미 동상을 만들어 어딘가 보관하고 있다고 들었다고 한다.[43]

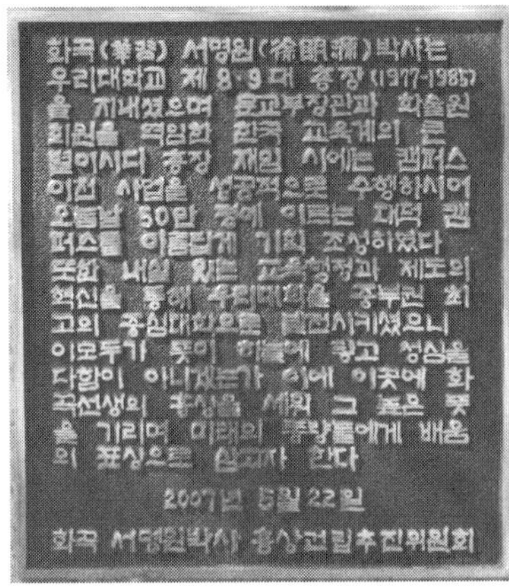

충남대 대학본부 앞 서명원 총장 흉상과 약력

현재 충남대에는 총 5개의 동상이 있는데, 이 중에서 총장 동상은 두 개이며, 그 가운데 하나가 서명원 총장의 동상이다. 이 흉상은 당시 계룡건설 이인구 회장이 비용을 부담해서 1989년에 제작되었다. 화곡이 '생존인물의 흉상을 세우는 건 바람직하지 않다'고 반대해 대학박물관에 보관해 두었다가, 2006년 화곡이 작고하고 나서 2007년 개교 55주년 기념식 때 대학본부 앞 잔디광장에 설치하였다. 이처럼 학내 구성원과 지역민들이 뜻을 모아 생전에 흉상을 제작할 만큼 화곡은 지역사회에서 존경의 대상이 되었다.

화곡의 충대 사랑은 자녀들에게도 대물림되었다. 화곡의 장남이며 충남대 재료공학과에 재직한 후 정년 퇴임한 서동수 교수를 비롯한 동선 · 동민 · 동은 · 동진 등 5남매가 뜻을 모아 1억 원을 기탁하였다. 대학에서는 기탁금으로 '화곡장학기금'을 조성하였으며, 현재도 이자수익으로 형편이 어려운 학생들에게 장학금을 지급하고 있다.[44)]

지략과 인화(人和)의 리더십

—

지략과 협상

화곡은 지략을 통해 처음 의도한 바를 반드시 성취하는 최고의 협상가였다. 앞서 중앙도서관을 충남대의 위상에 부합하도록 설계하고 완성한 것처럼, 약학대학도 협상을 통해 신설하였다. 당시 정부는 공대를 활성화한다는 방침에 따라 충남대 공업교육대학의 정원을 450명에서 900명까지 증원하였다. 학과 정원은 사회적 수요와 공급을 고려해 판단해야 할 사안임에도 청와대에서는 '정원 확대=활성화'라는 등식을 설정하고 있어 '보고용 정책'임을 의심할 정도였다.

화곡은 청와대 오원철 수석에게 "공업교육대학이 실업자 양성소로 전락해도 좋으냐"며 "그렇게 많은 인원은 뽑을 수 없다"라고 강력히 반대했다. 오수석은 "당신이 어떻게 앞으로의 일을 나보다 잘 알 수 있느냐"고 질책을 서슴지 않았다. 화곡은 "다른 건 몰라도 교원 수급에 대해서는 당신보다 내가 더 잘 알 수 있다"라고 반박했다. 오 수석은 "총장이 원하는 것이 있다면 모두 들어줄 터이니 정원 확대 방침에 대해서는 내 말대로 해달라"고 주문했다. 그래서 당시로는 거의 불가능했던 약학과 신설을 요청했다. 약제사 양성이 이미 포화상태에 도달했기에 일반적인 경우라면 반려가 당연했으나, 화곡의 치밀한 상황판단과 협상을 통해 교내 숙원사업이던 약학대를 신설하게 된 것이다.45)

그러나 공업교육대학 정원 증가로 인한 취업 문제는 학생들의 시위로 이어졌다. 화곡은 고심 끝에 한 가지 묘안을 짜냈다. 공업교육대 학생들에게 부전공을 이수하도록 한 뒤 공고 교사뿐 아니라 다른 과목의 중등 교사로도 진출시키는 방안이었다. 다른 대학들의 불만이 없지 않았지만 협조를 요청한 정부에서도 이 안을 수용하였고, 이런 방식으로 교사가 된 공업교육대 학생들이 수업 준비를 열심히 하고 행실에서도 모범적이라는 보고를 받고 화곡은 안도할 수 있었다고 한다.[46]

화곡은 기형적인 공업교육대를 본래대로 환원하는 정책이 필요하다고 판단하였다. 화곡은 우선 공업대를 두 학부로 나눈 뒤 연차적으로 교육학부를 줄이고 공학부를 늘려나가는 정책을 세웠다. 시간의 흐름과 더불어 정부도 정책 실패를 자인하기 시작해서 공대 환원 정책에 별다른 제동을 걸지 않았다. 8년 간의 총장직을 마칠 즈음에는 공대를 거의 이전 수준으로 환원할 수 있었다. 화곡은 이러한 공대 부활을 충남대 대덕 캠퍼스 조성과 견줄만한 업적이라고 자평하였다.[47] 이처럼 화곡은 확실한 소신을 갖고 지략과 협상을 통해 자신의 뜻을 관철시키는 탁월한 교육행정가였다.

소통과 협력

화곡은 성격상 형식을 싫어해 지방 행사에서도 당일 지정해주는 좌석에 앉곤 했다. 당시는 아직 사회에 형식적이고 관료적인 분위기가 만연해 있었던 만큼, 주변 교수들은 "총장은 개인이 아닙니다. 충남대 교수와 학생을 대표하는 상징적인 존재이십니다. 저희들의 사기에 큰 영향을 미치게 되고 충남대 전체의 위상과 명예를 생각하셔야 합니다"라며 문제를 제기했다.[48]

그러나 화곡은 지나친 엘리트주의에 빠져 지역사회와 교류는 하지 않은 채 대접만을 바라는 것은 문제라고 보았다. 그는 1980년대 당시에도 이미 21세기 지식정보기반사회를 대비해서 대학과 지역사회 간의 유대가 강화되어야 한다고 역설하였다. 국립대는 유용한 지식과 정보를 지역사회에 제공해야 하고, 지역사회는 그런 역할을 하는 대학을 존중해야 한다는 것이다. 화곡이 이미 50여 년 전부터 대학과 지역사회의 유대를 중시한 점은 그의 선각자적인 면모를 분명히 드러내는 징표이다. 그러나 더욱 중요한 것은 이런 면모가 자신을 낮추는 겸손한 태도와 지역과 상생하고자 하는 협력 정신에서 기인하는 것이라는 점이다. 그것은 교외뿐만 아니라 교내에서도 마찬가지였다. 화곡은 다수의 지혜를 중시하는 민주주의는, 이론상으로는 차선이지만 현실에서는 실천 가능한 최선책이라고 보았다. 학교를 운영함에 있어서도 교수들의 협력없이 총장이 임무를 원만히 수행할 수는 없다고 보았다. 대학이 발전하고 팽창할수록 관료주의의 유혹에 빠지기 쉽기에 총장은 평소 교수와의 의견 교환을 위해 노력해야 한다는 것이다.[49)]

이처럼 화곡이 지역사회나 교수 구성원과의 소통과 협력을 중시한 모습은 현대 민주주의 사회가 추구하는 이상적인 리더의 면모일 것이다. 리더가 먼저 권위 의식에서 벗어날 때 구성원 간의 진정한 소통과 업무상의 시너지 효과가 발생한다는 사실을 화곡을 통해 배울 수 있다. 이러한 소통과 협력을 바탕으로 화곡은 정치적 격변기에도 성공한 교육자이자 행정관료로 활동할 수 있었다.

서명원 총장 현장 시찰 모습

화이부동(和而不同)의 리더스피릿

—

화곡은 일제강점기, 한국전쟁, 권위주의 정권, 문민정부를 차례로 겪으며 현대사의 중심부에서 활동한 인물이다. 화곡은 대한민국의 대표적인 교육학자이자 교육행정가였다. 굴곡의 현대사 속에서 정권과 결탁한 교육 정책과 행정의 소용돌이 속에 자연히 휘말릴 수밖에 없었다. 그러다 보니 그의 활동이 자칫 권위주의 정권을 옹호하는 기회주의나 명예와 일신의 영달만을 좇는 권력 추구로 비춰질 수도 있다.

사실 이러한 오해는 그의 회고록에서도 발견된다. 5 · 16 군사정변을 5 · 16 혁명으로 칭한다거나,[50] 60~70년대 한국 경제의 비약적인 발전을 지칭하는 '한강의 기적'이 박정희 대통령의 리더십의 결과이며, 그의 선견과 추진력이 아니었다면 결코 당시와 같은 발전을 이루거나 훗날의 발전을 위한 기틀을 잡기 어려웠을 것이라고 밝히고 있다.[51]

또한 화곡은 충남대 총장 시절 정보기관의 요청으로 입법위원 경제2분과에 참여하여 강제 해산된 국회의 역할을 대신하기도 하였다. 심지어 당시 의장 선거는 사실상 지명 투표나 다름없어 거의 만장일치로 결정되었음을 화곡도 인정하고 있다. 이와 관련해서 집안의 손아랫사람이 "아저씨의 화려한 경력을 자랑스럽게 생각합니다만 왜 입법의원을 하셨나요. 아저씨 이력에 큰 흠이라는 사실을 알고 계신가요?"라고 책망한 적도 있다.[52]

이러한 일련의 언행은 평가가 엇갈리거나 과오로 간주될 만한 것이다. 그러나 분명한 점은 그가 단순히 일신의 영달을 위해 권위주의 정권에 협력하였던 것은 아니라는 사실이다. 사실 화곡의 회고록에는 '5 · 16 군사 쿠데타'라는 표현이 1회 등장한다.[53] 실수인지 의도된 장치인지는 분명하지 않으나, 그가 박정희 대통령이 쿠데타로 정권을 찬

탈하였음을 인정한 것은 확실하다.

또한 화곡은 70년대에 머리카락을 일제강점기 때처럼 아주 바짝 자르게 하려던 정부 정책을 강력하게 반대하여 '짧게'로 되돌려 놓기도 하였다. 또한 문교부 차관 시절 장관의 출장으로 대신 참석한 국무회의에서 국방부에서 군인들을 학교 교원 또는 사무직원으로 임명하자는 제안을 하자, 화곡이 "사무직원이라면 몰라도 어떻게 자격증이 있어야 하는 교원 자리를 아무나 임명할 수 있느냐"며 반대의견을 피력하기도 하였다. 화곡은 당시 자신이 나서서 반대하지 않았다면 군인들이 교단까지 점령할 뻔했다고 안도하며 그날 국무회의에 참석한 것을 두고두고 잘한 일이라고 자평하였다. 이후 화곡은 차관에 임명된 지 채 두 달이 못 되어 특별한 이유 없이 경질되었고 한참 후에야 서울사대로 복직할 수 있었는데, 이것은 모두 당시 국무회의의 후과로 볼 수 있을 것이다.[54)]

화곡은 광복 이후 격동의 시대에 활동했던 소수의 교육 전문가 그룹에 속한다. 그렇기 때문에 여러 정권에서 그에게 교육과 관련된 중요한 임무를 맡기곤 하였다. 그렇지만 화곡은 한 번도 특정 정권에 무조건 복종한 적은 없었다. 그는 매 순간 자신의 확고한 교육관에 맞게 행동하였다. 특히 정권에 아첨하는 교육 정책이나 근시안적 교육 정책에 대해서는 서슴없이 쓴소리를 내뱉으며 대한민국 교육 정상화를 위해 노력하였다.

화곡의 소신은 명분이 서지 않는 일은 행하지도 따르지도 않는다는 것이다. 따라서 그는 미래를 내다보지 못하는 정부의 정책에는 항상 문제를 제기하거나 제동을 걸었고, 명분과 효과가 뚜렷한 교육 정책에는 권위주의 정권이라 하더라도 적극적으로 협력하였다. 화곡의 관점에서 보면 교육에는 여야도 좌우도 없으며, 오직 바람직한 교육이 있을 따름이었다.[55)] 그가 단순히 명예만을 추구한 교육행정가가 아니었음

정림사지 5층 석탑 모형
(충남대 영탑지 앞)

을 확인할 수 있는 대목이다.

결론적으로 화곡은 특정 이념보다는 합리성과 효율성을 중시하며 화이부동(和而不同)의 정신을 발휘한 교육자로 평가될 수 있을 것이다. 공자는 "군자는 화합하나 부화뇌동하지 아니하고, 소인은 부화뇌동하나 화합하지 아니한다"[56]라고 하였다. 화곡 역시 일생을 통해 화합하되 부화뇌동하지 않았음을 앞의 사례들을 통해 확인할 수 있다.

사실 화곡은 주변 사람들로부터 "공손하게 행동하면 모욕당하는 일이 없고, 관용을 베풀면 사람을 얻고, 믿음이 있으면 사람들이 책임을 맡기고, 부지런하면 공을 세우고, 은혜를 베풀면 충분히 사람을 부릴 수 있다"[57]라는 논어 문구의 모델로 평가받기도 하였다.[58] 화곡이 이러한 평가를 받을 수 있었던 것은 그의 가통(家統)에서 이어진 선비정신에 기반한 화이부동(和而不同)의 리더정신 때문일 것이다.[59]

오늘날 우리가 화곡으로부터 배울 수 있는 점은, 뛰어난 학식은 물론이고 온화한 성품과 확고한 지조로 인화(人和)와 민주적 리더십을 발휘한 선비정신과 화이부동의 리더스피릿이다. 더불어 화곡의 '정확한 미래 예측을 위한 통찰력, 지략적 전략, 지치지 않는 추진력'도 본받을 필요가 있다. 화곡의 혜안처럼, 현재 우리 사회의 위기 또한 인간이 만든 위기인 만큼 현명하게 해결할 슬기를 우리는 이미 지니고 있다. 인간에 대한 믿음을 바탕으로 용기를 잃지 않고 교육을 통한 해결책을 찾을 때 우리는 더욱 새롭고 큰 희망을 품게 될 것이다. 이제 화곡과 같은 리더스피릿을 갖춘 교육자가 이 땅 위에 많이 등장하기를 기대해 본다.

Ⅳ

'명문 충남대'를 향한 집념의 리더, 중산 정덕기 총장

이정우

집념의 리더를 그리며

—

집념이란 무엇인가? 사전에서 정의하는 것을 보면, 어떤 한 가지 일에 매달려 마음을 쏟는 것을 말한다. 그런데 그 한 가지라는 것은 목표가 분명한 긍정적인 의미가 있어야 한다. 집념 있는 사람은 어떠한 사람인가? 사전적인 뜻을 원용해 보면 분명하게 정해진 어떤 한 가지 긍정적인 목표에 매달려 마음을 쏟는 사람이다. 그렇다면 어떻게 해야 집념이 있는 사람이 되는 것인가? 그것은 하루아침에 되는 것이 아니다. 오랜 기간에 걸쳐 긍정적이고 의미 있는 한 가지 목표에 매달려 마음을 갈고 닦으며 나날이 성장해 가야한다. 그리고 그것을 최종적으로 이뤄내야 한다. 이런 점에서 중산 정덕기(重山 鄭德基, 1936-2017) 총장은 한 가지 일을 목표로 정해서 그것을 차근차근 이뤄낸 분이다. 그에 있어서, 그 집념으로 매달린 목표가 무엇인가? 그것은 한마디로 '명문 충남대'였다고 할 수 있겠다.

정덕기 총장은 충남대 제12대 총장으로 1993년 3월 31일부터 1997년 3월 30일까지 봉직하였다. 그는 충남대를 졸업한 동문으로 충남대 교수로 재직하고 있던 가운데, 직선제 총장선거에서 충남대 출신으로는 최초로 모교의 총장이 된 인물이었다. 그는 충남대를 졸업한 사람으로서 충남대 총장을 역임했다는 상징성 이외에도, 전공 영역인 한국사회경제사 분야에 있어서 독자적인 학문적 성과를 낸 진지한 학자였다. 그는 제자나 주변 사람들에게 어질고 관대하며 늘 미소를 잃지 않는 사람이면서도, 행정이나 학문에서는 언제나 정확하고 목표의 성과를 위해 노력을 아끼지 않은 사람이었다. 특히 그는 충남대 총장이 되기 전에도 그랬고, 총장이 되어서도 그랬고, 또 총장에서 퇴직한 다음에도 그랬듯이 언제나 '명문 충남대'를 만들기 위해 영혼을 불태운 집념의 리더였다.

따라서 그가 어떠한 성장과정과 학문연마의 과정을 거쳤으며, 또 그러한 가운데 자신이 정립한 인생의 방향에 대해 어떤 자세와 태도를 가졌는지를 이해한다면, 그가 목표로서 제시하고 완성하려 한 '명문 충남대'에 대한 작은 이해가 될 것으로 판단된다. 또한 그의 '명문 충남대'를 향한 불타는 열정과 성실한 추구과정을 이해한다면, 충남대 졸업생이나 재학생, 교원, 직원, 그밖에 관계된 많은 사람들에게 인생을 살아가는데 하나의 모범적인 사례가 될 것이고, 충남대를 지금보다도 더 높은 위상의 학교로 만들어 가는데 본보기가 되지 않을까 생각된다.

이 글은 정덕기 총장의 가계와 학문 수학 내용, 그리고 충남대에서의 보직 활동, 특히 총장으로서의 활동과 업적을 중심으로 그의 '명문 충남대'를 향한 리더로서의 모습을 살펴보기 위해 작성되었다. 이글을 통해서 정덕기 총장에 대한 이해를 도울 뿐 아니라 개교 70주년을 맞아 '명문 충남대'를 이루기 위한 우리 모두의 노력과 실천이 하나로 모여, 정덕기 총장이 추구했던 그 집념이 구현될 수 있기를 간절히 소망한다.

가계와 학문 수학 그리고 좌우명

—

정덕기 총장은 1936년 3월 18일 충청북도 옥천군 안내면 도농리 604번지에서 아버지 정찬영(鄭燦榮1910-1985)과 어머니 경주이씨 이채봉(李綵鳳 1915-1990)의 2남 5녀 중 장남으로 태어났다.[1] 본관은 하동이고 호는 중산(重山)이다.

정덕기 총장이 태어난 안남면 도농리는 하동정씨의 집성촌 세거마을이다.[2] 이곳 하동정씨 사람들의 선대 내력을 보면, 1597년 하동정씨

16세 정홍적(鄭弘績)이 옥천군 동이면 적하리에서 안남면 청정리로 옮겨 살았고, 19세 정동수(鄭東秀)가 1721년 청정리에서 도농리 도성으로 옮겼으며, 21세 정욱환(鄭勖煥)이 1785년 도농리 농막(農幕)으로 이주하여 정착한 후, 농막마을에서 그 후손이 번성하였다. 정욱환에서 시작해서 하동정씨 후손은 9대 260여 년에 걸쳐 이곳에 거주하며 마을을 형성했던 것이다. 도농리 마을 입구에는 도농리에 하동정씨가 세거해 산 것을 알려주는 세거비 2개가 건립되어 있다.[3)]

정덕기 총장은 고향마을의 안남초등학교를 1948년 졸업하고, 대전으로 유학하여 1951년 대전중학교를 졸업하고 1954년 대전고등학교를 졸업했다. 대전고등학교를 졸업할 때 육군사관학교에 지원하여 합격했으나, 어머니의 반대로 사관학교 진학을 하지 않고 충남대에 진학하여 1963년 졸업했다. 당시 어머니는 그가 장남이기도 하고 대전에 새롭게 국립대학이 생겼으니 사관학교를 진학하지 말고 충남대에 입학하라고 강하게 권고하여 어머니의 뜻을 따랐다.

대전고등학교 시절
(뒷줄 왼쪽 첫 번째, 1951.8.6)

정덕기 총장이 육군사관학교를 진학하려고 했던 것은 아마도 임진왜란 시기의 의병장 중봉 조헌(重峯 趙憲 1544-1592) 선생의 충절 혹은 의리 정신과 연관된 것으로 추정된다. 그의 고향마을에는 중봉 조헌의 묘소가 있다. 중봉은 임진왜란 이전에 이미 옥천으로 들어와서 제자들을 가르치고 있었다.[4)] 그런 상황에서 임진왜란이 일어나자 조헌은 붓 대신 창칼을 들고 조국수호의 길에 나섰으며, 금산전투(1592)에서 장렬하게 순국했다.

이런 중봉 조헌의 학자로서의 모습과 충의를 실천한 리더로서의 모습은 소년 정덕기에게 영향을 주었을 것이다. 이런 점은 그가 육군사관학교를 가지 않고 충남대를 진학하고 다시 공군장교로 근무하게 된 것, 그리고 충남대 교수가 된 후의 행적에서도 일관되게 연결되고 있음을 확인할 수 있다.5)

정덕기 총장이 조헌의 충의 정신과 리더십을 계승하고자 하는 모습은 그의 별호(別號)에서도 찾을 수 있다. 그의 별호는 중산(重山)이다. 왜 중산으로 정하게 되었는지에 대해서 필자는 전해 들은 적이 있다. 사람들이 별호를 정하는 것은 일반적으로 고향이나 거주했던 곳의 지명을 따라 짓기도 하고, 그 사람의 스승이 그 사람의 언행이나 포부를 보고 지어 주기도 하며, 흔치 않지만 자신이 본받고자 하는 인물을 따라 짓기도 한다. 첫 번째의 경우는 율곡 이이(李珥)의 경우이다. 이이가 율곡이라 별호를 정한 것은 살았던 마을 이름이 율곡(栗谷)이었던 데에서 따온 것이다. 두 번째의 경우는 송시열의 경우인데, 그의 스승이 그의 성격과 자질을 보고 지은 것이다. 송시열의 스승은 그의 성격이 조금 급하고 재치가 뛰어나기에 그러한 성격과 재능을 급하게 드러내지 말고 마치 절름발이처럼 천천히 완급을 조절하며 자신의 모습을 드러내라고, 절름발이 왕[尢] 부수를 넣은 우(尤) 글자를 넣어 우암(尤菴)이라 지어 주었고, 송시열은 그것을 자신의 별호로 그대로 사용했다. 세 번째의 경우는 조헌

중봉 조헌을 기리는 사당 「표충사」(안남면 도농리)

의 사례이다. 조헌의 알려진 별호는 중봉이지만, 또 다른 별호가 후율(後栗)이다. 이것은 조헌 자신이 율곡 이이를 계승하는 사람이 되겠노라고 스스로 지어 사용한 것이었다.[6] 정덕기 총장의 경우 별호가 중산(重山)인 것은 중봉(重峯) 조헌의 정신을 계승하고자 하는 의미에서 중봉의 호에 사용된 중(重) 글자를 따오고, 고향 도농리 마을 뒤에 산이 있어 산(山)을 사용한 것이라고 하였다. 산을 별호에 붙인 것은 당시 충남대 문과대학의 분위기와 관련 있던 것으로 보인다. 당시 문과대학에 재직하고 있던 교수 가운데 산(山) 글자를 당호에 사용했던 인물이 적지 않았다. 한문학과의 학산(鶴山) 조종업(趙鍾業) 교수, 국어국문학과의 연산(連山) 도수희(都守熙) 교수, 경산(敬山) 사재동(史在東) 교수가 대표적인 경우라 할 수 있다. 결국 그의 별호가 중산(重山)이 된 데에는 임진왜란 시기 구국 충절의 대명사였던 조헌 선생의 별호가 깊은 영향을 주었던 것이라고 할 수 있다.

진해 공군사관학교
교관시절(1958.11.4)

정덕기 총장의 경력을 보면 1958년 공군사관학교 교관으로 군대복무를 했다. 이때 그는 최신식교수법을 도입해서 사관생도를 지도했다. 이것은 새롭고 창의로운 방식이었는데 당시 같이 근무했던 이수성 전총리도 높이 평가했다고 한다. 공군사관학교 교관 근무는 그에게 있어 의미 있는 훌륭한 경험이었고, 이후 그에게 큰 자부심과 큰 자산이 되었다.[7] 또한 그는 1966년 2월 충남대 대학원 사학과를 졸업하고, 이듬해부터 충남대, 대전대[8] 등의 강사를 지냈다. 1969년 3월 1일 충남대 문리과대학 사학과 전임강사가 되었고, 1971년 4월 조교수, 1975년 7월 부교수,

1982년 11월 교수가 되었다. 교수 이외에 총장이 되기 이전에 맡은 학내 보직을 살펴보면, 1973년부터 독서회 지도교수를 맡았는데 이것은 그가 1993년 총장에 취임할 때까지 20년간 지속되었다. 또한 1977년 8월부터 1979년 8월까지 충대신문사 주간, 1982년 5월부터 1983년 3월까지 새마을연구소장, 1983년 3월부터 1985년 2월까지 학생처장, 1989년 3월부터 1991년 3월까지 문과대학장으로 봉직하였다. 이후 충남대 직선제 총장선거에 당선되어 1993년 3월 31일 12대 총장 임명장을 받았고, 4월 14일 총장 취임식을 거쳐 4년간 봉직하다가 1997년 3월 29일 퇴임식을 가졌다.

정덕기 총장의 삶과 관련해서 가족 가운데 영향을 미친 사람은 그의 친할아버지였다. 그는 삶의 자세와 관련해서 조부 정병익(鄭秉益) 옹이 '신언서판(身言書判)을 갖춘 사람이 되라'고 가르친 교훈을 중시했다. 그는 조부가 제시해 준 이 말을 일생을 살아가는 삶의 태도와 자세로 정해서 실천했다. 정덕기 총장의 할아버지는 호가 양곡(陽谷)이다. 그는 1887년 12월 2일 옥천군 안남면 도농리에서 출생했는데, 효자였고 근검절약하는 생활로 안남면 내에서는 상당한 재산을 이룬 자산가였다. 그는 지역에서도 많은 덕을 베풀었다. 그는 흉년이 들 때는 곡식을 내어 안남면 사람들을 도왔고, 평상시에는 인술을 펼쳐서 사람들을 살렸다.[9] 이러한 그의 선행에 감명을 받은 옥천군 안남면 주민들은 1939년 2월에 그의 공덕을 기리는 비(碑)를 도농리마을 입구에 건립하기도 했다.[10]

할아버지의 가르침인 '신언서판'을 정덕기 총장은 이렇게 규정했다. '신(身 몸)은 건강한 체력과 단정한 용모, 언(言 말)은 자신의 의사표현을 논리적으로 전개하여 상대방을 설득시킬 수 있는 것, 서(書 글씨)는 글자를 단정하고 정확하게 또박또박 잘 쓰며 문장력을 갖추는 것, 판(判 판단)

은 정확한 판단력과 가치관을 세우는 것이다.' 이렇게 할아버지가 '신언서판'을 갖춘 사람이 되기를 당부한 것을 늘 잊지 않았던 중산은 일상 생활에서도 '신언서판'을 그대로 유지했다. 예를 들면, 글자를 쓰는데 있어서도 그는 글씨를 휘갈겨 흐려 쓰지 않고 늘 정자로 반듯하게 또박또박 썼다. 이렇게 글자를 정확하게 썼던 그의 글씨 쓰는 습관은 이후 서명원 총장이 부임해서, 그가 작성한 서류에 쓰여진 글자가 반듯하고 정확한 것을 보고, 그를 발탁해서 '충대신문사' 주간을 맡기게 되는 계기가 되기도 했다.[11)]

정덕기 총장의 좌우명(座右銘)은 할아버지의 가르침인 '신언서판' 외에도 몇 개가 더 있다. '덕본재말(德本財末)', '공명정대(公明正大)', '전력투구(全力投球)'가 그것이다. 이외에 '진인사대천명(盡人事待天命)'이나 '표사유피인사유명(豹死留皮人死留名)' 같은 문장을 가슴에 새기도 했다. 그가 좌우명 혹은 가슴에 새긴 말들을 살펴보자. '덕본재말'은 덕을 근본으로 하고 재물을 끝으로 한다는 것인데 이것은 그가 어렸을 때부터 부모님과 할아버지가 항상 교훈으로 언급한 것이다. 정 총장 역시 자신의 이름을 '덕기(德基)'라고 어른들이 작명해 주신 뜻이 '덕본재말'에 있는 것이라고 인식하기도 했다. '공명정대'는 옳고 바르고 정정당당하여 사사롭지 않은 것이다. 이런 점에서 그는 40년을 교육자로 생활하면서 공직자의 길이라 할 수 있는 공명정대를 몸소 실천했다고 할 수 있다. '전력투구'는 작은 일에도 열중하여 자기 책임을 완수하는 사람이 되고자 하는 뜻에서 좌우명으로 정한 것이다. '진인사대천명'도 전력투구와 연결되는 것으로 최선의 노력을 다하는 성실한 삶을 의미한다. '표사유피인사유명'은 명예로운 삶을 지향하는 것으로 그의 명예존중의 사유구조를 읽을 수 있다. 이러한 자신의 좌우명에 대해서 그는 다음과 같이 평가했다. "좌우명은 나에게 용기를 주고 바르게 살게 해주며, 최선의 노력을 기울이게 해주고 참고 기다리고, 그리고 뜻을 이루도록 해 주었다."[12) 이러한 그의 좌우명은 그의 삶에 있어서도 언제나 단정하고 반듯한 젠틀맨, 언제나 미소를 잃지 않는 포용력을 지닌 리더, 연구나 일을 추진함에 있어서는 물러서지 않는 강한 열정을 지닌 교수의 모습으로 나타났다.

명문 충남대를 향한 집념의 과정과 학문적 업적

—

총장이 되기 이전의 보직교수로서의 리더십

정덕기 총장은 1973년부터 1993년까지 20년간 충남대 학생동아리 '교양독서회'의 지도교수로 있었다. 교양독서회는 문화에 대한 폭넓은 지식과 관련된 책을 읽고 그것에 대한 느낌과 생각을 서로 발표하고 토론하는 동아리였다. 이것은 충남대 재학생 전체를 대상으로 이루어진 비교적 규모가 큰 동아리 가운데 하나였다.

정덕기 총장이 동아리의 지도교수가 된 이유는 분명하지 않으나 그가 독서에 관해서 생각하고 있던 내용을 살펴보면 이 동아리 지도교수를 맡을 수밖에 없었던 까닭을 어느 정도 파악할 수 있다. 그는 "인간은 생각하기 위한 지식을 독서를 통해서 구하고, 생각하는 것 또한 독서에서 배우고, 독서와 더불어 생각하게 될 때 비로소 사물에 대한 이해와 판단이 바르게 된다"고 했다. 그러면서 "대학은 학술적인 전문지식과 교양을 갖춘 지도자를 양성해야 하는데, 제한된 정규 강의만으로는 그것을 충족할 수 없기 때문에 학생 스스로가 전문도서와 교양서적이나 고전을 읽어서 마음이 넓고 여유가 있도록 하며, 사물의 이치를 꿰뚫어 볼 수 있는 지혜를 길러야 한다"고 했다.[13)]

정덕기 총장은 이 동아리의 지도교수를 맡으면서 대학생들에게 효과적이며 균형 잡힌 독서 방법을 제시했다. 즉 그는 1982년 '효과적인 독서방법과 독서지도에 대한 글'을 집필하였는데, 그가 제시한 '독서를 어떻게 하며, 어떻게 독서를 할 수 있도록 가르쳐 이끌 것인가'라는 '독서 방법론'은 40년 이상 시간이 흐른 지금도 참고할 만하다. 그는 효과적인 독서를 위해서는 소리 내어 읽는 것보다는 소리 내지 않고 읽는 것이 좋고, 독서의 자세는 바른 몸가짐으로 눈과 책 거의 거리는 30~40㎝가 좋다고 했다. 독서는 온도 · 습도 · 채광이 비교적 잘된 곳이 좋은데, 온도는 13~15℃가 적당하며, 채광은 어둡지도 밝지도 않은 곳이 좋고 조명은 500lux가 적당하다고 했다.[14)]

정덕기 총장은 1982년 5월부터 1983년 3월까지 충남대 부설 새마을연구소장을 지냈다. 그는 연구소장으로 재직하는 동안, 연구소의 활동과 연계된 대학생의 봉사활동 내용을 역사적으로 고찰한 글을 썼다. 그가 밝힌 내용을 보면 대학생 봉사활동은 단순히 1970년대 이후에 등장한 것이 아니라 이미 일제강점기부터 존재한 지식인의 계몽활동에 뿌리를 두고 있다. 또한 학생 봉사활동은 역사적으로 몇 번의 단계를 거치면서 발전해 왔다고 했다. 그가 제시한 대학생 봉사활동의 시기적 구분과 내용은 다음과 같다. 일제강점기에는 민족적 각성을 촉구하는 계몽활동으로서 대학생의 활동이 민족운동 차원에서 전개되었으며, 8 · 15 이후에는 민주주의 운동 성격을 지니면서 전개되었고, 6 · 25 이후에는 재건국민운동 차원에서, 60년대 이후에 근대화 운동의 성격으로 진행되었다는 것이다. 그러면서 대학생 봉사활동은 대학생 자신의 인격도야를 위해서 뿐만 아니라 국가와 사회 발전을 위해서도 반드시 전개되어야 할 바람직한 활동으로 규정하기도 했다.

그는 또 사회활동으로서의 대학생의 봉사활동은 사회에 대한 학습적인 부분, 산학협동의 부분, 지역사회 개발의 부분, 지역사회 교육에 대한 부분에서 성과가 크다고 인정하며, 이 활동은 학문을 익혀서 실제 사회 속에서 실천으로 옮기는 것이라고 평가했다. 따라서 대학생 봉사활동은 새마을 정신이 추구하는 근면 · 자조 · 협동의 3대 강령과 연결될 수 있는 요소가 있다고 진단했다. 대학생들이 봉사활동을 통해서 사회에 대한 이해 능력을 기르며, 일하는 것에 대한 가치를 재인식하고 현실 적응 능력을 기르며, 체험적으로 지역사회의 실상을 파악하므로 현실을 긍정적으로 이해할 수 있는 능력을 기르며, 마지막으로 기술 제공과 산학협력을 통해서 도시와 농어촌 개발에 기여할 수 있다고 보았다. 그러면서 대학생 봉사활동은 새마을 운동과 연동되는 것으로서, 계몽형, 실습형, 사회개발형, 집중개발형, 도시형 등의 다양한 형태로 개발되어야 한다고 했다.[15] 이렇게 대학생 봉사활동과 새마을 운동과의 연계성에 대한 인식과 그것의 나갈 방향에 대한 제시는 그가 단순히 임명직인 새마을연구소장으로서의 활동만 한 것이 아니라, 스스로 그것에 대해서 이론적으로 탐구하고 능동적으로 활동방향을 개척한 것이라고 할 수 있다. 이런 모습은 충남대의 교훈인 창의 · 개발 · 봉사와 연결되는 것으로서, 그가 중시한 '집념'의 구현과 연결될 수 있는 것이라 하겠다.

정덕기 총장은 1983년 3월부터 1985년 2월까지 충남대 학생처장을 지냈다. 그런데 그는 뒷날 자신이 총장이 되면서 제창한 '명문 충남대'라는 슬로건을 이미 이 시기에 정하고 있었다. 그는 1983년 개교기념일을 맞이해서 충남대 교지(校誌) 『보운』에 '충대정신 함양은 명문 충남대 창조의 관건'이라는 칼럼을 집필했다. 주목되는 것은 그가 총장직 업무를 시작하기 이미 10년 전부터 '명문 충남대' 슬로건을 제시했다는 사실이다. 즉 그는 『보운』 칼럼에서 대학의 창의적인 연구와 새로운 사회개발과 이타적인 봉사 정신을 가진 지도자 양성을 위한 이상적인 목표로서 '명문 충남대'를 주창했던 것이다. 또한 그는 이를 위한 정신적 기반으로서 '충대 정신'을 제시했고, 이 과정에서는 우선 의식의 변화가 선행되어야 한다고 주장했다.

그가 제시한 의식의 변화란, 첫째, 충대인은 소외의식과 열등의식으로부터 탈피해야 한다는 것이다. 보운캠퍼스 시대의 낙후의식과 지방대학이라는 열등의식을 지적하며, 충대인이라는 것을 은폐하려 하고 충남대를 남의 얘기처럼 비방하고 방관하는 사람이 있다면 그런 자세를 고쳐야 할 것이라고 했다. 둘째, 애교심을 함양해야 한다는 것이다. 그가 인식한 애교심이란, 이타적인 사랑인 동시에 봉사하는 정신으로서, 스승의 은혜를 아는 사람, 학교의 고마움을 느끼는 사람이라 풀이하고 그런 사람은 반드시 애교심을 갖게 될 것이라고 했다. 그러면서 교가 제창운동이나 졸업생들에게 모교의 발전상을 홍보하는 것을 대표적인 애교심의 사례로 제시했다. 셋째, 희망과 이상을 가지고 화합하는 풍토를 조성해야 한다는 것이다. 그러면서 제시한 것이 공동운명체라는 의식을 갖고 충남대를 세계적인 대학으로 육성시키겠다는 야망과 이상을 실현하기 위해 충남대인 모두가 단합해야 한다는 것이었다.[16]

인문대학 동료 교수들과 함께

학생처장으로 있을 때 그는 대학과 지역사회가 긴밀하게 연결되어야 함을 역설하는 글을 발표하기도 했다. 그는 지역사회를 향해서 다음과 같은 주문을 했다. 그것은 우수한 고등학교 졸업생을 충남대로 많이 보내달라는 것, 충남대 졸업생을 지역에서 적극적으로 수용하여 취업을 시켜 달라는 것, 지역은 충남대와 정부와 삼위일체가 되어 공동으로 협력을 해야 한다는 것이었다. 이것은 지방화 시대에는 지역 대학의 발전이 지역의 발전과 연결되어 있음을 확인시켜주는 것이었다.[17]

이처럼 정덕기 총장은 학생처장 재직 시절 이미 '명문 충남대'라는 목표를 세우고 그것을 이루기 위해 충남대인 스스로가 자긍심을 갖고 변화해야 함을 역설했고, 지역사회와의 연대 속에서 학교발전을 도모해야 함을 주장했다.

충남대 총장으로서의 활동과 업적[18]

총장 취임식(1993.4.14)

정덕기 총장은 1989년 3월부터 1991년 3월까지 선거직 문과대학장을 지낸 후, 첫 번째 모교 출신 총장이 되었다. 1993년 3월 31일 제12대 충남대 총장 임명장을 받고, 4월 14일 취임식을 거쳐 총장의 직을 수행한 뒤 1997년 3월 29일 퇴임식을 가졌다. 총장 재직 중의 업적과 활동은 이루 말할 수 없을 정도로 많지만, 지면 관계상 총장 퇴임 기념문집의 내용을 중심으로 살펴보고자 한다.

총장이 된 해인 1993년 8월에 정덕기 총장은 지방대학을 어떻게 발전시킬 것인가에 대한 칼럼을 썼다. 그는 이 글에서 당시 정부가 추진하던 지방대학 운영의 실태를 비판하고 지방에 거점대학을 지정해서 중점적으로 육성할 필요성이 있음을 주장했다. 당시 전국의 국립대학교는 일반 종합대학교가 18개교, 실업계 대학이 6개교, 기타 종합대학교가 2개교, 교육대학이 11개교로 구성되어, 국공립 대학을 권역별로 분류할 때, 동일 권역 내에서 국공립 대학들 간의 기능과 역할이 분화되어 있었다. 이런 현상으로 말미암아, 동일권역 내의 국공립대학교가 2개교 이상인 경우에 이들 간의 기능과 역할, 그리고 설치학과가 중복되는 경향이 심화되고 있었다. 이런 문제에 대해서 그는 지역 거점 대학을 정하여 문제점을 일소하고 시대가 요구하는 과제를 효율적으로 수행하자고 제안했다.

그가 제시한 바는 역사적으로나 기능상으로 각 지역에서 중추적인 역할을 담당해 온 대학을 거점대학으로 선정할 것, 각 지방 권역별로 1개교의 지역 거점 대학을 지정하여 대학원을 병설한 학사과정 중심 대학과 특성화 대학 등으로 대학 간 기능을 나누어 조정할 것, 지역 산업과 연계한 특성화 분야 대학을 육성할 것, 거점대학은 대학원을 중심으로 기초 및 응용 연구기능을 강화하여 지역사회에서 필요한 인력과 기술제공 · 정책제시 · 정보개발을 주요 목표로 할 것, 대학원 병설 학부과정 거점중심대학은 석 · 박사 과정을 개설하여 운영하되 학사과정 교육도 충실히 하여 지역사회에 필요한 인력양성을 수행하게 할 것이었다.[19]

정덕기 총장이 취임하면서 제시한 지역사회와 연관된 지방대학의 역할론은 총장 2년차가 된 1994년 1월에 좀 더 구체적인 내용으로 발전되었다. 그 방안에서 첫 번째로 제시된 것이, 대학의 시설을 개방해 지역사회 문화발전에 기여하는 새로운 분위기를 만들어 가자는 것이다.

그리고 휴일이나 방학 때는 강의와 연구에 지장이 없는 범위 안에서 강의실 등의 교육시설을 지역민들에게 개방하도록 했다. 또한 외국어 교육시설과 전산 교육시설도 보완해서 지역에서 활용할 수 있도록 했다.[20] 이처럼 지역사회와 공존하는 모습은 지역이라는 공동체 속에서 충남대가 어떤 역할을 담당하고 수행해야 할지를 제시해주는 좋은 사례라고 할 수 있다.

국책대학 평가단과의 환담(1994.7.12)

총장 2년 차부터 정덕기 총장의 리더십은 본격적으로 빛을 발휘하면서 다양한 업적을 이뤄냈다. 우선 1994년 8월에 국책대학으로 선정되는 영광을 안았다. 국책대학(신소재 특성화)으로 선정되면서 5년에 걸쳐 250억 원의 정부 지원금을 받았고, 중점사업인 '학연산 공동연구관'을 1996년 4월에 착공하였다. 당시 국책대학 사업은 총 4년간 800억 원의 예산이 투입되는 프로젝트였는데, 이 사업은 그가 표현한 것처럼 충남대가 세계 속의 대학으로 도약할 수 있는 발판을 만들어 준 중요한 업적이었다.[21] 또한 총장재임 시기에 충남대가 국책대학으로 선정 된 것은 그가 총장시절을 회고하면서 자신의 업적 가운데 가장 큰 보람으로 느끼는 것이라고 평가하기도 했다.[22]

정덕기 총장은 충남대생의 자질 향상을 위해 학점 취득과는 별개로, 학교 차원에서 전략적으로 추진하는 교책 과목을 정해서 학생들이 수강하도록 했다. 충남대생에게 학점과 관계없이 고전, 컴퓨터, 외국어 교과목을 필수적으로 이수하게 한 것이었다. 이 중에서 특히 주목되는 것은 고전을 교책 과목으로 지정한 사실이다. 그의 조치는 나름의 교육적 비전과 철학에 기인하는 것이었다. 그는 오늘날 지식인은 많으나 인격과 지식과 가치관을 겸비한 지성인은 매우 드물다고 진단하고, 이런 세태를 바로잡기 위해서는 대학이 지성인을 배출하는 고유의 기능을 되살려야 한다고 보았다. 또한 기존 대학 교과목의 구성도 명목상으로는 교양과목이 30% 정도였지만, 이마저도 전공과목에 밀려 대학에서 교양과목이 점점 설 자리를 잃어가고 있다고 판단하였다.[23] 그래서 이런 문제들을 극복하기 위해 특별히 고전읽기를 교양 교책 과목의 하나로 선정했던 것이다. 이 과정을 통해 학생들이 위대한 지도자들의 사상과 철학 그리고 리더십을 체험하게 되고, 이를 토대로 학생 스스로 자질을 함양하게 된다고 확신하였다.

고시관(청룡관) 준공식(1994.10.20)

1994년 10월에 90명이 고시공부에 전념할 수 있는 청룡관 건축비 65억원을 마련하여 세웠다. 청룡관 건립을 위한 경비는 모금을 중심으로 이뤄졌는데, 그 과정에서 모금액이 건물을 지을 수 있을 정도로 충분하지 못해 어려움이 있었다. 대학 예산도 부족해 건립 여건이 좋지 않았다. 그런데 당시 총동창회장이던 계룡건설 이인구 회장이 이 난제를 해결해 주었다. 이 회장은 고시관 건물을 지으라고 거액을 희사했던 것이다. 이렇게 청룡관을 건립하면서도 정덕기 총장은 '두드리면 열릴 것이다. 그리고 구하면 얻을 것이다'라는 집념의 리더로서의 모습을 보였고, 그 자신도 이 당시의 집념과 노력을 통해 산 교훈을 체득하게 되었노라고 회고하기도 했다.[24]

총장 2년 차인 1994년에는 충남대 도서관의 소장도서도 대폭 확충하였다. 주목되는 점은 이때 확충된 도서의 상당수가 기증된 도서라는 사실이다. 당시 충남대 도서관의 장서는 법정 기준에서 8만 권이 부족한 상태였다. 그래서 그는 연초부터 도서관 도서 기증운동을 전개했다. 우선 솔선수범 차원에서 그는 지난 30년 동안 연구하는 과정에서 모아왔던 전공 연구도서 2,038권을 기증했다. 그리고 자신의 은사인 노산 유원동 박사가 소장한 학술도서 1천 권도 기증 받았다. 유원동 박사는 충남대에 재직하다가 숙명여대로 이직하여 그곳에서 퇴직하였는데, 자신의 장서를 숙대에 기증하겠노라고 유언했던 것을, 정덕기 총장이 유족을 설득하여 기증받았던 것이다. 또 전 도서관장을 역임한 한문학과 조종업 교수가 1만 권의 희귀도서와 전공도서를 기증했다.[25] 이러한 노력을 통해 법정도서 규모인 62만 권을 확보할 수 있었고,[26] 도서 확충을 전개한 그해 12월에는 70만 권의 장서를 갖추게 된다.

정덕기 총장은 총장 임기 2년이 마무리되는 시점인 1995년 1월 1일 '학내소식지'에 '명문 충남대'를 향한 자신의 의지를 천명하고, 교내 구성원에게 협조를 요청하는 글을 집필하였다. 우선 충남대의 질적 수준을 대폭 끌어올리자고 했다. 정덕기 총장은 우수한 교수를 지속적으로 채용하고 교수의 연구 활동이 원활하게 이루어지도록 하며, 학생들의 학습효과를 극대화할 수 있는 각종 지원체계를 개선하여 충남대의 수준을 향상시키고자 했다. 또 충남대에 우수한 인재를 유치하는 것이 명문 충남대를 이루는 중요한 방법임을 인식하고, 이미 205억 원의 대학발전기금을 확보했지만 이보다 더 많은 발전기금을 조성하여, 지역사회와 협력하여 우수한 인재를 모을 수 있도록 힘쓰자고 했다. 그리고 마지막으로 명문대학을 만들어 가는 데에는 구성원 스스로가 변화를 주어야 하는데 그 변화는 과감한 대학 개혁이라고 생각했다. 대학 구성원 스스로가 자신을 과감하게 개혁하고, 그로 인해서 생긴 변화를 충남대를 명문대학으로 만드는 발판으로 삼자고 했다.[27)]

이천구 사장의 발전기금 기탁
(35억 원 상당 부동산, 1995.11.4)

이러한 정덕기 총장의 리더십을 바탕으로 1995년에는 다양한 지표에서 충남대가 긍정적인 성장을 이룬 것으로 나타났다. 우선 1995년 2월에 발표한 전국 대학종합평가에서 3위의 '우수대학'이 되었다. 미래지향적 차원에서 교육개혁을 꾸준히 전개하는 가운데 재직 교수의 연구업적이 눈에 띄게 향상되어 전국대학종합평가에서 상위에 속하게 된 것이다. 대학발전기금 확충에도 노력해서 대홍인쇄소 이천구 사장이 35억 원 상당의 부동산을 기탁했고,[28)] LG그룹에서 발전기금 20억 원을 기탁하여 발전기금 285억 여원을 조성하게 되었다. 나아가 충남대는 교육 기본시설 100%를 달성하게 되었으며, 1996년도에 117억 원의 시설비를 정부로부터 지원받게 되었다. 이 금액은 전국 국립대 중에서 두 번째로 많은 금액이었다. 또한 정덕기 총장은 충남대의 역량 강화를 위해 10개 국가의 26개 대학과 자매결연을 체결하여 인적교류를 강화했으며, 이를 토대로 교수들의 해외연수 참여 인원도 500명을 넘어서게 되었다. 그리고 대전 · 충남지역의 20개 대학 간 교류를 선도하여 대학원 간 학점교류를 실시할 수 있게 되었으며, 중부권에서는 최초로 박사 후 연수과정(Post-Doc.)을 설치하게 되었다.[29)]

정덕기 총장은 이러한 성과를 바탕으로 1996년 1월 신년사에서 올해를 명문 충남대를 위한 지속 발전의 해로 만들자고 했다. 전년도에 자신이 제창한 '명문 충남대 창조의 해'라는 구호를 발전시켜 1996년도의 대학운영 지표를 '명문 충남대 발전의 해'로 정했던 것이다.[30] 1996년도에 해결해야 할 과제로 그가 선정한 것은 학내 전산망 구축, 학부제로의 정책 전환, 학생정원 자율화, 교육과정 개편, 외국인 유학생 등이었는데, 그는 이런 문제를 해결하기 위해서는 충남대 구성원 모두의 적극적인 동참이 필요하다는 점을 강조했다.[31)]

교육개혁 우수대학 선정보고회(1996.10.28)

1995년 정부는 교통사고 환자를 비롯한 응급환자에 효과적으로 대처하기 위해 전국을 8개 권역으로 나누어 권역별로 '응급의료센터'를 설치하기로 결정하였다. 이 과정에서 대전 · 충남 · 충북지역을 하나의 권역으로 하는 센터가 구상되었는데, 충남대가 이 사업을 유치하였다. 그리고 이 센터를 충남대에 설치하는 과정에서 정덕기 총장의 리더십이 다시 한번 발휘되었다. 충청 지역 응급의료센터는 본래 충남대가 아닌 의과대학이 설치된 타 대학에 설치될 상황이었다. 당시 그는 대전 시장 이름으로 발송된 '충청권 응급센터 병원추천'이라는 공문을 보고 신청 1주일을 앞둔 상태에서 센터 유치를 진두지휘했다. 사실 당시 이미 개원하고 있던 전북대학교 응급의료센터는 적자 상태로 운영되고 있어서 충남대에 응급의료센터를 유치하려는 시도를 부정적으로 바라보는 시각도 있었다. 그러나 정덕기 총장은 당시 대전 시내에 대형 사립병원이 증축 되고 있음을 지적하며, 의료서비스와 관련하여 충남대병원과 사립병원 간에 무한 경쟁이 일어날 것이라고 예측했다. 이런 상황에서 충남대병원이 살아남을 수 있는 길은 정부가 지원하는 응급의료센터를 유치하는 것이라고 판단한 후, 당시 충남대 병원장 등과 함께 유치를 적극적으로 추진했다. 이미 오래 전부터 모 사립 의과대학 부속병원에서 이 사업의 유치를 추진했던 터라 거의 불가능해 보이는 상황이었지만, 홍선기 대전시장과 정하용 부시장을 만나 충남대 유치의 당위성을 역설함으로써 두 사람의 적극적인 협조를 얻어내게 된다. 결국 정덕기 총장은 광역충청지역 응급의료센터를 충남대병원으로 유치하는데 성공했고, 2001년 5월 17일 대전·충청권역 응급의료센터를 개원하였다.[32] 이 역시 그의 집념 어린 노력과 함께 성공을 물심양면으로 도왔던 주변 여러 사람들이 있었기에 가능한 것이었다.

1996년도 전국대학 개혁평가에서 충남대학교는 최우수 대학으로 선정되었다. 정덕기 총장이 1996년 후반기에 추진한 각종 활동은 이전의 사업을 지속적으로 발전시킨 것이다. 충남대 교수의 각종 연구비 위탁을 보면 외부연구비가 총 160억 원이었다. 이것은 전국적으로 10위권 안에 드는 액수로 충남대 교수진의 우수성을 입증하는 것이었다. 또 세계 11개국 33개 대학과 국제학술교류협정을 체결하고 연간 30여 명의 학생에게 교비 및 동창회 장학금을 지급하면서 일본과 미국, 호주, 중국 등의 국가에 유학을 보냈다. 재학생에게는 공식적으로 70억 원에 달하는 장학금을 지급함으로써 재학생 2명 중 1명이 장학금 혜택을 받을 수 있게 했다. 특히 국책대학으로 선정된 신소재 공학계열 학생들은 재학생의 83%가 장학금을 받았다. 나아가 1996년 10월에 확인된 졸업생의 순수취업률은 75.4%에 달했다. 정덕기 총장은 이런 발전적이고 안정적인 학교 운영에 자신감을 갖고 충남대가 중부권의 지식산업을 선도하는 대학으로서, 새로운 시대정신을 구현할 수 있는 우수 인재를 유치하여 훌륭하게 육성하자고 역설했다.[33] 또한 정덕기 총장은 국책대학 대응투자 지원금과 대학발전기금 모금예산으로 교육시설을 확충

재원을 마련하여 1996년 4월에 학연산공동연구관 기공식을 가졌다.

1997년 퇴임하는 해에 달성한 정덕기 총장의 성과를 보면 괄목상대한 것이었다. 대학원생 T.O가 대폭 증원되었다. 석사과정 349명, 박사과정 135명이 증원되어 대학원생수가 2배로 증가하였으며, 이를 바탕으로 대학원 중심대학으로 성장할 수 있는 기반이 마련되었다. 학내 각종 교육시설도 확충되었다. 법정 기준 70% 안팎에서 정체되어 있던 교육시설이 107%로 확충되었다. 이런 성과로 종전에는 연간 30억 원 밖에 지원되지 않던 시설지원예산이 취임 후 100억 원대로 증액되었고, 4년간 총 550억 원의 시설비를 지원받게 되었다. 건물의 완공과 착공 내역을 살펴보면, 수의대를 비롯한 14개 건물을 완공했고, 2,500석 규모의 정심화 국제문화센터를 3월에 착공했다. 특히 정심화 국제문화센터는 '김밥할머니'로 잘 알려진 이복순 할머니가 쾌척한 50억 원 상당의 기부금을 바탕으로 건설된 것으로서 중부권 최대의 각종 컨벤션 전용 건물이다.[34]

정심화 국제문화센터 기공식(1997.3.7)

1997년 봄 퇴임 후 정덕기 총장은 충남대 총동문회에서 자랑스런 동문상을 받았다. 5월 28일 개최된 '충대인의 밤' 행사에서 모교를 빛낸 자랑스러운 동문으로 선정된 것이다. 1993년 충남대 출신으로는 처음으로 모교의 직선제 총장으로 선출되어 4년의 임기 동안 충남대를 우수대학의 반열에 올려놓아 전국국립대학평가에서 3위를 차지한 업적, 수백억 원의 발전기금 마련 등 대학발전에 크게 기여한 공적

을 인정받은 것이다.[35)]

이 밖에도 정덕기 총장은 오랫동안 해결하지 못하고 있던 이른바 토지 보상 문제를 해결하거나 기존의 오래된 건물을 충남대에서 가장 의미 있는 장소로 만들어 놓기도 했다. 예를 들어 농과대학 실습용 농지 3만 1천 평을 한국토지개발공사에서 55억 원에 구입하였으나 재정상의 문제로 28억 원을 지급하지 않은 채 10년 이상 끌어왔는데, 정덕기 총장은 이 문제를 완전히 해결하였다. 이 문제를 해결할 당시 유성을 지역구로 가지고 있던 이재환 의원은 충남대의 숙원사업 해결에 적극적으로 참여해서 국회 예결위 예산심의 과정에서 농대 실습농지 미지급금을 예산에 반영하도록 도와주었다. 또한 정덕기 총장은 대학 정문 옆에 있는 궁동지역의 땅 1,500평을 매입하고 거주민에 대한 이주 대책비 60억 원을 국가 예산으로 확보하여 20년간 끌어온 민원을 해결하였다. 나아가 정덕기 총장은 충남 보령시 대천해수욕장 인근에 임해수련원 신축 부지를 구입하였다. 기존의 임해수련원이 철거되면서 받은 4억 원의 보상비에 3억 5천만 원의 예산을 보태서 7억 5천만 원의 예산으로 보령시 신흑동에 932평의 부지를 구입한 것이다.[36)]

정덕기 총장은 단지 건물을 신축한 것이 아니라 학내의 오래된 건물을 유지하면서 새로운 의미를 부여하고 가치 있는 공간으로 바꾸어 놓기도 했다. 대표적인 예로서 문화동 보운캠퍼스에 위치한 구 문리과대학 건물의 보존과 활용을 들 수 있다. 정덕기 총장 재직 당시 구 문리과대학 본관 건물은 충남대 의과대학과 부속병원 사이에 위치해 있어서 그것을 활용하는데 많은 어려움이 있었다. 일부에서는 헐어버리고 이곳에 새로운 건물을 건립하자고도 했다. 그러나 이 건물은 보운캠퍼스에 남아있던 마지막 건물이었다. 보운캠퍼스에서 공부했고, 근무했고, 다녀갔던 사람들의 기억 속에 남아있는 추억의 건물이었다. 그런 건물을 철거할 것인가 아니면 보존할 것인가에 대해 갑론을박이 벌어지는 상황이었다. 이때 정덕기 총장은 애물단지로 전락해 있던 문리과대학 본관을 보수하여 '충남대학교 사적건물 1호'로 만들었다. 그리고 이 건물 3층에 충남대의 역사자료를 보관하고 전시하는 '교사박물관'도 설치하고 개관하였다. 문리대학 건물이 새롭게 재탄생한 것이다. 그는 당시 이 건물이 대학병원 건물들 사이에 있어 활용도가 떨어지니 철거해야 한다는 여론이 비등했음에도 불구하고, 보운캠퍼스에 있던 충남대 개교 초기의 건물은 모두 철거되고 이 건물만 남았으니 이것이라도 보존해야 한다는 신념을 굽히지 않고 관철시켜 이곳을 새롭게 탄생시키는 리더십을 발휘한 것이다.

보운캠퍼스 내 구 문리과대학 건물

교사박물관 개관식(1995.5.24)

구 문리과대학은 충남대에서 가장 오래된 건물로서 국내에서 손꼽히는 건축가였던 이천승 씨가 설계한 것인데, 당시 유행하던 모더니즘 건축양식으로 디자인되었고, 건물의 출입구가 중앙이 아닌 오른쪽 필로티를 통해서 진입할 수 있도록 한 독특한 형태로 지어졌다. 당시 이 건물은 문리과대학의 강의실과 연구실로 사용되었으며, 문리과대학이 대덕캠퍼스로 이전한 뒤 한동안 경영대학원과 충남대학교병원 행정동으로 사용되었다.37) 정덕기 총장이 존치를 결정한 문리과대학 건물은 2018년 11월 6일「대전 충남대학교 구 문리과대학」이란 이름으로 국가등록문화재 제736호로 지정되었다.38)

정덕기 총장의 한국 사회경제사 연구

정덕기 총장이 한국사를 전공하게 된 동기는 첫 번째로 중 · 고등학교 학생 때부터 역사에 대한 남다른 취미가 있었기 때문이고, 두 번째는 대학에서 조우한 지도교수로부터 감화를 받았기 때문이고, 마지막으로 당시 한국사가 시대적 각광을 받는 학문이었기 때문이라고 회고했다. 그는 자신의 취미와 소질을 살려서 전공을 택했고, 실력을 연마해서 모교에서 교수직을 얻게 된 것이다. 따라서 그는 전공학문에 대한 연구를 게을리 할 수가 없었다. 대학의 전공을 직업으로 연결시키게 된 것은 병역의 의무를 다하기 위해 공군장교로 임관하여 공군사관학교 교수부 국사 교관으로 부임하게 된 것이 계기였다. 비록 군인 신분이었으나 대학에서 전공한 한국사를 가르치고 연구할 수 있는 기회를 맞이하게 된 것이 학문인생을 시작하게 된 계기로 작용하였다.39)

정덕기 총장의 연구 분야는 한국사 가운데서도 근현대 '한국사회경제사'인데, 일제식민 지배시기의 농업과 농촌을 중심으로 한 사회경제사 연구가 중심이었다. 그는 학문적인 면에서도 항상 노력하는 사람이었다. 총장 퇴임기념논총에 나와 있는 그의 학문적 업적을 보면, 저서와 역서를 포함한 단행본은 14권, 논문은 33편, 학술발표 10회 였다.40) 이 가운데 학문적 업적이 집약된 저서로는『한국 근대 농정사연구』,『한국 사회경제사 연구』,『한국 사회경제사의 연구사적 고찰』등을 꼽을 수 있다.

『한국 근대 농정사 연구』는 1982년 9월에 간행된 책으로 7장, 244쪽의 본문과 부록 103쪽으로 구성되어 있다.[41] 이 저술은 우선 조선 말기 농업경제의 실태를 소개하였고, 이어서 일제의 토지조사와 농지 수탈 실태를 소개하고 있으며, 나아가 일제의 산미증식계획과 미곡 수탈로 인한 조선의 기아발생과 배급 제도를 고찰하였다. 또한 농가수 · 농산물 · 경지면적 등에 대한 통계를 바탕으로 일제하 농촌의 사회경제적 문제점을 파헤쳤고, 일제의 농업수탈과 그로 인한 농촌경제의 몰락을 분석하였으며, 결론적으로 일제의 강압적 수탈로 한국농촌과 한국농업은 철저하게 파괴되었음을 밝혀냈다.

『한국 사회경제사 연구』는 1987년 11월에 간행된 책으로 4장 14절 472쪽으로 구성되었다.[42] 이 책은 『한국 근대 농정사 연구』에 대한 증보적 성격의 저술로서, 이전의 연구내용이 한층 더 심화되어 있다.

『한국 사회경제사의 연구사적 고찰』은 1998년 8월 간행된 저술로서 총 2편 7장 18절 327쪽으로 구성되어 있다.[43] 이 책은 이전에 저자가 연구한 내용을 더 확대한 것으로 농업경제사 뿐만 아니라 사회사적인 부분까지 담고 있다. 제1편에서는 한국 근현대 사회경제사의 연구 성과를 정리했다. 1장에서는 한국사회경제사의 학문적 성과와 당면과제가 무엇인지 제시했고, 2장에서는 한국사회경제사의 연구동향과 특징을 분석했다. 3장에서는 일제강점기 한국사회경제사의 연구 성과를 정리했고, 4장에서는 해방 이후 한국 사회경제사의 연구 성과를 정리했으며, 5장에서는 한국사회경제사 연구에 대해 종합적으로 분석하고 정리하였다. 2편에서는 일제시대 농업경제사를 집중적으로 고찰했다. 1장에서는 일제시대 한국농업경제사의 성격과 특징을 제시했고, 2장에서는 일제시대 토지조사와 농지수탈을, 3장에서 일제시대의 산미증식계획과 그에 따른 미곡수탈을 고찰했다. 4장에서는 일제시대 농가숫자 · 농산물 · 경지면적 등의 농업통계를 통해서 농촌경제의 실상을 분석했고, 5장에서는 일제의 수탈로 인한 농촌경제의 몰락과 농민의 저항을 서술하였으며, 6장에서는 일제의 수탈로 인한 한국농업의 파괴 상황을 상세히 소개하였다. 7장에서는 일제의 사회문화정책의 본질을 파헤치며, 그 과정에서 등장한 문화운동이 사실은 식민지 지배를 위한 수단에 불과했음을 밝히고 있다.

'신언서판'의 완성을 이룬 리더

—

정덕기 총장은 총장으로서의 업적과 교수로서의 학문적 성과를 모두를 성취한 사람이었다. 총장으로서 행정 리더십을 발휘했고, 교수이자 학자로서 뚜렷한 학문적 성과를 남겼다.

정덕기 총장에게 영향을 미친 대표적인 인물 두 사람을 꼽으라면, 임진왜란 당시의 대표적인 의병장 중 한 사람인 중봉 조헌과 그의 할아버지 정병익 옹이라 할 수 있다. 정덕기 총장이 자신의 별호를 중산(重山)이라고 정한 내력에서도 알 수 있듯이, 중봉 조헌의 학자로서의 모습과 충의를 실천한 리더로서의 모습이 영향을 끼쳤다고 할 수 있다. 정덕기 총장의 할아버지 정병익은 삶을 살아가는 태도와 자세를 제시해 준 사람이었다. '신언서판(身言書判)'을 중시하는 삶의 자세가 그 핵심이라고 할 것이다. 그가 일생을 살면서 반듯하게 정돈된 옷매무새와 단정한 머리모양의 외모, 부드럽고 친화적인 말씨, 항상 정자로 또박또박 쓴 글씨, 그리고 이성과 가치를 바탕으로 한 공정한 판단력은 그의 할아버지의 가르침에서 나온 것이었다.

이렇게 중봉 조헌, 그리고 할아버지 정병익의 가르침을 따라 정덕기 총장은 일생을 살아가며 스스로 끊임없이 노력하는 사람이었다. 신언서판의 교훈을 실천한 리더였던 것이다. 늘 미소를 잃지 않는 스마일맨, 언제나 다정하게 손을 잡아주는 악수맨, 항상 단정하게 빗은 머리모양과 옷매무새의 젠틀맨, 누구에게도 뒤지지 않고 열심히 공부하는 열정의 학자가 그의 모습이었다.

이러한 자질과 스스로를 관리하는 모습 속에서 그는 자신의 목표를 이루어 나갔다. 그가 제시한 '명문 충남대'는 총장선거에 출마하면서 선거전략으로 나온 단순한 구호나 학교 운영을 위한 슬로건이 아니었다. 그것은 그가 총장으로 취임하기 10년 전 학생처장으로 봉사하면서부터 나온 것이었다. 아니 길게는 20년 전 교양독서회의 지도교수를 지내면서, 또는 오래전 충남대를 졸업하던 1963년부터 나왔는지도 모른다.

개교 70주년을 맞이하여 정덕기 총장의 업적과 학덕과 인품을 기리며, 그가 제시한 '명문 충남대'의 가치를 계승하고 발전시킬 수 있는 '백마 탄 리더'가 또다시 나오기를 기대해 본다.

봉사와 기부

70년 CNU의
리더스피릿

V

숭고한 사랑의 표상, 정심화 이복순

남기택

김밥, 가난한 이들의 양식

정심화 이복순 여사

1990년대 초반까지만 하더라도 대학 교정에는 가난한 학생들이 많았다. 허기진 배가 아쉬운 청춘들에게 김밥과 튀김 바구니를 들고 캠퍼스를 돌아다니는 할머니들은 마치 오아시스와도 같았다. 학생들은 삼삼오오 푼돈을 모아 할머니를 불렀고, 김밥 한 줄과 튀김 몇 조각은 꿀맛 같은 그날의 양식이었다. 이른바 '김밥 할머니'로 알려진 정심화 이복순 여사(正心華 李福順, 1914-1992)의 삶 속에는 이처럼 당대 대학가의 가난했던 풍경과 쓸쓸한 사회적 실정이 연동되어 있다.

가난의 구조는 시간이 흐른 21세기 현재라 하더라도 본질적으로 다르지 않을 것이다. 근대 문명과 자본주의 제도가 보편화된 이상 넉넉한 살림살이가 인간다운 생존을 보장하는 물리적 조건이라는 사실을 부정하기 어렵다. 시인 김승희는 아래 작품과 같이 우리 시대의 가난을 위무한 바 있다.

> 가난은 전깃줄 위에 나란히 앉아 있는
> 반쯤 감전된 검은 까마귀들이거나
> 신문지로 덮어놓은 밥상
> 구타와 악다구니와 꽃밭 앞에 나동그라지는 세숫대야
> 천지는 인자하지 않단다

가진 것이라고는 몸뚱이 하나
병들어서 어느 날 밤에 누군가는 생을 떠나고
아침 골목에 내놓은
연탄재 구멍 속에 누군가 파란 손목 두 개를 꽂아 놓았네

가난은 폭삭 끊어진 계단
계단이 없으면 천사도 안 오고 약장사도 안 오고
돈도 안 오고
밤새 눈 내려 얼어붙은 빙판길에 압정 같이 떨어진 별빛들
가난은 압정 같은 별빛을 밟고 걸었다

슬픔은 휘발되지 않더라
슬픔은 가라앉아 벽돌이 되기도 하더라
그 벽돌이 몸을 이기기도 하더라
벽돌 한 장 만한 마당에 꼬부랑 할머니가
세 살짜리 손녀와 앉아 채송화나 분꽃 씨앗을 심는 것
아욱을 바락바락 씻고 맑은 쌀뜨물에 된장을 살짝 풀듯이
어진 손이 그렇게 하는 것
천지는 인자하지 않지만
가난 속에서 어진 기운이 나오는 움틀임의 방향으로
그렇구나,
가난이 마지막 단어가 아니라서 다행이다

—김승희, 「가난에 대하여」 전문[1)]

코로나 팬데믹과 더불어 접촉이 제한된 시간을 겪으면서 우리 모두는 가난의 본령을 체감한 바 있다. 끊긴 계단과 같은 단절의 극한이 가난이라면, 2020년대는 모든 사람을 가난의 구조 위에 정위시킨 시대였다고도 부를 수 있다. 그렇다면 「가난에 대하여」는 극한의 고립을 뚫고 드러난 위무의 수사가 된다. 시인의 감각은 "어진 손"과 "어진 기운"이

용틀임하는 거역의 장소가 또한 가난의 현장이라는 발견에 가닿는다. 시대의 가난을 "마지막 단어"로부터 끌어올리는 또 다른 애도의 노래가 종요롭기만 하다.

이처럼 결핍은 시간을 거슬러 상존하는 것이요, 어느 때든지 선각자들은 당대의 부재와 상처를 어루만져 왔다. 충남대 역사 속에서 1990년대까지의 비루했던 시대를 위무한 손길이 있다면 정심화를 우선 꼽아야 한다. 익히 알려진 바와 같이 정심화 이복순 여사는 김밥 장사로 모은 거액의 재산을 충남대에 기부했고, 그것은 오늘날 '정심화국제문화회관'과 '재단법인 충남대학교 정심화장학회'의 기원이 되었다. 그 선행의 배경에 '김밥'이라는 음식 표상이 매개되어 있는 맥락은 여러 겹의 중층적 의미망을 파생한다.

김밥이라는 기표 속에는 당대의 서민 문화, 대중적 실존 수단, 사회사적 내포 등 다양한 연관이 자리하고 있다. 그 문제적 표상의 주인공이 바로 정심화 이복순 여사이다. 실제로 이복순 여사의 기부 행위는 1990년 어느 날 특정 독지가가 인근 대학교에 고액을 기부했다는 일회성 사건으로 한정되지 않는다. 당시만 하더라도 한국 사회에서 기부문화는 일반적인 형태가 아니었다. 이때 이 여사의 선행은 한국 사회의 기부문화 조성에 중요한 계기를 만들었다.

'기부'는 사전적으로 '자선사업이나 공공사업을 돕기 위하여 돈이나 물건 따위를 대가 없이 내놓음'이라는 의미로 정의된다. 그러나 그 실질적 효과와 문화적 가치는 몇 문장의 사전 용례로 제한될 수 없다. 더더욱 1990년대 한국 사회는 경제적, 문화적 지평에 있어서 급속한 변화에 따른 속도주의 척도를 벗어나기 어려웠다. 한국의 기부 문화가 여타 선진 국가에 비해 초보적인 수준인 것은 상식에 가까운 사실이다. 미국과 같은 나라에서는 전방위적 기부문화와 그로부터 비롯되는 다양한 복지사업이 존재한다. 하지만 한국 사회에서 일상화된 기부문화는 2020년대 현재까지도 요원한 실정이다. 물론 여기에는 문화적 성격뿐만 아니라 정치적, 경제적, 사회적 토대의 이질성이나 관련 세법의 차이 등이 가로놓여 있다.

정심화 이복순 여사의 기부가 하나의 역사적 사건으로 기록되어야 하는 이유도 이와 같은 구조적 배경으로부터 비롯된다. 그녀가 행한 사회적 실천은 지역 공동체에서 자생적으로 드러난 노블레스 오블리주의 사례였고, 천박한 자본주의의 세태를 위로하는 현장 보고서와 같았다. 그것은 또한 한국 사회에서 기부라는 행위에 대해 진지한 반성을 제고하게 된 계기였다. 충남대의 정신적 지표이자 자긍심으로서 정심화라는 상징은 여전한 현재적 의미를 지니며 숭고한 사랑의 역사를 지속하고 있는 중이다.

검정 고무신으로 이끈 삶의 여정

—

정심화 이복순 여사는 1914년 충남 홍성군 광천읍에서 태어났다. 13세에 광천공립보통학교를 졸업한 것이 학력의 전부이다. 유복하지 못한 환경 탓에 어린 시절부터 그녀의 고된 삶은 시작되었다. 결혼 생활 역시 행복하지 못했다. 1953년, 39세의 젊은 나이로 남편과 사별하고 말았던 것이다. 그녀 옆에는 철부지 외아들만 남았다. 이복순 여사는 대전에 삶의 터전을 잡고 홀로 자식을 키우며 힘겨운 삶을 이어 나갔다.

대한민국의 모든 어머니들이 그러하듯이 이복순 여사 역시 외롭게 남은 아들을 위해서라도 삶을 포기하지 않았다. 그녀는 김밥 도시락 판매와 여관을 경영하면서 악착같이 삶을 꾸렸다. 그렇게 밑바닥부터 몸

부림치며 30년에 이르는 기간 동안 힘든 하루하루를 살았다. 그녀의 삶 이면에는 처절했던 한국 근현대사라는 배경이 자리하고 있다.

1910년대 태어난 한국인들에게 삶의 조건은 어떤 것이었는가. 그들은 중일전쟁과 민족말살정책 등 제국주의 폭력이 가속화되던 시기에 청년기를 보냈고, 해방과 한국전쟁이라는 민족사의 변곡점을 온몸으로 체험할 수밖에 없었다. 특별한 지적 이력이 없는 민초로서의 생활은 그 누구든 비루할 수밖에 없었음이 이 시대에 태어난 한국인들의 공통된 운명이었다. 가장 분명한 삶의 목적은 생존 그 자체였다.

대전에 정착하게 된 이복순 여사는 살기 위해 닥치는 대로 일을 해야만 했다. 그러던 도중 충남도청 등 관공서와 일부 회사의 매점 등에 정기적으로 김밥을 공급하게 되었다. 장사 규모를 확장시킬 수 있는 결정적 계기였다. 또한 이 여사는 대전시 중구 선화1동에서 여관을 경영하기 시작했다. 김밥을 팔며 모았던 돈을 시내 몇 군데의 가게터와 대전시 외곽의 임야를 사들이는 데에 투자했다. 어떻게든 재산을 모으려는 신심으로 다양한 활로를 개척하였던 것이다. 이복순 여사가 매입한 부동산은 도시의 성장과 함께 시세가 오르기 시작했다.

일평생 절약하는 생을 살며 억척어멈을 자처한 이복순 여사의 발에는 언제나 검정 고무신만이 신겨져 있었다. 사시사철 몸을 두른 몸빼바지는 유일한 패션이었다. 색이 바랜 검정 고무신과 헐렁한 일바지는 검소한 삶을 상징하는 기호와도 같았다. 그렇게 일생을 실천한 결과 이복순 여사는 현금 1억 원과 시가 50억 원 상당의 부동산을 모을 수 있었다.

이복순 여사는 자신의 재산이 뜻깊은 곳에 사용되기를 원했다. 일생의 노동을 함께했던 대전 지역에서 거점 국립대학교 위상을 지닌 충남대는 최적의 기관이었다. 고민 끝에 이복순 여사는 자신의 재산을 충남대에 무상 출연하기로 다짐하였다. 이 여사는 재산 기탁을 결심할 당시, "이제 인생을 정리해야 할 단계에서 이 재산을 내 고장의 유일한 국립대학인 충남대의 발전기금으로 바친다"고 의사를 밝힌 바 있다.[2] 그렇게 1990년 10월에 최종적으로 재산 기탁 의사를 학교 측에 알렸다. 곧이어 공증인 사무소에서 재산출연증서를 작성했고, 1990년 11월 28일에는 서울 63빌딩에서 재단법인 충남대학교 정심화장학회 창립총회가 개최되었다. 장학회가 정식 발족된 것은 1991년 1월 10일이었다.

정심화장학회 창립총회

정심화 이복순 여사의 뜻은 물리적인 하드웨어를 통해 구조화되고 또한 강제될 필요가 있었다. 그 형식은 국제문화회관의 건립이었다. 이 여사가 기부할 당시의 오덕균 총장 역시 이를 잘 이해하고 실현하기 위해 적극 노력하였다. 그리하여 1992년 8월 4일 국제문화회관 기공식을 갖게 되었다. 대망의 첫 삽을 그 누구보다 반긴 이는 당연히 이복순 여사였다.

그러나 그녀는 결코 어떤 결과물도 종용하지 않았다. 마치 운명과도 같이, 기공식을 보고 난 직후인 당해 8월 7일 정심화 이복순 여사는 특유의 인자한 미소만을 남긴 채 영면에 들었다. 그녀의 죽음은 결코 적멸이 아니었다. 적멸의 시간은 자신이 남긴 숭고한 뜻을 구체적인 제도와 가시적인 성과로 이어가게 할 새로운 생성의 순간이었다. 그렇게 정심화 이복순은 자신의 법명처럼 바른 마음으로 피어난 꽃이 되었다.

한국 기부 문화의 마중물

—

억척어멈의 한국적 비전

정심화 이복순 여사의 삶은 억척스러운 여성의 전형을 닮아있다. 이런 표현은 자연스럽게 브레히트의 걸작 『억척어멈과 그 자식들』(1939)을 떠오르게 한다.[3] 주지하는 바대로 이 작품은 스칸디나비아 제국과 독일이 관련된 30년 종교전쟁(1618~1648)을 배경으로 하여 어느 억척스러운 여성 일가의 연대기를 그린다. 주인공 억척어멈은 세 자녀와 함께 포장마차를 끌고 전쟁터에서 군부대를 따라다니며 장사를 하는 종군상인이다. '전쟁은 사업이다'라는 신념으로 장사에 임하지만 결국 세 자녀를 모두 잃고 돈도 벌지 못하여 거지꼴이 된다. 브레히트는 전쟁의 폐해와 그에 얽힌 부정적 소시민성을 고발하기 위해 이 희곡을 썼다. 그가 주창한 극의 소격효과[4]는 지금까지도 문학과 예술 분야에서 상상력의 원천으로 전유되고 있다.

정심화 여사의 삶은 브레히트의 억척어멈에 유비되는 현실적 사례라 할 만하다. 물론 전혀 다른 방식에서 알레고리를 포함한 채이다. 브레히트의 희곡에 등장하는 여인이 삶의 비극을 받아들이고 극복하는 힘은 물질적 가치였음에 반해 정심화의 그것은 정반대를 지향한다. 각각의 서사가 함의하는 여성 주체는 문명의 혜택으로부터 소외된 인물이라는 공통점을 지니지만 이들이 시대를 헤쳐나간 생활의 방식은 전혀 다른 질이었던 것이다.

많은 이들은 정심화 이복순 여사가 충남대에 전 재산을 기부한 사실만 주로 기억하고 있다. 하지만 그녀의 기부 행위는 이미 스스로의 삶에 체화된 일종의 관성이었다. 자제 임채훈 씨의 회고에 따르면 이 여사는 1970년대 말에 경상도 칠불사에 1억 원이라는 거액을 기부한 바 있다. 이 돈은 칠불사에서 임야를 구매하고 선방을 마련하는 데에 큰 역할을 하게 된다.[5] 독실한 불교 신자였던 이복순 여사는 자신이 믿는 종교적 가치에 따라 이미 중생의 도를 실천하고 있었던 것이다. 이때의 인연으로 칠불사는 이 여사 사후에 사십구재를 경건히 올렸다.

그 밖에도 이복순 여사는 일상 속에서의 나눔과 봉사를 실천했다. 생활의 여력이 허락하는 대로 소외되거나 불우한 이웃 주민들을 모아 한 끼 식사를 제공하였던 것이다. 이러한 이력은 종종 어머니를 모시고 봉사 활동에 동참했던 자제 임채훈 씨에 의해 생생히 회고되고 있다.[6] 1970년대로부터 1980년대에 이르는 가난의 시절에 주변 이웃들과 먹거리를 나누었던 장면은 노블리스 오블리주의 현장이라 할 만하다. 이복순 여사가 심인불교(心印佛教) 종단으로부터 받은 법명 '정심화(正心花)'는 이러한 삶의 이력이 각인된 결과임을 기억해야 한다.

이복순 여사의 삶과 기부 정신은 제도적으로도 이미 공인된 바 있다. 단적인 예로 그녀는 생전에 국민훈장 동백장을 비롯하여 조선일보사의 청룡봉사상, 대전개발위원회의 대전개발대상, 그리고 대전시문화상 등을 수상하였다. 한편 이러한 각종 시상 제도는 지극히 형식적인 성격을 지닌다. 행정 성과를 기록하기 위한 일회적 행사로서의 의도를 함의한 관례이기도 한 것이다. 이러한 일회성 형식을 경계하듯이 이복순 여사는 기부 문화의 정착을 위한 장치를 적멸의 자리에서도 마련하고 있다.

이 여사가 잠든 추동 묘역은 자신이 기증한 부지 일부이기도 하다. 이 여사는 묘역 주변에 같은 처지의 영혼을 위한 안식처를 마련해 두었다. 자신을 포함해 그 주변 독지가 묘역 자리는 대전 지역 기부 문화를

정심화 이복순 여사 묘역
(대전시 동구 추동)

영원히 기억하는 랜드마크로 남게 되었다. 브레히트가 억척어멈을 내세워 반어적으로 웅변하려 한 소시민의 삶의 가치는 이처럼 정심화 이복순 여사라는 한국적 억척어멈의 실질적 운명을 통해 온몸으로 역설되고 있다.

정심화의 삶이 후대에 남긴 또 다른 교훈으로서 여성성의 사회적 실천이라는 의미를 빠트릴 수 없다. 여성성은 모든 생명의 원천이라는 상징적 의미 이외에도 무한 경쟁과 대립을 기반으로 유지되는 현대사회를 변모시킬 새로운 패러다임으로 주목되고 있다. 생물학적 성별을 떠나 진정한 여성성의 가치를 받아들이고 실천할 수 있는 사람은 흔치 않다. 여성성은 존재의 본성에 대한 이해와 이타적 생활양식의 체화가 전제되어야지만 실천이 가능한 덕목이기 때문이다. 정심화 이복순 여사는 여성성의 범주를 관념으로 습득하지 않았다. 스스로의 삶을 통해 그 의미를 체현할 수 있었고, 일상적 실천으로부터 진정한 가치를 실증할 수 있었다. 정심화라는 억척어멈의 한국적 비전이 지닌 의미는 이처럼 우리 시대의 철학적 지평과도 깊게 관련된다.

기부 문화의 신지평

정심화 이복순 여사의 기부는 어느 지역의 재력가가 인근 대학에 전

재산을 기부하였다는 일회성 에피소드로 한정되지 않는다. 그것은 충남대의 중요한 역사 자체를 구성한다. 또한 한국 사회 내부에서 기부문화를 재인식하고 활성화하는 중요한 계기를 마련하였다는 점에서 하나의 현대사적 사건이라고 부를 수 있다.

정심화 여사가 전 재산의 기부를 결정한 1990년대 초반만 하더라도 한국에서 기부문화는 일천한 수준이었다. 우리나라에 근대적 제도가 정착된 이래 기부에 대한 관심이 공론화되는 첫 계기는 1951년 11월에 '기부금품모집금지법'이 제정된 전후로 거론된다. 이 법은 표현에서도 드러나는 것처럼 기부를 활성화하기 위한 제도라기보다는 한국전쟁 직후 난립하는 구호단체와 각종 편법을 통제하려는 목적을 지녔다. 이 때까지만 해도 우리 사회는 오늘날과 같은 기부 문화가 일반화되지 않은 시기였음을 엿볼 수 있다.

기부와 관련된 사회적 시스템과 인식 변화가 모색되는 시기는 1980년대를 지나면서이다. 1987년 6월항쟁은 한국 현대사에서 민주주의가 뿌리내릴 수 있는 계기를 제공하였고, 이러한 절차적 민주주의의 달성은 1980년대 후반 사회 각 부문 운동이 분화 및 조직화되는 토대를 마련하였다.[7] 이와 더불어 다양한 시민운동 단체와 NGO 혹은 공익 법인이 만들어졌고, 그 과정에서 기부에 대한 인식도 점차 변하게 되었다. 기부금은 각종 NGO와 사회복지 조직, 그리고 장학사업이나 문화예술사업을 포함한 각종 공익 법인의 재정적인 원천으로 기능했다. 기부금의 금지나 규제의 정신이 기부를 장려하기 위한 제도로 진화하였던 것이다.[8]

그럼에도 불구하고 한국의 기부문화는 세계적 수준에 견주어 볼 때 지극히 미약한 실정이다. 뉴욕대 클래어 가우디아니 교수의 분석에 따르면 미국은 세계에서 가장 많은 기부를 하는 나라에 해당된다. 2000년대 중반까지 미국인들의 국내총생산(GDP) 대비 기부금액 비중은 1.8%로서 2위 영국의 0.7%에 비해서도 두 배 이상 높다. 3위 프랑스가 0.14%이고, 그 뒤를 잇는 남아프리카공화국, 싱가포르, 터키, 독일 등의 기부금액 비중은 0.1%를 넘지 못한다. 우리나라 역시 하위권 국가들과 유사한 수준으로 추론된다.[9)]

프랑스 경제학자이자 칼럼니스트 기 소르망은 2014년 한국에서 개최된 세계무역포럼에서 기부의 본질을 '이니셔티브의 모음'으로 정의했다. 기부는 곧 주도권 혹은 기획들의 집합에 다르지 않다는 분석이다. 그에 따르면 역사적 종교적 이유로 기부가 가장 발달한 미국과 같은 나라에서는 기부의 힘으로 뭐든지 할 수 있다. 수천 개의 자선단체가 존재하고, 사회 프로그램을 실시하는 수천 개의 교회가 있다. 특별한 제약을 받지 않는 다양한 이니셔티브들은 사회 분야에 창의력을 생성 및 유지하는 데에 결정적 요인이 된다.[10)] 그는 한국의 기부 문화에 대해서도 다음과 같이 분석하였다.

> 개개인의 한국인이 기부하는 수치는 매우 낮습니다. 한국은 OECD 회원국 중 교회와 사찰을 포함한 자선 기부가 선진국 중에서 가장 낮습니다. 이는 아마도 한국인 모두가 치열하게 부를 축적하며 삶을 영위하기 때문에 다른 사람을 위한 여유가 없을지도 모릅니다. '가족 우선' 풍조 때문인 것 같지만, 가족의 규모는 갈수록 더 작아지고 있습니다. 일종의 경제적 압력은 한국 사회를 오히려 이기적으로 만들었고, 성공한 한국인에게 연대와 공감이 결핍돼 있기 때문에 (기부하는) 사회의 모습은 완전히 잊혀졌고 무시되었습니다.[11)]

외국인 학자의 눈에 비친 한국 기부문화의 단면은 부끄러운 수준이다. 기 소르망의 지적대로 한국 사회에서 기부 문화가 일천한 수준인 것이 객관적 사실임을 부정하기 어렵다. 이러한 실정 속에서 이복순 여사의 기부는 한국 기부문화를 변화시키는 데에 큰 영향을 미쳤다. 대한민국 기부문화의 효시격 사례라는 역사적 의미를 남긴 것이다. 위 분석에서도 정심화 전후의 지표가 보다 정치하게 대비되어야 하리라 본다.

실로 이복순 여사에 이어 충남대를 향한 독지가들의 기부가 이어졌다. 일부 사례를 들자면, 1994년에는 고국으로 귀환한 제일교포 출신 70대 김쌍금 여사가 1억 5천여만 원에 이르는 재산을 충남대에 기탁했다. 평생 모은 현금 8천만 원과 살고 있는 아파트 등이 포함되어 있었다. 경남 함양 출신인 김 여사는 14세 때 가난한 집안 사정으로 일본에 건너가 19세 때까지 방직공으로 생활하였다. 다시 일본 효고현 다가라스 시청 고용원으로 취직하게 되었고, 귀환하던 1992년까지 일해 왔다. 김 여사는 "못배운 것이 한이 돼 어려운 학생들을 돕고 싶어 장학금을 기탁하게 됐다"고 소회를 밝혔다.12)

승정연, 「하늘로 부친 편지」(성옥심 여사 헌정 웹툰)

1995년에는 대홍인쇄사 이천구 대표가 중구 대홍동 498의 지하 1층, 지상 5층짜리 건물을 기증했다. 이 건물은 대전시청 건너편에 자리잡고 있었는데, 시가 35억 원을 웃도는 것이었다. 이 대표는 "한 평생 인쇄업에 종사하면서 번 돈을 장학사업을 위해 쓰기로 일찍부터 마음먹고 있었다"며 "마침 아들과 두 사위가 졸업한 충남대에서 발전기금을 모금한다는 소식을 듣고 건물을 내놓게 됐다"고 뜻을 전했다.13)

2015년과 2017년에 각각 4억 원 상당의 부동산과 1억 원의 현금을 기부한 성옥심 여사는 특별한 사연을 지닌다. 그녀와 이복순 여사는 30년지기였던 것이다. 나이는 이 여사가 20년 앞섰지만 친자매처럼 지냈다. 성 여사는 이 여사의 기증이라는 본을 보고 충남대에 고액을 기부하게 되었다고 회고한 바 있다. 중앙시장에서 포목점을 운영하던 성옥심 여사는 인근에서 함께 장사하던 이 할머니와 인연을 맺게 된다. 1990년 이복순 여사가 평생 모은 재산을 기부하는 모습을 보고 자신도 언젠가는 좋은 일에 쓰이도록 재산을 기부하겠다는 결심을 하게 되었다. 그로부터 20여 년이 흐른 뒤 마음속에 담아 두었던 '복순 언니와의 약속'을 실천한 것이다. 그녀는 기부 당시 "함께 있지는 않지만 언니에게 자랑하고 싶은 떳떳한 동생이 될 수 있을 것 같다"는 말로 감동을 주었다.[14]

이와 같은 대표적 예시만으로도 이복순 여사의 기부가 이후의 문화적 지평에 미친 영향은 실로 지대하였음이 확인된다. 당해의 파장 역시 전국적인 것이었다.[15] 이 여사의 기부가 이슈가 되면서 그녀는 청와대를 방문하기도 했다. 이때의 일화는 전국 언론에 소개되었다. 『주간조선』에 따르면 이복순 여사는 경남 창원의 독지가 김성필 씨, 프로축구 선수 정해원 씨 등과 청와대 초청을 받는다. 이들은 기부한 돈의 액수와 목적이 조금씩 달랐지만 이웃을 생각하는 따뜻한 마음을 공유하고 있다는 점에서 당대 한국 사회에 특별한 희망을 제시했다. 기사에 따르면 당시 노태우 대통령은 이들 세 사람과 점심을 함께하는 자리에서 "여러분들이 보여주신 따뜻한 정과 고귀한 사랑은 메말라가는 사회에 새로운 희망과 용기를 주었다"며 격려했다고 한다.[16]

『주간조선』(1990. 12. 16) 표지와 본문

정심화 이복순 여사의 기부는 한국 기부문화의 마중물을 부었다는 점에서 중요한 의미를 지닌다. 당대 대중매체는 '김밥 할머니'라는 상징을 앞다투어 보도하며 그 정신을 기리기 위해 노력했다. 여기에는 흥미를 추구하는 문화산업의 속성이 일부 작동하기도 했으리라 본다. 그럼에도 불구하고 유례가 없던 서민 기부의 역사적 사건이라는 전 국민적 공감대가 형성되어 있었다는 점 역시 분명한 사실이다.

오늘날과 같이 자본이라는 제도의 성과주의가 팽배한 사회 실정 속에서 이복순 여사의 업적은 여전한 시의적 가치를 생산하는 중이다. 선진 국가의 조건이 경제력이나 국방력만으로 결정될 수 없음은 이 시대를 살아가는 대다수 현대인의 일반적 상식이기도 하다. 우리나라와 같이 비루한 현대사의 조건을 선험적으로 지닌 공동체의 경우 정심화와 같은 문화 콘텐츠는 어떠한 물질적 요건보다도 뜻깊은 사회적 자산이 아닐 수 없다. 그녀가 검정 고무신을 끌며 몸소 보여준 숭고한 사랑과 봉사는 충남대 관계자는 물론 지역 공동체, 나아가 한국 사회의 귀감으로 기능하며 현재적 삶에 소환되고 있다.

로컬 히스토리로서의 후원 제도

2021년 8월 6일, 대전광역시 추동의 한 추모 공원에서는 충남대 이진숙 총장을 위시한 관계자들이 엄숙한 표정으로 두 손을 모았다. 이복순 여사의 29주기를 맞아 그 숭고한 정신을 기리기 위한 자리였다. 그녀에 대한 남은 자들의 기억은 이처럼 오늘날까지도 주기적으로 반복되고 있다. 다음은 추모식 당일 낭독되었던 이진숙 총장의 추모사 전문이다.

> 삼가 정심화 이복순 여사님의 명복을 빕니다.
> 오늘은 우리 대학교에 한없는 사랑과 애정을 쏟으셨던 당신께서 떠나신 지 29주년이 되는 날입니다.
> 29년 전 오늘, 홀연히 우리 곁을 떠나신 당신은 우리들에게 어떤 삶이 보람되고 가치 있는 것인지 몸소 실천과 행동으로 보여 주셨고, 또한 보통 사람이 얼마나 위대한 삶을 살 수 있는지를 깨닫게 해주셨기에 오늘날 우리 모두는 당신을 더욱 우러러 보게 됩니다.
> 당신은 검은 고무신에 허름한 바지 차림으로 비가 오나 눈이 오나 하루도 쉬지 않으시고 김밥도시락 장사와 여관 경영으로 평생 모으신 전 재산을 우리 충남대학교의 발전을 위해 아낌없이 다 내주셨습니다. 당신의 이타행(利他行)은 많은 사람들에게 커다란 감동을 주었을 뿐만 아니라, 우리나라 기부문화에 새로운 이정표를 세우셨습니다.
> 존경하는 정심화 이복순 여사님!
> 당신은 당신의 것을 하나도 남김없이 얼굴 한번 본 적 없는 충남대학교 학생들에게 모두 주고 떠나셨습니다. 다행히 정심화장학금을 지원받은 학생들은 사회에 나아가 봉사와 헌신이라는 가르침을 실천하면서 더욱 아

> 름다운 세상을 만들어가고 있습니다.
> 지난 2000년에 완공된 충남대학교 정심화국제문화회관은 당신의 거룩한 뜻을 영원히 기릴 것이며, 당신의 숭고한 정신은 영겁의 세월 속에서도 우리들의 마음속에 길이길이 기억될 것입니다.
> 이제 이 자리에 참석한 우리들 모두는 당신의 숭고한 정신과 진실로 가치 있는 삶이 어떤 것인지 되새기면서 당신의 천상 영락(永樂)을 간절히 바랍니다.
> 부디 영원한 평화의 안식을 누리십시오![17]

위 장면에서 보는 바와 같이 정심화 이복순 여사의 기부 행위는 오늘날 충남대의 정신적 긍지이자 이정표로서의 의미를 지닌다. 그것은 중부권 거점 국립대학교로서 충남대의 위상과 경쟁력을 제고시킨 실질적 동력이기도 했다. 오덕균 총장을 이어 정심화 기념사업의 초석을 다진 정덕기 총장은 이 점을 명시한 바 있으니, "지난 1990년 이복순 여사께서 50억여 원에 달하는 전 재산을 기증한 데 이어 대전 지역에서 30년 이상 인쇄업을 해오던 이천구 사장께서 평생동안 모은 35억 원 상당의 재산을 선뜻 내놓은 것도 우리 대학교의 밝은 장래를 예고하고 있기 때문이다. 이와 같은 지역사회와의 유기적 협조관계는 우리 대학교만의 발전뿐만 아니라 대학과 상호협력 관계에 있는 지역사회 전체의 발전의 의미하는 것이기도 하다"[18]와 같다. 이복순 여사의 기부는 충남대가 21세기 명문대학으로 도약하는 계기였음을 총장으로서 확신하고 있는 국면이다.

정심화 이복순 여사의 실천 행위는 충남대뿐만 아니라 지역 공동체를 활성화시키고 여전히 현재진행형의 문화적 지평을 형성하고 있다는 점에서 특별한 의미를 파생한다. 위 이진숙 총장의 추모사에서도 강조된 바와 같이 이 여사의 기부는 정심화국제문화회관이라는 근간 시스템으로 남아 있다. 정심화국제문화회관은 시설면에서 대전권 최대 규모로서 정심화홀, 백마홀, 대덕홀 등을 갖추고 있다. 이 하드웨어는 지역의 예술적 메카로서 공연 문화의 발전을 이끄는 글로벌 공간으로 기능하고 있다. 또한 여기에서는 교육부 국가 R&D 인력양성사업 권역별 설명회, 국제수학올림피아드, 국책연구사업 설명회, 리더십세미나 등 다양한 행사가 개최되었다. 이러한 행사를 통해 해당 시설은 과학 및 문화 도시로서 대전의 위상을 높이는 복지 공간 기능을 더하고 있다.[19)]

정심화국제문화회관 전경

이 시설은 그 자체로 충남대의 관련 역사를 함축하고 있다. 정심화국제문화회관은 1990년 오덕균 총장 재임 시 이복순 여사의 기부 정신을 실현하기 위한 건립 시도로부터 기원하였다. 그러나 1992년 지하 기초골조 공사 진행 중 기증 받은 부동산이 매각되지 않아 공사를 중단하게 된다. 오 총장의 뒤를 이은 정덕기 총장은 재임 중인 1995년, 위 부동산 매각과 약 70억 원의 자체 예산 부담을 전제로 대규모 국제문화회관 건립을 정부로부터 승인받았다. 1996년 설계를 완료하고, 기존의 지하 골조 일부를 보완하며 대규모 골조 공사를 다시 시작하였다. 그러나 공사가 마무리될 즈음에 IMF의 국가적 위기를 맞았고, 자체 부담 70억 원을 마련할 길이 없어 큰 난관에 봉착하게 된다. 그런 와중에 국제문화센터 신축 기공식이 1997년 3월 7일에 진행되었다.

정 총장의 뒤를 이어 대학관계자들은 국무총리를 비롯한 관계 기관과의 수차례 협의 과정에서 회관 건립의 당위성, 제41회 국제수학올림

피아드 개최 필요성 등을 강조하였다. 그 결과 부족한 공사비와 내부시설 예산을 확보할 수 있게 되었다. 1999년 450석 백마홀과 180석(현재 128석) 대덕홀이, 2000년 1,829석(현재 1,817석) 정심화홀과 각종 부대시설이 완공되었다. 이복순 여사의 정신을 계승하고자 2002년에 국제문화회관을 정심화국제문화회관으로 명칭을 변경하였다. 2010년 9월 10일에는 기념물을 새로 제작하여 이 여사 흉상, 국정 교과서와 CD 등을 정심화홀 로비에 전시되고 있다.

정심화 여사의 정신은 실질적인 장학제도로도 지속되는 중이다. 장학사업은 제도적 차원에서 정심화 정신을 계승하는 현재적 시스템을 대표한다. 또한 이복순 여사의 기부라고 하는 사회적 자산을 지식인 재생산으로 선순환시키기 위한 결정적 기제이기도 하다. 1992년도부터 본격화된 장학사업의 2021년도 1학기까지 실적을 보면 438명의 학생에게 7억 5백만 원의 장학금을 지급한 것으로 파악된다.[20] 정심화장학회는 충남대 학생들이 학업을 수행하는 데에 실질적 도움을 주었다. 뿐만 아니라 정심화 여사의 숭고한 뜻을 이 대학 재학생들에게 직간접적으로 반복 전파함으로써 신진 세대들의 교양 제고 수단으로도 기능하고 있다. 정심화장학회의 성과는 동문 학자의 배출이라는 쾌거로도 이어졌다. 이복순 여사의 장학금으로 학업을 계속해 미국 대학교수가 된 충남대 동문의 경우는 상징적 의미를 지닌다. 충남대 출신(경제학과 2006학번)으로 미국 북콜로라도 주립대학교 경제학과에 근무하는 박준표 교수가 대표적 사례이다.[21]

이 지점에서 정심화장학회의 존재는 이른바 '후원자'로서의 사회학적 입지를 지닌 시스템이라는 의미로 확장된다. 문화사적 관점에서 서구 19세기의 후원 제도는 "상이한 지위를 지닌 후원자와 작가 사이에 교환관계가 형성"[22]됨으로써 예술장의 활성화에 크게 기여하게 된다.

한국 근현대 아카데미 메커니즘은 역사적 정황상 그 자생력 자체가 해방과 한국전쟁 이후로 늦춰질 수밖에 없었고, 이때 각 지역에서 명망을 지니거나 선진 교육을 습득한 주요 인물들은 지역 아카데미의 후원자이자 핵심 인물로 기능하며 그에 따른 상징권력을 선취할 수 있었다. 정심화 이복순 여사는 일제강점기 신도시로 형성된 대전 지역의 발전 과정에서 대표적인 후원자이자 기부가로서 충남대 역사에 등장하였다. 권력 구도와는 무관한 순수한 민간 기여자라는 점에서도 정심화 이복순 여사의 선행은 충남대는 물론 지역 공동체의 정신적 이정표이자 리더십으로 기록되기에 충분한 의미를 지닌다. "재물은 모두가 함께해야 빛이 나며, 덕은 남모르게 베풀어야 한다"[23)]는 언명은 시대의 명문이라 할 만하다. 이 말에 담긴 숭고한 사랑과 실천의 덕목은 충남대 및 관련 지역 공동체의 로컬 히스토리 속에서 영원히 함께할 것이다.

우리 시대의 정신적 이정표 : 필란트로피의 리더십

—

정심화 이복순 여사의 선행은 전 국민적 관심과 이슈의 대상이었다. 대표적인 결과물로서 그녀의 이야기는 2010년 초등학교 국정 교과서에 수록되기도 했다. 충남대 출신의 많은 총장, 학자, 인물들이 있지만 국정 교과서에 등재된 사례는 찾아보기 어렵다. 이러한 상징적인 사건을 보더라도 정심화와 충남대의 관계는 필수불가결한 기연의 고리를 형성하고 있음을 알 수 있다.

당시 교과서의 구성을 보면 다음과 같다. 정심화 콘텐츠는 듣기와 말하기 영역에 포함된다. '설명하는 말을 듣고 정리한 내용을 발표하여 봅시다'라는 표제를 단 해당 장은 '1. 그림을 보고, 남을 도와준 경험에 대하여 친구들과 이야기하여 봅시다.', '2. 누가 어떤 일을 하였는지 생각하며 〈아름다운 사람들〉을 듣고, 주인공의 이름을 써 봅시다.', '3. 〈아름다운 사람들〉을 다시 듣고, 내가 알고 싶은 사람에 대하여 정리하려고 합니다. 어떤 내용에 주의하며 들어야 할지 써 봅시다.', '4. 〈아름다운 사람들〉을 다시 듣고 중요한 내용을 정리하여 봅시다.', '5. 4에서 정리한 내용을 친구들 앞에서 발표하여 봅시다.' 등의 항목으로 구성되어 있다.[24] 교과서에는 이복순 여사와 함께 『강아지똥』, 『몽실언니』 등을 쓴 동화 작가로서 책 인세를 북한 어린이들을 위해 써 달라는 유언을 남긴 권정생 선생, '유한양행'을 설립해 국민 보건에 기여한 데에 이어 전 재산을 사회에 환원한 유일한 선생 등도 함께 소개된다. 교과서는 "세 분은 열심히 일하며 평생 모은 재산을 기부한 아름다운 사람들입니다. 우리도 세 분의 삶처럼 다른 사람을 도울 줄 아는 삶을 삽시다"라고 당부하고 있다.[25]

국정 교과서 본문
(『국어 : 듣기 · 말하기 · 쓰기 4-1』, 2010)

이처럼 정심화 이복순 여사는 전 국민의 리터러시, 특히 듣기와 말하기를 통해 언어 감각을 습득하는 과정에서 필수적 예시로 인용되었다. 언어는 의사소통의 도구일 뿐만 아니라 인간의 이성적 사유와 행동을 가능케 하는 전제이다. 정심화의 정신이 전 국민의 언어 교육에 하나의 매개가 되었다는 사실은 정심화 리더십의 중요한 증거물로 남을 것이다.

정심화 이복순 여사가 고양한 기부문화는 자본주의라는 제도를 내용적으로 뒷받침해 주는 정신적 기반으로서의 의미를 지닌다. 세계사적으로 다양한 기부 시스템이 해당 공동체의 문화적 토대로 기능하고 있는 구조를 볼 수 있다. 한편 우리나라는 근대적 제도 자체의 일천한 역사로 인해 다양한 기부 문화가 여전히 활성화되고 있지 못한 실정이다. 그런 면에서 정심화 이복순 여사의 존재는 충남대의 역사 속에서 빛나는 긍지에 해당된다. 나아가 한국 기부문화의 선구적 사례로서 현대사에 기록되고 있다. 정심화는 노블레스 오블리주를 실천한 사례요 우리 시대의 필란트로피(philanthropy)를 체현한 상징이 되었다.[26)]

이복순 여사의 선행이 우리 시대의 필란트로피로서 지닌 참뜻은 그녀의 정신 속에 각인되어 있다. 이복순 여사는 자신의 전 재산을 기증하면서 관련 사실을 절대 비밀로 하라고 요청하였다. 당시 이복순 여사를 처음 취재한 『대전일보』 오한진 전 편집국장은 어떻게 그런 결정을 하게 되었느냐고 물었다. 이 여사는 “내가 무슨 뉴스거리가 되는가, 나보다 더 나은 사람들이 나처럼 하지 못하는 게 뉴스거리가 아닌가”라고 대답하였다.[27)] 우리 시대의 억척어멈으로 일생을 살다 간 정심화 이복순의 우문현답이었다. 숭고한 사랑의 표상, 한국 기부문화의 마중물은 이처럼 단순한 삶의 지혜 속에서 비롯되었다.

Ⅵ

일하는 보람과 사랑으로 살아온, 유림 이인구 회장의 리더스피릿

성을현

들어가는 말

—

사람의 인생에는 다양한 종류가 있다. 여기에 돈을 벌어 의미 있게 사용하고자 했던 사람이 있다. 바로 유림 이인구(裕林 李麟求, 1932-2017) 계룡건설 전 회장이다. 왜 이인구 회장일까? 산업의 역군으로 일하는 보람으로 살아온 그의 삶이 남다르다. 그리고 단순한 산업의 역군으로 그치지 않고, 그 사랑이 나라-지역-모교로 이어지며 나눔과 봉사를 몸소 실천하였다. 충남대를 거쳐 간 수많은 동문들이 있지만 그 중에서 유림 이인구 회장은 자랑스런 '충남대인'으로서 충분한 자격이 있다.

계룡건설 유림 이인구 회장은 1931년 충남 대덕군 동면 효평리에서 태어났다. 스스로를 "대전의 터줏대감"이라고 했다. 그는 "한산(閑山) 이씨 종가를 비롯해 직계 9대는 지난 700여 년간 한 번도 충청도를 떠난 적이 없다"고 했다. 진하게 충청에 뿌리를 둔 대전 사람이다.

유림의 삶을 돌아보면서 가슴 찡하게 다가오는 부분은 고등학교(당시 중학교 5학년) 재학 중에 6·25전쟁이 일어나서 학도병으로 자진 입대하는 바람에 고등학교 졸업장을 받지 못하다 1991년에서야 고등학교 졸업장을 받아 든 모습이다. 교문을 나선지 꼭 40여 년 만에 받아 든 졸업장이었다. 당시는 중등학교가 6년제였기에 지금의 중학교 3년과 고등학교 3년의 체제에 맞춰 중학교 교가와 고등학교 교가를 모두 불렀다 한다. 그 감회가 어떠했을까.

유림 이인구 회장이 충남대와 본격적인 인연을 맺은 것은 1964년의 일이다. 지금으로부터 58년 전의 일로 올해 충남대가 개교 70주년을 맞았으니 그리 큰 차이가 나지 않는다. 충남대 입학 당시 이인구 회장의 나이는 34세로 다른 입학 동기들에 비해 10년 이상 늦게 입학했다. 1952년에 대전중학교 5학년 때 학도병으로 6·25전쟁에 참전하고 고등학교도 졸업하지 못한 채 있다 늦게나마 고등학교 학력을 인정받고 충남대에 입학함으로써 충남대와의 인연이 본격적으로 시작되었다. 그리고 충남대 법경대학을 1969년 졸업한 이래 행정대학원수료, 명예법학박사학위 취득, 총동창회장 4회 역임, 청룡관 기증, 제2학생회관 건립예산지원, 도서관 100만 장서운동 지원, Law School 인가준비위원 및 장학기금조성, 충남대발전기금위원회고문(현) 등 충남대를 위해 많은 기여를 했던 동문이며 존경받는 기업인이다.

유림은 늘 주어진 일에 최선을 다하며, 그 일에서 삶의 보람을 찾았다. 하지만 일에만 그친 것이 아니라 열심히 일하면서도 나라-지역-모교에 대한 사랑을 그의 삶 속에서 고스란히 실천하였다. 기업인으로서 유림의 삶은 그의 회고록이나 기업조명의 글들을 통해 많이 소개되었다. 여기서는 유림의 개인적 삶 가운데 그가 보여준 사랑에 초점을 두고, '나라사랑-지역사랑-모교사랑'의 관점에서 그의 리더스피릿을 조명해보고자 한다.

한 가지 첨언하자면, 이 글은 유림의 과보다는 공에 초점이 맞춰져 있다는 것이다. 사람의 삶에는 공과가 있다. 근 백 년을 살면서 공과가 없다면 그것이 이상한 일일 것이다. 그러고 보면 한 사람을 제대로 조명하기 위해서는 공과를 공평하게 다루는 것이 맞다. 하지만 때론 그 삶을 제대로 이해하기 위해서 공과를 분리해서 볼 필요도 있다. 자칫 공이 또는 과가 서로에게 영향을 미쳐 그 가치를 훼손할 수 있기 때문이다. 그렇다고 과를 무시하자는 이야기는 아니다. 다시 어디선가 반드시 다루겠지만 여기는 아니다. 과에 대해 논의할 또 다른 기회가 있을 것이다.

넓은 숲이 되고자 했던 유림(裕林) 이인구 회장의 일생

—

유림 이인구 회장(이하 유림)은 고려 후기의 문신 牧隱 李穡(목은 이색)의 20대손으로, 1931년 당시 충남 대덕군 동면 효평리(현 대전광역시 동구 효평동)에서 태어났다. 대전동명초등학교, 대전중학교, 대전고등학교, 충남대 법학과(1964-1969년)를 졸업하였다.

유림은 대전중학교 5학년 때인 1950년 7월 학도병으로 자원 입대, 영천지구 전투에 참전했다. 그는 301공병교육대에서 초단기 사관후보생 과정에 응시해 합격했고, 육군종합학교를 마치고 18세 미성년자로 육군 소위로 임관했다. 1951년 공병학교 교관으로 부임하였으며, 이를 통해 유림은 평생직업으로 '건설'과 인연을 맺게 되었다. 1952년 미국 국방성은 한국에 공병장교 40명으로 구성된 특별군사반 파견을 요청했다. 대전중 입학부터 수석을 놓치지 않았던 그는 40여 명의 선발장교 가운데 소위로서는 유일하게 합격해 미국행 비행기에 올랐다.

학도병으로 6 · 25 전쟁에 참전하여 육군종합학교를 수료하고 대한민국 육군 공병장교로 임관하여 중령까지 진급한 후 1967년 전역하였다. 전역 후 당시 충청도 도급순위 50위였던 계룡건설을 인수하고 재창립해, 2018년에는 충청도 도급순위 1위 기업으로 만들었다. 그리고 우수한 재무구조, 합리적인 내실경영, 효율적인 업무시스템을 갖추며 전국 시공능력 10권 대에 우뚝 선 명실상부한 대한민국 1등급 건설회사로 발전시켰다. 1992년에 기업의 사회적 책임을 위해 계룡장학재단을 세웠고, 1996년에는 명예회장으로 추대되었다.

1988년 제13대 국회의원 선거에서 신민주공화당 후보로 충청남도 대덕군-연기군 선거구에 출마하여 현역 국회의원인 민주정의당 후보를 꺾고 당선되었다. 1992년 제14대 국회의원 선거에서 민주자유당 후보로 대전직할시 대덕구 선거구에 출마하였으나, 민주당 후보에 밀려 낙선하였다. 같은 해 치러진 제14대 대통령 선거를 앞두고 민주자유당 김영삼 후보에 반기를 들며 탈당하였다. 1995년에 자유민주연합 창당에 참여, 1996년 제15대 국회의원 선거에서 자유민주연합 후보로 대전광역시 대덕구 선거구에 출마하여 재당선하였다. 1998년부터 1999년까지 자유민주연합 부총재를 역임하였다. 2000년, 제16대 국회의원 선거에서 자유민주연합 공천에서 탈락하자 무소속으로 같은 선거구에 출마하였으나 다시 낙선하였다.

유림 이인구 회장 근영

이후 정치에서 벗어나 경영에 집중하다 2017년 5월 15일 향년 87세로 작고했다. 유족으로 부인 윤종설여사와 이승찬 계룡건설 사장 등 1남 8녀를 남겼다.

일하는 보람과 사랑으로 살아온 삶

—

일하는 보람과 나라 사랑

유림의 나라사랑은 특별한 충성심에서라기보다는 평소의 나라사랑의 마음과 그의 선천적 근면성과 책임감에 의해 일의 수행과정에서 자연스럽게 나타났다. 6 · 25참전과 전쟁 중 활약, 군막사의 현대화, 경부 고속도로의 건설 등에서 그 모습이 잘 드러난다.

6 · 25 참전

대전중학교 5학년(지금의 대전고등학교 2학년)이던 1950년 여름이었다. 1학기 기말시험을 끝낸 어느 일요일 아침, 유림은 친구들과 유성온천의 한 대중탕에서 새벽 4시에 발발한 6 · 25 전쟁 소식을 6시간가량 지나 처음 듣게 되었다. 직감적으로 심상치 않다고 느낀 유림은 서둘러 옷을 걸쳤다. 친구들과의 남은 일정을 취소하고 두근거리는 가슴을 애써 쓸어내리며 학교로 뛰었다. 당시 유림은 학도호국단 중대장으로서 몇 차례 군에 입소하여 군사훈련을 받은 경험도 있었고, 그해 7월에도 현재의 둔산지구에 있던 보병 제2사단에서 군사훈련을 받기로 예정돼 있던 터였다. 학교에 배속된 장교의 굳은 표정에서 전쟁이 일어났음을 확인할 수 있었다.

그는 이미 본대인 2사단에 복귀하라는 명령을 받고 출전 채비를 하는 중이었으며, 유림을 비롯한 학도호국단 간부들에게 대략적인 전황을 설명하고 비장한 각오가 필요함을 전했다. 처음엔 어찌할 바를 몰라 하던 유림과 친구들은 '국가가 위기에 처한 상황이므로 미성년자인 우리도 출전해야 한다'는데 뜻을 모으고 각자 각오를 다졌다.

순식간에 전황은 급변하여 며칠이 지나지 않아 이승만 대통령이 대전까지 밀려 내려왔다. 대흥동에 있는 도지사 관사에 임시 지휘본부를 설치했고, 평소 보지 못하던 고급 승용차들이 흙칠로 위장한 채로 대전 시내를 분주히 오가기 시작했다. 학교는 이미 휴교령이 내려져 있었고 교사(校舍)와 운동장은 군사목적으로 점령되었다. 7월 중순에 이르러

포성이 대전 시내에까지 울려 퍼지는 상황이 되자 빨리 남쪽으로 피란 가라는 가두방송이 숨가쁘게 사람들의 귓전을 때렸다.

유림은 아버지와 동생 헌구(전 대전시 서구청장), 작은아버지 그리고 집안 아저씨와 3~4일 분의 식량을 챙겨 남쪽으로 피란길에 올랐다. 대전에서 흑석리~산내~금산~영동~추풍령~김천을 지나 대구까지 피란행이 이어졌다. 가는 곳마다 난민들로 들끓었다. 전황은 더욱 악화되어 7월 하순이 되자 대구역 뒤편에까지 박격포탄이 떨어지고 대구 시민들에게도 피란을 가라는 명령이 떨어졌다. 적군의 남하 속도가 너무 빨랐다. '국군이 이렇듯 무기력한가' 원망을 하는 것도 잠시 '이제 더 남쪽으로 쫓겨나면 어떻게 될 것인가'하고 생각하니, 유림은 더 이상 망설일 수가 없었다. 마침내 유림은 가족의 간곡한 만류를 무릅쓰고 대구에서 만난 몇몇 학교 친구들과 학도의용군으로 자원입대할 것을 결의했다. 전쟁터에 나가는 일은 아무리 순수한 열정과 뜨겁게 솟구치는 젊은 피가 있었다고 해도 남다른 용기를 필요로 하는 것이었다.

부대가 주둔하고 있는 대구와 경산 사이에 있는 고산국민학교에 가보니, 여기저기서 합류한 학생 64명이 있었고, 모두 '구국(救國)'이라는 혈서를 쓰고 자원입대했다. 바로 그 부대가 막 설치된 공병훈련대였으며, 여기서 유림의 일생의 업인 건설과의 인연이 시작되었다. 안타까운 마음에 입대 직후에도 유림의 부친은 안면이 있던 소속 중대장을 찾아가 장남을 돌려줄 것을 사정하여 허락을 받아냈지만, 유림은 뜻을 굽히지 않고 오히려 부친을 설득하였다.

전투의 상황은 급박했고, 입대 3일 밖에 안됐지만 유림은 전투에 투입되었다. 다행히 유림이 투입된 부대는 야간 백병전까지 치르는 혈투 끝에 영천방어에 성공했고 목숨을 건질 수가 있었다. 얼마 후 원대복귀한 유림에게는 급박한 수요가 발생하는 공병 신병훈련 교육이 새로운 임무로 주어졌다. 그런데 뜻하지 않게 육군본부로부터 공병장교 5백 명을 급히 양성 배출하라는 특명이 하달되었고 그 대상에 유림이 포함되어 당장 장교가 되어야 하는 상황이 되었다. 하지만 유림은 학도병으로서 급박한 전선의 상황에 일시적으로 참여한 것으로 장교가 되어 끝까지 군에 남아 있을 생각은 전혀 없었기에 난감했다. 장교신분령에 따라 '만 20세 미만은 장교가 될 수 없는 점'을 들어 스스로 자격이 없다고 품신을 해 보았지만 상부의 지시는 한결같았다. 그동안 미 군사고문관(소령)의 통역을 맡았던 전력이 크게 작용했다. 미군들과 의사소통이 가능한 한국군이 거의 없어 애를 먹고 있던 상황에서, 군사고문관은 기왕이면 유림이 장교로 임관하여 보다 핵심적인 일을 해주기를 바랐던 것이다.

어쩔 수 없이 2개월의 훈련을 받고 임관한 이인구 소위에게는 미 국방성에서 보내오는 각종 훈련서적들을 한국어로 번역하고 또 그것을 선배장교 교관들에게 교육시키는 임무가 주어졌다. 낮에는 교관, 밤에는 번역이라는 1인 2역을 해내야 했다. 강건한 체질의 유림이었지만 쏟아지는 업무량에는 당할 재간이 없었다. 아침에 코피를 쏟기가 다반사였고 번역을 제시간에 맞추지 못해 기합도 여러 번 받았다.

어느덧 전황은 반전되어 인천상륙작전에 이은 9 · 28 수복, 압록강 혜산진 점령 등 승전보가 계속 날아들어 전쟁이 곧 끝나는 듯했으나, 때아닌 중공군의 개입으로 서울을 다시 적군에게 내주는 1 · 4후퇴를 겪게 되었다. 그 후 진퇴를 거듭하다가 수원~강릉을 연결하는 노벰버 방어선에서 전세가 소강상태를 유지하게 되었을 즈음, 미 국방성에서는 한국군 정예화 계획의 하나로 미 육군학교에서 교육을 받을 정예장교를 파견하라는 훈령을 내렸다.

이때 유림은 교관후보생에 1차로 선발되어 미국 워싱턴 근교에 있는

미국공병학교
유학시절(1952~1953)

미 육군공병학교에 파견되었다. 거기서 유림은 각종 토목공사를 수행하는 중장비 교육, 토질공학, 각종 건설공사 등 건설 전반에 관한 실무교육을 받았다. 교육수료 후 유림은 한 트럭도 넘는 교범(教範)들과 영화필름을 싣고 돌아와 김해 육군공병학교와 진해 육군대학을 오가면서 건설 관련 전공교육을 맡았다.

현대식 중장비가 한 대도 없던 우리나라 공병에 중장비가 도입되고 오늘날 각 시험소와 학교에서 실습하는 토양공학적 실험실 기구가 도입되어 실무교육을 하게 된 것은 이때부터였다. 그런 만큼 유림은 공병의 현대화를 이끈 선두주자로서 "우리나라 건설사(建設史) 상 현대공법 도입의 원조적 역할을 해냈다"고 자부했다. 오늘날 세계적으로 공인받고 있는 국내 건설사도 겨우 소형 불도저 한두 대 갖추고 있었을 만큼 열악했던 시기였다.

이렇듯 한국 건설사의 일부를 써가게 된 유림은 큰 공사, 어려운 공사, 한미합동으로 행하는 대형 사업에는 예외 없이 선발되어 관여하였다. 미국으로부터 불도저, 그레이더, 덤프트럭, 스크레이퍼 등 중장비가 한국군 공병에 도입되었고 공사의 대부분을 군이 도맡아하다시피 했다. 학창시절 꿈꿨던 문학인이나 외교관이 되겠다는 희망과는 갈수록 멀어지는 것이 안타까웠지만, 건설개척의 길에 묻히다보니 유림 스스로도 점차 그 체질에 융화되고 만다.

경제건설의 참여와 군막사의 현대화

유림의 나이 30세이던 1961년 5·16군사정변이 일어나 군사정부가 탄생했다. 그때 유림은 육군 소령이 되어 있었다. 군사정부는 조국 근대화의 기치를 높이 들고 본격적인 경제개발에 착수했다. 박정희 정부는 정책적으로 군을 앞세워 대대적인 공사를 벌였다. 당시의 한국정부로서는 국토건설에 투입할 대규모 재원을 확보할 길이 요원했다. 그러나 군에서 공사를 떠맡을 경우라면 문제가 달랐다. 미국에서 한국군에 대해 대폭적인 재정적 지원을 계속했기 때문에 마음 놓고 일을 벌일 수 있었던 것이다.

그 시기에 유림은 중견 공병장교로서 국토건설계획 수립과 사업추진 대열의 중심에 서 있었다. 1962년부터 시작된 제1차 경제개발 5개년계획 중 핵심부문이라 할 수 있는 국토건설부문의 사업계획 골격을 유림이 마련했던 것이다. 또한 한강수계 홍수피해 통제계획을 수립하고 한강 수해 경보시스템을 완성하는 일도 유림의 몫이 되었다.

그리고 군사시설의 현대화 계획도 유림의 작품 중 하나다. 그때까지만 해도 군막사는 천막시설이 아니면 흙벽돌 막사가 고작이었다. 그런 기존개념을 허물고 당시로서는 혁신적이라 할 만한 콘크리트 기초에다, 시멘트 블록벽, 목조 트러스에 시멘트 기와지붕 형식으로 된 표준막사를 설계하여 번듯하게 완성시켰다. 오늘날 가장 흔히 쓰이는 시멘트 블록은 이때 미국서 처음 도입한 신종 건축자재로서 군에서 먼저 도입하고 그 후 민간 기업에 전수된 것이다. 지금으로부터 불과 60여 년 전의 일이었다.

1960년대 중반에는 기간 국도개량 및 포장공사가 시작되었다. 이 사업은 천안~대전~대구 구간을 연결하는 도로와 서울~청평~춘천을 연결하는 국도, 그리고 춘천~홍천~원주를 연결하는 국도를 동시에 착공하는 거대한 프로그램이었다. 서울~부산 간 도로만 해도 좁고 꼬불꼬불한데다가 거의 포장이 안된 자갈 도로였다. 이것을 넓히고 바로잡아 전면 아스팔트로 포장한다는 계획이 성안되었다. 기술 · 장비 · 물자는 미국이 원조하고 시공은 한국 공병이 맡으며, 한국 건설부는 기본계획과 준공 후 유지보수를 하는 것을 골격으로 수립된 이 사업계획은 곧 케네디 당시 미국대통령의 승인을 받았다.

사업을 효율적으로 추진하기 위해 한국의 건설부, 육군본부, 미8군, 유솜, 미군사 고문단 등 5개 기관이 합동으로 참여한 가운데 '한미합동도로위원회'라는 기구를 발족시켰다. 유림은 위원회 활동 초부터 육군을 대표하는 실무 책임자로 일하다가, 후기에는 천안~대구 프로젝트의 공사 통제관으로 자리를 옮겨 현장지휘에 나선다.

이 사업에서는 재래공법보다 눈에 띄게 예산이 덜 드는 신공법을 사용함으로써 커다란 경제적 이익을 거둔 것은 물론, 여러 가지 면에서 엄청난 파급효과까지 거두었다.

첫째, 민간업자의 지원이 전혀 없이 순수 군 병력만으로 눈부시게 공사를 진척시키는 모습을 보여줌으로써, 이를 지켜보는 국민들로 하여금 전선을 지키는 것과는 또 다른 각도에서 군에 대한 신뢰감을 심어주었고, 국민들의 근로정신을 한껏 일깨워주기에 충분했다. 둘째, 그때까지만 해도 포장공사라면 속칭 침투식 마카담 포장이라고 하는, 자갈을 삼태기에 담아 깔고 그 위에 아스팔트를 뿌리고 롤러로 다지는 식의 전근대적 시공방식을 벗어나지 못하던 실정에서, 갓 입대한 새파란 군인들이 새로운 장비와 신공법을 사용함으로써 한국의 시공기술을 한 단계 끌어올렸으니 대견스러운 일이었다. 한쪽에서는 거대한 크랏셔가 먼지를 뿜으며 쇄석을 양산하고 다른 한쪽에서는 거대한 핫 믹스 플랜

트(hot mix plant)가 아스팔트 혼합물을 생산하고, 아스팔트 피니셔가 도로 위를 지나가면 순식간에 말끔한 포장도로가 완성되고 즉시 새 도로로 자동차 통행이 가능하도록 만들었다. 지금과도 크게 다르지 않은 이런 모습을 보고 놀라워하는 것은 당연했다.

경부고속도로 건설 참여

경부고속도로 항공사진[1)]

1967년 박정희 대통령은 '국가기간 경부고속도로 계획'의 의지를 천명하였다. 건설부와 재무부가 뒤를 밀고 육군에서 주도적으로 이 계획을 수립하되 국무총리가 위원장이 되고 건설부장관, 재무부장관, 한국은행 총재, 육군공병감이 위원이 되는 기획단을 만들고 그 밑에 각 부처에서 인원을 차출, 실무위원회를 구성하라는 하명이 떨어졌다.

이인구 중령은 육군대표의 차석으로 이 실무위원회의 계획반에 동참하여 핵심 멤버로서의 진가를 유감없이 발휘했다. 고속도로의 노선 선정, 기본설계, 건설예산 책정, 건설절차 등 굵직한 사안들을 결정하느라 밤낮으로 강행군이 계속되었다. 힘은 들었지만 그만큼 보람도 느낄 수 있었던 나날들이었다. 국회나 원로 정치인들로부터 많은 저항을 받는 가운데서도 450억을 차관으로 들여오고, 시공은 건설회사에 도급을 주고, 감독과 교육은 군 공병이 주도로 시행한다는 골격이 세워졌다. 유림을 비롯한 실무계획반원들은 갖은 꾸지람과 압력, 수모를 당했지만 박정희 대통령의 재가를 얻는 것으로 보상을 받았다. 다행히 해외

차관 문제도 잘 해결되어 원활하게 기반이 만들어졌다.

박정희 대통령이 경부고속도로 건설계획을 발표하고, 그 기획을 육군 공병감과 건설부장관에게 맡겼고, 공병감은 7인 실무위원회를 구성하고 유림을 팀장으로 지명했다. 유림은 쉬지 않고 20일간 서울~부산을 헬기로 20여 회 왕복정찰을 한 후 노선 확정을 위해 대통령에게 보고했다. 유림은 정일권 국무총리, 재무부장관, 건설부장관을 비롯한 5~6명의 관계 장관, 참모총장, 공병감이 배석한 자리에서 박정희 대통령에게 경부고속도로 노선 확정을 위한 보고를 시작했다. 유림이 공사비용을 산출해 보니 450억 원이 소요된다는 보고에 박 대통령의 입에서 고함이 터져나왔다. 산출공사비용이 지나치게 높다는 것이었다. 육군본부에 복귀한 유림은 공병감에게 호된 질책을 받았다. 자초지종을 알아보니 박 대통령은 우리가 준 노선지도를 정주영 현대건설 사장에게 넘겨 견적을 미리 뽑았고, 정 사장은 300억 원이면 가능하다는 견적을 보고했던 것이었다. 현대건설 견적책임자를 수소문해 알아보니, 항목별 공사견적은 유림이 조사한 것과 오차 범위로 대동소이했지만, 현대건설 견적에는 토지보상비, 실시설계비, 감독비 등 누락된 항목이 있었다. 유림은 거절당한 견적표와 현대건설 견적표를 한눈에 비교할 수 있는 차트를 만들었고 대통령에게 다시 보고했다. 이 보고를 보고 대통령은 지난번에 자신이 실수했음을 인정하고 그대로 승인을 해주었다.

그러나 막상 사업을 추진하려다보니 '17개 정도의 건설회사가, 그것도 시공력이 크게 떨어지는 이들이 과연 대공사를 해낼 수 있느냐' 하는 의문이 제기되었다. 당시에는 현대적 의미의 고속도로 건설에 필요한 20여 종류의 중장비를 갖춘 건설회사는 하나도 없었고, 중장비가 있다 해도 그 장비를 운전할 인적자원이 절대 부족한데다 시공법을 소화해낼 기술진을 제대로 갖출 수조차 없었던 것이 한국 건설업계의 현주소였다.

이 문제 해결을 위해 유림에게 막대한 임무가 주어졌다. 4천만 달러의 재원을 인가받아 중장비 구매 교섭반장으로서 미국으로 건너간 것이다. 이미 현지감각을 익힌 바 있는 유림은 곧 미국 중기회사들로부터 좋은 조건으로 차관(외상) 판매하겠다는 교섭문서와 판매조건을 문서로 받아냈다. 아울러 이 막대한 중장비의 정비 등 애프터 서비스와 부속 공급계약도 체결했으며, AS반을 가동하여 한국 건설회사들에 대한 장비 운전교육도 실시하겠다는 약속까지 받아냈다.

성공적으로 임무를 완수하고 돌아온 유림은 육군공병 출신 중 장비 운전경험을 가진 요원을 조사하여 취업시키는 방안을 강구하는 동시에, 현역장병 중 제대시켜 현장에 투입시킬 수 있는 자원이 얼마나 되는지 조사하여 인력 소요시 즉각 투입할 수 있는 체제를 갖추었다. 그리고 육사 출신 공병장교와 현장실무 경험이 많은 장교들로 고속도로 감독단을 편성하는 계획도 수립했다.

이런 준비과정을 거쳐 총연장 428km에 달하는 경부고속도로는 총 예산 450억 원이 투입되어 1970년 7월에 준공되었다. '발에 신발을 맞추는 식'이 아닌 '신발에 발을 맞추는' 억지공사가 도처에서 발생하는 시행착오를 겪었지만 끝내 대역사는 성공리에 끝이 난 것이다. 한국 공병이 신장비 · 신공법을 받아들인 것이 1961년경이었다면 한국 민간 건설업계가 신장비 · 신공법을 도입한 것은 7, 8년 후 경부고속도로 건설을 통해서였다고 말할 수 있다.

유림의 지역사랑

유림은 한평생을 대전에서 살았다. 그렇기에 대전에 대한 사랑도 각별했다. 일생 동안 수많은 일들이 그 증거로 남아 있다. 유림의 대표적인 지역 사랑의 증표는 계룡건설의 설립이다. 군에서 터득한 건설의 노하우를 가지고 지역건설업체를 인수하여 지역 건설사업 및 경제에 기여하였으며, 이 사업의 성공이 발판이 되어 더 많은 지역 사랑으로 발전하게 되었다. 그 중에서 눈에 띄는 일이 공설운동장건립과 재해현장을 찾아 동분서주하며 복구에 전력을 다했던 일들이다. 그리고 계룡건설을 통해 번 수익금을 통해 장학재단을 세워 지역 학생들을 지원하고 문화사업을 진작시켰으며, 대학에 발전기금을 기부하여 지역대학의 발전에도 기여하였다.

계룡건설의 설립과 성장

유림은 경부고속도로 건설 준비작업이 마무리 단계에 이르던 1967년 12월 30일, 공병 중령으로 제대한다. 미국 공병부장 노블 소장이 정년퇴임을 하면서 이인구 중령에게 제대하고 미국에 가서 건설경영수업을 받을 것을 권유해왔다. 장비와 운영에 필요한 차관을 받아주겠다는 것이었다. 서른여섯, 무엇이든 벌여볼 만한 나이였다.

유림은 제대 직후 잠시 도미, 300만 달러를 차용하는 데 성공했고, 이 돈을 가지고 귀국하여 동아중건설에 투자하였다. 전무로서 회사 경영에 일부 참여했지만 기대한 만큼의 성과를 거두지는 못했다. 신장비를 앞세워 남산터널을 시공하는 등 전도가 밝았으나 뜻하지 않은 회사 내분으로 인해 도산하고 말았다. 크게 헛발을 디딘 유림은 이에 굴하지 않고 1969년 유풍기업이라는 중장비대여 및 골재생산 회사를 세워 몇 개월 간 운영하였다.

이 와중에 공병 후배 장교였던 김형식 사장이 그에게 당시 페이퍼 컴퍼니였던 계룡건설 인수를 의뢰했다. 1970년 1월 오늘의 계룡건설의 모태가 된 계룡건설합자회사를 인수, 재설립하여 이번에는 대전 · 충남지역의 건설사를 새롭게 써나가기 시작한다. 군 복무기간 중, 각종 건설공사에 대한 설계, 시공, 감독 등 풍부한 경험과 기술의 축적이 그의 마음을 움직여, 건설회사를 창립하고 건설회사를 이끌어가는 절대적 동인(動因)이 되었던 것이다. 그러나 건설역군의 기치(旗幟)를 드높이며 출발했던 유림의 앞길에는 커다란 난관이 기다리고 있었다.

계룡건설 창립 당시 구사옥(선화동)

현재 계룡건설 사옥(월평동)

초창기의 어려움이야 누구나 겪는 것이라지만 그 시련은 너무나 빨리 현실로 다가왔다. 건설에 관한 한 남다른 경험과 선진기술 도입능력을 가졌다는 점을 과신한 탓이었다. 공사수주보다 어려운 문제가 자금동원이었다. 수주액 면에서는 어느 정도 만족할 만큼 늘어났는데도 자금압박은 유림을 옥죄었다. '자금압박'이라는 밧줄이 하루가 다르게 온몸을 조여오는 냉엄한 현실 앞에 수시로 무릎을 꿇어야만 했다. 그 현실 앞에서는 의욕도, 절규도 부질없었고 남다른 건설경험도 별 도움이 되지 못했다.

당시 삼십 대 후반의 이인구 사장은 새벽잠을 깨고 나면 그날 도래한 어음을 막는 데 고심해야 했고, 문제가 해결되지 않을 때는 모든 계획을 접어두고 자금조달에 매달려 은행, 사채업자, 친지들을 찾아다니며 사정하느라 하루를 다 보내야 했다. 그런 날이 점점 잦아지더니 나중엔 그것이 일과가 되었다. 건설회사 사장이라면 공사를 따내는 일, 따온 공사를 현장에서 차질없이 수행하도록 지휘하는 일이 기본업무임에 틀림없다. 그러나 자금조달에 동분서주하느라 다른 것을 돌볼 겨를이 없었던 유림에게는 공사가 제대로 진척되고 있는지 기술과 장비공급은 문제가 없는지 감독하고 지휘할 시간을 빼앗기는 일이 무엇보다 안타까웠다.

자금조달이 여의치 않을 때는 '이대로는 도저히 회사를 유지하기 어렵다'고 체념어린 번민을 하기도 했다. 능력의 한계를 뼈저리게 느꼈지만 이미 발을 빼기엔 너무 늦어 있었다. 그 무렵 유림은 고민 끝에 '위험한 돌파구'를 하나 생각해냈다. 스스로 막다른 골목까지 끌고 가야겠다는 생각이었다. 사업에 목숨을 걸고 매달리지 않는다면 결코 성공할 수 없고 결국 자결로써 나에게 도움을 준 채권자에게 사죄할 수 밖에 없음을 상상하였다. 생각이 거기까지 미치자 유림에게는 더 이상 무서울 것이 없었다. 그 순간 한 가지 생각을 떠올리고는 동방생명(현 삼성생명)의 영업부장을 찾아갔고, 사망 시 1억 원의 보험금을 부인이 받을 수 있는 보험증서를 받아냈다. 혹시 몰라 자살 시에 사망보험금이 나오는지를 확인하였다.

집으로 돌아와서는 보험증서와 함께 유언장을 밀봉하여 부인 윤종설 여사에게 건넸다. 봉투 겉에는 "만일 내가 사고로 죽으면 얼마간 참고 있다가 이 봉투를 뜯어 봐요"라고 써놓았다. 그 일이 있은 후 유림에게 큰 변화가 왔다. 웬만큼 힘든 일이 아니고는 감당하지 못할 일이 없었다. 시한부 인생임을 몇 번이고 되새기며, 보험증서를 일종의 신앙처럼 의지하며 회사를 살리기 위한 뛰박질을 계속했다. '진인사대천명(盡

人事待天命)'과 '정신일도하사불성(精神一到何事不成)'이란 두 구절을 머리 속에 되뇌며 혼신의 힘을 다해 뛰었다.

고통을 느낄 새도 없이 2년이란 세월은 훌쩍 지나가 버렸다. 그즈음엔 회사 형편이 조금씩 나아지고 있었다. 그리고 다시 3년이 지나 5년 만기가 되자 1억 원의 보험금을 타기에 이르렀고, 이제는 저축까지 할 수 있는 여유도 생겼다. 어느 날 유언장 생각이 난 유림이 부인 윤종설 여사에게 그 봉투를 달라고 했더니, 윤 여사는 엷은 미소를 띠며 대답했다. "이미 당신의 유언장을 뜯어보았어요. 이제는 자결할 생각을 포기하셨나요?" 그 말을 하는 부인의 눈에는 눈물이 그렁거리고 있었다.

계룡건설은 처음 충청 도급순위 50위 꼴지에서 유림이 작고한 지 1년 뒤인 2018년에는 충청도급 순위 1위로 성장하였다. 이렇게 계룡건설이 성장과 발전을 거듭하여 오늘에 이르는 데에는 유림의 경영자로서의 역할이 큰 몫을 했다. 유림은 '명분과 진실'이라는 창업주의 대의(大義)적 신념 하에 기업경쟁력은 조직구성원의 지식과 창의력에 좌우되며, 기업이윤의 근본은 인적자원의 관리에 있다는 인간중시의 경영을 최우선으로 하고 있으며, '의인불용 용인불의(疑人不用 用人不疑)'를 금과옥조로 삼아 바람직한 계룡인상을 만들기에 최선을 다하겠다는 경영철학을 세웠다.

그리고 기업이념으로서 공사계약에서부터 설계, 시공, 완공, 사후관리에 이르기까지 성실과 책임을 다하여 고객의 다양한 욕구를 기업 경영 전반에 반영, 고객만족에 전력을 다하며, 나아가 기업윤리의 올바른 정립을 통한 사회적 책임을 이행함으로써 공존공영의 원칙 하에 성장을 도모함을 추구하고 있다. 이러한 경영철학과 기업이념을 바탕으로 사훈을 인화단결(Unity-사원들의 상호 인정, 우애, 단합된 마음), 조화창조(Creation-새로운 것의 창조와 개발), 책임완수(Responsibility-사원 모두의 관리자 인식)로 정하고 전 사원들이 주지하고 업무의 지침으로 삼고 있다.

지역사랑을 위한 도전! 대전공설운동장 건설

1979년 10월 5일, 대전공설운동장 메인스타디움에서는 제60회 전국체육대회를 알리는 개막 팡파르가 울려 퍼졌다. 유림도 귀빈석에 앉아 벅찬 감정을 애써 진정시키고 있었다.

갑년 체전이 개최된 한밭종합운동장[2)]

그로부터 6개월 전, 대전시민을 비롯한 충남도민들은 대전에서 전국체전의 환갑잔치인 갑년체전이 불과 반년 앞으로 다가오면서 기대감에 한껏 부풀어 있었다. 그러나 이 무렵 어쩌면 대회가 무산될지도 모를 만한 커다란 문제가 터지고 있었다. 문제의 진원지는 체전의 주경기장으로 쓰일 대전공설운동장 건설공사였다. 이를 위해 대회 개최 1년반 전인 1978년 봄 이 대형공사에 대한 입찰이 있었다. 그러나 안타깝게도 입찰자 중에는 계룡건설을 비롯해 충남의 건설회사는 하나도 보이지 않았다. 당국에서는 입찰에 참가할 자격조차 주지 않았던 것이다. 입찰 결과 서울의 중견 건설업체인 대서종합건설에 낙찰되었는데, 시공 중 이 업체가 체전 개막 6개월을 앞두고 도산하고 만 것이다. 더 큰 문제는 공사의 진척도였다. 그때까지도 본부석 쪽 기초공사만 끝낸 상태에서 귀중한 시간만 흘려보내고 있었던 것이다. 본부석 양쪽은 아직도 토성이 그대로 남은 채였다. 당장 공사를 시작한다 해도 체전 전에 끝낼 수 없다는 것이 업계의 중론이어서 충남도 당국을 더욱 곤혹스럽게 만들고 있었다.

더 이상 방치할 수 없다고 판단한 도당국에서는 당시 전국 5위 내의 대형 건설회사인 H사에게 9월 말까지 준공시켜 줄 것을 요청했으나 절대 공기가 부족하여 해낼 수 없다는 반응을 보였다. 추진력에 있어 타의 추종을 불허하는 그 회사마저 손을 내젓자, 어쩌면 전국체전을 포기해야 할지도 모른다는 위기감이 팽배해졌다. 끝내 주경기장 건설의 공기를 맞출 수 없다면, 체전포기라는 최악의 상황까지 갈 수밖에 없을 것이고 그렇게 되면, 전국체전 개최를 통해 대전의 발전을 5년 이상 앞당긴다는 계획이 수포로 돌아가는 것은 물론 기대에 한창 부풀어 있던 충남도민의 염원과 자존심에 큰 상처가 될 것은 뻔한 일이었다.

궁여지책으로 손수익 충남도지사는 지방업자로서의 사명감을 내세워 대전 지역의 4대 건설업체가 공동으로 주경기장 건설에 나서달라고 종용하기에 이르렀다. 당시 건설협회 충남도지부장은 다름 아닌 유림 이인구 회장이었다. 유림은 즉시 4대 업체 대표자회의를 소집하여 그 취지를 설명하고 도지사를 대신해서 그 필요성과 사명감으로 동참해 줄 것을 호소했으나 결론은 역시 '불가'였다. '추진력에 관한 한 전설적인 H사도 못한다는데 우리가 어떻게 해내느냐'는 것이었다. 그리고 지난해의 앙금이 가라앉지 않은 것도 문제를 어렵게 만들었다. 입찰 시 지방업체를 참여시켜 달라고 사정했는데도 끝내 외면해버린 도 당국에 대해 드러내놓고 불만을 토로했다. 어쩌면 당연한 반응이기도 했고 그들의 태도는 충분히 이해할 수 있는 일이었다.

고심 끝에 유림은 '나의 인생과 사운을 걸고 이 공사를 해내겠다'는 각오로 공사를 떠맡기로 일대 결단을 내렸다. 사운(社運)을 건 승부수였다. 당연히 회사 간부들의 심한 반대에 부딪혔다. 모두 안된다면서 만류했다. 그들의 반대 이유가 다 타당성이 있었지만, 유림의 결심을 바꾸지는 못했다. 유림은 손수익 충남도지사를 만나 "모두가 안된다는 것은 나도 못합니다. 그러나 여건을 바꿔주면 해낼 수 있습니다"라면서 일사분란하게 공사를 진척시키는 데 필요한 다섯 가지 전제조건을 제시했다.

첫째, 하루 10시간 하던 작업을 3교대로 바꾸어 24시간 풀가동할 것이니 계룡건설이 발행하는 야간통행증을 가진 사람과 차량에 대해서는 통행을 허용해줄 것(당시는 통행금지법이 있어 밤 12시부터 새벽 4시까지 차량과 인원의 이동을 금지했다). 둘째, 불야성을 만들기 위한 조명 장치의 설치를 허용하고 이에 대한 비용을 계상해줄 것. 셋째, 야간작업 수당을 법의 범위 내에서 계상해 줄 것. 넷째, 거푸집 5회 사용으로는 공기에 맞출 수 없으니 2회 사용을 허용하고 그에 따른 비용증가를 계상해 줄 것. 다섯째, 공기가 길게 걸리는 부분에 대해서는 공기를 단축할 수 있는 설계로 변경하는 데 협력해 줄 것. 이와 같은 조건에 대해 관련 공무원들이 이견을 제시했지만 손수익 지사가 전폭적으로 수락해 주었다.

계룡건설 30년 사상 커다란 획을 긋게 된 대역사는 이렇게 시작되었다. 우선 운동장 주변에 고광축 조명등을 설치하고 운동장 복판에 4층 높이의 통제탑을 세우고 여기에 망원경, 마이크, 전화, 공사계획서, 도면을 비치하여 진두지휘 체제를 구축했다. 또한 모든 작업자에게는 위치별, 직종별로 색깔이 다른 안전모를 착용토록 하고 통제탑에는 '180일 작전 앞으로 000일'이라고 커다랗게 쓴 표지판을 붙여 남은 기일을 각인시켰다.

그리고 어려운 작업에 대해서는 현상금을 내걸고 목표가 달성되면 공약한 현상금을 정확히 지급함으로써 이른바 당근을 제공하는 것도 잊지 않았다. 군사작전을 방불케 하는 공사가 진행되는 동안 수많은 문제가 발생하기도 했지만 유림은 '웬만한 손해와 희생은 감수한다는 대원칙' 아래 공사 속도에 지장을 주지 않는 선에서 적절한 해법을 찾아 대응해 나갔다. 유림의 당시 사무실에 걸어놓았던 좌우명은 '일로매진(一路邁進)'이라는 네 글자였다.

결국 이 공사는 완공목표일인 9월 30일을 며칠 앞당겨 소기의 공사를 마침으로써 지역 건설업계는 물론 중앙의 대형업체까지도 놀라게 했다. 전국체전을 차질없이 개최할 수 있게 만든 공로는, 단순히 대형공사를 무사히 마쳤다는 의미와는 사뭇 다른 것이었다. 유림의 결단력을 비롯한 계룡건설 임직원의 숨은 저력에 관계자들의 찬사가 끊이지 않았다.

전국체전 개막식이 있던 날 저녁, 유림은 공사에 참여했던 종사원들을 운동장 잔디밭에 모이게 하고 위로와 격려를 해주었다. 그러나 큰일을 해낼 때의 그 팽팽했던 긴장의 끈을 한꺼번에 놓아버리는 순간, 그는 물속으로 가라앉는 느낌과 함께 풀밭에 힘없이 무너져 버렸고, 직원의 등에 업혀 병원으로 실려가는 신세가 되었다. 공사의 성패에 누구보다 애간장을 태웠던 사람은 공사장에서 밤낮으로 땀을 흘리던 인부들이나 충남도 관계자들이 아닌 유림 자신이었던 것이다.

진찰 결과 다행히 심각한 병증은 없었고 피로누적으로 간장 기능이 저하되어 장기요양이 필요하다는 진단이 내려졌다. 그러나 유림은 응급조치와 몇 가지 치료로 급한 상황을 면하자, 입원은 체전이 끝나는 15일 후로 미뤄달라고 떼를 쓰듯 담당의사에게 청했다. 결국 그는 다음날 안전문제를 점검하기 위해 현장으로 달려가고야 만다. 새로 지은 종합시설이라 대회를 치르는 동안 어느 곳에서 기능장애를 초래하거나 안전 문제가 언제 돌발적으로 발생할지 몰라 시공팀 요원을 요소요소에 배치하고 지휘 점검을 해야 했던 것이다. 덕분에 대회는 원만하게, 성공적으로 치러졌고, 비로소 유림은 한동안 병원에 입원하여 치료를 받았다. 그러한 유림의 책임감과 의연함에 수많은 도민과 당국자, 체육인들이 갈채를 보냈다.

이일은 계룡건설의 도약의 발판이 됐다. 이후, 계룡건설은 「믿을 수 있다」는 평판을 얻어, 전국적으로 이름이 알려지게 됐다. 충남 · 대전 지역의 주요 공사를 많이 땄고, 중앙과 他지역으로도 업무영역을 넓혀 나가는 계기도 됐다.

결코 포기할 수 없었던 서천군 방조제 복구사업

공설운동장 공사에 몰두하고 있을 때인 1979년 8월 5일 서해안지역에 밀어닥친 대홍수로 서천군 종천면에 건설한 연장 789m의 방조제 허리 부분이 터져 1개 면이 물바다가 되어버렸다. 방조제가 터지면서 밀려 들어온 바닷물에 105정보(31만5천평)의 논 중 75정보(22만5천평)의 논이 염수 피해를 입었다.

다음 만조일이 다가오기 전에 방조제를 복구하지 않으면 이 지역 일대의 논이 염화 작용으로 수년간 경작을 하지 못할 위기에 처했다. 당시 최규하 국무총리가 즉각 헬기로 현지에 내려와 피해 상황을 살폈고, 육군 참모총장과 2군사령관도 군 투입 결정을 위해 수해 현장으로 달려왔다. 그러나 점검 결과는 주민들에게는 무척 실망스러운 것이었다. 끊어진 방조제 밑의 수심이 5m나 되고 방조제도 윗부분의 너비가 2.5m밖에 안 되는 데다가 하루 두 번 조수가 밀려들어 올 때면 방조제 주변이 바다로 변해 어디서부터 시작해야 할지 몰랐다.

이 밖에도 어려운 요인이 많아 13일 후인 다음 만조까지는 응급복구가 불가능할 것으로 잠정결론을 내리고, 제방 복구작업은 일단 뒤로 미루고 다른 재산에 대한 피해복구부터 해야 한다는 분위기였다. 그러나 현지에 갔었던 유림은 쉽게 포기할 수 없었다. 피해지역 이곳저곳을 세심히 살펴보면서 대책마련에 고심을 했다. 대전으로 돌아온 유림은 곧바로 충남도지사실 문을 두드렸다.

"일체 비용을 요구하지 않겠습니다. 기회를 주시면 다음 만조 이전에 터진 제방을 막아 놓겠습니다. 설사 실패한다 하더라도 도에서 손해볼 것은 없잖습니까?" 이 같은 유림의 직설적 제안에 손수익 충남도지사는 완공을 얼마 남겨놓지 않은 공설운동장 공사를 더 염려했다. "방조제 공사까지 손대면 공설운동장 공사에는 지장이 없을까요? 너무 무리하는 것 아닙니까?" 유림이 전혀 문제가 없다고 자신 있는 어조로 대답하자 도지사는 다시 한번 그의 손을 잡아 주었다. 이렇게 하여 계룡건설이 앞장선 가운데 민관군으로 방조제 응급복구반이 편성되었다.

이때 유림은 즉각 이헌구 소장을 지휘관으로 하여 중기 11대와 기사 24명을 현장에 투입, 군사작전에 준하는 24시간 작업시스템을 재가동했다. 여기에 기동성을 발휘하기 위한 몇 가지 노하우를 보태 속전속결로 방조제 공사를 해나갔다. 합동복구반은 방조제 북쪽 끝의 야산을 깎아 너비 4m의 진입도로를 만들어 터질 위험성이 있는 곳부터 보강작업을 하면서 터진 곳까지 접근했다. 3일만인 9일 진입도로 300m를 축조, 하루 두 번씩 끊어진 방조제 안으로 밀려들어왔다 밀려나 가는 조수를 피하면서 깊이 4m로 파헤쳐진 절단부분 230m에 가설방조제를 설치했다.

가설방조제 쌓기 이틀째인 10일은 1년 중 만조수위가 가장 높은 백중. 약간의 파도만 일어도 넘치는 바닷물에 점토로 쌓아올린 가설방조제가 허물어질 판이었다. 복구반은 이날 밤을 세우며 보강작업을 했다. 다행히 파도가 일지 않고 11일 새벽부터 조수가 빠지기 시작, 위험한 고비를 넘겼다. 복구반은 가설방조제와 파손된 방조제의 남쪽 끝부분 연결시간을 연중 조수의 수위가 가장 낮은 17일 새벽 5시로 잡고 작업을 진행시켰다. 난공사에다 공사를 서두르다보니 흙을 메우던 계룡건설의 중장비가 제방 아래로 떠내려가는 사고가 있었다. 이때에도 한번 시작하면 어떻게든 목표를 달성해내는 유림의 면모가 드러난다. 장비를 건지려다 보면 시간이 부족해 복구공사가 실패할 가능성도 있었기 때문에 "장비를 그대로 매몰하고 제방을 계속 메꾸어가라"는 지시를 내렸던 것이다.

그러나 책임감으로 똘똘 뭉친 회사 직원들은 응집력을 발휘, 1억 원짜리 중장비를 건져내고, 더욱 박차를 가해 공사를 끝마치는 저력을 보였다. 만조일까지는 아직 이틀이나 남아 있었다. 유림의 집념과 회사원들의 단결력이 일궈낸 또 하나의 개가였다. 해당 농가는 물론 이웃한 면민들까지 만세를 외치고 환호성을 터뜨렸다. 계룡건설 뿐만 아니라 육군 115 야전공병단, 충남도 외에 강원도의 농업기술진들까지 참가, 위험하고 어려운 공사를 위해 일사분란하게 움직였다.

제방이 완전복구되었다는 뜻밖의 보고를 받은 최규하 국무총리는 다시 헬기로 내려와 현장을 손수 확인하고 돌아갔다. 이후 감사의 뜻으로 유림에게 산업훈장을 수여하고자 했으나, 유림은 현장지휘를 맡았던 이헌구 부사장에게 양보했다.

건설공사는 본질적으로 위험사고를 내포하는 활동이다. 그렇기에 안전사고나 하자사고에 대해서는 제도상 상당한 보험에 가입하도록 강제규정을 두고 있다. 세계 어느 나라 어느 시대이든 건설공사에서 'Zero Defect(무사고)'라는 구호가 있지만 실현된 일은 없다. 다만 반으로 줄이고 1/4로 줄이려는 노력과 배려가 있을 뿐이다. 사고가 발생하면 사고복구와 피해보상, 원상복구와 공정계획 차질, 형사문제와 막대한 재산상의 피해를 각오해야 한다. 경우에 따라서는 회사의 존립에 영향을 미친다.

유림은 건설의 제1조건은 안전이라는 생각을 가지고 있었다. 개인에게 건강을 잃으면 모든 것을 잃는 것이 되듯, 회사가 아무리 이익창출을 위해 애쓰더라도 사고 몇 번이면 원점으로 돌아가고 만다. 이에 그치지 않고 오히려 뒷걸음질 치는 경우도 생긴다. '건설업에 있어 안전은 곧 보약이다.' 이것이 유림의 건설철학의 핵심이다.

1994년 노동부가 안전사고 다발업체에 경고하고, 안전사고 모범업체에 표창과 입찰 프리미엄을 준 일이 있다. 이때 계룡건설은 전국에서 최고 점수인 입찰 프리미엄 5점 가산조치를 받았다. 이는 '안전제일주의'를 표방하고 이를 실천해온 유림의 땀의 결실이기도 했다. 공사수주 시의 눈에 보이는 프리미엄을 얻은 것뿐만 아니라, 사고로 인해 발생했을지도 모르는 수십억 원의 사고보상비를 내지 않아도 되었다는 점에서, 보이지 않는 이익을 계룡 가족들이 회사에 안겨주었다고 믿고 있다. 물론 사내에서는 무사고 1배, 2배 달성하면 후한 상을 내리고 있다.

장학재단설립과 대학지원활동

유림의 지역을 위한 사랑은 장학재단 설립에서도 나타난다. 그는 1992년 계룡장학재단을 설립해 30년간 1만 6,000여 명의 학생들에게 장학금을 지급하며, 중부권 최대 장학재단으로 성장시켰다. 계룡장학재단은 '기업은 국가발전과 인류평화에 기여해야 한다'라는 설립취지하에 기업이윤의 사회환원, 사회 일반이익에 공여하는 공익문화사업

추진 그리고 육영사업을 통해 장차 국가와 사회의 발전에 밑거름이 될 인재를 양성하고자 유림과 계룡건설 및 계열사들이 공동으로 출연하여 1992년 12월 28일 최초 5억 원의 재산으로 출발하였다. 그 후 지속적인 출연을 통해 2022년 현재 총 64억 원이 출연됐으며, 장학금으로 61억여 원이 지출되며 연인원 16,000명에게 수혜가 돌아갔다.

광개토대왕릉비 복제비 제막식(2004.10.26)

계룡장학재단 장학금 수여식

계룡장학재단에서는 장학금 외에 문화사업비로 21억여 원을 투입하여 광개토대왕비 복제비 건립사업, 삼학사비 중건사업, 일본 백제문화 유적탐사 사업, 백야 김좌진장군 추모사업, 독도 우리 땅 밟기 운동, 유림경로효친대상 제정, 유림공원사생대회 등 국가와 지역사회 발전과 전통문화 계승에 헌신했다.

장학재단사업 외에도 유림의 계룡건설은 2016년 3월에는 한밭대학교의 덕명캠퍼스 이전을 기념하여 한밭대 정문에 유림뜰과 LED전광판을 기증하기도 하였다. 특히 충남대에는 모교로서 각별한 애정을 갖고 2017년 작고하기 전까지 장학금 및 청룡관 건립 등의 후원 활동을 해왔고, 작고 이후에도 아들인 이승찬 대표는 선친의 뜻을 받들어 계룡건설의 이름으로 장학금과 더불어 인재관 리모델링 사업 등 지속적인 후원 활동을 해오고 있다. 그리고 계룡그룹은 앞으로도 고 유림의 고귀한 뜻을 받들어 지역의 발전과 인재 양성에 이바지할 수 있도록 앞장설 예정이라고 밝히고 있다.

대전시민의 쉼터 '유림공원' 조성 기증

유림은 2007년 사재 100억 원을 들여 대전시 유성구 유성구청 앞 갑천 삼각주 일대의 5만 7400㎡(1만7,400평) 부지에 대전시민의 숲을 계룡건설이 직접 조성하여 대전시에 기증하였다.

유림공원조성 협약식(2007.4.20)

2007년 4월 18일은 유림의 77세 희수(喜壽)였다. 그동안 기업활동을 통해 벌어들인 개인 사재 100억 원을 희수기념사업으로 사회에 환원할 방법을 곰곰이 생각하고 이를 당시 대전 시장이었던 박성효 시장과 상의한 끝에 대전에 '명품 공원'을 조성하기로 하고 대전시와 양해각서(MOU)를 체결하였다. 공사는 2007년 10월 시작했고, 2009년 6월 8일 착공 1년 8개월 만에 완공되었다.

유림공원의 조성을 위해 15명으로 시민의 숲 자문위원단을 구성해 국내 6군데, 일본의 삿포로공원, 도쿄의 히비야공원 등 일본 전역의 공원을 벤치마킹했고, 공원 설계는 테마파크 공원 설계로 권위가 있는 삼성에버랜드에 맡겼다. 유림공원 내에는 교목류 1600여 주, 관목류 6만여 주, 초화류 13만여 본이 심어졌다.

유림공원의 조성은 유림 이인구 회장의 지역사랑의 대표적인 징표이다. 사실 조성 과정에서 어려움도 많았다. 우선 먼저, 대전시가 확보하려던 용지는 국토해양부 소유여서 무상 양여를 받는 데 7개월이 걸렸다. 2007년 10월 간신히 착공했지만 이번에는 예정지 안에 있는 유성구청 소유의 땅(9,000여㎡)이 문제였다. 유성구청이 평생학습원 예정지라는 이유로 대체용지 확보와 건축비 지원을 대전시에 요구하면서 공사가 지연된 것이다. 이 회장은 대전시와 유성시가 '핑퐁게임'을 벌이자 기부를 철회하겠다며 으름장을 놓았고, 결국 대전시가 부지대금을 지불하는 것으로 일단락됐다.

유림공원의 완공으로 유성온천~시민의 숲~한밭수목원~엑스포과학공원에 이르는 갑천변 생태 녹지축이 완성되었으며, 시민의 휴식공간으로 유성의 활성화에 기여하였다. 그리고 '시민의 숲'이라는 새로운 형태의 기부문화는 유림의 지역에 대한 애정을 그대로 보여준 사례이다. 유림공원이라는 공원명은 자신의 아호(雅號)를 따서 '넉넉한 숲, 우거진 숲, 재산도 넉넉해지길 바라'는 뜻의 裕林(유림)으로 지었다. 그는 "숲이 우거지고 사계절 꽃이 피는 시민의 휴식공간을 만든다고 생각하니 비로소 '대전사랑의 왕초'가 된 느낌"이라고 말했다

충남대와의 인연과 학교 사랑

충남대 문화동캠퍼스 건설에 기여

유림의 충남대와의 인연은 유림의 충남대 입학 이전인 충남대 설립 시점으로 거슬러 올라간다. 1952년 5월 25일 충남대가 도민 200만 명의 열망으로 지역의 첫 종합대학으로서 문을 열었다. 앞서 지역에는 1947년 설립된 사립대학으로 호서민중대학이 있었으나 1회 졸업생을 배출하고 역사의 뒤안길로 사라졌으며, 당시로서는 1948년 2년제 교원

양성기관으로 설립된 도립 공주사범대학이 지역의 유일한 고등교육 기관이었다.

충남대의 모태는 1951년 만들어진 전시연합대학이었다. 전쟁과 함께 다수의 대학생과 교수들이 대전으로 피난을 왔고, 당시 대덕군 출신 제헌국회의원인 송진백씨와 서울대 교수를 지낸 민태식씨 등 피난 온 대학교수들이 중심이 돼 전시연합대학을 설치했다. 이를 계기로 지역에 대학을 설립하자는 여론이 모아졌고, 전시연합대학 운영위원회가 당시 진헌식 충남도지사를 회장으로 도립 충남대학교 설립기성회로 변경, 모금 운동에 돌입한다. 도민 매 호당 가마니 한 장과 겉보리 한 말 모으기 운동으로 시작돼 국채권 발행으로 이어지는 범 도민 운동이었다. 이렇게 충남대는 순수한 도민의 의지와 열성으로 이뤄졌다.

당시 충남대는 민태식 문리대 학장 서리를 비롯한 12명의 교수와 첫 신입생 220명으로 문을 열었다. 변변한 교사(校舍)도 없이 국민학교 교실을 빌려 강의를 받던 시절이었다. 이후 충남대는 도민의 성금과 도의 부지 제공으로 조성된 문화동 캠퍼스가 문을 열기까지 도청사 내 건물(현 도의회 자리)을 캠퍼스로 사용했으며, 1955년 민태식 초대 총장이 취임할 때까지 도지사가 총장 서리를 맡아 운영하게 됐다.

당초 부지는 문화동 구 대전일보사 자리였으나 황무지에 다름없자 충남도가 3관구 사령부에 요청, 문화동 캠퍼스와 환지를 했다. 환지를 통해 1956년 문화동 캠퍼스 조성으로 비로소 대학의 기틀을 갖춘 충남대는 1962년 충북대학과 통합 국립충청대학으로 개편됐다. 그리고 이듬해 다시 분리, 국립 충남대학교로 전환된 뒤 1978년 유성캠퍼스로 이전해 지금에 이르게 된다.

여기서 주목할 부분은 부지의 환지 과정에서 당시 육군대위였던 유림의 역할이 컸다는 사실이다. 당시 문화동 충남대 부지는 군용지였고,

그 자리가 병참학교 내정지였다. 사전에 부지토목공사가 완료된 상태였다. 그런데 당시 성락서 충남도지사(충남대 총장 겸임)가 군용지와 충남도에서 매입한 충남대 부지와 맞바꾸자는 요청을 해왔다. 재산교환은 군관구 사령관의 재량사항이었다. 관구 사령관은 노발대발 반대했다. 그때만 해도 선군시대(先軍時代)였고, 관구 사령관은 충남(대전포함), 충북지역을 관할하는 사령관이었다. 이 요청을 접수한 유림은 난감했다.

충남대 토지는 마사토이자 황무지로서 수 미터 높이의 구릉이 마치 금강산을 보는 것같이 어지러워 보였다. 부지가 교환되면 충남대는 즉시 교사건축이 가능한 상황이었다. 유림은 이 교환을 성사시켜보겠다고 생각했다. 그리고 관구사령관에게 자신에게 불도저 6대를 투입하여 2주간만 일할 수 있도록 하면 충남대 측 부지를 군 부지보다 더 좋게 만들어 놓겠다고 관구 사령관을 설득하였다. 직접 현장으로 안내해 자세한 설명과 함께 토지를 직접 보여주기도 하였다. 끈질긴 설득작업에 관구사령관은 고향과 동창을 위하는 마음을 이해한다며 쾌히 승낙해주었다. 이후 부지 교환은 성사됐고, 불도저 6대가 유림에게 배정되었으며, 하루 20시간을 2주 동안 피나는 노력 끝에 대지공사를 완료할 수 있었다.

늦깎이 법학도에서 명예법학박사까지

유림의 충남대와의 본격적인 인연은 그가 1964년 충남대 법경대학 법학과에 입학하면서부터이다. 충남대 입학 당시 유림은 33세로 다른 입학 동기들에 비해 14-15년 이상 차이 나는 늦깎이였다.

사실 유림의 어릴 적 꿈은 문필가가 되는 것이었다. 대전중학교에 입학하자마자 한국문학전집, 세계문학전집을 독파했다. 조금 더 나이가

들어 정치가나 외교관이 되는 것으로 발전했다. 그러나 6 · 25는 그의 꿈을 앗아가 버렸다. 그러나 그는 현역에 있으면서도 그 꿈을 한 번도 잊어본 적이 없었다. 유림은 학력의 뒷받침 없이는 아무 일도 할 수 없을 것이라고 생각했다. 현역 육군 소령의 신분으로 충남대의 문을 두드린 것도 그 때문이다. 유림은 당시 초등학교 졸업장밖에 없었다. 소령이 될 때까지 중학교 5학년 중퇴로 처리돼 있을 뿐이었다. 그는 모교를 찾아갔다. 마침 옛 담임선생이신 박승하 교장 선생님이 그때까지 재직 중이었다. 옛 담임 선생님은 졸업장은 줄 수 없고 추천서는 써주겠다고 했다. 왜냐하면 31회 동기들만 해도 전란 중 생사확인 후 수업료만 납부하면 무조건 졸업장을 주었으나, 기간 만료로 32회의 경우에는 해당이 되지 않아 당시 졸업장을 줄 수는 없다는 것이 그 이유였다(문교부 특례조치로 1991년 다른 동기생들과 함께 졸업장을 수여 받았다). 그는 졸업장 대신 모든 기록과 함께 대학입학자격인증서와 입학 추천서를 갖고 충남대에 원서를 냈다. 그리고 충남대는 특별전형을 통해 입학허가를 내줬다.

입학을 하고 보니 동기들과의 나이 차이는 물론, 고등학교 동기 가운데 충남대 교수로 와 있는 사람도 있었다. 현역 군인인 만큼, 수업을 제대로 들을 수 없었고, 시험을 못 치는 경우도 있었다. 그래서 남들은 4년 만에 졸업하는 대학을 5년 반 만인 1969년 9월 30일에 졸업하였다. 그 후에도 학교와의 배움의 인연은 계속되어 충남대 행정대학원 최고관리자과정을 수료했으며, 1994년에는 법학과로부터 명예법학박사로 추대되기도 했다.

총동창회 활동

유림의 모교에 대한 사랑은 학업 외적 활동을 통해서도 나타난다. 1985년 18대를 시작으로 19대, 20대, 21대인 1993년까지 약 8년간을 충남대 총동창회 회장을 역임하였다. 18대부터 기존 '연합동창회' 체제에서 현재의 '총동창회' 체제로 전환했기 때문에 지금의 총동창회 체제의 회장으로서는 초대회장에 해당한다.

총동창으로서의 활동으로는 재경동창회 창립(1986.1), 동창회명부 '충대인명감' 발간(1988.8), 충남대학교 '재직동문회' 창립(1989.11), 충남대학교 총동창회 장학기금을 모교 장학기금에서 분리(1990.4), 장학기금 2억 5천만 원 확보(1992.6), 모교발전기금 200억 원 협조 의결(1993.1) 등의 일들을 해냄으로써 총동창회의 발전에 크게 이바지하였다.

특히 유림은 총동창회 전 회장의 관점에서 2011년 당시 충남대-공주대-공주교대 통합논의에 대해 "대학 간 통합이라는 총론은 좋지만 통합대학 교명과 대학본분 위치 등 각론에 합의하기는 쉽지않다. 각론이 해결되지 않으면 통합은 이뤄질 수 없다"라는 의견을 제시하며 충남대의 일에 대해서 지속적으로 관심을 갖고 적극적인 의견을 표명하기도 하였다.

충남대 후원활동

유림의 충남대에 대한 사랑은 특별했다. 기업이 안정기에 들어서고 점차 지역사회에 관심을 갖기 시작한 유림은 우선 모교인 충남대에 기부활동을 시작하였다.

처음 이뤄진 후원활동은 청룡관의 건립을 위한 기금이었다. 1993년 유림의 개인자금으로 기부되었으며, 1994년 10월 준공되었다. 청룡관은 그동안 사법고시, 행정고시, 기술고시 등 국가고시를 준비하는 학생들의 기숙사 역할을 해왔다. 청룡관은 2018년 25년 만에 '이인구 인재관'으로 탈바꿈하였다. 유림의 아들인 현 계룡건설 이승찬 사장 등이 중심이 된 계룡그룹과 충남대가 고인이 된 유림의 1주기를 맞아 '지역인재 양성을 위한 산학협력'을 체결하며, 20억 원을 기증함으로써 4개월간의 공사기간을 거쳐 실현되었다. 이 리모델링 공사를 통해 인재관은 1~2인실을 비롯해 스터디룸 및 휴게실 등 최신 시설이 들어섰다.

이 밖에도 유림은 충남대 장학금을 비롯하여 유림문고 도서기금, 법학전문대학원 장학기금, 발전기금 기부를 비롯해 학생들을 대상으로 특강을 펼치는 등 꾸준한 모교사랑을 실천했다. 그 액수가 무려 3,914,450,000에 달한다.

한가지 흥미로운 점은 2017년 5월 14일 유림의 타개 이후에 충남대에 기증한 금액이 26억여 원이 넘는다는 사실이다. 전체 기증액 39억여 원 대비 67%에 달한다. 고인이 된 시점에서도 학교사랑은 계속되고 있는 것이다. 유림의 아들이자 현 계룡건설의 사장인 이승찬 대표는 "아버님은 생전, 지역의 인재를 육성하는 것이 곧 지역사회 발전으로 이어진다는 말씀을 하시며 남다른 모교 사랑을 실천하셨고, 그 모습을 옆에서 오랫동안 지켜봐 왔다"며 "우수한 인재들이 'CNU Honor Scholarship' 장학제도를 통해 보다 많은 배움의 기회를 누리고, 지역에 뿌리내려 국가와 지역사회의 발전을 이끄는 리더로 성장해주길 바란다"고 말했다.

계룡건설의 충남대학교 후원 현황

연도	기부자명	후원내용	금액(원)	비고
2021년 11월	계룡건설	장학기금	300,000,000	
2021년 06월	계룡건설	계룡건설LAB	220,000,000	건축공학과 스마트강의실 구축 및 리모델링
2021년 06월	계룡장학재단	장학기금	35,000,000	
1993-현재	계룡장학재단	일반장학금	90,000,000	
1999-2014	계룡장학재단	체육장학금(전국체전)	68,450,000	
2020년	계룡장학재단	장학기금	35,000,000	인재관 2천만원, 건축학과 5백만원, 건축공학과 5백만원, 경상대 5백만원
2019년	계룡장학재단	장학기금	20,000,000	
2018년	계룡그룹	이인구 인재관(청룡관 리모델링)	2,000,000,000	리모델링 공사
	계룡건설	건축 전시회 후원	1,000,000	
2017년	계룡장학재단	경상대학 발전기금	5,000,000	
	계룡건설	건축 전시회 후원	2,000,000	
2016년	계룡장학재단	경상대학 발전기금	5,000,000	
	계룡건설	건축전시회 후원	2,000,000	
2015년	계룡건설	건축전시회 후원	2,000,000	
2014년	계룡건설	융복합 창의성 경진대회	3,000,000	
2013년	계룡장학재단	법대발전기금	10,000,000	
	계룡건설	제4회 미래의 건축공학 경진대회	1,000,000	
2012년	계룡장학재단	봉사동아리(가온길)후원	2,000,000	
	계룡건설	한국의 기업가정신 출판 후원	6,000,000	
		건축공학과 후원	1,000,000	대한민국 건축문화제
		건축전시회 후원	1,000,000	
2011년	계룡장학재단	예술대학 음악학부 후원	2,000,000	
	계룡건설	건축공학과/건축학과 기부금	2,000,000	학과별 100만원
2010년	이인구	대학발전기금	600,000,000	주식
2008년	계룡장학재단	법학전문대학원 장학기금	50,000,000	
2001년	이인구	도서관 도서기금	100,000,000	
1993년	이인구	청룡관 시설기금	350,000,000	
합계			3,914,450,000	

충남대를 위한 기타 활동

유림은 충남대 법경대학을 1969년 졸업한 이래 행정대학원수료, 명예법학박사학위 취득, 총동창회장 4회 역임, 청룡관 기증, 인재관 기증 등의 기여 외에도 제2학생회관 건립예산지원, 도서관 100만장서운동 지원, 로스쿨(Law School) 인가준비위원 및 장학기금조성, 충남대발전기금위원회고문 등 충남대를 위해 많은 기여를 했던 동문이며 존경받는 기업인이다.

충남대에 기여한 또 하나의 업적으로는 충남대 정문을 지나는 한밭대로의 언더패스(underpass)화이다. 1993년 개최된 엑스포 행사와 연관해서 충남대 정문 바로 앞을 지나는 한밭대로 공사가 시작되었고 당시 이 도로는 평면으로 관통하도록 되어 있었다. 이 사업은 당시 건설부에서 지방 국토건설청을 시켜 시공하고 있었다. 유림은 교통량이 가장 집중되는 도로이기 때문에 시정을 해야 함을 강력히 요청하였다. 70억 원이 추가로 소요되는 공사이기 때문에 불가하다는 당국의 답변에도 불구하고 지속적으로 강력하게 밀어붙여 결국 지금과 같은 언더패스방식으로 준공하게 되었다. 당시 유림은 13대 국회의원(신민주공화당, 대덕연기지구)이었다.

후학들에게 전하는 말

유림은 다양한 특강을 통해 학생들에게 창업이념인 '불가능은 없다'에 대해 강조한다. "기업가정신은 불가능해 보이는 일에 자신의 모든 것을 걸고 불굴의 투지로 도전하고 결국에는 그것을 이뤄내는 일"이라며 학생들의 도전정신과 자신의 일에 대한 열정을 강조하였다. 또 취업을 앞둔 학생들에게 "자신의 개성과 미래상을 잘 살피고 대학시절부터 관심 분야에 대한 다양한 경험을 하라"고 조언하였다.

나오는 말

9대가 700년 동안 충청인으로 살아온 진정한 대전의 터줏대감, 이인구 회장은 대전을 기반으로 '대한민국 한강의 기적'을 일궈낸 주역 중의 하나다. 어린 나이 학도병 시절에 6·25 참전부터 경제건설의 참여, 경부고속도로 건설, 신막사 도입 등 나라에 대한 사랑이 가득했고, 지역 내 계룡건설의 설립과 발전, 공영경기장건설, 재해복구, 장학재단 설립과 대학 기부, 그리고 정치활동 등은 지역에 대한 그의 애절한 사랑이 고스란히 드러나 있다. 군 복무 중 33세의 늦깎이로 입학하여 인연을 맺은 충남대에 대한 사랑은 학창시절보다는 졸업 후 기업을 세우고 안정화되면서 그리고 4번 연임한 총동창회장 임기 끝자락인 1993년에서야 본격적인 기부활동으로 나타난다. 충남대 고시 공부의 산실이 된 청룡관 기증부터 각종 장학금 지원, 발전기금 등 다양한 지원으로 모교사랑이 펼쳐지며 작고 후에도 지금까지 후손에 의해 지원이 계속되고 있다. 그야말로 나라사랑-지역사랑-모교사랑이 연쇄적·다발적으로 일어났다. 그리고 그 사랑에는 유림의 강력한 리더 정신이 함께하고 있었다.

이인구 회장이 조성·기증한 유림공원의 국화축제 모습[3]

유림의 나라사랑에서 보여준 첫 번째 리더 정신은 국가에 대한 충성심이었다. 중등학교 5학년에 불과한 미성년자임에도 불굴하고 유림은 담대하게 죽음이 넘나드는 전쟁터로 몸을 던졌다. 가족과 함께 떠난 피란여행에서 반대하는 아버지를 당당하게 설득하며 끝내 전쟁터로 향하는 그의 모습은 이 시대 젊은이들이 배워야 할 올바른 국가관이라 할 수 있다. 두 번째 리더 정신은 근면성과 성실함을 배경으로 하는 솔선수범의 정신이다. 늘 새로운 것을 배우며 근면함과 성실함으로 임했으며 늘 타인보다 앞서 솔선수범으로 경제건설과 군 신막사 건설 등과 같은 일들을 성공적으로 완수해 낼 수 있었다. 세 번째 리더 정신은 어떠한 상황에서도 흔들리지 않는 뚝심의 정신이다. 리더가 갖춰야 할 최고의 덕목 중의 하나는 올바른 판단과 결단, 그리고 강력하게 밀고 나가는 추진력이다. 이러한 판단력, 결단력, 추진력의 근간은 바로 뚝심이다. 유림에게는 남보다 탁월한 뚝심이 있었다. 경부고속도로 건설에서 대통령의 질책에도 포기하지 않고 세세히 분석하여 자신의 의견을 관철시켰으며, 마침내 총연장 428km에 달하는 경부고속도로가 1970년 7월에 준공되는 대역사를 일구어내는 데 일조했다.

유림의 지역사랑에서 보여준 첫 번째 리더 정신은 기업가정신이다. 군에서 배운 건설에 대한 지식과 노하우를 지역건설의 부흥을 위해 계룡건설이라는 기업 육성에 쏟아부었고 마침내 충청 제일의 건설사로 키워냈다. 특히 기업이 성장의 기로에 서 있을 때 유림은 특유의 뚝심과 승부사적 기질을 통해 공설운동장을 성공적으로 완공시킴으로써 기업 성장의 발판을 만들어 냈다. 두 번째 리더 정신은 나눔의 정신이다. 유림은 사업을 통해 번 돈을 지역에 환원하고자 하였다. 우선 장학재단을 만들어 지역의 어려운 학생들에게 1993년부터 지속적으로 지원하였으며, 자신의 아호를 따 이름을 붙인 유림공원을 사재 100억 원을 들여 조성하여 대전시민에게 기증하였다. 뿐만 아니라 충남대를 비롯하여 지역대학에 발전기금으로 기부하여 지역대학의 발전에 기여하였다.

유림의 모교사랑에서 보여준 첫 번째 리더 정신은 섬김의 정신이다. 총동창회 회장으로서 4번의 임기를 거치며 학교와 동문을 섬기고 지원하며 이끌었다. 이 섬김의 리더 정신을 통해 '재직동문회'를 창립하였으며, 총동창회 장학기금 2억 5천만 원 확보 및 모교발전기금 200억 원 협조를 얻어내는 데 성공하였다. 두 번째 리더 정신은 후학을 위한 헌신과 봉사정신이다. 후배들의 학업 성취를 위해 청룡관을 건립하고 학업에 필요한 시설들을 위한 발전기금을 쾌척하였다. 또한 노구에도 불구하고 기업가정신 특강 등 모교 후배들을 위한 인생경험담을 들려주는 수고를 마다하지 않았다.

유림의 여러 리더 정신에서 가장 빛나는 리더 정신은 결단력과 판단력을 들 수 있다. "건설회사와 증권회사는 오너가 경영해야 한다"는 말이 있다. 결정이 빨라야 하고 과감히 결정하되, 그 결정이 바른 방향이어야 한다. 그러려면 오너는 결단력과 함께 판단력이 뛰어나야 한다. 유림은 그런 점에서 적격이었다. 그의 능력은 위기상황에서 특히 빛을 발했다. 6 · 25 때, 학생신분으로 과감히 학도병에 지원 · 참전한 일, 대전 공설운동장 건설, 자체 금융실명제 실시, 때 이른 구조조정 등이 좋은 예다. 그런데 무엇보다 유림의 삶에서 줄기차게 나타나는 리더정신은 '사랑'이다. 국가, 지역, 모교에 대한 사랑이 그의 삶 속에 늘 살아있었고, 작고한 지 5년이 지난 지금도 그 사랑은 계속 이어지고 있다. 각박해진 지금의 시대적 트렌드에서 국가-지역-모교 사랑을 한 사람을 통해 모두 느껴보기가 힘든 상황이 됐다. 그렇기에 유림의 삶은 우리에게 더 크고 위대하며, 친근하게 다가온다.

연구와 교육

70년 CNU의
리더스피릿

Ⅶ

해방기(이후), 지헌영의 고전 정신과 대전 문학

이형권

온고창신(溫故創新)의 학문-문학

—

해방기[1] 한국문학은 당대의 시대정신을 충실하게 반영하고 있다. 해방기 우리나라는 좌우익의 대립 속에서 저마다 민족의 나아갈 길을 모색하는 시기였다. 문인들도 좌익과 우익으로 대립하는 동시에 협력하면서 새로운 민족 문학의 수립을 위해 고민을 했다. 좌익이든 우익이든 저마다 이념적 지향과 방법은 달랐지만, 민족 문학의 발전을 위한 열의는 크게 다르지 않았다. 그러나 1947년부터 미군정청이 공산주의자들에 대한 탄압을 본격화하고, 이듬해 남한의 단독정부가 수립되면서 좌익 문인들은 대부분 월북하게 된다. 이후 남한에서는 반공주의가 극렬해지면서 좌익 문학은 더 이상 발을 붙이기 어려워졌다.[2] 해방기의 전반기(1945-1947년)는 좌익 문인들과 우익 문인들이 공존하는 모습[3]을 보여주었으나, 그 후반기(1947-1949년)는 우익 문인들이 헤게모니를 장악하는 양상으로 전개되었다. 해방기 대전의 문단 상황도 이러한 시대 분위기에서 크게 벗어나지는 않았다.

해방기 대전 문학은 문예지들을 통해 활성화되었다. 해방 직후 발간된 『향토』(1945)는 대전 최초의 문예지로서 정훈, 박희선, 박용래, 이재복, 한덕희 등 당시 대전 문학을 대표하는 인물들이 참여했다. 또한 3호까지 발간된 『향토』를 발전적으로 계승하여 『동백』(1946)이 발간되었는데, 이 문예지는 박희선의 주도로 정훈, 박용래 등이 참여하였다. 이들 우익 경향의 문예지와 함께 좌익 계열의 문예지도 발간되었다. 『백제』(1946)는 종합지의 성격을 띠지만 필진으로 오장환, 안회남, 홍명희 등의 작가들이 참여하여 문예지의 역할에 충실했다. 이어서 『현대』(1946)가 발간되었는데, 이는 문학가동맹 대전지부의 기관지로서 필진으로 박희선, 박용래, 이병권, 염인묵 등이 참여하였다.[4] 이들 외에 개인 문집으로 한덕희의 시집 『북소리』가 1947년에 해방기 대전 지역 최초의 현대적 개인 시집으로 선보였다. 이후 정훈의 『머들령』이 1949년에 발간되면서 대전 지역의 해방기 문단이 발전해 나가는 계기를 이룬다.

지헌영(池憲英, 1911-1981)[5]은 해방기와 그 이후 대전 지역에서 다양한 활동을 전개한다. 그는 1945년에 대전중학교 교유(教諭=교사)로 부임을 하고, 이후 1949년 전주 명륜대학 교수로 근무하였다. 또한 1951년에는 대전에서 발간되는 『중도일보』의 논설위원으로 활동했다. 이듬해인 1952년 충남대 교수로 부임하고, 1956년에는 호서문학회 대표로 활동하기도 했다. 이후 충남대를 사직하고 『대전일보(大田日報)』 논설위원 및 사장으로 활동하면서 지역 언론을 발전시키는 데 많은 기여를 했다. 그는 또한 학문 분야에서도 왕성한 활동을 전개하여 어문연구회 회장, 한국언어문학회 회장, 한글학회 대전지회장, 외솔회 대전지회장 등을 역임하였다. 그는 문학, 학문, 교육, 언론, 교육 등의 다양한 분야에서 도드라지는 활동을 전개했다.

충남대 인문대학 중정원

그가 남긴 학문적 업적으로는 해방기에 발간된 저서 『향가여요신석(鄉歌麗謠新釋)』(1947)을 비롯하여 학술 논문으로 「정읍사의 연구」 등 20여 편이 있다. 그는 당대 양주동, 김형규, 소창진평 등과 어깨를 나란히 하면서 고전시가, 특히 신라 향가와 고려 가요에 대한 심도 있고 개성적인 연구 활동을 전개했다. 이뿐만 아니라 충남대 문과대학 국어국문학과에서 교수로 재직할 때는 후진양성에도 정성을 기울여 역량 있는 학자들을 다수 배출하였다. 이를테면 한학자 조종업, 국어학자 도수희,

고전문학자 사재동, 시인 최원규 등은 그의 학통을 이어받아 대전 지역을 중심으로 국어국문학계에서 왕성한 활동을 해 왔다.[6] 지헌영이라는 이름은 여전히 대전 지역뿐만 아니라 우리나라에서 개성적인 고전 연구자이자 문인으로 선명하게 남아 있다.

그는 평생 대전에 머물면서 현대 지식인이자 학자로서뿐만 아니라 시인과 문학비평가로도 활동했다. 그의 활동은 다방면의 영역을 넘나들었지만 넓은 의미로 보면 모두 '문학'이라는 범주 속에서 이루어졌다. 그의 '문학'에서 가장 큰 비중을 차지하는 것은 향가와 고려가요를 중심으로 한 고전시가 연구와 관련되지만, 거기서 수득한 고전 정신을 당대의 대전 문학에 반영하여 그 품격을 높이는 데 기여하기도 했다. 그는 비록 문인보다는 학자의 삶에 큰 비중을 두고 살았지만, 대전 현대 문학의 초창기에 해당하는 해방기와 그 이후 문인으로서의 선구적 역할을 충실히 수행했다. 그는 대전의 현대 문학에 고전 정신이라는 정신적 자양을 제공하고 스스로 시와 평론 분야에서 창작 활동도 전개했다.

고전 정신의 현대적 계승과 대전 사랑

지헌영의 생애는 우리나라 현대사의 질곡과 나란히 했다. 한일합방 이듬해인 1911년에 태어난 그는 유년기에서부터 우리나라에 대한 일제의 식민 지배에 대해 저항 정신을 간직하고 있었다. 비교적 부유한 집안에서 태어나 어려움 없이 살았지만, 당시의 민족 현실에 대해 불만이 많았다. 연희전문학교 시절 항일운동과 관련하여 옥고를 치르고 퇴학을 당한 것은 그러한 현실 인식의 결과였다. 대학을 졸업한 이후 그가 주로 고전시가의 연구에 몰두한 것도 그러한 항일 정신과 무관하지

지헌영 교수 근영

않은 것이었다. 그는 해방기 향가와 고려 가요를 집중적으로 연구하면서 우리 민족의 문학적 전통과 사상을 심도 있게 탐구했다. 그가 고전 문학을 연구하면서 보여준 학문적 열정은 우리나라 현대적 학문의 정착에 많은 긍정적인 영향을 끼쳤다. 이러한 역할에 대한 평가는 이렇다.

> 藏菴은 「篤學好古」의 人으로, 「手不釋卷」 언제든지 손에 책을 들고 있는 것을 나는 늘 목격하였다. 그의 집은 大田이지만. 書籍을 구하기 위하여 자주 서울에 올라오곤 하였다. 오면 나를 찾고, 대하면 學問 이야기로 書籍 이야기로 時間 가는 줄 몰랐다. …(중략)… 藏菴의 專攻은 國語國文學 특히 古詩歌 및 地名의 硏究, 이밖에 百濟史 硏究에도 蘊蓄을 기우려 多數한 論文을 發表해 왔고, 또 韓國哲學分野에까지 涉獵하여, 장차 大作을 낼 計劃이라고 듣고 있다. 大田高等學校 및 忠南大學校에서 오랫동안 教鞭을 잡고 있을 때, 後進들의 指導養成은 勿論 自己 硏究에도 늘 孜孜하여 可謂 「教不倦而學不厭」의 態度이었다. 藏菴의 品格은 高潔하여 不義不正에는 조금도 굽히지 않는 剛毅한 風이 있어, 學生時代에도 抗日·排日思想으로 일시 獄苦를 치른 일까지 있었다. 누구나 그를 잘 아는 사람은 저절로 그를 尊敬하고 남음이 있을 것이다.[7]

이는 지헌영의 화갑기념논총 책머리에 서울대 교수와 문교부 장관을 지낸 사학자 이병도(李丙燾) 박사가 적은 서문의 일부이다. 대전에 살던 지헌영이 서울에 올라가면 이병도 박사의 집에 들를 정도로 두 사람은 개인적으로 친밀했던 것으로 보인다. 인용문의 “중략” 부분에는 그런 사연[8]이 소개되어 있다. 아무튼 이병도 박사는 지헌영의 화갑기념

논총 서문에 해당하는 이 글에서, 평소의 지헌영에 대해 "독학호고(篤學好古)"와 "수불석권(手不釋卷)"[9]의 태도로 살아간다고 적고 있다. 지헌영은 학문이 도탑고 민족적 전통으로서의 옛것을 사랑한다는 것, 손에서 책이 떠나지 않을 정도로 학문을 사랑한다는 것이다. 또한 지헌영은 대전 지역의 "대전고등학교 및 충남대학교"에서 교육자로서의 소명에도 충실했고, 가르침에 게으르지 않고 학문에 싫증 내지 않는("教不倦而學不厭") 삶을 살았다고 한다. 뿐만 아니라 그는 성격이 굳세고 강하여("剛毅") 학생 시절에 일제에 대한 저항 정신("抗日 · 排日思想")으로 옥고를 치르기도 했다고 적고 있다.

이처럼 지헌영은 고전 문학을 연구하는 학자이자 대전 지역의 교육자로서 열정적이고 모범적인 삶을 살았다. 그는 신라 향가와 고려가요를 연구하면서 수득한 고전 정신을 옛것으로 남겨두지 않고 현대문학에 자양을 제공하려는 노력을 했다. 그가 고전문학 연구자이면서도 현대문학에 적지 않은 관심을 보여주었다는 점은 그러한 사실을 증명한다.

> 한마디로 말씀해서 先生님은 오로지 學問만을 爲해 살아오신 분이시다. 普通 사람들은 講壇에 서서는 學問을 하는 듯 하다가도 그 자리를 물러나면 그만두는 수가 많다. 그러나 先生께서는 언제나 學問만을 探究하시었다. 그리하여 文學에 古典 · 現代의 詩 · 小說에서부터 古語 · 音韻學 · 史學 · 地名學 · 地理 等과 나아가서는 韓國哲學에까지 領域을 넓히시어 모두 獨特한 見解로 새로히 開拓하신 바가 許多하시다.
> 先生께서 한 가지 아쉬운 것이 없지는 않으시다. 그와 같이 學問이 該博하시고, 그토록 發見을 많이 하신 데 비해서 그것이 모두 文學化되지 못하였다. 勿論 一部 論文中에서 多少 提示되지 않은 바는 아니지만 先生님의 抱負에서 볼 적이 이것은 그 一部分에 지나지 아니한다. 이제 先生님의 業績을 돌아보건대 씨를 뿌리시고 收穫을 하시지 않은 느낌이다.[10]

지헌영의 학문적 관심사는 다양하고 광범위했던 것으로 보인다. 그는 고전문학에서 현대문학까지의 시와 소설("古典 · 現代의 詩 · 小說")뿐만 아니라 고어, 음운학, 사학, 지명학, 지리("古語 · 音韻學 · 史學 · 地名學 · 地理") 등의 분야에도 관심을 가졌던 것으로 보인다. 이 대목에서 특히 눈여겨 볼 것은 현대문학의 시나 소설 분야에도 관심을 가졌다는 것이다. 실제로 지헌영은 해방기와 그 이후의 대전 문단에서 현대문학 분야와 교류를 활발히 했다. 1947년에 발간한 『향가여요신석』은 비록 고전문학에 관한 저서지만, 고전문학에 대한 현대적인 해석을 내놓아 당대 대전 지역 문인들에게 새로운 자극을 주면서 문학적 안목을 넓히게 했다.[11] 그는 해방기 이후 대전의 문학이 고전 정신과 교섭하면서 그 품격을 높이는 데 일정 부분 기여를 했다고 하겠다.

이뿐만 아니라 지헌영은 1949년에 발간한 정훈의 첫 시집 『머들령』에 발문을 통해 시에 대한 자기의 생각을 드러내기도 했다. 이후 1956년에는 본격적인 시 평문인 「방황하는 중견」[12]을 선보이기도 했다. 이 글에서 지헌영은 당시 한국 시단의 중요한 인물들이었던 신석정, 김동명, 박두진, 박목월, 유치환 등의 시를 평했다. 이 글에서 그는 "시는 어휘의 나열로 이루어지는 것이 아니며, 하나의 통일된 세계를 형성시켜 놓은 것이 문학 작품이며, 그 작품을 구조하고 있는 각 용어가 각각 제자리에 약동하고 있는 것이 poetry의 중요한 테크나이가 되는 것이며, 예술은 제시일 따름으로 예술품의 환기 전달의 작용을 지녀야 한다"고 주장했다. 시를 단편적인 언어의 나열이 아니라 "하나의 통일된 세계"를 구축하는 구조적인 완결성이 중요하다고 주장하고 있다. 이는 마치 구조주의 시학자 브룩스가 좋은 시의 요건으로서 비유했던 '잘 빚어진 항아리'[13]를 연상케 한다.

지헌영의 고희기념문집에 실린 최원규 시인의 송시(頌詩)는 그의 인간적, 학자적 면모를 잘 드러내고 있다. "이른 해 전 오늘/ 한밭의 요람/ 食藏山에 어린 精氣/ 한 몸에 받으시고 태어나서/ 이곳 이 고장을/ 한평생 지키신 어른// 이른 해 동안/ 머리카락 하나 흐트럼 없이/ 日帝의 桎梏/ 가시밭길 속에서도/ 오직 우리의 國學의 얼을/ 찾으시는 기쁨으로만/ 한 길을 걸어오신 어른/ …(중략)…/ 말씀의 베벨塔을 쌓아올린 어른/ 그 말씀은/ 바위를 뚫고/ 흐르는 여울처럼/ 샘솟아 넘쳐 흐르다."[14] 이 시구에 의하면 지헌영은 대전에 있는 "식장산"의 "정기"를 받고 태어나 "이 고장을/ 한평생 지키신 어른"이라고 강조하고 있다. 지헌영은 서울이나 중앙을 두리번거리지 않고 오직 대전 지역에서 학문과 문학을 하면서 일평생을 살았다는 것이다. 사실 그의 학문적, 경제적 능력으로 볼 때 서울 지역에 진출해 활동을 할 수도 있었으나, 대전 사랑의 정신으로 끝까지 대전을 지키면서 활동했다는 사실을 높이 평가하고 있는 것이다. 뿐만 아니라 "머리카락 하나 흐트럼 없이/ 일제의 질곡"을 극복하고 "우리의 국학의 얼을/ 찾으시는 기쁨으로만" 살아왔다는 점을 칭송하면서, 학문과 문학에 대한 열정으로 "말씀의 바벨탑을 쌓아올린 어른"이라고 기리고 있다.

지헌영의 대전사랑 정신은 280여 행에 이르는 장시 「아! 대전아」에 더 강렬하고 인상 깊게 드러난다. 이 시는 대전 지역의 유구한 지리적 특성과 역사, 그리고 현대 문명과 자본주의의 세례를 받은 대전의 모습을 다양한 정보와 시적 기법을 통해 노래하고 있다. 시의 앞부분은 주로 대전의 지리적 특성을 형상화하고 있다.

> 아! 나의 大田아,
> 자랑혼 公州 한밭 山水.
> 겹겹으로 헤아릴 허스로이 옛날에

스사로이 있었던 한밭아!

새벽녘 하늘에 샛별이 돋고
이윽고 먼동이 트면,
묵색(墨色) 식장(食藏)이 후엌진 머리 들어
옥계(玉溪) · 중계(中溪: 大田川)에 고요가 겹쳤으리.

먼 종소리 은은히 흐른 벌판으로
포(砲)소리 사이로 생존이 헐어져 있어도
촉촉히 꽃잎엔 이슬이
가지가지의 가만한 입김에
가슴마다에, 고마운 안들에
님의 뜻이 그대로 감싸여 있다.

풍진의 연월(年月)에 병들어 누웠던 젊음아
어느 늦은 봄 고단히 늦잠을 깨친 날
우럴었던 으젓한 보문산,
그대 서 있고 나 남아 있어
올올이 맺힌 한이 삼세에 닿았거니.

날마다 새 아침마다 창을 열면
국사(國師) · 망덕(亡德) · 비파(琵琶) · 머들(嶺)의 숲에
둥두렷이 걸린 태양 서대(西臺)야,
해마다 꽃소식을 불러오고
제비 · 뻐꾸기 · 단학(丹鶴)이 날아들고
대양의 동남풍을 휘몰아 온
아! 한밭의 남창(南窓)은 이내의 끝없은 창이었거라.[15)]

이 시는 "새벽녘"의 "먼동이 트"는 시간에 제 모습을 드러내는 대전의

지리적 형상을 드러내고 있다. 대전을 둘러싸고 있는 "식장(食欌)"산과 대전 시내를 흐르는 "옥계(玉溪) · 중계(中溪 : 大田川)"의 모습을 시각적 이미지로 제시하고 있다. 또한 대전 사람들은 일제 강점기와 전쟁으로 얼룩진 역사적 혼란 속에서도 희망을 잃지 않고 살아왔다는 점을 강조하고 있다. 즉 대전 사람들을 "포(砲)소리 사이로 생존이 헐어져 있어도/ 촉촉히 꽃잎엔 이슬이/ 가지가지의 가만한 입김에/ 가슴마다에, 고마운 안들에/ 님의 뜻이 그대로 감싸여 있다"고 증언을 하고 있다. 이러한 희망을 발견하는 과정에서 "풍진의 연월(年月)에 병들어 누웠던 젊음"이 "올올이 맺힌 한이 삼세에 닿았"기도 했음을 인식하기도 한다. 그러나 대전은 그러한 질곡을 모두 극복하고 결국 "날마다 새 아침마다 창을 열면/ 국사(國師) · 망덕(亡德) · 비파(琵琶) · 머들(嶺)의 숲에/ 둥두렷이 걸린 태양 서대(西臺)야,/ 해마다 꽃소식을 불러오고/ 제비 · 뻐꾸기 · 단학(丹鶴)이 날아들고" 있는 땅임을 노래하고 있다. 하여 "한밭의 남창(南窓)"은 대전 사람들과 우리나라에 희망을 불러오는 통로 역할을 한다고 보는 것이다.

이 시의 뒷부분은 대전의 역사를 기술하는 데 초점을 맞추고 있다. 그 범주는 상고사에서부터 현대사에까지, 대전 지역에서 충청도와 한반도 전체까지 광범위하다. 이 부분에서는 시인 지헌영은 평소에 지니고 있던 역사에 대한 깊은 통찰과 지역 문화에 대한 폭넓은 인식을 드러내 준다.

> 가장(佳狀) · 암소바위 · 가오(加午)의 거석(巨石)
> 이 고장을 스쳐간 석기(石器)의 연모여!
> 날카로이 녹슨 청동 철검(鐵劍)의 서슬들이
> 살육(殺戮)과 교환으로 사술(詐術)을 아로새기고

여 · 제(麗 · 濟) 다토아 강북에서 가름하자
웅진(熊津)에 나려드린 백제왕의 재기(再起)
한밭은 변경이라 성(城)을 보았다.
城, 城…城, 城…식장(食藏)-계족(鷄足) 줄기
천리 장성(長城)아,
점으로 돌로 봉토(封土)한 자취, 「동성왕(東城王)」의 채찍.

나 · 제(羅 · 濟) 싸움의 소용돌이 대전
고향 떠난 객혼(客魂)은 밝은 달을 얼마나 울었더니,
일사보국(一死報國)에 백제무인(武人)의 못다핀 꽃들
임전무퇴(臨戰無退)가 꽃다운 사내들을 주검으로 몰고
城…城…城, 儒城 · 六城, 한밭 長城
東城의 城들이 지난 위세로 서리어 있다.[16)]

시인은 "가장(佳狀) · 암소바위 · 가오(加午)의 거석(巨石)"들을 통해 대전 지역에서 펼쳐진 "석기(石器)"시대에서 아니라 "청동"기 시대까지 전개되었던 "살육(殺戮)과 교환"의 역사를 상상하고 있다. 이뿐만 아니라 "여 · 제(麗 · 濟)" 시대에 고구려와 백제가 영토를 두고 다투던 시절의 역사를 소환하여 전쟁으로 희생된 사람들의 "객혼(客魂)"의 슬픔을 생각하고 있다. "일사보국(一死報國)에 백제무인(武人)의 못다핀 꽃들/ 임전무퇴(臨戰無退)가 꽃다운 사내들을 주검으로 몰"고 간 비극의 역사를 반추하고 있다. 그러나 그러한 비극을 견디어 낸 인고와 기개가 오늘날까지 남아있는 대전의 성들에 그대로 전한다는 사실에 주목한다. 그리하여 지헌영은 "성…성…성, 유성 · 육성, 한밭 장성/ 동성(東城)의 성들이 지난 위세로 서리어 있다"고 노래한다. 다른 지역에 비해 많은 편인 대전의 성들은 상고 시대부터 삼국 시대까지의 숱한 역사적 환란을 극복하고 살아온 대전 사람들의 강인하고 끈질긴 정신을 상징한다고 보는 것이다. 이 시구 이후에도 대전 지역의 역사에 대한 노래는 고려시대와 조선시대에 이르는 "절의(節義)의 풍토"에 관한 것으로 이어진다. 또한 "대한제국(大韓帝國)의 최후/ 피로 쓴 역사, 의사(義師),/ 아! 장(壯)히 숨진 게릴라./ 이슥고 받아들인 국치(國恥), 경술(庚戌) 팔월."의 비극과 희생을 노래한다. 대전 사람들은 어떠한 역사적 고난 속에서도 절개와 의리를 지키며 살았다고 본다.

시의 뒷부분은 한일 강제 합병 이후의 현대사에 관한 내용을 중심으로 전개된다. 시인 지헌영은 자신이 태어난 1911년 이후의 역사와 문명에 대해 속 깊은 성찰을 보여준다. 특히 자본주의의 문제적 부면과 엇나간 역사적 사건들에 대한 비판적 인식은 흥미롭다. 그 표현 방식에서도 언어뿐만 아니라 특이한 부호들을 다양하게 활용하면서 상당히 파격적이고 실험적인 표현을 하고 있다.

돌이키어 百年 半이 닫은 1911,
나의 이승은 亡國民을 자묵하다.
자랑흔 산하(山河) 빛발이 멈추고
가느단 역사가 가리워지다.
이름(名分) 없이 서성인 피땀의 기사(記事).
이국병(異國兵)의 발굽에 짓밟힌 고향
이국신전(異國神殿)이 눌러 앉은 일인가(日人街)

낭만(浪漫)은 철길→부산(釜山)…동경(東京)으로
서울→만주(滿洲)로, 군산항(群山港) · 목포로
시장의 너비는 대륙 · 대양으로.
시대의 노예 「기계(機械)」, 틀에 박힌 상품.
일전(一錢)○◎주화(鑄貨), 일원(一圓) · 오원(五圓) · 십원권(十圓卷)
「교환(交換)」이다.

─ · ─ · · . ~~~~여보시오 전화.
현대(近代)가 터 있다.「비밀(秘密)·개방된 격리(隔離).

자본이 휘몰아 온 상징
이층 · 삼층 · 왜(倭)기와의 직선(直線)이 부시다.
T자형 전표가 돈다. 장부 · 선(線) 사이의
대조 · 적흑(赤黑)→손익(損益) · 잉여(剩餘).
인간상품이 뒹군다. 월봉(月俸) · 일급(日給).

이율합일(二律合一)한 광시(狂詩).
등기 · 등록-본적 · 이력.
무심한 한달 육장(六場)이 오고 가고
유통 · 교환 · × · △ · ▌· □
八 · ㄱ · ㄴ · ◎ · ⊗ ··· ◇ ◆◆◆◆ 계산(計算)이다. 수자(數字)다.[17)]
외교(外交) · 뒷거래(去來) · 불신(不信)이 자란다. 에누리 · 흥정.

이율배반(二律背反)한 경과(經過)
「독립만세」! 총검(銃劍)에 쓰러진 三 · 一
찔리어 숨지도록에 울먹인 양사길(梁士吉)
흩어진 피.「민족(民族)」
그리고 백의 자락에 뿌린 일본 잉크의
낙인(烙印).
어혀 가녀린 전설로 지하로 스민···.

···(중략)···

스스로를 금고(禁錮)한 울 속의 비밀협정
인간의 모멸(侮蔑),「전쟁」
총력! 허우적인 계획.
해방이 우뢰하고 군정 · 독립 · UN한 六·二五

四·一九·五·一六이 뒤이어 「부침(浮沈)한 잡음」.
패몰은 기념패(記念牌)―고층, 고층, 고층의 빌딩[18)]

이 부분은 "망국민"으로 태어난 삶을 인식하는 것으로 시작한다. 시인은 자신이 일제치하에서 "이국병(異國兵)의 발굽에 짓밟힌 고향/ 이국신전(異國神殿)이 눌러 앉은 일인가(日人街)" 속에서 "현대"의 삶을 시작했다고 고백한다. 시인이 마주한 현대 사회는 "철길"과 "전화"와 같은 현대 문물이 자리를 잡고, "시장의 너비는 대륙·대양으로" 이어지는 자본주의에 물들어 있었다. 그러한 사회는 "시대의 노예 「기계(機械)」, 틀에 박힌 상품"만이 환영을 받는 상황에 처해 있다. 문제는 이 자본주의가 일제의 식민주의와 결합하여 당시 한국 사회를 혼란스럽게 하고 있다는 점이다. 특히 "자본이 휘몰아 온 상징/ 이층·삼층·왜(倭)기와의 직선(直線)이 부시다"는 시적인 비유를 얻어 일제 치하를 비판하고 있다. 화합과 상생의 곡선이 아니라 탄압과 상극의 "직선"이 횡행하던 시절이었다. 실제로 일제는 식민통치 기간 내내 식민주의적 자본주의의 깃발 아래 한국을 현대화한다는 명목으로 온갖 만행을 저질렀다.

당시 한국 사회는 "외교(外交)·뒷거래(去來)·불신(不信)이 자란다. 에누리·흥정"과 같은 부정적인 것들이 지배하는 세상이었다. 1919년에는 "「독립만세」!"를 외쳤지만 결국 일제의 "총검(銃劍)에 쓰러진 3·1" 운동이 되고 말았다. 3.1운동은 끝내 "흩어진 피. 「민족(民族)」/ 그리고 백의 자락에 뿌린 일본 잉크의/ 낙인(烙印)."만을 남기고 실패하고 말았다. 한국 사회의 불행은 여기에서 머물지 않았다. 이후 이어진 6·25전쟁은 "인간의 모멸(侮蔑)"을 극한적으로 몰고 간 동족상잔의 비극적 사건이었다. 전후 우리 사회는 더욱 혼란스러운 상황으로 접어들고 말았다. 자유당 독재 정권을 타도한 4.19혁명이 있었으나 곧바로 군사 쿠테

타로 인해 민주주의는 후퇴하고 말았다. 시인은 당시 역사를 "4 · 19 · 5 · 16이 뒤이어 「부침(浮沈)한 잡음」"이라고 하여 "잡음"의 시절이라고 표현하고 있다.

이 시를 통해 지헌영이 전하고자 하는 메시지는 대전 사랑과 조국 사랑의 정신이다. 특히 비운의 한국 현대사를 꿋꿋하게 버티어온 대전(사람들)에 사랑을 드러내고 있다. 시의 곳곳에 편재하는 대전의 지명과 대전의 인물, 그리고 대전의 역사적 사건들은 그러한 사랑의 정신을 표상한다. 이런 점에서 이 시는 일차적으로 리얼리즘과 리리시즘이 혼재하는 시풍을 보이고 있다. 그런데 시의 후반부에서는 현대문명과 자본주의에 대한 예리한 비판 정신이 빈도 높게 등장하면서 모더니즘 시로서의 모습을 충실히 보여주고 있다. 특히 각종 비언어적 부호를 실험적으로 활용한 점은 대전의 시단에서 찾아보기 어려운 특이성이라 할 만하다. 어쨌든 이 시는 지헌영의 대전 사랑, 조국 사랑이 다양한 시풍을 통해 드러났다는 점에서 주목할 만하다.

해방기(이후), 대전 지역 문학-학문의 정초

해방기 지헌영의 문학에 관한 생각은 정훈의 첫 시집 『머들령』의 발문에 잘 드러난다. 정훈은 시인으로서 대전 지역의 현대적 시단 형성에 많은 기여가 있던 인물이다. 1945년에는 대전 최초의 문학회인 '향토문학회'를 창립하고, 1946년에는 박희선, 김용래 등과 대전 최초의 시동인회인 '동백'을 만들어 시동인지 『동백』을 창간하기도 한다. 이후 1951년에는 '호서문학회'를 만들고 동인지 『호서문학』을 창간하면서 대전과 충청 지역을 아우르는 문학 활동을 전개하였다. 정훈은 광복 이후 대전 지역 시단의 주도적이고 선구적인 역할을 수행했다. 1949년에 발간된 그의 첫 시집 『머들령』은 광복 이후 대전 지역에서 두 번째로 나온 것으로서[19] 저자 서문, 차례, 시 57편, 지헌영의 발문 등으로 구성되어 있다. 이 시집에 실린 시편들은 슬픔과 서러움의 감정이 빈도 높게 드러나면서 리리시즘의 경향을 보이지만, 한편으로 그런 감정이 일제 치하의 민족 현실에 대한 불만이나 해방기의 혼란과 관련된다는 점에서 일종의 리얼리즘의 경향을 보이기도 한다. 뿐만 아니라 정지용에게 사사한 경험[20]을 토대로 일부 시에서는 이미지즘적인 경향을 보여주기도 한다. 이러한 『머들령』의 시 세계를 지헌영은 이렇게 평가한다.

> 그렇다 民族의 怨恨에서 오는 울음을 지닌 家風이 陶冶한 어린 詩魂은 倭人橫行 下에 大田의 거리에서 民族으로 굳건하여졌든 것이니 이런 가슴에 울음이 맺은 슬픔은 間或 慈母의 가슴으로 돌아가는 일이 있을 따름이였다. 마침내 한밭에 묻힌 「한 알의 밀」이 徽文義塾 薰薰한 風土에서 어버이를 부르짖고 民族을 찾는 鄕愁에 자르러지는 第二의 天性으로 잘어났음은 當然한 歸結이랄까.
>
> 생각건대 鄕愁란 現實不滿의 內面的인 웽침인 것이다. 現實不滿은 창조의 震源이며 改革革命의 꼬토리요 理想을 實踐하는 動力이다. 鄕愁가 純潔한 時節로 回歸도 하고 豫言의 世界를 徘徊하기도 하는 것은 이에 起因하는 것이 아닐까. 그리하여 詩의 感情移入의 길을 通하여 敍情詩로 終結되는 傾向도 現實에 滿足치 못하는 詩精神에 緣由하는 것이 아닐런가 한다.
>
> 素汀의 詩가 슬픔과 시름에 자욱한 不滿의 期錄으로 歸結했음은 詩라는 藝術의 잔르(장르-인용자 주)가 規定하는 바이기도 하거니와 素汀이 걸어온 時代가 素汀의 世界像이 지어낸 것이니 素汀의 世界에 살든 民族의 시름을 代辨하고 있는 것이 아마도 「머들령」 幼憶 等의 詩가 보이는 現實不滿의 詩精神이 其外의 여러 詩의 內面에 一貫하고 있는 것은 一見하여 알 것이 아닌가.[21]

이처럼 지헌영은 정훈의 시에 자주 드러나는 "울음"이나 "슬픔"의 정서를 일제 치하의 민족이 처한 상황에서 비롯된 것으로 보고 있다. 그의 시에서 자주 등장하는 "울음"이나 "슬픔"은 "민족의 원한"에서 파생된 것이고, 그의 "어린 시혼(詩魂)"은 일본 사람들이 활보하는("倭人橫行") "대전의 거리에서 민족으로 굳건하여졌든 것"이라고 본다. 또한 정훈의 시에 자주 등장하는 "향수"의 서정도 그러한 일제 치하에 대한 "현실불만"의 일환으로서 "순결한 시절로 회귀도 하고 예언의 세계를 배회"하는 것으로 설명하고 있다. 다시 말해 "현실불만"이 결국 현실 너머의 새로운 세계를 지향하기 위한 "창조의 진원이며 개혁혁명의 꼬토리요 이상을 실천하는 동력"이라고 보는 점은 흥미롭다. 즉 시집 『머들령』에 빈도 높게 등장하는 "울음"과 "슬픔", "향수"는 일제치하의 현실에 대한 시인의 불만과 관계 깊다는 것이다.

또한 인용문에는 지헌영의 서정시 장르에 대한 인식이 드러나고 있다. "시의 감정이입의 길을 통하여 서정시로 종결되는 경향"이라는 부분을 보면, "서정시"는 "감정이입"과 불가분의 관계에 놓인다는 생각을 드러나고 있다. 또한 "시가 슬픔과 시름에 자욱한 불만의 기록으로 귀결했음은 시라는 예술의 잔르(장르-인용자 주)가 규정하는 바이기도 하거니와" 부분에서도 이와 유사한 생각을 드러낸다. "시"가 "슬픔과 시름에 자욱한 불만의 기록"이라는 생각은 서정시의 정서적 특성에 대한 인식을 드러낸 것이다. 지헌영은 결국 시 혹은 서정시는 회감(回感)을 주조로 한다는[22] 전통적인 장르 개념을 인식하고 있는 셈이다. 이는 지헌영이 현대적 의미의 서정시 관점에서 『머들령』의 시편들을 비평한 것이라고 볼 수 있게 한다. 이뿐만 아니라 그는 우리나라 현대시의 흐름을 비교적 정확하게 이해하고 있었다.

如何間 素汀의 時代가 살어온 二十世紀는 우리 民族의 關心이 政治世界로 흘러든 時期였음으로 素汀도 이 方面으로 옮아 있었을 때도 있었고 또 政治에 關聯된 詩를 읊어 하소연하였든 것이니 그것은 어데까지나 人情으로 아로새겨 仰愁로 反芻해온 素汀의 才革은 높이 評價할 수 있는 것인가 한다.

다음으로 素汀의 詩가 素朴한 가운데에 굳건한 뼈를 지니고 있다는 것을 말하여야겠다. 우리 新詩運動이 싹튼 지 四十年에 內容에의 志向에서 形式을 가지지 않으랴 한때도 있었고 또 纖細한 美句表現을 일삼기로 하였으며 民謠를 멋을 살려보았으며 海外文學의 風味를 輸入하기도 하야 多彩로운 꽃동산을 쌓아 놓았지만 素汀의 詩가 보이는 것과 같은 거치른 듯한 가느다란 風格도 그 사람과 性格이 그대로 풍기는 一趣라 할 것이다. 즘즛 생각하오니 素汀의 詩가 新奇를 꾸미지 아니하며 法楚한 맛을 풍기는 것은 그의 請員했고 謹嚴했든 家風이 나리여준 것이 아니였든가.[23)]

이 글에서 지헌영은 "소정(素汀, 정훈의 호)의 시대가 살어온 이십세기는 우리 민족의 관심이 정치세계로 흘러든 시기"라고 전제하고, 이런 맥락에서 정훈의 시가 "정치에 관련된 시를 읊어 하소연하였든 것"[24)] 에 대해서도 긍정적으로 평가하고 있다. 그리고 "우리 신시운동이 싹튼 지 사십년"과 관련된 사실을 언급한다. "신시운동"이 "사십년"이라는 것은 1908년 최남선의 신체시 이후 『머들령』이 발간된 1949년까지 40여 년이 흘렀다는 의미일 터, 그 기간 동안 있었던 시의 다양한 양상을 제시하고 있다. "내용에의 지향"은 1910년대 계몽주의 시나 1920년대의 카프시와 관련된 것이라면, "섬세한 미구표현(美句表現)을 일삼기"는 1930년대 시문학파의 시와 연관 지을 수 있고, "민요를 멋"은 1920년대 토속적인 서정시학의 시를, "해외문학의 풍미를 수입"했다는 것은 서구의 다양한 문예사조를 도입한 시를 지칭하는 것으로 읽힌다. 이 짧은 구절 속에 "신시운동"의 "사십년"을 거의 망라하고 있는 것인데, 그는 고전문학 전공자임에도 불구하고 현대시의 흐름에 대해서도 해박했다고 볼 수 있다.

해방기의 지헌영이 남긴 업적으로 『향가여요신석(鄕歌麗謠新釋)』(1947)을 들지 않을 수 없다. 이 저서는 제목이 지시하는 대로 신라의 향가와 고려가요에 대한 새로운 해석을 시도하고 있다. 그 서문에는 그의 문학관과 학문관이 온축되어 있다.

> 무릇 近世文學作品의 時代性과 멋을 解明함에는 古代文學을 體系化하여야만 하겠고, 古代文學을 歷史的으로 把握하기 爲하야는 먼저 그 作品들을 解釋하는 것이 오늘의 學界의 現狀으로써는 첫째의 課題로 될 것이다. 또 이들 作品의 內容과 形式을 通하야 國文學의 發展經路를 把握하는 것이 第二의 課業으로 될 것 같으므로, 우선 國文學의 源流라고 할 鄕歌와 高麗歌謠의 注釋(註釋의 오기인 듯-인용자)을 꾀하게 된 것이다. 그러함으로써 國文學의 이 源流가 어느 때 어떻게 現代近世文學의 重要한 一部門인 時調로 歌詞로 흘러나려온 것인가를 說明할 可能性이 서게 될 것임으로써다.
>
> 그리하여 國文學의 史的 研究의 첫 課題인 解釋을 通하야 第二의 作業을 着手할 準備로써 이 小册子는 計劃的으로 作品을 排列하게 된 것이니—多少 異見이 있을 것으로 보이나—이 著書의 第一部는 新羅・高麗時代의 上流階級的인 文學(貴族・僧侶文學)의 發展徑路는 現存作品을 通하야 보이야 한 것이다. …(중략)… 第二部는 羅麗文學의 通俗的인 面을 總括하야 뵈이야 한 것이니 이 時代의 平民的인 歌謠는 물론 貴族的인 文學作品과 交流相應하였던 것으로 第一部와 第二部의 緊密한 關聯性은 새삼스러이 呶呶할 나위가 못되는 것이라.[25)]

인용의 앞부분에서 "무릇 근세문학작품의 시대성과 멋을 해명함에는 고대문학을 체계화하여야만 하겠"다는 것은 저자가 이 책을 집필하게 된 동인이 드러난다. 일차적으로 "고대문학을 역사적으로 파악하기 위하야는 먼저 그 작품들을 해석"하여야 한다는 이유이지만, 그러한 해석도 결국은 "근세문학작품"의 연원과 "멋을 해명"하기 위한 것이라는 점이다. 이 대목을 통해 지헌영이 왜 고전 문학 연구자로서 당대의 비평가나 시인으로 활동을 했는지에 대한 이유를 암시받을 수 있다. 물론 "근세문학"이 주로 "시조"나 "가사"와 같은 조선시대의 문학을 의미하는 것이기는 하지만, 여기서 중요한 것은 어느 시대의 문학이든 한국문학이라는 큰 흐름 속에서는 모두 하나라는 지헌영의 인식이 강했다는 점이다. 즉 그는 한국 문학 전체의 역사적인 맥락을 파악하기 위해서는 어느 시대의 문학이든 두루 관심을 가져야 한다는 생각을 가졌던 것이다.

두 번째 문단에서는 『향가여요신석』의 구성에 관해 소개하고 있다. 실제로 이 저술은 제1부와 2부는 각각 신라 편과 고려 편으로 나누어 작품을 싣고 있다. 제1부 신라 편에는 「혜성가」, 「원왕생가」, 「모죽지랑가」, 「원가」, 「도천수관음가」, 「안민가」, 「찬기파랑가」, 「제망매가」, 「우적가」 등 9편의 향가를 싣고 있다. 제1부 고려 편에는 균여의 「예경제불가(禮敬諸佛歌)」 등 11편, 정서의 「정과정」, 예종의 「도이장가」, 무명씨의 「한송정」 등의 고려가요, 그리고 우탁이 시조 2편, 이조년, 이존오, 최영, 이색, 정몽주 등의 시조 7편을 싣고 있다. 제2부 신라 편에는 「도솔가」, 「헌화가」, 「처용가」, 「서동요」, 「풍요」 등 5편의 향가를 싣고 있다, 제2부 고려 편에는 「정읍사」, 「동동」, 「처용」, 「정석가」, 「서경별곡」, 「이상곡」, 「가시리」, 「사모곡」, 「만전춘」, 「쌍화점」, 「청산별곡」, 「한림별곡」 등 12편을 싣고 있다.

이 저술은 신라 향가 25수와 고려가요뿐만 아니라 시조까지 망라하면서 명실공히 신라와 고려시대에 창작된 현전 시문학 작품을 대부분 포함하고 있다. 향가의 경우 신라시대의 작품뿐만 아니라 고려시대 균여의 11수를 포함하고 있고, 고려 말의 중요한 시조 작품들을 모두 망라하고 있다는 점은 눈여겨 볼만하다. 또한 이 책의 구성과 관련하여 특이한 것은, 신라시대와 고려시대의 문학 작품을 상류계급의 것과 평민들의 것으로 구분하고 있다는 점이다. 이는 물론 주석의 편의를 위한 것임을 밝히고 있지만, 창작 당시의 사회 현실을 중시하는 지헌영의 현대적 실증 정신[26]을 반영한 것이라고 할 수 있다. 작품의 구분을 오늘의 입장에서가 아니라 창작 당시의 실제 상황을 기준으로 하여 당대의 시적 맥락을 더 직핍하게 드러냈다고 하겠다.

1947년에 발간된 이 저술은 당시 우리나라 고전문학계의 상황으로 미루어보건대 몇 가지 점에서 상당히 중요한 의미를 지닌다. 그것은 신라 향가와 고려 가요에 관한 체계적인 연구서라는 점, 작품의 해석이 실증적이고 독창적이라는 점, 고전문학 연구를 현대문학과 연계하여 논의하고 있다는 점 등이 그것이다. 이 저술은 개별 작품마다 원문, 출전, 어구 해석, 통석(通釋) 등으로 구성되어 있다. 한 예로 「정읍사」를 소개하는 부분의 원문과 통설 부분[27]을 제시해 본다.

井邑詞

(前　腔) ᄃᆞᆯ하 노피곰 도ᄃᆞ샤
　　　어긔야 머리곰 비취오시라
　　　어긔냐 어강됴리
(小　葉) 아으 다롱디리
(後腔全) 져재 녀러신고요
　　　어긔야 즌ᄃᆡ를 드ᄃᆡ욜셰라
　　　어긔야 어강됴리
(過　篇) 어느이다 노코시라
(金善調) 어긔야 내가논ᄃᆡ 졈그ᄅᆞᆯ셰라
　　　어긔야 어강됴리

(小 善) 아으 다롱디리

通釋

달아, 달아 높이 높이 돋아서
어긔야, 멀리 멀리 비치옵소서.
어긔야 어강됴리 아으 다롱디리
저 멀리, 저자에 가셨는지요.
어긔야 예쁜 데 발 디딜가 두려하옵네. 어긔야 어강됴리……
어느곳 어데에 놀고 계신가요
어긔야 내 사랑, 내님이 賤한데 빠질까 두려하옵네
어긔야 어강됴리 아으 다롱디리[28)]

이 작품은 지헌영이 심혈을 기울여 연구한 작품 가운데 하나이다. 그의 학문적 견해가 집약된 "통석(通釋)" 부분에서, 원전의 행갈이를 새롭게 하면서 각 시구의 앞부분에 있는 음악 용어들인 "전강, 소엽, 후강전, 과편, 금선조, 소선(前腔, 小葉, 後腔全, 過篇, 金善調, 小善)" 등을 삭제하고 있는 점은 흥미롭다. 이는 음악의 악곡에 붙여 부르던 백제의 고전시가 「정읍사」를 현대적으로 읽어보려는 시도와 관계 깊다. 특히 시행의 배열을 자유율에 가깝게 배열하고 있어서 그 형태만 보면 현대시라고 생각할 수 있을 정도이다. 이러한 시도는 지헌영이 평소 지니고 있던 온고지신(溫故創新)의 고전 정신이 적극적으로 반영된 것으로 볼 수 있다. 이 "통석"의 내용은 오늘날 우리가 감상하는 「정읍사」의 현대적 버전을 만드는 밑받침이 되었다. 지헌영은 『향가여요신석』의 이와 같은 "통석" 방식으로 고전 정신의 현대화를 실천했던 것이다.

여기서 특히 흥미로운 것은 학계에서 논란이 많았던 "즌ᄃᆡ를 드ᄃᆡ욜셰라"를 "예쁜 데 발 디딜가 두려하옵네"라고 해석한 부분이다. 밤길에 자신을 향해 오시는 님이 여성과 관련된 유혹에 빠지지 않기를 바라는 마음으로 해석한 것이다. 지헌영은 이러한 해석에 대해 상당한 자긍심을 가졌던 것으로 보인다. 그것은 훗날 쓴 「정읍사」에 관한 긴 논문의 말미에서 잘 드러난다. 즉 "현 학계가 추종하고 있는 양주동 씨의 「정읍사」 해석은 '피상적인 견해'로 양주동 씨가 필자에게 난폭스럽게 던졌던 '국학의 금기는 어학적 고구(考究)보다는 어의적 짐작이 선행하는 점이다'라는 언사는 양주동 씨 코앞에 그대로 반환하여야 하겠다"[29]는 격정을 토로한다. 자신의 주장이 결코 비과학적인 방법인 "어의적 짐작"으로 이루어진 것이 아님을 강변하고 있다. 이는 다소 감정적인 표현이 섞여 있기는 하지만, 학문에 대한 강고하고 염결한 정신을 엿볼 수 있는 대목이다.

대전 문학과 고전 정신

지헌영 교수 학덕비(대전시 중구 사정공원)

지헌영은 해방기와 그 이후 대전 지역에서 학자, 평론가, 시인, 교육자, 언론인으로서 다양한 역할을 했다. 특히 대전 지역의 근대적 학문과 문학의 정초를 마련한 선구적 인물이라는 점은 각별히 주목할 만하다. 그는 학문과 문학, 그리고 고전문학과 현대문학을 상호 보족적인 관계로 인식하고 있었다. 그래서 고전 문학을 대상으로 현대적 학문정신을 발휘하는 일이 곧 현대적 문학을 위한 일이라고 생각했다. 그리고 그는 고전 문학자이자 시인, 비평가 활동을 하면서 그러한 생각을 적극적으로 실천했다. 학문과 문학을 하나로 생각했던 점은 그가 평생을 학문적 라이벌로 인식하며 살았던 시인이자 고전 연구자인 양주동 박사와 비슷했다. 온고창신(溫故創新)이랄까, 그가 고전문학과 현대문학을 넘나들면서 활동한 사례는 전공순결주의가 강한 우리 문학사에서 흔치 않은 일이었다.[30] 그는 양주동과 함께 현대적 학문과 문학, 고전문학과 현대문학을 하나의 흐름 속에서 생각하고 실천한 인물이었다.

해방기 지헌영의 업적 가운데 먼저 눈여겨 살펴볼 것은 고전 문학 연구 분야이다. 그가 1947년에 발간한 『향가여요신석』은 대전 지역의 학자가 저술한 최초의 고전문학 연구서이다. 이 저서는 『삼국유사』와 『균여전』에 수록된 향가 전편과 고려가요 전편을 대상으로 새로운 해석 작업을 시도하고 있다. 그는 체계적이고 개성적일 뿐만 아니라 현대적 언어 감각을 간직한 이 저서를 발간하면서 학계의 주목을 받았다. 이 저서를 비롯한 그의 고전 문학 연구는 당시의 현대문학 작가들에게도 적지 않은 영향을 끼쳤다. 그는 고전 문학 연구를 통해 수득한 고전 정신을 당시의 대전 지역 작가들에게 문학적 자양으로 제공했기 때문이다. 그는 고전 문학 작품들을 현대적 언어와 감각으로 해석하여 제공함으로써 대전 문단의 성숙해 가는 과정에서 매우 긍정적인 영향을 끼쳤다.

지헌영은 해방기와 그 이후에 직접 문단 활동을 하기도 했다. 그는 해방기 대전의 대표적인 문인이었던 정훈의 첫 시집 『머들령』에 비평가의 안목으로 발문을 쓰고, 이후 대전 지역의 대표적인 문예지 『호서문학』에 당대의 주요 시인들의 시에 대한 비판적 평론을 발표하기도 했다. 이것뿐만이 아니라 「아! 대전아」라는 장시를 통해 대전의 지리와 역사, 그리고 현대문명과 자본주의 체제하에서 전개되어온 대전 사람들의 삶을 형상화하였다. 이 시에서 보여주는 리얼리즘 감각과 모더니즘적 문명비판 정신, 그리고 실험적 표현 감각은 당시 대전 지역에서 찾아보기 어려운 선구적인 모습이다. 그는 신라 향가나 고려가요의 고전 정신을 현대 문학에 접목시킨 문인이자 학자의 역할을 모두 충실하게 실천했다. 따라서 지헌영은 숭고하고 진솔한 고전 정신으로 대전 문학을 내실 있게 발전시킨 주동적 인물로 기억되어야 할 것이다.[31)]

VIII

충남대 법과대학 최초의 해외유학파 여성 법과대학장 사언 정기남 교수

손종학 · 최윤석

최초의 수식어가 따라다니는 정기남 교수

—

사언 정기남(社言 鄭奇南, 1931-2011) 교수는 충남대 법과대학 최초의 독일 법학박사이며, 최초의 여성 법학교수이며, 최초의 여성 법과대학장을 역임하였다. 충남대 역사상 최초의 수식어가 이렇게 많이 따라다니는 인물을 만나보기 힘들 것으로 생각된다. 단신으로 독일 유학을 떠났고, 오늘날과 같이 인터넷도 없던 외로운 시절 노동법을 전공으로 하는 법학박사학위를 취득한 정기남 교수를 이 글을 통하여 살펴보는 것은 포스트 코로나 시대에 요구되는 새로운 차원의 리더십 및 리더정신 정립에 큰 보탬이 될 것으로 보인다.

정기남 교수의 인생여정

—

출생 및 사망

정기남 교수는 1931년 10월 20일 서울에서 대농장 소유주인 부친 정윤근과 모친 강호경의 3녀로 태어났고,[1)] 2011년 8월 10일 19시 경기도 일산 백병원에서 사망하였다.[2)] 국적(國籍)은 대한민국(大韓民國)이며, 호(號)는 사언(社言)이다.[3)]

약력 및 활동

충남대 입학전

정기남 교수는 1937년 4월부터 1938년 3월까지 덕풍유치원(德風幼稚園)을 다녔고, 1938년 4월부터 1944년 3월까지 경성여자사범학교 부속초등학교(京城女子師範學校 附屬國民學校)를 다녔다. 이후 1944년 4월부터 1945년 5월까지 경기고등여학교(京畿高等女學校)를 다니다가, 1949년 4월부터 1951년 8월까지 대전여자중학교(大田女子中學校)에서, 그리고 1951년 9월부터 1954년 3월까지 대전여자고등학교(大田女子高等學校)에서 학창시절을 보냈다.[4)]

충남대 입학 후 법제처 근무까지

1954년 4월 충남대 문리과대학 법학과(忠南大學校 文理科大學 法學科)에 입학하여 1958년 3월 법학사학위(法學士學位)를 취득하였다.[5)]

1958년 4월부터 1962년 3월까지 국무원사무처 법제국(國務院事務處 法制局, office of legislation)[6)] 입법조사위원회(立法調査委員會, legislative research committee) 자문원(諮問員, Rätin)으로 일하였고,[7)] 1962년 4월부터 1965년 6월까지 법제처 법제조사위원회(法制處 法制調査委員會) 참사(參事)로 활동하였다.[8)]

독일유학

1965년 7월부터 1965년 10월까지 독일연방공화국(獨逸聯邦共和國,

Bundesrepublik Deutschland), 그 당시 서독(西獨)의 남부 바이에른 자유주(Freistaat Bayern)에 위치한 에버스베르크(Ebersberg)에 있는 괴테-인스티투트(Goethe-Institut)에서 어학과정에 참여하였다.[9)]

1965년 11월에는 서독 바덴-뷔르텐베르크 주(Land Baden-Württemberg)의 튀빙엔(Tübingen)[10)]에 위치한 에어하르트 카를스 튀빙엔대학교(Eberhard Karls Universität Tübingen)에 입학하여 법과대학에서 노동법(Arbeitsrecht), 회사법(Gesellschaftsrecht, 민법분야에서는 조합법), 및 법철학(Rechtsphilosophie)을 공부하였다.[11)] 1965년 법제처 조사위원으로 근무하고 있던 정기남 교수가 DAAD(Deutscher Akademischer Austauschdienst, 독일학술교류처 혹은 독일교육진흥원) 장학생으로 독일로 유학을 떠났다는 사실은 현재 우리 충남대 법과대학 출신으로서 첫 해외 유학생이었다는 평가를 받고 있다.[12)]

정기남 교수의 업적

—

귀국 후 충남대 재직, 그리고 다시 독일유학

1972년 볼프강 쬘르너(Wolfgang Zöllner) 교수를 지도교수로 하여 법학박사학위과정을 시작하였지만, 1975년 7월에 한국으로 돌아왔다.[13)] 1975년 9월부터 1976년 11월까지 이화여자대학교(梨花女子大學校), 한양대학교(漢陽大學校), 고려대학교(高麗大學校)에서 비전임강사로 외국어를 강의하였고,[14)] 1976년 12월부터 1979년 12월까지 충남대 법경대학(忠南大學校 法經大學)의 전임강사(專任講師)로 근무하였다.[15)] 1980년 1월부

사언 정기남 교수 근영

터 조교수(助敎授)로 재직하였고, 1984년 3월 다시 학위과정을 마무리하기 위하여 휴직하였으며,[16] 1984년 4월부터 법학박사학위과정에 전념하여 1987년 11월 튀빙엔대학교(Universität Tübingen)에서 법학박사학위(法學博士學位)를 취득하였다.[17]

1983년 3월부터 1984년 3월까지 충남대법과대학(忠南大學校 法科大學) 계열주임(系列主任)으로 봉사하였고, 1990년 3월부터 1992년 2월까지 충남대 법과대학(忠南大學校 法科大學) 사법학과장(私法學科長)으로, 1994년 9월부터 1995년 8월까지 충남대 법과대학장(忠南大學校 法科大學長)으로 봉직하였다.[18]

학회, 기타 봉사활동 및 학문적 성과

기타 1995년에는 공인노무사 시험위원(公認勞務士 試驗委員)으로, 1996년 3월부터는 한국노동법학회 부회장(韓國勞動法學會 副會長)으로 봉사하였다.[19] 그리고 한국노동법학회(韓國勞動法學會), 한국상사법학회(韓國商事法學會) 및 한독법률학회(韓獨法律學會)의 회원으로 활동하였다.[20]

나아가 정기남 교수는 노동법 분야의 논문들과 상법 분야의 다양한 논문들을 발표하였으며, 지도교수인 Zöllner 교수와 법학박사학위논문 제2심사자인 에두아르트 피커(Eduard Picker) 교수의 소중한 글들을 우리 말로 번역한 연구업적도 존재한다.[21]

정기남 교수의 인품과 업적을 바라보는 다양한 시각

—

한양대 법학전문대학원 김상규 명예교수의 회고

독일 쾰른대학교(Universität zu Köln)에서 법학박사학위를 받았고, 한국 경제법학회 회장을 역임한 김상규 교수는 충남대 출강 당시 정기남 교수를 조용한 성격에 말수가 적었고, 자상하고 편안하게 대해 주었던 사람으로 기억하고 있다. 정기남 교수가 재직할 당시 상법강의를 하는 교수들이 노동법 강의도 함께 담당하였던 일이 상례(常例)였다면서, 정기남 교수가 노동법과 상법강의를 하였던 그 상황이 당시로서는 이상한 일이 아닌 일반적인 상황이었다고 증언하고 있다. 나아가 김상규 교수는 정기남 교수가 작고하기 2년 전까지 불편한 몸을 이끌고 학회에 참석하였던 것으로 보아 정기남 교수는 일생을 학문적 열정을 갖고 살았던 사람으로 회고하고 있다.

1990년 법학과 졸업사진
(앞줄 오른쪽 첫 번째)

1996년 법학과 졸업사진
(중간 왼쪽 세 번째)

충남대 법과대학 제자 노무사 신화정(충남대 81학번)의 회고

신화정 노무사는 『보이지 않는 나침판이 되어주신 정기남 교수님을 기리며』에서 다음과 같이 정기남 교수를 회고하고 있다:

> 다가오는 오월을 맞이하면서 스승의 의미에 대해 생각해 본다. 우리는 살아오면서 스승과 제자라는 관계에 대해 얼마나 진지하게 생각하였는가. 나의 경우만 해도 스승이라는 말을 사용함에 있어서 큰 의미를 부여한 적은 없었던 것 같다. 그러나 졸업 후 사회에서 맺게 되는 관계를 반추해 볼 때 학창시절 스승의 존재가 우리에게 얼마나 소중하고 귀한 것인지 새삼 느끼곤 하였다.
> 16년의 교육을 받는 동안 나는 많은 스승님들과 인연을 맺었다. 그런데 지금에 와 생각해 보면 스승님들 중 가장 기억에 남는 스승님들 중 한 분을 꼽으라면 정기남 교수님이다. 내가 대학에 다니던 시절에 정기남 교수님을 처음으로 알게 되었다. 교수님은 당시 독일에서 유학을 마치고 돌아오신 후 상법을 가르치셨다. 작지만 다부지시고 지적이지만 부드러운 교수님 그분은 우리학교 출신으로 최초의 독일 박사학위를 취득하신 유일한 여성교수님이셨다. 학생들은 모두 그분의 학구열에 대해서만 관심이 있을 뿐 그분의 인생철학에 대해서는 별로 관심이 없었는데 내가 대학 3학년 때였다. 봄의 끝 부분, 난 점심 식사 후 혼자만의 휴식을 취하러 공과대학에 있는 등나무 아래를 찾아갔었다. 그런데 그곳에 교수님이 빵 하나와 우유 한 병으로 점심을 드시고계셨다. 잠시 멈칫거리다가 나는 최대한 자연스럽게 교수님에게 인사를 건네자 교수님은 반갑게 웃으시며 손짓을 하셨다. 난 교수님의 옆에 앉아서 교수님과 평소에 궁금했던 것들을 여쭈어보았다. 답변하시는 교수님의 태도는 신중하고 진지하셔서 나의 질문이 너무 가볍지는 않은지 조심스러울 정도였다. 누군가는 이런 교수님이 조금 답답하다고 말하기도 했지만 나는 그런 교수님의 모습이 왠지 학자답고 보기에 좋았다고 기억한다. 그 후로도 간혹 교수님과 마주쳤으며,

대학원 진학하여서 더욱 가까워질 수 있었다. 당시 나는 대학원에서 상법을 전공했는데 교수님이 상법 중 기업에 관한 부분을 맡으셨기 때문이다. 그 후로 더욱 교수님과 가까워졌으며 대학원 졸업을 앞두고 나는 진로에 대해 고민 중이었던 때이다. 그때 교수님은 상법을 가르치고 계셨으나 노동법도 전공하셨다는 것을 처음 알았다. 당시 노동법에 대한 관심이 별로 없었지만 교수님을 통해 노동법의 중요성을 알게 되었고, 교수님이 추천한 노동법 관련 책을 읽었었는데, 이것이 훗날 내가 노동법률전문가(공인노무사)가 되는 계기가 될 줄은 그때는 전혀 예상하지 못하였다. 당시 우리 학교 법학과 재학 내지 졸업생들은 거의 공부를 잘하는 사람이면 사법시험이나 행정고시를 준비하였고 공인노무사제도에 대해서는 거의 알지 못하던 때였다. 난 노동법을 접하면서 공인노무사제도를 알게 되었으며 공인노무사의 역할이 다양하다는 것도 그때 알게 되었다. 아마도 내가 우리 학교 법학과 출신 중 최초의 공인노무사일 것이다. 그 후로 후배들이 공인노무사제도를 알게 되었으며 지금은 많은 공인노무사 후배들이 일선에서 활동하고 있다.

만약 내가 당시 정기남 교수님을 만나지 않았더라면, 그리고 노동법의 중요성에 대해 교수님으로부터 이야기를 들을 기회가 없었더라면 지금의 내가 있었을까. 공인노무사가 되어 교수님을 만나던 날 교수님은 매우 기뻐하시고 격려를 아끼지 않으셨다. 내가 생각하는 교수님은 순수하시고 학자로서의 기품이 있는 분이셨다. 다만, 최초의 독일 박사학위를 취득하신 교수님은 공부를 하시느라 결혼을 하지 않으셨다. 그것이 못내 아쉬웠던 것인지 나만 보면 꼭 결혼하라는 말씀을 잊지 않으셨다. 사실 나도 결혼에 대해 별로 관심이 없었던 것이 사실이다. 그러나 나이가 들어감에 따라 교수님의 충고가 떠올랐고 난 늦은 나이에 결혼을 하게 되었다. 그러나 교수님을 결혼식에 초대할 수 없었다. 그땐 이미 교수님이 세상을 떠나신 후였기 때문이다.

나는 지난 30여 년 노동법률전문가로 살아오면서 많은 보람을 느꼈으며 이 직업을 정말 잘 선택하였다는 생각이 들곤 한다. 내 나이도 환갑을 바라보고 있다. 교수님의 두 가지 조언, 노동법의 중요성을 인식하게 되어 노동법률전문가가 된 것과 늦게나마 결혼한 것은 정말 좋은 선택이었고 후회 없는 선택이었다. 이러한 관점에서 스승이란 어떤 의미를 갖는지 생각해 본다.

우리는 흔히 가르침을 주어 인도해주는 사람들을 '스승'이라고 말한다. 스승에게 배우는 것은 지식의 축적뿐만 아니라 배운 지식을 올바르게 사용할 수 있는 인간의 됨됨이를 배우는 것이다. 하지만 요즘에는 점점 인성교육보다 지식교육만을 추구하며 살아가는 것 같다. 좋은 스승은 지식에 인성을 담아서 경험과 연결시켜서 우리에게 감동과 깨달음을 줄 수 있는 교육을 할 수 있는 사람일 것이다. 제자의 위치에서는 좋은 스승을 보고 감사할 줄 알아야 할 것이다. 당장 눈앞에 있는 입시 혹은 취업의 환경 때문에 스승을 단지 지식을 전달하는 자로 인식하면서 좋은 스승을 만날 수는 없을 것이다.

대학이 취직을 위해서 맞춤인재로만 길러져야 하는 곳이 되어가는 지금 스승과 제자의 관계에 대해 깊이 생각해 볼 적절한 시기가 아닐까 생각한다. 더 나아가 스승의 개념을 굳이 학업과 직접적인 관계가 있는 사람으로 한정 지을 필요는 없을 것이다. 사람들은 누구나 크고 작은 재주를 한 가지 이상은 갖고 있다. 다시 말해 누구에게든 찾아보면 배울 점이 있다는 것이다. 사람을 평가할 때 편견에 휩싸이지 말고 남녀노소를 불문하고 배울 점이 있으면 그 부분에 대해서 받아들일 준비가 되어야 한다. 이것을 피하는 것은 부끄러움이다. '내가 저 사람보다 나은 것 같은데 저 사람한테 가서 배울 수 없지'라는 생각은 나를 발전시키지 못한다. 우리는 자신을 더욱 좋은 방향으로 자극하고 발전시켜 주려는 사람이 있다면 스승으로 존중하여 높일 줄 알아야 하며, 더불어 배우기도 하고 가르침을 주기도 하면서 협력하여 성공하는 삶을 살아가는 것이 현대적 의미의 스승과 제자의 관계가 아닐까. 오는 스승의 날엔 하얀 국화 다섯 송이를 품고 정기남 교수님을 찾아뵈어야겠다.

전남대 법학전문대학원 성승현 교수의 회고

현 전남대 국제협력본부장인 법학전문대학원 성승현 교수는 정기남

교수를 기리며 다음과 같이 회고하고 있다:

> 저는 대학 3학년이던 1988년 가을 정기남 교수님께 어음·수표법(현재는 일반적으로 '유가증권법'이라고 함)에 관한 강의를 들었는데, 제가 그 당시 공부에 전력을 다하지 못해서 열심히, 그리고 성실히 학생들에게 강의 내용을 전달하시는 '꼼꼼한' 여성 교수님으로만 기억하였습니다.
>
> 1992년에 군에서 전역하고 학교에 복학하여 정기남 교수님으로부터 노동법에 관한 강의를 들었습니다. 군에 입대하기 전과 다르게, 제가 강의에 집중하게 되면서 선생님의 강의에 깊이 빠져들었습니다. 다만 성적이 너무 아쉬워, 현재는 선생님으로부터의 노동법 강의에 더 큰 기억을 갖고 있는데, 수업에 참여하면서 노동법을 대학원에 진학하여 전공해야겠다고 마음을 먹었습니다. 선생님께서는 대학원 진학에 대해 상담해 주시면서 무척 기뻐하셨던 것으로 기억합니다.
>
> 1993년 대학원 석사과정에 민법 전공으로 지원하고, 실제로 전공을 노동법으로 하기로 하였습니다. 당시 선생님께서 노동법을 주된 연구분야로 하시고, 상법에 관한 강의를 병행하셨기에, 어쩌면 상법을 전공하고 노동법에 관한 주제로 석사학위논문을 작성하는 것도 가능했지만, 선생님께서 민법을 공부하면서 노동법에 관해 학위논문을 작성하는 것이 가능하다고 말씀해 주셔서 그 말씀을 따랐습니다. 선생님께서 제가 민법을 연구하도록 이끌어 주신 첫 번째 계기였습니다.
>
> 대학원에 진학하여 석사과정 1학기에 노동법에 관한 강의를 수강했는데, 선생님께서 독일 지도교수이신 Zöllner 교수님의 Arbeitsrecht(노동법)를 처음으로 원서강독을 하시겠다고 하셔서 수강생 모두가 많이 놀랐었습니다. 원래 충남대 민법교실에서 박영우 교수님은 일본 원서, 한복룡 교수님은 영어 원서 또는 일본 원서, 서민 교수님은 독일 또는 프랑스 원서를 중심으로 외국어 원서강독을 해 오셨기에 대학원 과정에서 다양한 언어로 원서를 강독하는 것 자체는 크게 어색하지 않은 것이었지만, 정기남 교수님께서 노동법 강의를 독일어, 그것도 자신의 독일 은사님께서 집필하신 노동법 교재를 처음으로 강독하시는 것이었기에, 누군가를 지도하고

배려하시는 것으로 간주되어 제가 다소의 눈총을 감수해야 했습니다. 아마도 제가 독일 유학에 뜻을 두고 있음을 고려하신 선택이었음이 자명하고, 제가 민법연구자로서 독일 유학을 본격적으로 준비하는 계기를 마련해 주셨습니다.

고등학교에서 독일어를 배웠지만, 사법시험을 준비하거나, 이미 대학원에서 독일어 원서강독 경험이 있는 다른 동료들에 비해, 저는 시작부터 어려움이 컸습니다. 그래도 최선을 다하기로 해서 열심히 읽어 보고, 현재는 경북대학교에 계신 배대헌 교수님으로부터 수업 하루 전 또는 수업에 임박해서, 그리고 도서관에서 사법시험 공부에 전력하던 친우 이태영 판사로부터 원서내용을 이해하는데 큰 도움을 받아 그 학기를 무사히 마쳤습니다. 선생님께서 원서를 읽는데 처음부터 너무 자상하게, 그리고 철저하게 문장을 읽어내는 방법, 원서를 읽기 전에 관련 주제에 대한 국내 논문들을 미리 읽도록 안내해주신 덕택에, 제 능력에 비해 참으로 많은 것을, 지금 돌이켜보면 학자로 성장하는데 필요한 자료수집과 외국문헌 강독 등 많은 것을 한 학기동안 배울 수 있었던, 잊지 못할 감명 깊은 한 학기를 보냈습니다.

석사 1학기를 겨우 마친 방학 중 어느 날, 선생님께서 찾으셔서 연구실을 방문했는데, 참으로 놀라운 일이 일어났습니다. 갑자기 저에게 2학기부터 민법담당 교수님(석사논문 및 박사과정 지도교수이신 서민 교수님)의 지도를 받아보면 어떻겠냐고 하셔서, '저는 노동법을 전공하는데요'라고 말씀드렸더니, 노동법을 전공하는 것은 좋은데, 장래를 생각해서 민법으로 전공을 바꿔 열심히 민법을 공부해 보라고 하셨습니다. 그 당시 너무나 당황했고, 당장 결정을 하지 못해 시간을 좀 주시라고 하고 연구실을 서둘러 도망치듯 나왔습니다. 그 후 여러 생각을 했지만, 선생님의 제안에 쾌히 응하기가 어려웠습니다. 제가 지금 대학원에서 석·박사과정의 학생들을 지도하는 입장에서 그 당시의 상황을 돌이켜 보면, 선생님의 선택과 권면은 제가 범접할 수 없는 결정이었고, 신속한 결단이었습니다. 이러한 선생님의 권면은 제가 민법학자로 성장하는 결정적인 계기였습니다.

석사과정을 이수하면서 석사학위논문을 제출하여, 모든 절차를 통과하고 곧 인쇄소에 최종 원고를 보내려는 와중에, 갑자기 선생님께서 저를 찾으셨습니다. 논문을 잘 작성했다고 전해 들었는데, 외국어 초록은 어떻게 되었냐고 물으셨습니다. 독일에 유학을 준비하려다보니 영어보다 독일어로 작성하는게 필요해서 우선 도움을 받아 작성하였다고 말씀드렸습니다. 한번 출력해서 가져오라고 하셔서 연구실에 가져다드렸는데, 평소 선생님의 자상하신 모습만을 접했던 제가, 그날은 처음으로 꾸중을 들었습니다. 많은 부분의 수정이 필요하다고 하셨고, 언제까지 제출해야 하냐고 물으셔서 시간적으로 급박하다고 말씀드렸더니, 다음 날 아침 출근 시간에 완전히(한국어 초록의 의미를 충실히 반영한), 마치 새로운 독일어 버전의 초록을 제게 전해주셨습니다. 유학을 준비하고, 독일에서 공부하는 동안 자주는 아니지만, 석사논문에 관해 소개 또는 요약문을 제출하게 되면서, 선생님께서 독일의 학위과정에서 절감하셨던 부분들을 직접 채워주셨다는 것을 뒤늦게 알게 되었습니다. 그렇기에 제 석사학위논문의 독일어 초록은 제게 남다른 의미가 있습니다. 선생님은 조용하시면서도 꼭 필요한 것을 그냥 지나치지 않으시는 분이셨습니다.

석사과정을 마치고, 곧바로 박사과정 진학을 위한 시험을 치렀는데, 1994년 가을부터 선생님께서 법과대학장 직을 맡고 계셨습니다. 대학본부에서 대학원 신입생 합격자 최종 사정회의를 다녀오셔서, 연락을 주셔서 학장실로 찾아뵈었는데, 그렇게 맑고 환한 웃음을 처음 마주했습니다. 법대가 다른 대학들에 계속 밀렸는데, 이번에 법과대학에서 성적우수자가 나왔다고 크게 격려해 주셨습니다. 그날 학장실에서 주문해 주셨던 유산슬 밥은 제가 평생 잊지 못할 맛있는 식사였고, 지금은 제가 로스쿨 학생들과 점심식사를 함께 하면 같은 메뉴를 주문해서 학생들에게 선생님의 지도에 대해 잠시나마 소개하는 계기가 되었습니다.

그 후 박사과정을 수료하고, 독일로 유학을 떠났습니다. 유학 중, 한국을 방문했을 때, 이미 선생님도 자주 학교에 나오시지 않던 시기에, 법대 3층 복도에서 뵙고, 연구실에서 세상에서 가장 맛있는 유산슬 밥을 다시 대접받았고, 유학생활을 성공리에 마치라고 격려하시면서 독일에서 책을 사 보기가 어려울텐데라는 말씀을 하시면서 금일봉을 전해주셨습니다. 그 후 독일에 가서 책을 샀는데, 그 책은 지금도 제 연구에, 그리고 제 지도학생들이 반드시 읽어야 하는 필독서입니다. 바로 그 책이 콘라드 쯔바이게르트(Konrad Zweigert) 교수와 하인 쾨쯔(Hein Kötz) 교수의 Einführung in die Rechtsvergleichung(비교법입문, 3 Auflage(3판))입니다.

정기남 교수님께서 독일에서 인연을 맺고 계신 분들과 관련해서 잠시 말씀을 전해드리겠습니다. 지도교수이신 Zöllner께서 한국을 방문하셨을 때, 선생님 댁에서 숙박하셨는데, 선생님 댁(그 당시 대전 오류동 삼성아파트)의 서가에 있는 많은 독일 원서들을 보고 크게 놀라셨다는 얘기를 들었습니다. 독일 교수님들도 개인적으로 집에 책을 많이 갖고 계시지만, 한국의 학자가 고가의 Kommentar(주석서) 등 독일 책들을 개인적으로 구매하여 집에서 보고 계시다는 것은 독일 학자들에게도 매우 인상적이었던 것 같습니다. Zöllner 교수께서는 1990년 전후로 독일의 민법학 또는 사법학의 법리발전 및 방법론에 관한 연구논문들을 AcP(= Archiv für die civilistische Praxis, 민사실무논총)라는 논문집에 발표하셨는데, 유학 중 학위논문을 준비하면서 그 내용들을 주마간산격이나마 살펴볼 기회가 있었습니다. 아마도 선생님께서 연구자로서 원전에 있는 내용을 분석하고, 원전의 내용을 확인한 후에야, 비로소 논문에 인용하시던 학자로서의 양심과 철저한 분석은 아마도 독일 지도교수님의 강한 영향 때문이 아니었나 라고 추단을 해 봅니다.

정기남 교수님의 '사회질서에 있어서의 노동쟁의'(에두아르트 피커, Eduard Picker) 교수의 원저) 논문은 번역문인데, 이 번역문은 선생님께서 학장직을 맡고 계셨던 1994년 늦가을에, 제가 사법학과 조교를 맡고 있을 당시, 선생님께서 박사학위를 취득하셨던 독일 튀빙엔 대학의 Picker 교수님께서 충남대 법과대학을 방문하여 하셨던 강연원고로 기억합니다. 강연 후 식사 자리에서 Picker 교수님의 따님의 성장에 대해 잠시 말씀을 나누셨는데, 그 딸은 현재 독일연방법원 판사로 활동하고 있습니다. 아마도 선생님께서 독일에 가시면 독일 교수님들께서 댁으로 초청을 하셨기에 가족의 근황에 대해서도 서로 말씀을 나누셨던 것 같습니다.

2019년 2월에 제가 하이델베르크 대학교(Ruprecht-Karls-Universität Heidelberg)에 잠시 방문하였을 때, Picker교수님의 제자로 튀빙엔 대학에서 공부했던 토마스 로빙어(Thomas Lobinger, 당시 하이델베르크대학 법과대학장) 교수를 만났었습니다. 평소 교류를 하던 크리스티앙 하테나우어(Christian Hattenhauer) 교수가 식사를 함께 하자고 제안해서 법과대학 학장실을 방문했는데, 한국 어느 대학에서 공부를 했냐고 물어오기에, 충남대학교라고 했더니, 금방 알아차리고 사실 튀빙엔 대학에서 조교를 할 당시에 Picker 교수님 연구실에 한국의 많은 교수님들이 방문하셨지만, 정기남 선생님의 모습이 가장 인상적으로 기억하고 있다고 하면서, Picker 교수님 방문시 제가 했던 웃지 못할 실수까지도 그 자리에서 얘기하는 것을 보고, 그날 저녁 하이델베르크에서 선생님에 대해 여러 생각에 잠겼었습니다.

이상 잠시 소개드린 Zöllner교수님(뮌헨대학 출신)과 Picker교수님(본대학 출신) 두 분의 학문적 영향에 비추어, 어쩌면 선생님께서는 독일을 대표하는 뮌헨 대학과 본 대학의 두 학풍을 함께 계승하셨다고 생각합니다. 선생님께서 지금은 저희들과 함께 하시지는 못하지만, 선생님께서 남기신 대학발전을 위한 훌륭한 기여에 대해서는 다시금 생각해 볼 필요가 있습니다. 오늘 이 자리는 그 시작이라고 생각합니다. 로스쿨이 도입된 후, 법학분야의 학문후속세대 양성은 로스쿨이 마주한 현안이 되었습니다. 선생님께서 독일에 유학을 다녀오셨고, 그 후 독일 등 국외 교수님을 대학에 초청하여 지방대학의 국제화와 이를 통해 대학의 경쟁력 향상을 위해 크게 기여하셨던 점은 앞으로 로스쿨 교육의 다양성과 국제화라는 측면에서 다시금 숙고할 필요가 있습니다. 충남대 대학원 법학과의 민법교실이 쌓아온 전통은 서울의 여러 사립대학을 비롯해, 한강 이남의 지방에서는 찾기 힘든 훌륭한 것입니다. 오늘 발표를 해주신 손종학 교수님, 사회를 맡아 수고하시는 최윤석 교수님은 그 민법 교실을 대표하는 일원이시기도 합니다. 부디 교수님의 학문에 대한 열정을 이어받아 다시금 충남대 로스쿨의 훌륭한 전통이 더욱 곤고해 지고 확대되는 초석이 되어, 앞으로 충남대 로스쿨에서 훌륭한 신진학자들이 성장하여 한국의 법학발전에 기여하기를 기대해 봅니다.

충남대 최초의 여성 법과대학장

충남대 법과대학장에 취임한 정기남 교수는 1994년 9월부터 1995년 8월까지 1년 동안 충남대 법과대학장의 직을 수행하였다. 법과대학장 선거와 관련하여 윤번제(박영우 교수, 교수들의 기대권 박탈에 반대)에 의하여야 할 것인지, 아니면 선거로 학장을 선출하여야 할 것인지(이강용 교수, 원칙은 바뀔 수 있다)에 대하여 의견이 맞섰다.[22] 그 당시 박영우 전 충남대 법과대학 교수가 당시 정덕기 총장을 직접 찾아가서 인권의 문제를 제기하여 여성으로서 차별을 받아서는 안 된다는 점을 강조함으로써 1년간 법과대학장 직을 수행할 수 있었다. 이러한 갈등의 이면에는 그 당시 여성이 어떻게 법과대학장을 할 수 있느냐는 남존여비적 사고가 존재하였던 결과로 파악된다. 이러한 관습에 매여 있던 어려운 상황에서도 충남대는 정기남 교수가 여성으로서 첫 법과대학장직을 수행할 수 있도록 여건을 만들어 주었는바, 남녀평등 문제에 있어서 선구자적 지위를 이미 확보한 학교로 평가할 수 있겠다.

충남대 법학전문대학원 전경

정기남 교수가 법과대학 교수로 봉직할 당시 노동법 과목을 담당하는 것만으로는 책임시수를 채울 수 없는 문제가 있었다. 따라서 상법과목을 추가로 담당하여 책임시수를 채웠다. 이에 학과 내의 반대입장도 있었다. 그러나 정기남 교수가 이미 독일에서 노동법과 회사법/조합법 및 법철학을 공부하였고, 지도교수인 Zöllner 교수가 노동법과 상법분야의 전문가였다는 점, 그리고 정기남 교수가 그의 지도하에 학위과정을 보냈다는 점, 나아가 이와 관련된 학업을 진행하였다는 점에서 상법에 관하여 강의를 못할 정당한 사유는 없었다고 판단된다.

사언 선생을 기리며

—

온화하고 조용한 성품

정기남 교수의 성품은 온화하고 조용했던 것으로 잘 알려져 있다. 정기남 교수는 학자로서 품위 있게 행동하였으며, 다른 사람에게 눈에 잘 띄지는 않았지만, 자신이 맡은 고귀한 교수의 직(職)을 묵묵히 수행한 학자로 평가할 수 있겠다.

그러나 마지막까지 숨기지 않은 학문적 열정

김상규 명예교수의 증언을 들어 보면 정기남 교수는 불편한 몸을 이끌고 작고하기 2년 전까지 학회에 출석하여 강연을 듣고 연구하는 등 학문활동에 관심을 놓지 않았던 것으로 보인다. 정년퇴임을 하면 편히 쉬고 싶은 마음도 있었겠지만, 고인의 학문에 대한 관심과 열정은 식지 않았다. 정년퇴임 이후에도 학회에 참석하였다는 사실만 봐도 고인의 학문적 열정이 얼마나 대단했는지 알 수 있을 것이다.

또한 약 3년 6개월 동안 교수로서의 영광스러운 삶을 유보하고 다시 독일로 어려운 유학을 떠나, 인터넷도 그리고 메신저도 없던 황량한 이국땅에서의 유학생활을 연속하였다는 점, 그리고 마침내 법학박사학위를 취득함으로써 그 당시 법학계의 영예(榮譽)를 얻었다는 점은 오늘날 우리 후학들의 입장에서도 대단한 업적임을 부인할 수 없다. 고인은 1979년 충남대 법경대학 전임강사로 임용되기 전 약 10년간의 독일유학생활을 확실하게 마무리하지 못한 씁쓸한 아쉬움을 항상 마음에 담고 살았을 것이다. 그러나 1987년 독일에서 법학박사학위를 취득함으로써 단번에 마음의 어두움을 몰아내고 찬란한 학문의 빛을 마음에 간직하게 되었다는 사실은 고 정기남 교수의 학문적 열정, 그리고 매서운 강단(剛斷)을 보여주는 전형이라고 하겠다.

우리는 독일에서 법학박사학위를 수여받은 사람들만을 보고, 흔히 유학을 떠나는 사람들은 누구나 법학박사학위를 취득하는 것으로 오해하는 경우가 종종 있다. 그러나 2022년 현재도 독일에서의 유학생활을 학위취득이라는 성공적인 결실로 마무리하는 사람은 극히 드물다. 1980년대의 독일은 그 당시 세계적인 선진국이었다고는 하지만, 오늘날의 상황보다 열악한 상황이었고, 특히 우리 한국 유학생에게는 더욱 더 혹독한 학문의 전장(戰場)이었음에도 불구하고, 지구 반대편 서독 땅에서 혈혈단신(孑孑單身)으로 고인이 유학생활을 아름답게 마무리하였다는 점은 후배들에게 큰 귀감(龜鑑)이 되고 있다. 고인의 유학생활은 마치 성녀 잔 다르크(Jeanne d'Arc)가 백년전쟁이 한창인 오를레앙에서 적진에 단기필마(單騎匹馬)로 들어가 방어의 소임을 성공적으로 마치고 개선한 모습과 닮았다고 말하고 싶다. 극한 환경 속에서 그 환경을 이겨낸 고인의 모습을 통해 오늘날 후학들에게 던지는 정기남 교수의 가르침은 크다고 하겠다.

그리고 최초의 해외유학파 여성 교수

마지막으로 정기남 교수는 충남대 법과대학에서 최초로 유학을 떠난 최초의 여성 졸업생이며, 최초의 모교 여성 법과대학 교수로서 의미가 있다. 나아가 고인이 DAAD 장학금을 받고 독일에서 유학하였다는 점은 독일 정부가 고인을 그 당시 훌륭한 인재로 공인하였다는 단적인 증거가 될 수 있다. 지금 정기남 교수가 없는 비어있는 이 자리가 무척 아쉽게 느껴진다.

IX

한국 탄소연구의 대부, 태산 이보성의 실천의 리더스피릿

이영석

들어가는 말

대학에서의 연구는 얻어진 그 연구성과를 대학 교육에 활용함으로써 고등 교육의 역량과 수준을 향상시키기 위해서 수행하는 것이다. 그런데, 예나 지금이나 실험을 기반으로 연구하는 이공계 교수로서 대학에 자리를 잡게 되고 성공적인 대학 교육 및 연구를 위해서는 반드시 해결해야 하는 선결 조건으로 생각하는 것이 있다. 이른바 성공적인 교육 및 연구를 위한 3대 요소인데, 이는 대학원생, 연구과제(프로젝트), 연구성과(논문, 특허)이다. 이 세 가지 요소는 톱니바퀴처럼 맞물려 있어서 어느 하나가 부족하거나 미흡하면 대학의 교육과 연구에 차질을 불러일으키는 것은 물론이고 심하게는 연구를 포기하는 경우까지 생기게 된다. 그런데 이 세 가지 요소들은 시대적, 환경적, 기타 여러 원인들로 인하여 골고루 갖추고 있기가 그리 쉽지 않다. 또한, 이 세 가지 요소는 대학에 따라 다소 차이는 있지만, 대학이나 어느 연구 기관에서 갖추어 주는 것이 아니고 교수 본인의 노력으로 만들어 가는 것이 일반적이다.

입학한 대학원생들은 많은데 이를 지원할 연구과제가 부족하거나, 연구과제가 있음에도 불구하고 연구 분야가 다소 힘이 들거나 취업이 쉽지 않은 분야는 대학원생들이 지원하지 않아서, 또 이런 것들이 해결되었다 하더라도 연구분야 특성상 논문이 많이 발표되지 못하는 분야이거나 영향 지수(Impact factor)가 다소 낮은 SCI 논문을 발표하게 되는 분야는 연구 수행 빈곤의 수레바퀴에 함몰되기 쉬운 상황이다. 그러니 지금부터 40-50년 전인 1970년대에는 더 말할 나위도 없을 것이다.

태산 이보성 교수(泰山 李輔成, 1932-2020)가 충남대 교수로 활동하던 1970년에서 2000년 전까지만 해도 우리나라 및 충남대의 연구 환경이 그렇게 좋지 못하였다. 이공계 대학원생들도 취업을 먼저 고려하기 때

태산 이보성 교수 근영

문에 진학을 많이 하지 않는 것이 보편적이었다. 또한, 정부의 국가 R&D 예산이 올해는 약 29조 8,000억 원 정도로 편성되어 있고 GDP 대비 비중으로 세계 2위를 기록하고 있다지만 그 당시에는 너무나도 적은 연구 예산이었다. 또 그러한 R&D 예산조차도 일부 영향력이 큰 대학에서 독점하는 경향이 두드러지던 시절이었다. 또한 현재 연구를 수행하는 대부분 관계자들이 모두 알고 있는 SCI 논문도 90년대 초에서나 그 자체가 회자되었으니 우리를 둘러싼 연구환경이 얼마나 빠르게 급변하고 발전하였는지를 가늠할 수 있다. 이러한 어려운 환경에서도 태산은 연구자이자 교육자로서 열정적인 삶을 보여주었고, 충남대가 대한민국 탄소산업 및 탄소재료 연구의 메카이자 종가가 되는 기틀을 마련해 주었다.

이 글에서는 탄소산업의 불모지였고 탄소재료 연구에 대해 전혀 무지하였던 1970년대부터 우리나라 탄소 산업의 발전을 위해 몸과 마음을 다해 헌신적으로 연구했던 태산 이보성 교수를 소개함으로써 평생 실천적 삶을 지향했던 그의 철학을 되새기고자 한다.

태산 이보성 교수

이보성 교수는 한국 탄소재료 연구의 효시이며 이 분야의 독보적인 연구자였다. 그는 1932년 6월 25일에 태어났고 1958년 연세대학교를 졸업한 후, 1963년부터 충남대에서 교수로 봉직하였다. 그는 1967년 독일 카를스루에 대학교(Karlsruher Institut für Technologie)에 유학하여 당대 탄소섬유 연구에 있어 세계에서 가장 권위있는 피처(E. Fitzer) 교수의 지도로 박사학위를 받았고, 귀국 후 꾸준히 Fitzer 교수와 한·독 국제 연구를 수행하였다. 태산은 1970년 한국에서는 최초로 '탄소섬유 개발과 복합재 연구'라는 과학기술처(MOST) 과제를 수행하였고, 충남대에 봉직할 때에도 시계바늘과 함께 가르치고 연구하는 것을 천직으로 알고 생활하였다. 2020년 12월 4일 타계하기 전까지도 그는 평생 탄소재료에 관한 연구를 수행했던 한국의 유일하고 고독한 탄소재료 분야 연구자였다.

연구자 · 교육자로서의 삶과 철학

1963년부터 충남대에서 교수로 봉직하면서 연구자와 교육자로서의 삶이 시작되었다. 독일 유학 시절부터 수행하였던 탄소재료에 대한 열정은, 1980년대 초 탄소섬유를 비롯하여 신탄소재료가 세계적인 관심사가 되면서 한국의 산업체들도 태산의 연구성과에 큰 관심을 갖게 되었다. 그 결과 1983년부터 3년간 한국기계연구원(KIMM)과 공동으로 한국 거대기업의 하나인 SK그룹으로부터 '탄소섬유 개발기술의 공업화' 과제를 수탁받았고, 한국에서는 최초로 탄소섬유를 공업적으로 생산할 수 있는 계기를 마련하였다. 또한 1986-1987년과 1990-1991년 2회에 걸쳐 유엔개발기구(UNDP)로부터 '피치로부터 탄소섬유 개발과 복합재 연구'라는 대형 과제를 수탁받았고, 같은 기간 독일의 Fitzer 교수, 프랑스의 Ehrburger 박사, 미국의 Edie 교수, 일본의 Mochida 교수 등 탄소재료 연구의 세계적 석학들이 태산의 실험실을 방문하여 연구를 같이 수행함으로써 명실공히 한국의 탄소재료 연구에 큰 업적을 이루었다.

연구자이자 교육자로서 태산의 삶의 자세는 독일 카를스루에 대학교 유학시절 지도교수였던 Fitzer 교수가 태산의 회갑연 기념 저서에 보내온 축사에 잘 표현되어 있다.[1)]

> 당신은 충남대의 35세 조교수로서 1년간 화학공학에 대한 국제 유네스코 세미나에 참가하기 위해 독일 카를스루에에 왔습니다. 이때 나는 선발위원회의 일원으로서 지원자 가운데 가장 우수하고 재능있는 사람을 선발하는 임무를 맡았었습니다. 그 지원자들 중에서 선발될 수 있는 사람은 고국으로 귀국한 후 대학에서 교수와 연구를 구축하는데 값진 기여를 할 수 있는 사람이어야만 했습니다. 당신은 객원 연구원으로 체류하면서 'Pyrolytic carbon의 나선형과 침상 성장'에 관한 아주 흥미 있는 박사논문(Doktorarbeit)을 위해 4년간 연구를 지속했고, 그 연구 결과와 지식은 아직도 대단히 흥미를 끌고 있습니다. 카를스루에대학 화학공학연구소에서의 4년간의 공동연구는 당신에게 우리나라에 대한 당신의 우애를 깊게 했고, 우리나라 말을 익히고 우리의 문화를 이해하는데, 그리고 우리나라의 과학적인 연구 방법을 추구하는데 도움이 되었을 것입니다. 그리고 나에게는 이 기간의 심도 있는 공동연구가 한국인의 사고와 생활 방법을 이해하는 배움의 기간이었으며, 겸손과 특출한 열성, 목적을 추구하는데 있어서의 제어력 및 따뜻한 인간미를 가진 한국 국민을 대표하는 한 비범한 사람을 알게 되고 감탄하는 기간이었습니다.

이처럼 태산은 매우 부지런하여 독일 유학 시에도 실험실에 제일 먼저 출근하여 불을 켜고, 제일 나중에 퇴실하면서 불을 끈 연구생으로 유명하다. 그가 독일에서 연구할 때 리비히(Justus Von Liebig, 독일의 과학자)교수는 "연구란 열심히 한다고 되는 것이 아닌, 열정적으로 해야 한다"고 말했는데, 그는 이 말을 거울삼아 아침 일찍부터 저녁 늦게까지 주말도 없고 방학도 없이 남보다 더 연구에 매진했고, 그 습관은 한국에서 정년할 때까지 지속되었다.[2] 태산의 성실함과 부지런함은 충남대에서의 연구활동에서도 마찬가지여서 평생 연구실에 제일 먼저 출근하고 가장 늦게 밤 11시에 퇴근하였다. 또 어느 독일인이 말한 “기업은 product를 팔아서 먹고 살지만 교수는 publication으로 먹고 산다”고 한 것을 실감하며, 늘 언제 끝날지 모를 연구일지를 뒤적이면서 내년 연구 계획과 논문 발표를 구상하느라 “아직도 할 일은 태산 같다”고 말하곤 하였다.[3] 그래서 후학들은 농담으로 교수님의 호(號)가 그래서 '태산'이라고 말하곤 했었다.

이보성 교수가 평소 생각했던 연구에 대한 자세와 생활은 1989년 한국화학공학회 학술상을 수상한 후 학회에 보고한 아래의 학술상 수상 소감에서 알 수 있다.[4]

> 1965년에 한국화학공학회에 가입하고 화공인이 된 지 근 30년이 지나서 학술상을 받은 셈이니, 지금까지 무엇을 했는가? 물론 대학에서 지금까지 종사했으니 후학을 많이 길러내었다. 이들이 산업현장에서 배운 것을 잘 활용하고 있을까? 연구에 종사할 수 있도록 30명의 석사와 20명의 박사를 배출하였는데, 이들도 잘 활동하고 있을까? 그들에게 부끄럽지 않게, 지도교수라고 숨기지나 않게 노력하였는데, 그래도 여전히 무엇을 했느냐고 물을 것이다. 가족도 내가 밤낮 무엇을 연구한다고 하는데 이제는 조금 믿을 것인가? 최근에 강의를 위해 강의실에 들어가니까 학생들이 수상을 축하한다고 일제히 박수를 치면서 웃었다. 왜 박수를 치면서 웃었는지? 그들에게는 아마 노벨상쯤이나 타야 정색을 하고 박수를 칠 것인지? 사실 이들로부터 진정 축하를 받기 위해서 연구한 것은 아니지 않는가? 대학에 봉직하면서 천직으로 알고 밥먹으면 연구하고 가르치라고만 하지 않았는가? 수상 할 때의 기쁨이 타인에게는 무관한 것이니까 오래 끌려고 할 생각을 말아야 한다.

한국화학공학회 학술상
수상 기념(1989)

이처럼 평생 제자들과 같이 연구하고 교육하는 즐거움으로 일생을 마감한 참 스승이었다. 태산은 1996년 정년퇴임을 한 후에도 대학 연구실에 출근하여 실험실에서 늘 흰색 가운을 입고 실험을 계속하였고 심지어는 하늘나라에 갈 때까지 이러한 생활을 계속하였다. 현실적으로 실험을 기반으로 연구하는 이공계 교수들이 대학에 자리를 잡게 되면 여러 가지 이유로 실험에 직접 참여하는 것이 쉽지 않은 현실에서 이러한 태산의 연구자의 모습은 우리에게 큰 귀감이 된다.

열정과 실천의 리더십

대학에서 교수는 연구소의 연구원들과는 다르게 교육을 최우선으로 한다. 또한 그 연구도 대학(원)생들의 교육을 위하여 수행해야 한다고 생각한다. 그렇다면 연구자(과학자)가 가져야 할 태도에는 어떤 것들이 있을까?

아마도 자연현상에 대한 관심(호기심), 객관적이고 논리적인 사고, 다른 사람의 의견을 받아들일 수 있는 개방적인 사고, 창의적인 사고로 문제를 해결하려는 탐구적인 자세와 인내력, 연구 결과가 사회에 미치는 영향을 고려하고 환경 문제나 도덕적인 문제 등에 대한 윤리적인 자세와 책임 의식 등이 바로 그것일 것이다.

여기에 교수들은 중점적으로 해야 할 일들이 교육이기 때문에 연구에 몰두하기가 그리 쉽지 않은 게 사실이다. 거기에 연구 인프라가 갖추어지지 않았을 때는 더욱 그러하다. 그러니 연구시설 및 환경 등이 제대로 갖추어지지 않은 시절에는 더욱 힘들었을 것 같다. 충남대의 연구인프라가 그리 잘 갖추어지지 못한 1970년대 활동했던 교수들의 말을 들어보면 오히려 연구를 하지 않는 분들이 수적으로 훨씬 많았다고 한다.

그런데 이보성 교수는 이러한 인프라는 아랑곳하지 않고, '연구란 열심히 한다고만 되는 것이 아니라 열정적으로 해야 한다'는 철학을 가지고, 주말과 방학도 없이 아침 일찍부터 저녁 늦게까지 연구하는 만년 학도의 자세를 지켰었다. 태산의 후배이며 동료 교수로서 충남대 화공과에서 동고동락한 유승곤 명예교수가 지난 2020년 12월 이보성 교수의 타계를 추모하며 한국탄소학회 영문저널인 Carbon Letters에 올린 추모의 글의 일부를 소개하고자 한다.[5)]

> 이보성 교수님은 매우 부지런하여 독일 유학 시에도 3년 내내 실험실에 제일 먼저 출근하여 불을 켜고, 제일 나중에 퇴실하면서 불을 끈 연구생으로 유명하다. 지도교수인 Fitzer 교수도 교수님의 이러한 부지런함에 'Mr. Lee는 mystery하다'고 평하였다. 교수님의 부지런함은 충남대에서의 연구활동에서도 마찬가지여서 평생 연구실에 제일 먼저 출근하고 밤 11시에 퇴근하시었다. 심지어 일요일에도 출근하는 경우가 허다했다. 70년대 말까지는 한국의 경제가 넉넉하지 않아 대학교수들은 대중교통을 이용하였고, 충남대는 시 외각에 위치하여 밤 늦게 퇴근하기는 매우 불편하였으므로 교수님은 자가용을 살 수 밖에 없었다. 교수님의 연구에 합류한 후 나는 불편한 생활을 할 수 밖에 없었다. 즉, 나도 아침에 부지런히 출근해야 했고 점심과 저녁에는 교수님과 함께 피자를 먹어야 했고 퇴근도 11시 이후에 해야 했다. 내가 '왜 매일 11시 이후에 퇴근하시느냐' 여쭈니 교수님은 11시 이후에 퇴근해야 집에 있는 사모님이 잠을 자고 있어 잔소리를

듣지 않게 된다고 대답하셨다. 나 역시 나의 아이들이 언제 컸는지 모를 지경이었다. 나는 보통 사람들과 다른 이교수님의 절약정신과 독특한 생활방식에 적응하는데 힘들기도 했지만, '실험은 열심히 하는 것이 아니라 열정적으로 해야 한다'는 교수님의 연구철학이 나에게 큰 동기를 제시하였다. 이 교수님은 1996년 정년퇴임을 한 후에도 여전히 대학에 출근하여 실험실에서 실험을 계속하시었고 심지어는 하늘나라에 가실 때까지 이러한 생활을 계속하시었다.

그동안 교수님이 남긴 금쪽같은 업적은 한국 탄소재료 연구역사에 길이 남을 것이다. 이제 교수님은 하늘나라로 떠나셨다. 나는 걱정한다. 교수님의 부지런함은 하나님도 불편하게 하리란 것을...

혁신의 리더십과 기술 교육

오늘날은 잘 알다시피 4차 산업혁명 시대로 불린다. 4차 산업혁명의 개념은 2016년 1월 제46차 세계경제포럼(WEF)에서 '4차 산업혁명의 이해'라는 주제가 발표된 이후 전 세계적으로 이에 대한 개념과 특징 및 방향성 등에 대한 논의가 확산되고 있다. WEF에서는 4차 산업혁명을 ICT 기술 등의 발전에 따른 디지털 혁명에 기반하여 물리적 공간, 디지털 공간 및 생물학적 공간의 경계가 희석되는 혁신적 기술융합으로 정의하고 있다. 이러한 4차 산업혁명은 기초과학기술의 급속한 발전과 인공지능, 사물인터넷 등의 ICT 신기술의 확산으로 초지능형, 초연결성 및 융합을 기반으로 모든 것이 상호 연결되고 지능화되는 사회로의 변화를 특징으로 한다.

이보성 교수는 충남대 재직 당시에 이미 초연결성 및 융합화를 실천해 왔다. 국내의 대학과 기업은 물론 일본, 중국, 유럽 및 미국과의 공동연구가 그것이다.

이보성 교수는 수많은 연구논문 발표로 그 학구적인 열정만을 보여 주었던 것이 아니다. 아직 이 분야에서 '産, 學, 硏(산학연)'이라는 의미조차 제대로 정립되지 못한 시절, 한국화학공학회 충남지부를 설립(1971년 10월)하고, 초대 지부장으로 활동하면서 충남 지역 화공인의 공동적 기술 관심사를 도출하고 해결하는 장을 마련하였다. 뿐만 아니라 지역에 위치한 중소기업들이 기술상의 어려움을 극복할 수 있도록 산학협의체를 구성하고, 공과대 내의 산업기술연구소 활성화로 연계시키셨다. 또한, 연구단지 내 우수한 두뇌들로 하여금 후학 양성과 공동 연구에 참여할 수 있도록 문호를 열어 놓는 등 학문 발전을 위한 그의 숨은 공로는 매우 크다 하겠다.

이러한 국내 · 외적 협력의 리더십 외에 이를 위해서 대학에서의 혁신적 교육을 강조하였다. 태산의 혁신적 마인드는 1985년 한국화학공학회 저널인 화학공학과기술지의 기고문을 보면 알 수 있다.[6] 1980-90년대 우리나라 산업체는 다른 개발도상국과 마찬가지로 생산품의 복잡성과 품질에 대한 요구가 급증함에 따라 치열한 국제 경쟁에 직면하고 있었다. 동시에 생산비의 상승이 겹쳐 새로운 과학기술 개발과 기술도입으로 이를 극복하려고 노력하였다. 따라서 Innovation Cycle은 더 짧아졌고 산업의 적응성에 대한 기술교육적 요구는 지속적으로 더 커졌다. 이러한 시점에서 화학공학교과에 혁신공학을 어떻게 도입해야 하는지를 검토하였다. 과학과 실제(생산) 사이의 틈에는 새로운 가교가 필요하며 혁신공학이 필요하다고 강조하였다. 혁신공학은 조형하는 기술공학으로써 기술교과 개발의 최후의 단계이다.

이처럼, 태산은 1980년대 중반부터 이미 혁신의 중요성 및 과학실습과 실제 산업 생산과의 갭을 극복하기 위한 기술교육의 필요성을 강조하였고 이를 산학연 협력 연구로 실천하고 있었다. 또 대학에서는 기초

연구에 대한 기여를 넘어서 획기적인 발명에 대한 가능성과 혁신에 대한 가능성의 문을 넓히는 장으로써 교육을 수행해야 한다고 강조했다. 이미 선진국의 대학에서는 혁신공학의 범위에서 발명의 전략이 개발 응용되어 큰 성과를 거두고 이러한 활동들이 오늘날 4차 산업혁명 시대의 초연결성 및 융합화의 기반이 된 것으로 생각된다. 실제로 태산은 많은 특허를 출원 · 등록하고 중소기업 등에 기술을 이전하여 탄소산업을 추진하려는 기업인들에게 희망이 되었었다.

열정적·실천적 연구자, 충남대에서 교육, 연구 봉사

—

충남대 공과대학 1호관 전경

이보성 교수는 1959년 화학공학과 개설과 함께 충남대에서 35년간 근무하면서, 학부생 약 1천 5백여 명, 석사 과정 45명 및 박사 31명을 배출하였다. 연구면에서 태산은 1970년 독일 카를스루에 대학에서 CVD공정에 의한 Pyrolytic Carbon에 관한 연구로 박사학위를 받았고, 73년과 75년에는 카를스루에 대학에서 그리고 77년에는 도르트문트(Dortmund) 대학에서 박사 후 연구로 연구 경력을 쌓았다. 또한 36건의 연구과제(총 연구비 24억 5천 5백만 원)를 수행하면서 연구발표논문 191편, 저서 6편, 탄소섬유 관련 특허 7건을 획득하였고, 이에 1984년 충남도 학술상, 1989년 한국화공학회 학술상을 수상하였다. 이는 연구 활동이 일천한 시대 상황 속에서 충남대 교수로서 탁월한 연구성과를 이룬 것으로 평가된다. 그중에서도 태산 본인은 세계에서 처음으로 물성이 탁월하고 환상적인 등방성 및 이방성 핏치계 C- 및 Hollow형 탄소섬유를 개발했을 때, 가장 큰 보람을 느꼈다고 한다. 또한, 1992-96년 한국복합재료학회장으로서 한국의 탄소섬유연구의 선도적 역할을 했으며, 동양탄소(주) 등 14개 산업체에 헌신적 기술지도, 기술양허, 특허권양도로 기술지도 우수지도위원상과 최우수상을 수상하기도 하였다.

충남대 공학 실험 교육의 산실, GTZ 프로젝트(무상지원 프로젝트)

독일에서 유학한 태산은 독일의 연구실 및 실험실 기자재 등의 수준을 잘 알고 있었다. 충남대에서 1974년 개교기념일에 독일 Sarazen 대사를 초청했을 때, 태산은 독일 Sarazen 대사에게 충남대를 도와줄 것을 간곡히 요청하여 호의적인 답변을 듣고 공과대학 발전 계획서를 독일어로 작성, 과기처에 전달하였다. 그런 다음 별도로 사업계획서를 독일 카를스루에 대학의 지도교수인 Fitzer에게 보내고 경제협력성(BMZ) Barthelt 국장에게 협력을 부탁했다. 이러한 일들이 시발이 되어 카를스루에 대학과 도르트문트 대학과 타당성 조사가 이루어지고 독일 정부에 좋은 평가보고서(Gutachten)를 제출하여 마침내 무상지원사업이 승인되었다. 이리하여 GTZ Projekt(P.N.74.2511.9, 충남대 대덕공학부 사업)가 탄생한 것이다.

이 사업의 일환으로 교수 37명, 조교, 기사 및 행정직 12명이 길게는 1년 3개월, 짧게는 2일간 독일을 방문하여 연구를 수행하고 독일 문화를 경험하게 되었다. 이들 중에서 Senior Professor(원로교수) 7인은 단체로 2달간 연수를 했으며, 기관장(공업교육연구소장 2회, 사무국장 1회, 공(교) 대

독일(GTZ) 지원 당시 단위조작실험실 실험 지도 모습

학장 3회, 총장 3회)은 예외 없이 공식 시찰을 위해 독일을 방문했다. 그래서 이 사업의 제2 목적이었던 친독파가 많이 늘어서 독일은 투자한 만큼 얻은 바가 컸다. 태산은 당시 대형 Project(83-87, SKC-KIMM=11억, 87-92, UNDP=74만 불) 외에 독일과 국제 공동연구를 82년부터 지금까지 16년간 수행하면서 독일을 32회 방문하였고 모든 실험장비를 독일에서 발주해와서, GTZ에게 받은 만큼 되돌려 주었다. GTX 사업으로 화공과와 기계과 그리고 메디아센터는 지원국인 독일 교수들도 감탄할 정도로 훌륭한 실험실습실을 갖추었으며, 오늘날 화공과와 기계과의 공학실습관이 국내 어느 대학보다 우수한 장비를 보유하게 된 계기가 되었다. 이것이 우수대학평가에 도움이 된 점은 부인할 수 없을 것이다.

학장 및 대학원장 재임 시절

이보성 교수는 본인이 「회고록」에 표현한 것처럼,[7] 그다지 사교적인 성격은 아니었다. 그래서 임명권자로부터 멀리 있다 보니 임명제 보직은 못 맡다가 선출제가 되어 공과대학 학장에 피선되었다고 한다. 학장 재임 기간에는 모든 일에 열정과 성실로 임하는 분이었기에 열심히 봉사했던 것으로 기억되고 있다. 그 중요 성과를 보면 2년 동안 교육부를 46회 방문했고, 첨단학과 4개를 신설했으며, 제3공학관 건축비 42억 원을 배정받았다. 또한 이때 한화와 동아로부터 30억 원을 지원받아

많은 실험 실습 장비를 마련했다. 별도로 태산은 직접 간청하여 ㈜삼영기계로부터 2억을, 또 매년 한화로부터 6백만 원을, 애경으로부터 5백만 원을 장학금으로 받았다. 또한, 당시 공대 동문회장인 영진 회장으로부터 1억 원의 발전기금을 수주하고 이를 이용하여 계단식 대형 강의실인 취봉홀을 완성하였다. 당시 시대적 상황으로는 적지 않은 공대 발전기금의 수주였다.

취봉홀 제막식(2010.7.23)

대학원장 재임 동안에는 대학원생들의 해외 국제학술회의 참가경비 지원 등을 장려하였으며 발전기금을 쾌척해주신 삼영기계, 삼화기업, 동아재단 등의 기업인들에게 명예박사학위를 수여하여 그들의 업적을 빛나게 함과 동시에 산학협력의 계기를 마련했다.

외국대학 및 산학협동 자매결연

이보성 교수는 방학기간 중에는 의례적으로 1개월씩 국제공동 연구, Carbon Conference 참석, UNDP 사업의 일환으로 세계 일주(Study Tour)를 하였다. 그때마다 공대와 자매결연을 위해 노력하여, 카를스루에 대학, 클렘슨(Clemson) 대학, 워싱턴(Washington) 대학, 북해도(北海島) 대학과는 협약을 맺었고, 일본의 규슈 대학, 영국의 바스(Bath) 대학과 리즈(Leeds) 대학, 중국의 베이징화공 대학 등을 방문, 합의서를 받아와 실질적인 연구 및 학생 교류가 이루어지도록 노력하였다. 한편 애경산업 등 12개 기업과 산학협동을 맺기 위해 부지런히 노력하여 성사시켰고, 해사연구소, 우주항공연구소 등과도 협력 협약을 체결하고 그 이름들을 공과대학 현관 벽에 공시하여 학생들이 직접 보도록 하였다. 태산의 주요 의도는 이런 회사들로 산학협동 후원회를 만들어 정기적인 모임을 가지려고 했던 것이다.

국제공동연구 차 미국 클렘슨대학
D. Edie 교수 연구실 방문

국내 학부 중 최대규모 단위조작실험
(2022년 현재)

한국 탄소 연구에 미친 발자취

이보성 교수는 김동건 아나운서가 진행하는 어느 TV 대담에서 "밤 10시에 연구실을 나가게 되면 연구에 소홀한 느낌이 든다"고 말했다. 이 열정이야말로 주위나 제자들을 항상 신선하게(?) 자극시켜 온 원동력이었다. 지금으로부터 51년 전인 1971년 국내 최초로 탄소섬유를 만들어 학회에 발표하며 이 연구 분야에 뿌린 씨앗을 10여 년 간 주위의 무관심 속에 홀로 키웠고, 그 후 국내 · 외의 관심에 힘입어 탄소 분야의 독보적 위치를 확립했으며, 이제는 국제적으로 주목을 받는 연구실을 만들었다. 이러한 인프라를 바탕으로 탄소 관련 연구 및 산업의 불모지이자 변방이었던 우리나라가 세계탄소학회를 유치하고, 탄소관련 전후방 산업들이 약진하는 기반을 마련하였다.

태산의 이러한 선한 영향력으로 현재까지 한국탄소학회 학회장을 역임했던 10인 중 4인이 충남대 교수 및 대학원 출신이었다. 또 이 연구실에서 배출된 석사 45명 및 박사 31명은 대학 교수, 연구소의 연구원 및 우리나라 산업의 역군으로서 태산의 리더십을 거울삼아 활동하고 있다.

나오는 말

—

우리나라의 경우 연구를 수행하는 종사자가 타 선진국에 비하여 그리 많지 않고 또 연구비 지원 등이 그동안 충분히 지원되지 않다 보니, 이른바 인기 분야에만 연구자가 몰리는 쏠림현상이 심각하다. 또, 최근에 정부는 한국판 뉴딜, 시스템반도체 · 바이오헬스 · 미래차(빅3), 소재·부품·장비(소부장), 감염병 대응, 우주 · 항공, DNA(데이터 · 네트워크 · 인공지능) 등 10대 분야에 중점 투자하겠다는 방침을 정하고 총 12조 8,000억 원을 투자한다고 했다. 여러 가지로 자원 및 인프라가 부족할 시에는 선택과 집중도 하나의 탁월한 해결책이 되기도 하니 이를 부정하고 싶지는 않다. 그러나 여러 선진국 사례를 보면 기초과학을 비롯하여 전통 산업에 대한 지원과 투자가 국가 총연구비 지원비 중에서 많은 비중을 차지하고 있다. 또 이러한 지원이 결국은 첨단산업 발전의 밑거름이 되고 있다.

이보성 교수는 우리나라에서 탄소라는 용어 자체가 생소하고 탄소재료 연구에 대해 전혀 무지했던 1970년대부터 우리나라 탄소 산업의 발전을 위해 열악한 연구 활동에서도 몸과 마음을 다해 헌신적으로 연구와 교육을 수행해 왔다. 현재 이 분야에서 교육과 연구를 수행하는 저자로서도 얼마나 많은 어려움과 고비가 있었을 것인지 짐작할 수 있으며, 이 또한 이보성 교수의 열정과 노력이 있었기에 가능했다고 생각한다.

열정을 갖는 것이 중요하지만 무언가에 진정 열정을 느끼려면 본인이 좋아하는 일을 해야 하는 것 같다. 또 노력하는 것이 참으로 중요하다는 점을 알아도 실제로 꾸준히 성실히 노력하기란 정말 쉽지 않다. 이보성 교수가 우리 땅에 탄소의 씨앗을 뿌린 지가 이제 50여 년이 되었다. 지난 50여 년 동안 태산이 보여준 실천적 리더십을 거울삼아 많은 후학들이 최선의 노력으로 그의 뒤를 따르고 있다.

태산 이보성 교수의 지난 삶을 돌이켜보며 자신의 분야에서 최선을 다하며 열정적으로 생활하는 모든 탄소인(炭素人)들의 아름답고 행복한 세상을 그려 본다.

X

중앙은행 총재가 된 진보적 민족주의 경제학자 솔뫼 전철환

류동민

서론

—

솔뫼 전철환(全哲煥, 1938-2004) 교수는 충남대 경제학과 창설 초기인 1976년부터 1998년까지 이십 년 이상 재직하면서 경제학 교육 및 연구의 기틀을 잡는데 기여하였다. 아울러 1991년부터 2년 동안 학장으로서 경상대학 발전을 위해 노력하였다. 전철환 교수의 가장 큰 사회적 기여로는 1998년 이른바 IMF 위기의 와중에서 중앙은행인 한국은행 총재로 부임하여 금융위기 이후 한국 거시경제 및 금융구조 재편을 위해 노력하였다는 데에서 찾을 수 있다. 평생의 지론인 자립경제론과 세계화 시대 금융위기 극복책임의 중요한 부분을 담당했던 중앙은행 총재로서의 역할 간의 균형을 유지하면서 임무를 성공적으로 수행한 점에서 CNU리더십의 필요조건을 갖추고 있다.

생애

—

전주고 시절의 솔뫼

전철환 교수는 1938년 8월 6일 전라북도 익산에서 출생하였다. 전주고등학교를 거쳐 1957년 서울대 상과대학 경제학과에 입학했고, 대학 재학 중이던 1960년 제12회 고등고시 행정과에 합격하고 1961년에 졸업하였다. 1963년부터 1976년까지 경제기획원, 교통부, 중화학공업기획단, 무임소장관실 등에서 공무원으로 재직하였다. 재직 중 유학을 통해 1968년 8

월에는 영국 맨체스터 대학에서 경제학 석사학위를 받았다. 개발연대의 경제관료였음에도 반골기질을 감추지 못해 제2차 동베를린 사건에 연루되어 고문을 받기도 했다고 한다.[1] 이와 같은 정치적 성향 때문에 대학재학 중 고등고시에 합격한 뛰어난 실력에도 불구하고 이른바 출세가도를 달리지는 못했던 것으로 알려져 있다. 《한국일보》 1998년 3월 9일자 전철환 신임 한국은행총재 인터뷰에서는 이 부분과 관련하여 "공직생활에 나름대로 개인적 한계를 느껴 그만두게 됐습니다"라는 언급이 있다.[2]

십 년이 넘는 경제관료 생활 이후, 전철환 교수는 학계로 자리를 옮긴다. 그는 1976년 충남대 경제학과 전임 교수로 부임하여 1998년까지 재직하였다. 경제개발이 한참 진행되던 시기에 관료로서 근무한 경험은 진보성향의 학자로서는 특히 드문 경력이었으며, 그가 지닌 현실감각을 설명해주는 중요한 요소였을 것이다. 전철환 교수는 예의 반골 기질 때문에 1980년 '서울의 봄' 당시 전국 대학교수 시국선언에도 참여하여 정치적 고초를 겪기도 했다.[3] 1983년에서 1989년까지 금융통화운영위원회 위원을 역임하였으며, 1991년부터 1993년까지는 경상대학 학장을 지냈다. 1987년 민주화 이후에는 한국사회과학연구소 및 한국사회경제학회, 서울사회경제연구소 등의 진보적 연구단체에 직·간접적으로 간여하였으며, 1989년 창립된 경제정의실천시민연합의 지도위원을 지내면서 시민운동에도 참여하였다. 이 중에서 한국사회과학연구소는 전철환 교수와 젊은 시절부터 교류가 있던 박현채, 박영호, 정윤형 등이 주도하였으며, 한국국사회경제학회와 서울사회경제연구소는 서울대 경제학과의 변형윤 교수를 중심으로 결성되었다. 변형윤 교수의 회고에 따르면, 1963년 통계연구회라는 모임을 통해 박현채, 전철환 등과 함께 연구한 인연이 있다(변형윤, 1995). 아마도 이 시기에 전철환 교수는 경제관료의 신분이었던 바, 공무원으로 근무하면서도 학계와의 끈을 놓지 않았던 것으로 보인다.

1993년 10월 전철환 교수는 『한국경제론』과 『사회정의와 경제의 논리』 등 저서를 통해 한국경제학의 정립 및 발전은 물론 "금융통화운영위원으로서 정부의 금융통화정책 수립과 금융산업의 체질 개선에 기여한 점 등"[4]을 인정받아 한국경제신문 제정 다산경제학상 수상자로 선정되었다. 1995년부터 1996년까지는 한국경제발전학회 회장을 지냈다. 1997년 2월에는 충남대 제13대 총장선거에 "개혁성향 교수들의 공동추대로 입후보"하여 이른바 "빅3"로 불리며 주목받았으나[5] 낙선하여 뜻을 이루지 못했다. 이른바 중경회(中經會)[6] 활동을 통해 야당 후보 김대중의 경제브레인 역할을 했으며, 1998년 한국은행 총재 취임과 함께 충남대를 떠나 2002년까지 재직하였다. "이 나라 역사에서 민족경제론자가 한국은행 총재가 된 것은 전철환 교수가 처음"이라는 평가(박영호, 2005: 231)는 이십 오년이 지난 지금도 유효하다. 한국은행 총재가 4년 임기를 다 채우고 물러나는 것도 그 당시로서는 이례적인 사건이었다. 전철환 교수는 20여 권에 달하는 저서와 번역서 등을 남겼으며 1998년에 군산대학교에서 명예경제학박사 학위를 받았고 2002년에는 충남대 명예교수가 되었다. 한국은행 총재 퇴임 후에는 2002년부터 2004년까지 한국은행 총재고문, 2003년부터 2004년까지 공적자금관리위원회 위원장을 지냈다. 2004년 6월 18일 별세하였으며, 국민훈장 무궁화장이 추서되었다.

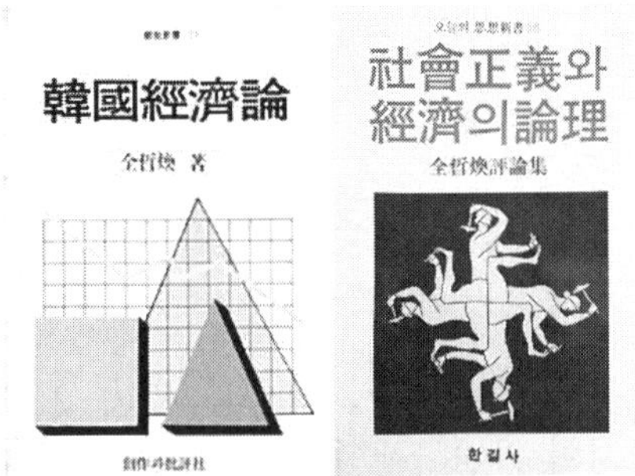

전철환 교수의 주요 저서

(1) 第9466號 (3版)

제12회 茶山경제학상

全哲煥교수 선정

本社제정

한국經濟學정립·발전에 기여

12일施賞式 : 연구비 1천만원

다산경제학상 수상
선정 보도(1993.10.12.)

주요 활동 및 업적

—

서울대 상과대학: 진보적 민족주의 경제학자로서의 뿌리

전철환 교수의 학문적 활동은 진보적 민족주의 경제학의 흐름 속에 위치시킬 수 있다. 그 지적인 뿌리를 거슬러 올라가면 직접으로 맞닿아 있는 곳은 그가 학부시절을 보냈던 1950-60년대의 서울대 상과대학이다. 그리고 그것은 전철환 교수뿐만 아니라 충남대 경제학과의 뿌리라고도 할 수 있다.

서울대 상과대학 교수 및 학장을 지냈던 박희범(1922-1981)은 이미 1950년대부터 "내포적 공업화론"을 주장한 것으로 유명하였다. 내포적 공업화론은 기본적으로 "민족자립경제"를 추구하는 전략으로서 "후진적 경제특징, 즉 선진공업에 예속되고 있는 원시산업(광업과 농업)과 역시 선진국의 중화학공업 내지 소비재공업의 매판시장이 되어 있는 소비재가공업 혹은 단순한 소비시장이라는 후진국의 산업구조에 생산재공업이란 가교를 그 자체 내에 건설함으로써 자주적 공업화의 터전을 마련"(박희범, 1968: 81)하는 것으로 정의되었다. 사실 정치적 입장의 차이에 상관없이 자립경제를 달성해야 한다는 것은 그 당시 지식인들의 공통된 담론이었다. 그렇지만 박희범은 특히 내생적 발전전략을 통해 생산재 산업과 소비재 산업이 적절하게 균형을 갖춘 경제구조를 지향해야 한다고 주장함으로써 당시의 청년학생들에게 커다란 영감을 주었다. 박희범은 5 · 16 군사쿠데타 이후 국가재건최고회의 자문위원으로 있으면서 화폐개혁을 통한 내자동원이라는 정책 실행에 간여하였다. 여러 가지 이유로 그 정책이 실패하면서 일종의 실각을 하게 되지만, 이후에도 문교부 차관 등을 역임하면서 교육정책에 영향력을 행사하였다. 박희범은 1973년 2월에 충남대 총장으로 부임하여 1977년 2월까지 재임하게 된다. 교수자질 향상, 캠퍼스 이전계획 등 총장으로서 여러 가지 중요한 활동이 있었지만, 그중에서 이 글의 목적과 관련하여 가장 중요한 것은 경제학과를 창설하였다는 데에 있다. 학과 창립 멤버로 서울대 상과대학 부속 한국경제연구소 조교로 일하고 있던 손명환 교수가 부임하였고, 이후 고등고시 출신임에도 정치적 이유로 괴로움을 겪고 있던 전철환 교수를 설득하여 전임으로 오게 만들었다.[7] 박희범의 정치적 성향에 대해서는 "파시스트"에서부터 "한국적 민주주의의 옹호자"(조석곤, 2013 및 류동민, 2013) 혹은 "민주주의와 시장경제, 시장경제와 사회적 정의가 동행할 수 있는 구체적 제도형태를 고민한 인물"(이병천, 1999)에 이르기까지 다양한 해석이 가능하다. 그렇지만 적어도 그가 넓은 의미의 진보적 성향을 지닌 제자나 후학들을 배척하지 않았다는 것만은 분명해 보인다.

충남대 경제학과의 기틀을 마련하다

충남대 경상대학 전경

전철환 교수의 부임 이후 충남대 경제학과는 전임교원의 양적 확보와 커리큘럼 충실화 등을 실행할 수 있었으며, '민족경제론'으로 유명한 박현채를 '전임급' 시간강사로 초빙하기도 하였다. 박현채는 오랫동안 재야경제학자로 지내면서 1970-1980년대 대학 및 재야 운동권을 중심으로 상당한 이론적 영향을 지닌 인물로서 정치적 전력 때문에 민주화 이후인 1989년에야 조선대학교 교수가 될 수 있었다. 그런데 박현채와 전철환 교수는 전주고등학교 및 서울대 상과대학 선후배 관계로서 젊은 시절부터 함께 어울리며 공부하면서 서로 지적 영향을 주고받았다. 이때 함께 어울렸던 '좀 진보적 모임의 성격'(이경의, 2021: 76)을 갖는 선후배로는 안병직, 이대근, 이경의, 정영일, 배무기 등 대학원에 진학하여 농업경제학이나 한국경제를 연구하게 되는 이들이 있었다.[8] 이들 중 다수는 1980년 서울대 학보인 ≪대학신문≫에 시리즈로 발표한 "한국경제의 실상"이라는 글을 확장하여 묶은 『한국경제의 전개과정』(돌베개, 1981)이라는 책의 필자로 참가하였다. "경전"이라는 약칭으로 불렸던 이 책은 1980년대 초중반 필자가 학부생이던 시절 학회나 소모임의 세미나 커리큘럼에 빠짐없이 등장하는 필독서이기도 했다. 전철환 교수는 이 책에 「수출, 외자주도 개발의 발전론적 평가」라는 장을 집필하였다. 이론적으로나 실천적으로 많은 부분을 공유한 전철환 교수와 박현채는 1979년 당시 한국에서도 화제가 되었던 존 케네스 갤브레이스의 책 『불확실성의 시대』에 공역자로 이름을 올리기도 하였다. 박현채가 의식불명에 빠진 상태에서 뒤늦게 출간된 회갑기념논문집 성격의 『민족경제론과 한국경제』(창작과비평사, 1995)에도 전철환 교수는 김금수, 정윤형과 함께 공동편집자였으며 「민족경제론의 구조와 의의」라는 논문을 집필하였다.

충남대 경제학과 구성원들과 등반
(첫줄 우측 두 번째)

충남대 경제학과가 설립된 것은 1975년이며 제1회 입학생인 75학번들이 전공과정에 들어간 1976년도의 수강편람에 따르면, 손명환 · 전철환 · 박현채 세 명의 교수가 전공과목 전체를 강의한 것으로 보인다. 이렇게 두 명의 전임교수와 한 명의 시간강사가 전공과목 전체를 담당하는 것은 1977학년도 1학기까지 계속되었다. 전철환 교수는 1976학년도 1학기에 경제수학1과 비교경제체제론, 1976학년도 2학기에 경제수학2와 경제통계, 1977학년도 1학기에는 경제학원론1, 경제수학1, 계량경제학1, 한국경제사를 강의하였다(충남대학교 경제학과, 2005). 1970년대 중반 한국 대학의 전반적 환경에다 초창기라는 특수성까지 겹쳐 그야말로 수학과 통계학에서부터 역사학의 영역까지 혼자서 가르쳐야 하는 힘든 상황이었음을 엿볼 수 있다. 이러한 어려운 상황은 1970년대 말에서 1980년대 초에 걸쳐 이른바 졸업정원제가 실시되고 베이비붐세대를 중심으로 한 교수충원이 이루어지면서 비로소 극복될 수 있었다.

자립경제를 넘어 경제민주주의로

연구 중인 전철환 교수

전철환 교수의 민족경제론 혹은 자립경제론의 시각은 『사회정의와 경제의 논리』(전철환, 1980)라는 저서에 분명하게 드러나 있다. 당시의 많은 책들이 그러했던 것처럼 주로 1970년대에 쓴 평론들의 모음집인 이 책은 사실상 제5공화국이 성립하고 있던 시점인 1980년 12월[9]에 출간되었다. 이 책에서는 양적 지표 위주의 경제성장 개념에 대한 비판, 정경유착에 대해 비판 등 1970년대 당시 진보적 경제학의 주요 이슈들이 포괄적으로 다루어지고 있다. 특히 자립경제에 관해 쓴 「자립경제에의 길」[10]은 당시 진보적 경제학 내부에서의 자립경제 담론을 체계적으로 정리한 글이다. 사실 자립경제 자체는 박정희 정부도 주장했던 담론이기 때문에 그 차별성을 어디에서 찾을 수 있는가가 문제가 될 수 있다. 그런데, 이 글에서는 특히 '중장기적 균형요인으로서의 경제적 민주화'를 주장하고 있는 점이 눈에 띈다.

> 흔히 경제적 민주화라는 것은 기업과 노동력 제공자 간의 평등성, 공정거래, 생산수단 소유의 기회균등성 및 사회개발 등이 이에 해당하는 것으로 이해한다. 그리하여 균형문제와는 비교적 관계가 없는 것으로 판단하기 쉬운데 이것 역시 사회경제적 측면에서 보면 대내균형의 일환으로 보아야 하기 때문에 자립경제의 대내적인 요건으로 강조되어야 할 줄로 안다.(전철환, 1980: 160)

이는 1980년대 후반 이른바 민주화 이후에 본격적으로 문제가 되는 경제민주화 문제를 선취하고 있다는 점에서, 그리고 그것을 '균형'의 문제로 파악한다는 점에서 학설사적으로도 주목할 만한 논의이다. 예를 들어 정치인 김대중의 대중경제론이 계급 · 계층 간의 "세력균형"과 각 주체들의 정치 · 사회 · 경제적 의사 결정에의 '참여'라는 두 가지 키워드를 중심으로 경제적 민주주의 개념을 이해하면서 그 내용이 약간씩 변화하여 갔다는 기존 논의(류동민, 2010)의 맥락 속에 위치지울 수 있을 것이다.

『창작과 비평』 1978년 여름호에 실렸던 「성장의 허실과 국민생활의 과제」라는 글에서도 "대중적 성장균점"이라는 중요한 키워드가 제시되고 있다. 특히 그것이 국가경제정책기구와 경제민주화와 연결된다는 점에서 주목할 만하다.

> 그렇다면 정부주도형 경제 하에서의 효과적이며 본질적인 소비자 주권 내지 대중적 성장균점의 방안은 무엇인가를 알아내는 것이 가장 중요한 일로 되지 않을 수 없다.……그것은 경제정책의 입안 및 추진 그리고 자본과의 연계성을 단절하기 위한 전략으로 정책입안에 참여할 수 있는 정치발전과 기업가의 자본적 주권에 대응하기 위한 노동3권의 확보 밖에 없다. 이것이 곧 경제적 민주화의 길이라면, 그것을 밑받침하는 것은 대중적 의식을 기초로 한 새로운 경제운용의 형성과 그 활동을 보장하는 정치참여 내지 법적 보장을 쟁취하는 것임을 인식하여야 할 것이다. 결국 성장과정의 균점을 확보하는 길은 정부 또는 기업가의 시혜(施惠)가 아니라는 점을 다시 한번 강조하고자 한다.(전철환, 1980: 193)

이 글이 처음 쓰인 1978년이 유신 정권의 억압이 최고조에 달한 시기였다는 점에서 정치적 민주화에 대한 사회적 열망 또한 매우 높았을 것임을 쉽게 짐작할 수 있다. 그러나 이것이 "경제적 민주화"로까지 연결되고 있는 점, 특히 노동3권을 넘어 경제정책 추진 자체가 자본권력으로부터 독립성을 확보할 것을 주장하는 점, 그리고 1987년 민주화 이후에야 일반화된 경제민주주의 담론을 선취하고 있다는 점에서 주목할 만하다. 독일에서 이미 1920년대 후반에 정립된 경제민주주의에 관한 논의는 첫째, 작업장 민주주의, 둘째, 비시장적 관계를 통한 시장관계의 보완, 셋째, 국가 경제정책기구의 민주화라는 세 가지 차원으로 구성되어 있었다(류동민 · 이명헌, 2017). 위의 인용문은 이 중에서 첫째와 셋째 요소를 명시하여 경제적 민주화를 주장하고 있는 것이다.[11] 이러한 논의는 1971년 대통령선거에서 제시된 대중경제론, 그리고 박현채의 민족경제론 등에서 제시된 논의와 궤를 같이 하고 있다.

현실의 변화와 역사의 역설

한편 이상에서 간략하게 언급하였던 진보적 민족주의 경제학의 흐름을 도식화하자면 〈그림 1〉과 같다. 이 그림은 가로축의 대내지향(자립)과 대외지향(종속), 세로축의 민주주의와 권위주의라는 두 가지 대립을 기준으로 삼고 있다. 즉, 가로축을 따라 오른쪽에 위치할수록 대외지향적 성격이 강하므로 자립에 대한 문제의식은 희박함을 나타낸다. 마찬가지로 세로축을 따라 위쪽에 위치할수록 권위주의로부터 멀어지면서 민주주의적 가치를 중시함을 의미한다.

그림의 제2사분면에는 진보적 민족주의 경제학의 대표적 흐름으로 민족경제론과 대중경제론이 나타나 있다. 이들 흐름은 제4사분면에 표시된 당시 박정희 정권의 경제정책기조의 대항담론이었다. 1970년대의 중화학공업화(정치적으로 10월 유신과 결합된)는 일반적인 개발독재로부터 대내지향성을 강화하면서 동시에 정치적으로는 권위주의를 극단화하는 움직임, 즉 제4사분면 안에서 시계방향으로 회전하는 움직임이었다고 평가할 수 있다. 반면 그 대항담론인 진보적 민족주의 경제학은 초기의 내포적 공업화론(박희범)이 지닌 비민주성에서 벗어나 민족경제론으로, 다시 약간의 대외지향성을 가미하는 대중경제론으로,[12] 즉 제2사분면 안에서 시계방향으로 회전해갔다고 볼 수 있다. 1970년대 말이 되면 경제적 논점보다도 독재정권의 지속으로 인한 정치적 모순이 격화함에 따라 세로축이 나타내는 대항, 즉 민주주의 대 권위주의, 혹은 참여 대 동원의 대립이 주요한 쟁점이 된다.

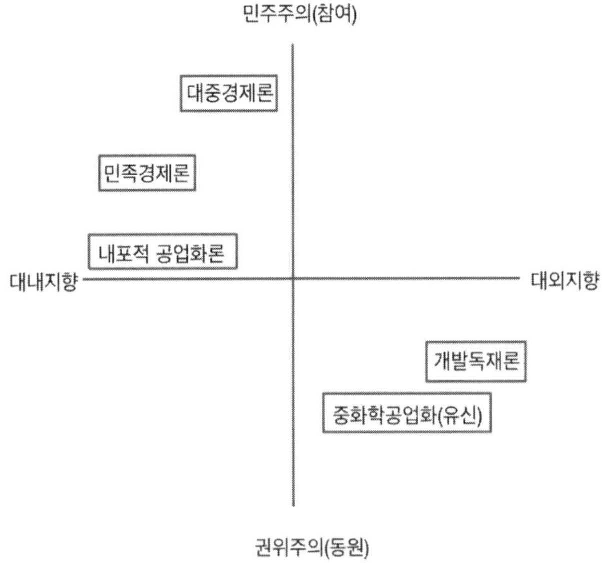

〈그림 1〉 1970년대 경제담론의 구도
출처: 류동민(2013:133)의 그림을 변형하여 가져옴

전철환 교수는 1986년도의 저작인 『한국경제론』에서 더욱 체계적으로 한국경제 전반에 대한 평가와 개혁프로그램을 제시하였다. 원래는

1985년에 발표되었으며 이 책에 다시 실린 「한국경제의 개발기조와 1970년대의 한국경제」에서는 1970년대 말부터 침체의 늪에 빠진 한국경제가 "수출 · 외자 주도의 외연(향)적 성장지상주의 기조"를 "하루빨리 내연(포)적 · 균형적 발전기조로 전환해야"(전철환, 1986: 90-91) 함을 주장함으로써 내포적 공업화-민족경제론으로 이어지는 시각을 견지하고 있다. 특히 이 책의 마지막 부분인 제5부는 「경제적 정의 실현의 현실적 과제」라는 제목으로 「자유와 평등의 경제적 구현」, 「재벌 비대화의 부정의성」, 「경제적 정의 실현의 현실적 과제」의 세 장을 담고 있다. 장별 제목으로부터도 쉽게 짐작할 수 있듯이, 경제적 자유 못지않게 기회의 균등과 평등을 중요한 가치로 설정하고 재벌 위주의 경제력 집중의 폐해와 그 개혁, 경제적 정의 실현 등을 강조하고 있다. 신고전학파 경제학의 한계생산력 분배이론에 대한 비판으로부터 출발하여 기능적 분배가 자본가와 노동자의 단체교섭력에 의해 결정된다는 점을 강조하고, 당시 노동법이 갖는 한계, 즉 산별 노조 폐지 및 기업별 노조만 허용, 제3자 개입금지 규정을 통한 사실상의 노조억압 등을 완곡한 어조로 비판하고 있다. 이 장들의 집필시점이 제5공화국의 서슬이 시퍼렇게 살아 있던 1980년대 초반에 집중되어 있다는 점에서 상당한 정치적 결기를 필요로 하는 것이었음을 짐작할 수 있다.

한편 전철환 교수의 자립경제에 대한 원망(願望)은 유고집의 제목이기도 한 "자본에도 국적이 있다"는 문장에 집약적으로 표현된다. 이미 한국은행 총재로서의 임기를 마친 이후에 쓴 칼럼 형식의 글에서 그는 여전히 자본의 국적성이 갖는 의미를 진지하게 성찰하고 있는 것이다. 한국은행 총재 임기를 마친 뒤인 2003년도에 쓴 글에서는 이 문제에 관해 고뇌를 다음과 같이 토로하고 있다.

> 자본의 국적성을 인정하지 않는 배경에는 물적자본의 기술적 물리적 생산기능만을 바라보고, 자본의 소유자가 지향하는 이해관계를 고려하지 않는 태도가 존재한다. 특히 금융자본의 경우, 외국 금융자본이 국내 진출을 통한 선진 금융자본의 효율적 금융기법 도입과, 그를 통한 세계 금융시장 참여 확대를 지향하였다. 더구나 세계화 시대에 우리의 경제제도와 질서를 세계틀에 적응시키지 않으면 국민경제의 성장력을 크게 올릴 수 없는 것으로 인식하여, 금융자본의 국적성에 관계없이 우리 금융시장을 차별 없이 개방하였다.
> 다만 외국자본의 과도 지배, 즉 독과점적 지위 형성과 그 때문에 빚어지는 금융의 비효율은 물론 앞에서 말한 금융시장의 불안정성 및 정책전달 효과의 반감을 걱정하지 않을 수 없게 만들었다. 이에 맞서 국내금융자본형성론을 제기한 것은 뒤늦은 감은 있으나 이해되는 바가 매우 크다.(전철환, 2005: 29-30)

즉, 민족자본과 매판자본의 구분이 "1989년 현실 사회주의체제 붕괴 이후 시대착오적인 개념으로 인식되었"으나, "극단적인 신자유주의 사조 속에서 이미 폐기되다시피 한 자본의 성격논쟁이 부활"한 "역사의 역설"에 관해 말하고 있는 것이다. 이러한 역설은 다름 아닌 전철환 교수가 외환위기 국면에서 한국은행 총재로 부임하면서 직접 몸으로 겪으면서 대처할 수밖에 없었던 현실이기도 했다.

한국은행 총재로서 현실과 부딪히다

전철환 교수는 1998년 3월 이른바 IMF 위기의 와중에서 한국은행 총재로 취임하였다. 그해 한국경제의 성장률이 -6.7%, 물가상승률은 7.5%였다는 사실에서도 알 수 있듯이, 비상하다는 표현만으로도 부족할 만큼 위급한 시기였다. 물론 중앙은행만이 경제위기 극복의 담당자

한국은행 총재 시절

인 것은 아니지만, 위기 자체가 금융위기로 시작되었다는 점, 이른바 신자유주의적 세계화가 급속하게 진행되는 구조변화의 시기였다는 점 등과 맞물려 한국은행의 역할이 유례없을 정도로 주목받았던 시기라 할 수 있을 것이다. 더구나 전철환 교수는 예의 민족경제론자로서의 지론과 현실의 변화 사이에서 적절한 균형을 취해야 하는 어려운 자리에 있었던 셈이다. 앞의 〈그림 1〉을 이용하여 설명해보자면, 제2사분면 안에서 우상 방향으로 조금씩 움직여 갔던 흐름이 외환위기라는 미증유의 충격 앞에서 대내지향성과 민주주의적 참여라는 전통적 가치를 어떻게 지켜나갈 수 있는가가 문제가 되는 시점이었던 셈이다.

실제로 1970년대 대중경제론에서부터 삼십 여년에 걸쳐 경제담론을 준비해왔던 김대중이 민족경제론적 영향이 강한 관점에서부터 점차 이행하여 최종적으로는 일부 진보세력으로부터 "신자유주의"라는 비판을 들을 정도로 변화한 과정(류동민, 2010)은 이러한 어려움을 잘 보여준다. 한국은행 총재 취임 이전에 IMF를 국제금융자본의 첨병이자 국제경제권력의 대명사라 비판했던 칼럼은 취임 당시에도 문제가 되기도 했다.[13)]그러나 외환보유고 1천억 달러를 달성하면서 "이 정도면 걱정하지 않아도 되겠지?"라고 물었다는 일화(전철환, 2005: 231)는 전철환 교수가 여전히 민족경제론자로서의 정체성을 간직하고 있었음을 보여주는 에피소드라 할 것이다. 2004년 5월 7일에 방영된 〈KBS인물현대사-민중을 위한 경제, 박현채〉 편에 인터뷰이로 등장한 전철환 교수는 외자의존경제에 대한 민족경제론적 관점에서의 비판을 다음과 같이 술회하고 있다. 이 시기는 이미 한국은행 총재로서의 임기를 마친 이후이므로, 전철환 교수가 가지고 있던 자립경제론자로서의 신념이 여전히 유지되고 있음을 잘 보여준다.

> 돈을 빌려다가 건전하게 성장 산업을 육성하고 그 수익성을 확보해서 원리금을 갚을 수 있는 수익을 내면 문제가 없지만 그렇지 못하면 그 빚을 갚는 데 위기가 올 수 밖에 없죠. 그게 98년 얘기가 아니겠습니까? 아마도 그 외자의 위험성. 외자를 나쁘다고는 할 수가 없지마는 외자를 잘못 운용해서 국가 위기를 야기할 위험성이……97년 외환위기죠. 그런 것이 70년대 초에도 있었고 80년대에도 있었거든. 여러 번 외자의존 성장이 가져오는 소위 국가적 위기가 있었다.

물론 1990년대 이후 이른바 신자유주의적 글로벌라이제이션이 진행되면서 민족경제론의 현실적합성은 크게 감소하게 되는데, 다음의 인용문에는 전철환 교수가 이 시기를 거치면서 고민했을 문제의식이 그대로 드러난다.

> (중략) 2차대전이 종전되기 이전까지는 독립영역을 지킬 수 있었던 민족경제와 유사한 국민경제 또는 국가경제 개념조차 지금처럼 세계경제가 다극체제로 블록화하면서도 국경 없는 하나의 경제권으로 수렴되는 추세에서는 민족경제가 독립결제영역으로 운동하기 힘들기 때문이다.(전철환, 1995: 37)

전철환 교수가 겪었을 어려움을 상징적으로 보여주는 일화가 바로 1998년 9월 재정경제부가 14조원 규모의 국채를 발행하고 한국은행에 인수하도록 요구했을 때 거절한 사건이다. 중앙은행이 직접 인수하는 대신 채권 시장에서 국채를 유통하도록 하는 일견 시장주의적 방식을 선택한 것이다. 더구나 지금에 비해서도 훨씬 더 정부의 영향력이 강했을 1998년 시점에서 중앙은행 총재가 정부안과는 다른 자신의 의견을 관철시킨 것이다. 이 사건은 중앙은행의 독립성이라는 해묵은 이슈와 연관되어 있는 것이었다.[14] 그렇지만 경제학적으로도 연구해볼 만한 의미가 있다. 최근 국내에서도 진보적 경제학자들을 중심으로 관심의 대상이 되고 있는 현대통화이론(MMT: Modern Monetary Theory)에서는 중앙은행의 발권력을 동원하여 정부가 발행한 국채를 인수하여 이른바 대담한 양적 완화와 재정(복지)지출을 결합함으로써 경기침체를 극복할 수 있다고 주장한다.[15] 물론 25년 전의 상황을 직접 현재에 대입하는 것은 불가능하지만, 진보적 민족주의 경제학자였던 중앙은행 총재가 일견 시장주의적 해법을 고집하였다는 점은 매우 흥미로운 점으로서, 그 입장에 동의하건 않건 간에 전철환 교수가 지녔던 남다른 현실감각과 균형적 사고의 한 자락을 잘 보여주는 일화라 할 수 있을 것이다.

한국은행 총재 당시 금융통화위원회 회의

이 밖에도 총선을 두 달 앞둔 2000년 2월에 금리를 인상했다거나, 2001년 7월 경기침체국면에서 공무원 출신들의 금융통화위원들을 설득하여 금리를 인하한 것 등이 통화정책 최고책임자로서의 결기를 보여주는 대표적 사례들이다(장경순, 2004). 이 사례들 또한 당시의 경제적 상황을 어떻게 평가할 것인가와는 독립적으로 중앙은행 총재로서 독자적인 판단에 기초하여 단호하게 대처한 사례로 기억될 것이다. 큰 선거 직전에 금리를 인상하는 것은 어느 시대를 막론하고 정치권력으로부터 환영받지 못하는 조치이다. 마찬가지로 경제관료들은 재정건전성을 금과옥조처럼 간주하면서 확장적 정책에는 반대하는 경향이 강하기 때문에, 2001년의 금리인하조치도 쉽게 받아들여지지 않았을 것이다.

이상의 일화들은 전철환 교수가 진보적 경제학자의 스테레오타입에 갇히지 않고 유연하게 스스로의 입장을 결정하면서도 기득권에 맞서 단호하게 그것을 관철시키기 위해 노력하였음을 잘 보여준다.

공공성 및 리더십

전철환 교수와 관련해서 가장 먼저 떠오르는 것은 청렴에 관한 일화들이다. 국회에서 야당 의원들의 날선 질문에 골프를 아예 치지 못한다고 대답함으로써 상대를 무안하게 만들었다거나, 교수 시절 및 총재 재직 중에도 사적으로는 경차에 가까운 프라이드 승용차를 손수 운전했다는 것(전철환, 2005: 210), 한국은행 총재 재임 중에 있었던 두 아들의 결혼식을 사실상 비공개로 진행한 것 등이 대표적인 사례들이다.

필자 개인적으로 가장 인상 깊게 받아들여지는 것은 1998년 한국은행 총재로 취임할 때 충남대 교수를 사직하였다는 점이다. 저간의 사정을 자세히 알 수 있는 위치는 아니지만, 지금도 웬만한 대학에서 정무직도 아닌 중앙은행 총재직에 나가는 교수라면 오히려 학교의 평판을 높일 수 있는 좋은 계기로 생각하기 때문에 파견이나 휴직의 형식을 취하도록 권유하는 것이 일반적이다. 더구나 1998년 당시에는 한국은행 총재가 4년 임기를 다 채우는 것 자체가 비정상적으로 생각되었으며, 설사 임기를 다 마친다 하더라도 전철환 교수는 여전히 만65세가 되지 않아 일 년 이상의 기간을 교수로 재직할 수 있는 상황이었다. 그럼에도 깔끔하게 사직한 것은 다른 누구도 쉽게 흉내 내지 못할 일이다. 정치적 입장과 상관없이 이른바 지배 엘리트에 속하는 인물들이 자신의 경력에 비해서는 사소해 보이기까지 하는 작은 자리들을 포기하지 못해 오히려 얼마 안 되는 성취조차 잃어버리고 마는 일이 아직도 반복되고 있는 것을 보면 더더욱 그러하다.

한국은행 총재로 재직하고 있던 2001년 7월 ≪신동아≫ 인터뷰에서는 한은총재가 주식투자를 하면 안 되는 까닭을 다음과 같이 설명한다.

> 통화신용정책을 관장하는 중앙은행의 총재는 주식시장에 결정적인 영향을 끼칠 수 있는 금리의 향방을 미리 알 수 있는 '내부자'입니다. 따라서 중앙은행 총재나 그 가족은 주식거래를 해서는 안 되죠. 오해받을 소지가 다분하니까요.(전철환, 2005: 183)

이러한 신념의 연장선상에서 그는 한국은행 총재로 발령받던 날 자녀들에게 "너의 아버지가 중앙은행 총재를 잘 마칠 수 있게 하려면 주식거래는 지금 보유하고 있는 상태에서 움직이지 말아 달라"고 명령했다고 한다. 이 또한 이른바 공직자 이해충돌에 대한 관념이 미비하던 당시 한국은행 총재의 주식투자가 불법이 아닌 상황에서조차 자신과 가족의 사익 추구를 경계하였다는 점에서 지금의 시점에서도 많은 공직자들에게 귀감이 될 만한 일화라 할 수 있을 것이다.

물론 이와 같은 사적인 에피소드들보다는 당연히 개발연대 경제관료 출신의 진보적 민족주의 경제학자로서 외환위기 시점에서 중앙은행 총재를 맡아 이론적으로나 실존적으로 모순이나 딜레마에 빠질 수 있는 상황을 현명하게 헤쳐나갔다는 점이 최고의 덕목으로 평가될 수 있을 것이다.

XI

충남대 도서관 고서실의 삼정 권영원

이정우

들어가는 말

—

삼정 권영원 선생 근영

학문에 대한 열정은 아무나 갖는 것이 아닐까? 또 학문에 대한 집념을 갖는 방법은 무엇일까? 또 학문에 대한 열정을 어떻게 오랫동안 유지할 수 있을까? 이것을 생각해 보면서 절차탁마, 그리고 주경야독으로 자신의 학문의 세계를 이룬 삼정 권영원 선생의 활동과 저술을 살펴보고자 한다. 부귀공명이나 일신의 안위를 추구하는 사람들의 입장에서 보면, 학문에 대한 열정이나 학문에 대한 집념을 가지고 사는 사람은 먼 산 너머에 사는 사람들로 보일 수도 있을 것이다. 그러나 무릇 세상 사람들이야 어떻게 생각하든지 자신만의 학문의 길을 구십춘광(九十春光)의 노구(老軀) 때까지 지속하며, 먼 산 너머에서 사신 분이 있다. 그가 바로 삼정 선생이다.

삼정 권영원(三正 權寧遠, 1927-2018) 선생은 1927년 대전시 중구 무수동 안동권씨 집성촌 마을에서 태어났다. 이곳은 행정구역으로는 대전광역시 중구에 속해 있지만, 도심지 대전이 아닌 보문산 산 너머 남쪽의 농촌 시골 마을로, 주로 안동권씨 사람들이 500여 년 동안 살아왔던 마을이다. 아버지는 권용립이고 어머니는 밀양박씨이다. 위로 형 한 명이 있었으며, 슬하에 아들 호균, 호운, 호용 세 명의 아들을 두었다. 어려서 아버지가 일찍 돌아가셔서 가정형편이 넉넉하지 못했다. 그런 사정 때문에 그는 현대교육을 제대로 받지 못하여 대학교를 졸업하지 못했다. 그러나 그는 대학원에서 박사학위를 취득한 사람을 능가하는 한문 실력을 가졌으며, 고전에 해박한 지식을 가지고 있었다. 한문과 고전, 특히 역학(易學) 분야에 있어서는 말 그대로 거칠 것이 없는 살아있는 백과사전과 같은 사람이었다. 달변은 아니었지만 친근한 충청도 사투리를 가끔 사용하면서 조용조용 풀어내는 말솜씨는 가히 빠져들지 않는 이가 없을 정도였고, 그가 알고 있는 지식과 판단력은 그 누구도 따라갈 수 없는 고도의 선지식이었다.

삼정은 청장년기 시절 충남대에 재직을 하고 있던 때나, 그리고 퇴직하고 대전시 산하 대전시사편찬위원회의 상임위원으로 있을 때도 언제나, 자신이 맡은 일은 철저하게 수행하고, 퇴근해서는 자신의 학문의 분야를 절차탁마하며 대기만성을 이룬 입지전적인 인물이었다. 특히 그는 초서체의 서예(書藝)와 한시(漢詩), 고전과 고전학(古典學), 그리고 주역 혹은 정역의 역학(易學)과 관련된 부분에서 주목할 만한 업적을 남겼다. 그의 진지하고도 성실한 삶의 태도, 그리고 끊이지 않는 학문에 대한 열정은 이 시대를 살아가는 사람들의 좋은 귀감이 되기에 충분하다고 생각된다. 특히 충남대 개교 70주년을 기념하는 이 시점에서 충남대에 재직했던 직원 가운데 한 명이었던 그에 대한 조명은 의미 있는 일이라고 생각된다. 그의 학문에 대한 열정과 집념은 충남대 졸업생과 재학생 뿐만 아니라, 후학이나 직원 등 범 충남대인에게 있어서는 훌륭한 길잡이와도 같은 사례라고 할 수 있을 것이다. 이 글은 삼정의 학문과 저술 활동을 중심으로 그의 삶과 학문세계를 살펴보고, 그가 추구했던 학문의 방향을 찾아보고자 한다. 이를 통해 현재를 살고 있는 충대인의 귀감이자 하나의 표석으로 삼았으면 하는 마음이다.

학문의 길을 열다 : 학산 이정호 선생과의 만남

삼정이 공부를 시작한 것은 동네 무수동 서당에서부터였다. 이곳에서 유학 경전과 관련된 기초적인 공부를 했고 심화학습으로 사서삼경도 읽었다. 서당 공부 외에 그는 동네 일가친척 어른들에게서 글동냥을 하면서 사서삼경에 대해 보다 깊은 뜻을 이해하게 되었다. 또한 마을을 벗어나 서울과 여러 지방을 다니며 이름난 유학자들로부터 더 깊은 학문의 뜻을 배우기도 했다. 이렇게 학문에 대한 구도자의 길과도 같은 여정에서 그는 충남 예산 출신의 학산(鶴山) 이정호(李正浩) 선생을[1] 만나게 되었다.

유학지도자들과 함께 한 삼정(왼쪽 첫번째)

삼정이 학산 선생을 처음 만난 곳은 학산이 공부하고 있던 계룡산이었다.[2] 삼정의 아들이자 가학을 계승한 권호용의 책에 의하면, 그는 학산 선생을 계룡시 신도안 우적골에서 만났다고 한다.[3] 신도안 우적골은 현재 대한민국 육해공군 삼군본부가 위치해 있는 곳으로 이전에는 암용추라고도 했다. 신도안에는 암용추와 숫용추라는 큰 두 갈래 물줄기가 있다. 암용추는 여성의 음부 형상을, 숫용추는 남성의 음부 형상과 비슷하다고 한데서 명칭이 유래했다고 하는데, 우적골은 신도안에서도 더 깊은 안쪽자리, 즉 암용추 쪽에 위치해 있었다. 암용추와 숫용추 등이 있는 신도안 지역은 1976년 박정희 대통령의 종교정화운동 사업과, 1980년 대 '620사업'이라는 국가사업으로 원주민이 이주되고 건물이 철거되면서 대한민국 삼군본부가 자리하기 이전까지, 종교의 백화점이자 만물상과 같은 곳이었다.[4] 그러나 삼군본부가 들어오면서 우적골이 포함된 신도안 지역이 국가에 수용되면서 삼정이 공부하던 터는 없어지고 말았다.

신도안 지역에 있던 건물 중 철거되지 않고 남은 것이 있는데, 대표적인 것이 충청남도 민속문화재 제19호로 지정된 삼신당(三神堂)과 대한민국 삼군본부의 사찰로 활용되고 있는 제석사(帝釋寺)이다.

삼신당은 그 명칭에서 알 수 있듯이 1927년 건립된 천지인 삼신을 모시는 무속계 신앙의 한옥건물인 천단과, 1933년 건립된 적벽돌 구조의 2층 건물인 태상전이 있다. 삼신당은 1889년 평양에서 태어난 정원강이 수도생활을 하기 위해 계룡산에 들어와 살다가 건립한 곳이었다. 이곳은 종교 활동의 장소이기도 했지만, 독립운동가와 연결되어 독립운동가들의 은신처로 활용되기도 한 곳이었다. 독립운동과 관련된 장소였기 때문에 이곳을 만든 정원강도 1943년 6월에 일본경찰에 체포되어 경북 상주경찰서에서 고문을 받고 서울로 압송되던 도중 사망했다. 말 그대로 삼신당은 토속신앙의 장소이자 독립운동의 중요한 근거지이기도 했던 것이다.[5]

삼군본부가 들어오면서 철거되지 않고 현존하는 또 다른 건물인 제석사는 1916년 태생인 서용준 스님에 의해 그의 나이 50대 초반인 70년 초반에 건립되었다. 제석사에는 특이한 전설이 전해져 내려오는 곳이 있다. 바로 용구추(龍口湫)라는 바위 동굴인데, 이곳에서 이성계가 계룡산 산신령에게 기도를 드리면서 "자신이 건국한 나라의 도읍을 신도안에 정할 터이니 그것을 허락해 달라"고 했다고 한다. 그런데 이성계는 산신령으로부터 "신도안은 미래에 올 정도령의 터이니 허락할 수 없다"는 말을 듣고 신도안을 도읍으로 정하지 못하게 되었다고 하는 전설이 전해지고 있다. 제석사의 명칭 또한 범상치 않다. 제석이란 용어는 제

계룡산 향적산방

석천에서 온 것인데, 제석천은 하늘나라의 신 가운데 하나로 수미산 중턱에 머물면서, 사천왕을 거느리고 불법과 불제자를 보호하는 역할을 한다. 곧 불법수호의 신인 셈이다. 그러한 제석천 명칭을 사찰에 붙인 것은 예사롭지 않다. 불법을 수호하듯 대한민국을 수호하는 대한민국 삼군본부가 자리할 것을 미리 알고 사찰을 창건할 때부터 사찰명칭을 지었는지 모르겠지만 서용준 스님의 예지력이 놀라울 따름이다.

이런 신도안 우적골에서 학산 이정호 선생이 공부하고 있었고, 삼정이 학산 선생을 찾아가 스승과 제자의 관계가 맺어졌던 것이다. 이후로 삼정은 학산 선생이 계룡산 국사봉(향적산) 아래 향한리 향적산방[6]으로 거처를 옮겼을 때는 학산 선생과 함께 직접 향적산방을 짓기도 했고,[7] 이곳에서 학산 선생이 학생들을 지도할 때도 그들과 함께 거주하기도 했다.[8]

삼정은 학산 선생의 제자가 되어 공부하던 중 이숙영 여사와 결혼했다. 그런데 공부에 대한 열의가 얼마나 대단했는지 결혼을 위해 고향마을 대전 무수동으로 내려왔다가 결혼식을 올리고 아내를 살림집에 떼어 놓고 다시 계룡산으로 들어가기도 했다. 그리고 몇 년간 계룡산에 기거하면서 한문에 대한 공부를 더 깊이 하여 글에 대한 문리가 나게 되었으며, 어려서 배우지 못한 중·고등학교 공부까지 다 마치게 되었다. 그는 아버지가 일찍 돌아가셨기 때문에 정규 중·고등학교를 다니지 못했으며, 현대학문을 수학한 학력이라고는 동네에서 보통학교(초등학교)를 졸업한 것이 전부였다. 그러나 이미 어린 시절부터 동네 서당에서 배운 글로 한문에 대한 기초실력이 다져 있어서 웬만한 경전 및 한문고전은 술술 읽을 정도의 경지에 이르러 있었다.[9] 그런 기본바탕에 학산 선생에게서 지도받은 역학이나 그밖에 정규고등교육 과정에 대한 공부는 현대 학문에 대한 이해뿐 아니라 자신의 학문체계를 만드는데 큰 밑거름이 되었다.

충남대 재직 당시 저술 활동

충남대 '고전연역회' 활동과 『반계수록(磻溪隨錄)』 번역

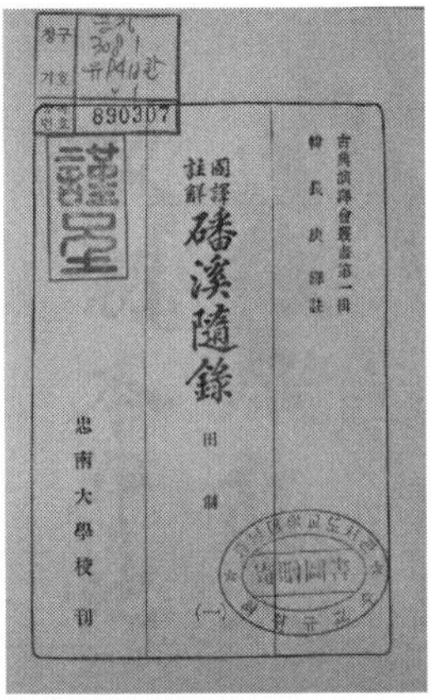

삼정이 번역한 유형원의 『반계수록』

권영원 선생이 충남대에서 활동하게 된 것은 자신의 한문 실력과 고전에 대한 해박한 지식, 그리고 이와 함께 스승인 학산 이정호 선생의 배려 덕분이었다. 학산 선생은 제자인 삼정이 지속적으로 학문 활동을 할 수 있게 도와주었다. 우선 학산 선생은 충남대 내에 고전번역을 하는 '고전연역회'라는 이름의 조직을 만들어 권영원 선생이 이 조직의 일원으로 활동할 수 있게 했다. 그런 다음 국가적으로 문교부[10]에서 추진한 고전국역 사업을 지원하여 그 사업이 채택되면 안정적으로 충남대에서 지속적으로 학문연구와 번역활동을 할 수 있게 해주고자 했다. 그런데 문제가 발생했다. 삼정이 교수 신분이 아니었고 게다가 그가 정규 학업

자격도 부족했기 때문에 국역사업에 참여할 자격이 없었던 것이었다.

그래서 학산 선생은 궁여지책으로 방법을 고안해 내었다. 그가 생각한 방법은 삼정이 책을 간행한 경험이 있도록 만들어 놓은 것이었다. 문교부의 고전국역 사업을 신청하기 이전에 학산 선생은 『주역자구색인』이라는 책을 간행했었는데, 이 책을 만드는데 제자인 삼정이 도와서 간행했다는 사실을 증명하는 방책을 낸 것이었다. 학산 선생은 삼정이 『주역자구색인』이라는 책을 이미 출간한 경험이 있다는 취지의 '확인서'를 고전국역 사업에 제출하며 사업을 신청했다. 결국 이런 방법을 사용한 신청서는 받아들여졌고, 책은 삼정의 주도하에 번역되기 시작했다. 그것은 반계 유형원의 『반계수록』을 한글로 번역하는 작업이었고 그 결과로 『국역주해 반계수록』이 나오게 되었다. 유형원의 『반계수록』에 대한 우리나라 최초의 번역 책이 나온 것이었다.[11]

이 작업은 삼정의 나이 29살(1955년)부터 시작해서 8년 동안 진행되었다. 처음에 시작할 때는 한장경(韓長庚)이라는 70대 한학자가 참여했는데 이분이 국역작업을 진행한 지 1년 만에 타계하면서, 번역작업은 삼정 혼자서 하게 되었다. 그런데 전체 책 4권 가운데 처음 나온 책에는 번역자의 이름이 '한장경'으로 간행되었다. 그렇게 된 것은 당시 삼정의 나이가 갓 서른 살을 넘긴 나이여서 70대의 노학자와 공동으로 간행했다고 하는 것이 어울리지 않는다고 판단하여 자신의 이름은 넣지 않고 한장경의 이름을 넣어서 간행했기 때문이었다. 그런 뒤 마지막에 간행된 제4권 째에서는 삼정 자신의 이름으로 간행을 했다.[12] 삼정은 『반계수록』을 번역하는데 그치지 않고, 옛날 제도나 사항에 익숙하지 않은 현대인을 위해서 용어에 대한 설명을 위해 '역자주(譯者註)'를 별도로 넣었다. 고전에 대한 해박한 이해가 있지 않고서는 불가능한 작업이었다.

삼정이 『반계수록』을 국역하는 과정에 사용한 원고지의 양은 그것을 쌓으면 그의 키[13] 높이가 될 정도였다. 책이 간행된 후에 반응은 뜨거웠다. 하버드대, 캠브리지대 등 외국 대학에서 그에게로 편지가 답지했다. 좋은 책을 보내줘서 고맙고, 함께 연구하자는 내용이었다. 이러한 그의 번역 활동에 자극을 받은 충남대 교수들은 '동서문화연구소'를 만들어 동양고전뿐 아니라 서양고전도 연구해보자는 계획을 세우기도 했다. 그러나 이 계획은 당시 문교부에서 예산을 확보하지 못해, 무산되고 말았다.[14]

충남대 도서관 고서실 근무와 저술작업

유형원의 『반계수록』 번역작업이 완성되자 충남대 안에 설치된 국역활동 조직인 '고전연역회'는 해산되었다. 이 조직이 없어지면서 삼정은 충남대 도서관 직원으로 자리를 옮기게 되었다. 일종의 오늘날 무기계약직과 비슷한 것으로 근무처는 도서관이었다. "보수도 크게 줄었으나 내가 좋아하는 일을 할 수 있었기 때문에 그래도 즐겁게 일했습니다"[15]라고 삼정이 회고했듯이, 비록 급여는 적었지만 안정된 자리가 보장되었고, 학교에서 계속 근무할 수 있었으며, 또 자신이 하고 싶은 학문을 계속할 수 있었기 때문에 도서관 근무에 만족했다.

삼정은 주로 충남대 도서관의 '고서실'에 근무했다. 고서실에 있는 한문으로 된 한국원전 고서에 대한 관리와 설명, 번역을 맡았고, 고서실을 찾는 학생과 교직원, 일반 시민에게 고서 자료를 제공해주거나 전문 용어나 일반적인 한문고전에 대한 상담을 해주었다.[16] 그는 도서관 고서실에서 근무하며 자신의 공적인 업무를 수행하는 한편 '고전연역회'에서 활동했던 것처럼 고전에 대한 번역 작업도 지속적으로 진행했다. 도서관직원으로 근무하면서 저술 작업을 한 것인데 말 그대로 주경야독의 실천이었다고 할 수 있다.

1979년 8월 『동사(東事)』 번역

1963년 『국역주해 반계수록』을 간행하고 난 이후, 삼정은 본격적인 번역 작업을 전개하지 않았다. 도서관 직원으로서의 생활과 자신의 학문 연구에 집중했던 것으로 보인다. 그러다 지천명(知天命)의 시기를 막 넘긴 1979년 8월, 17세기에 활동한 조선시대의 학자 미수 허목(1595-1682)이 지은 『동사(東事)』라고 하는 책을 번역했다.[17]

삼정이 번역한 『동사』

허목은 1667년(현종8년) 경기도 연천으로 낙향해서 있을 때, 이 책의 저술을 시작하여 1677년(숙종3년) 책을 완성했다. 이 책은 국가의 필요나 군주의 명에 의해서 작성된 것이 아니라 허목 스스로의 판단과 자료수집으로 만든 역사책이었다. 이 책은 책의 제목과 그 안에 담고 있는 콘텐츠에 큰 특징이 있다. 우선 제목이 여러 책에서 발췌해서 편찬한 책(유서(類書))으로서 역사책이지만 역사로서의 사(史)라는 단어를 사용하지 않고 '전해져 오는 이야기나 사건에 대한 이야기'를 의미하는 사(事)라는 단어를 사용했다.[18] 또 내용은 고려와 조선왕조의 역사는 빼고, 우리나라 상고시대사와 고대사만을 다루고 있다. 특히 주목되는 것은 단군조선을 한국사 역사체계에서 분명히 기록하고 있다는 점이다.

이렇게 삼정이 허목의 역사책, 『동사』를 번역한 것은 그 자신이 인식하고 있던 역사의식이 있었기 때문이었다. 그는 단군 이후 정치 사회 변천 과정과 민족 고유의 주체의식을 인식하고 연구하는데 허목의 『동사』 책이 꼭 필요하다고 생각해서 이 책을 번역하게 되었다고 했다. 그러면서 이 책의 해제에서 '우리민족 고유의 전통성을 일깨워 주고 현실사회와 장래 흥망을 점쳐주기 위해서 번역하게 되었다'고 했다. 그는 "역사는 인류발전의 교훈이다. 공자가 『춘추』를 지은 후 난신적자(亂臣賊子)들이 두렵게 여긴 것은 춘추대의(春秋大義)의 교훈이었기 때문이다"라고 했다. 그러면서 "허목이 이 책을 지어 임금 숙종에게 올린 속뜻은 임금에게 역사의 경계심을 일깨워 주려는 것이었다"고 평가했다. 그 자신도 이런 마음으로 허목의 『동사』를 번역한 것으로, "역사는 과거의 일만을 적어두는 것이 아니라 미래를 염려하는 데 그 뜻이 있는 것이다"라며 자신이 이 책을 번역한 의미를 분명히 했다.[19)]

1983년 『정역구해(正易句解)』 저술

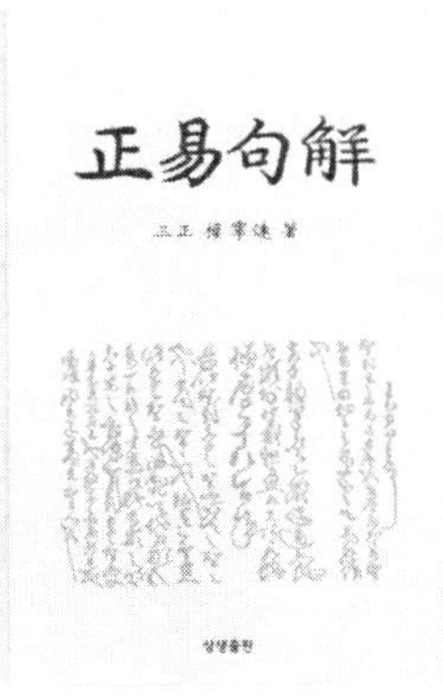

삼정이 저술한 『정역구해』

1983년 삼정은 자신의 공부 중 하나인 정역과 관련한 첫 책을 간행했다. 그것이 『정역구해(正易句解)』이다.[20)] 이 책은 원래 자신의 스승인 학산 선생의 1982년 고희를 기념해서 축수례(祝壽禮)로[21)] 올리려 했던 것이었는데, 여건이 맞지 않아 지연되어 1년 뒤에 나온 것이었다.[22)] 이 책의 서문에서 그는 "역(易)은 변화의 원리이다. 천하를 대동하고 세계를 한 가족으로 하는 전 인류의 공통된 신화원리(神化原理)로서 나타난 것이 정역(正易)이다"라고 했다. 또한 그는 "정역은 우리에게 어떻게 이웃을 사랑하고 나라를 사랑하며, 온 인류를 사랑할 것인가, 어떻게 부모와 조상을 받들고 절대자인 하느님께 순종할 것인가, 우리는 어떻게 영원한 평화와 행복을 나누며 당면한 혼란과 재난을 극복하여 불멸의 생명을 획득할 것인가, 어떻게 앞으로 다가올지도 모르는 천지의 대변화에 적응하며 그에 대비한 사회 개조와 인간 심성의 혁명을 이룩할 것인가, 그리하여 일찍이 실현하지 못하였던 인류의 이상을 이 땅 위에 실천하여 사랑과 평화가 넘쳐흐르는 희망의 복지사회, 고도의 문화 세계를 어떻게 재건할 것인가. 이런 모든 문제들을 해결할 수 있는 이론과 방법을 제시하고 있다"[23]고 했다. 그런데 정역은 형태적으로 글이 간결하고 내용이 깊은 뜻을 담고 있을 뿐 아니라, 그 해답의 열쇠라고 할 수 있는 간지도수(干支度數)와 수지상수(手指象數)를 알기가 너무 어렵다. 그래서 그는 처음으로 정역을 공부하는 사람이나 정역에 일정한 경지에 오른 사람이라도 내용을 더 깊게 알게 하기 위해서 정역과 대역서(大易序)에서 900여 구절을 추려 사전체로 엮은 해설서를 간행했다. 그것이 이 책 『정역구해』였다.

삼정은 책 저술뿐만 아니라 서예에도 조예가 깊었다. 그가 즐겨 쓴 것은 추사체였다. 그는 자신의 저술에 자신이 직접 쓴 작품을 수록하기도 하고, 다른 학자의 기념논문집이 간행될 때 자신의 작품을 기증하곤 했다. 대표적인 사례로 자신의 책 『정역과 천문역』와 『정역수지상수』에 자신이 직접 지은 한시의 초서체 작품을 넣기도 했고, 중산 정덕기 총장의 『화갑기념 논총』에 자신이 지은 한시의 초서체 작품을 기증하기도 했다.[24]

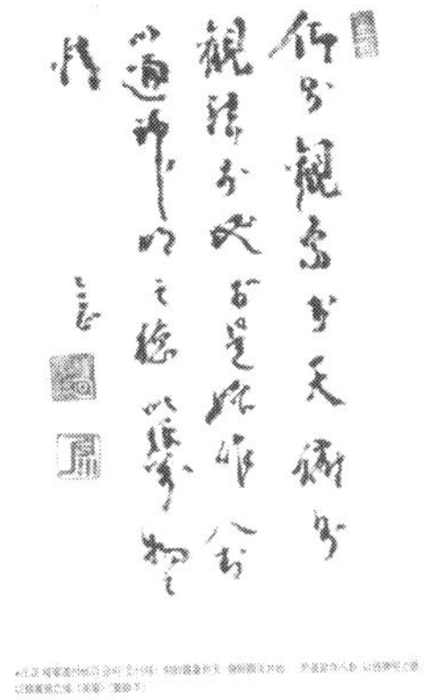

『정역과 천문역』 10쪽,
한시 초서글씨

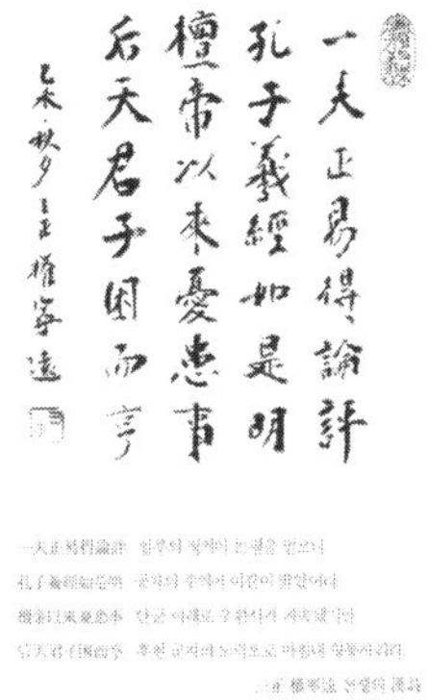

『정역수지상수』 14쪽,
한시 초서글씨

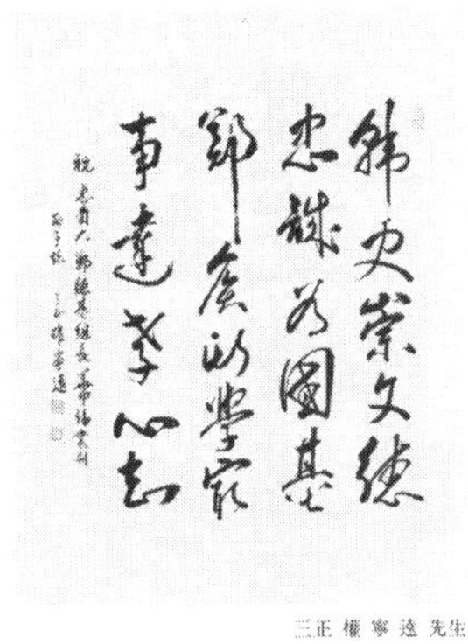

『중산 정덕기박사
화갑기념논총』, 화보 5쪽,
한시 초서글씨

충남대 퇴직 후 활동과 저술 작업

충남대 도서관 고서실에서 근무하던 삼정은 1989년 1월 대전시가 대전광역시로 개편되면서 임명직 시장을 지낸 이봉학[25]의 영입으로 대전광역시 시사편찬위원회로 자리를 옮기면서 충남대를 떠나게 되었다. 그러나 학술 활동과 저술 작업에 대한 그의 열정은 충남대를 그만둔 1989년 이후에도 지속되었다.

그의 학문체계는 번역서와 자신의 학문에 대한 연구와 정리, 그리고 자신의 예술적 관심에 대한 저술 등 다양한 면에서 나타났다. 삼정은 충남대를 퇴직한 후 『예속고』(1992), 『정역입문과 천문력 부역운(正易入門과 天文曆 附易韻)』(2010), 『한국정운』(2010), 『삼정문집』(2010) 등을 간행했다. 이 가운데 2가지를 소개하면 다음과 같다.

1992년 『예속고』 간행

『예속고』

삼정은 1992년 10월에 『예속고』라는 문고판 책을 간행했다. 이것은 우리나라의 전통적인 예절습관, 세시풍속, 일상예절 등 예절과 풍속에 관련된 한자 용어에 대한 개념을 설명해 놓은 책이다. 그는 이 책의 서문에서 "고례(古禮: 옛날의 예절)든 금례(今禮: 지금의 예절)든 모두 인간사회에서 친화의 질서로 예속상교의 절차는 여러 가지가 있다"고 전제하면서 우리나라의 현실문화는 한문 문화를 바탕으로 한글문화가 성장되어 한자 용어나 관용구를 관습적으로 사용하는데, 한자 용어나 문구에 대한 자료나 그것을 설명해주는 책이 없어 일상생활이나 애경사에 사용하는데 불편함이 있다고 했다. 그래서 이러한 불편함을 없애기 위해서 한자 용어나 관용 문구 460여 가지를 39가지의 주제로 분류하여 간행하게 되었다고 저술의 의도를 밝혔다.[26]

중국 시안 '시왕모만비림'(西王母萬碑林)에 휘호가 쓰인 비가 건립되다

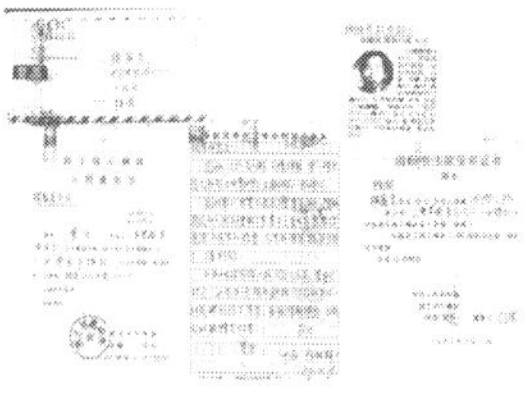

시왕모만비림에 건립된 비와 중국에서 보낸 문서

삼정은 1994년 중국 시안(西安)에 있는 '시왕모만비림'에 자신의 휘호가 쓰여진 비(碑)가 건립되는 영광을 안았다. 그것은 그가 스스로 한 것이 아니라 중국 측에서 세워 준 것이었다. 비에 쓰여진 내용은 '인무이국 도무고금(人無異國 道無古今)'이었다. 사람은 자국민이나 다른 나라 국민이거나 구별이 없이 왕래하는 것이고, 인간의 도리라는 것은 옛날이나 지금이나 변함이 없다는 뜻의 글이었다.[27] 2019년 칼럼니스트 조용헌은 자신의 칼럼에서 삼정의 휘호 비가 중국에 건립된 것을 두고 '한류가 비림에까지 미친 것'이라고 평가하기도 했다.[28]

2010년 『정역입문과 천문력 부역운』 간행[29]

『정역입문과 천문력』

1983년 『정역구해』 책이 나온 이후 삼정은 자신의 학문연구와 함께 역학을 연구하는 학인을 지도하기도 했다. 대표적으로 2005년 4월부터 약 2년 동안 반룡학회 10여 명과 함께 대전 등지에서 『주역』과 『정역』에 대한 강의를 진행했는데,[30] 이때 강의한 내용을 정리해서 한 권의 책으로 출판했다. 이것이 2010년 10월에 간행된 『정역입문과 천문력』이다. 그의 정역에 대한 두 번째 저술이라 할 수 있다.

이 책은 이전에 나온 『정역구해』와 분리된 책이 아니라 그것을 보완하는 책이라고 할 수 있다. 이전에 출간된 『정역구해』가 정역 가운데 중요한 구절에 대해 해설을 해놓은 것이라고 한다면, 이 책은 『주역』과 『정역』 원문과 그것에 대한 강의 해설로, 역에 대한 이해를 돕기 위해 도표와 그림을 충분하게 포함시켰다. 특히 동양의 하늘 별자리인 28수에 대한 그림과 그것에 대한 해설과 활용을 추가했다. 그래서 책의 제목에 천문력(天文曆)이 들어간 것이다. 또 이 책의 부록으로 『주역』 괘효사와 단상전에 나오는 운(韻)에 대해서 기존의 연구를 참조하여, 그 자신의 생각을 적어 '역운(易韻)'이라 명명하여 붙였다.[31]

가학으로서 아들 권호용에게 정역 전수

삼정은 2010년 10월 『정역입문과 천문력 부역운』을 간행하기 이전부터 건강이 나빠지기 시작했다. 무수동 302-1번지 사저에서 몇 번을 넘어져서 거동이 불편해졌으며 기억력과 의사소통에도 어려움이 생기기 시작했다. 2006년 9월 7일 강동 성심병원에서의 진단 결과는 파킨슨증후군이었다. 병원에 입원한 지 3일째 되는 날 정신이 맑게 깨어났다. 담당 주치의는 그동안 약을 과다복용한 결과 정신이 몽롱해진 것이라면서 약의 종류와 복용량을 몸 상태에 따라 바꾸어 처방하고 치료했다. 그 결과 그의 몸은 정상적으로 회복되었다. 건강을 회복하던 날 삼정은 아들 권호용에게 자신이 살아온 이야기와 '정역' 학문의 전수에 대해 이야기했다. 이날 대화의 핵심은 그의 학문체계, 특히 수지상수와 관련된 내용이었다.[32] 정역 수지상수는 정역의 원리와 도수를 왼손가락을 굽혔다 폈다하는 동작 형상으로 표현하는 것으로, 김일부 선생이 창안해서 오직 자신의 제자 덕당 김홍현 선생에게만 전했고, 덕당은 그것을 학산 이정호 선생에게 전했고, 학산은 자신의 문하생에게 전했는데, 그중에 삼정도 있었던 것이다.[33]

삼정은 학산 선생에게서 전해 받은 그것을 평생에 걸쳐 천착했다.[34] 그는 스승이 전해준 그것을 스스로 외우고 연습하여 잊어버리지 않으면서 지켜냈다. 그리고 그것을 아들 권호용에게 전해주어 '가학(家學)'으로 만들었다. 그러한 가학은 아들 권호용이 2016년 6월 6일 『정역 수지상수-주역건곤편』을 간행하는 것으로 결실을 보게 되었다.[35] 처음에

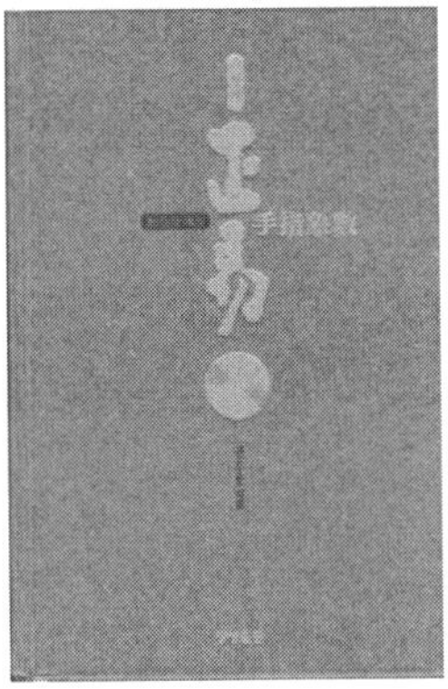
권호용의 『정역수지상수』

삼정은 정역공부에 대해 "정역공부, 이 공부는 아무나 하는 것이 아니다"라며 아들이 정역 공부하는 것을 만류한 적도 있었지만, 말년에 자신의 학문을 아들에게 전수했다. 그의 아들도 아버지에게서 전해 받은 것을 이루기 위해, 운전하면서도 주역과 정역을 암송했고, 잠들기 전까지 주역 책과 정역 책을 손에서 놓지 않으면서 공부를 했다.[36] 그러한 결실이 『정역수지상수』에 대한 저술로 꽃을 피운 것이었다.[37]

학자로서 삼복(學者三福)을 누린 삶

삼정의 책읽는 모습(90대)

삼정 권영원 선생은 2018년 11월 4일 별세했다. 향년 91세의 나이였다. 대전시 중구 무수동에서 태어나서, 이 동네 양지바른 곳에 영면하고 있다.

맹자는 「진심편」에서 군자에게는 세 가지 즐거움[君子三樂]이 있다고 했다. 아버지와 어머니 두 분이 다 살아 계시고 형제가 무고한 것이 첫 번째 즐거움이요[父母俱存 兄弟無故 一樂也], 우러러 보아 하늘에 부끄럽지 않고 굽어보아 사람들에게 부끄럽지 않은 것이 두 번째 즐거움이요[仰不愧於天 俯不怍於人 二樂也], 천하의 영재를 만나 그를 교육하는 것이 세 번째 즐거움[得天下英才 而敎育之 三樂也]이라고 했다.

그렇다면 학자에게 있어서 세 가지 즐거움[學者三樂]은 무엇일까? 사람마다 다르겠지만, 필자가 꼽는 것은 학문을 같이 하며 나눌 수 있는 동료를 만나는 즐거움, 자기 자신의 학문을 스스로 즐기며 연구하는 자기 학문에 대한 즐거움, 학문에 대해 순수하고 진정성 있게 임하는 열정적인 제자를 가르치는 즐거움이 아닐까 싶다. 그럼 이와 견주어 공부하는 사람에게 있어서 삼복[學者三福]은 무엇일까? 사람마다 이것 역시 다르겠지만, 필자가 꼽는 것은 훌륭한 스승의 가르침을 받고 그 스승이 자신의 길을 열어주는 은사복[恩師福], 자신이 추구하는 진리 탐구의 학문의 길이 즐겁고 보람되며 술술 풀리는 학운복[學運福], 진실되고 영특한 제자를 가르치고 지도하여 인재가 되도록 만드는 제자복[弟子福]이라 할 수 있겠다.

삼정은 비록 교수는 아니었지만 학자로서의 삼복을 누린 사람이었다고 평가할 수 있다. 어려운 유소년기를 보내면서도 공부에 대한 열정을 놓지 않고, 스승인 학산 이정호 선생을 만나 현대학문과 정역의 길을 안내받았다. 그는 학자에게 있어서 중요한 복중의 하나인 은사복이 있어 스승의 도움으로 학문을 하면서 생계를 꾸릴 수 있었으며, 스승의 도움으로 충남대와 인연을 맺을 수 있었다. 그는 낮에는 충남대 직원으로 근무하고 밤에는 자신의 학문을 절차탁마하는 열정의 학자요 집념의 학자였다. 자신이 추구하는 학문의 길로서 고전에 대한 번역, 역학 이외에도, 한시 작성과 관련된 저술 작업, 초서체 서예와 관련된 편찬 작업을 했으며, 고전과 고지식에 대한 해박한 지식을 정리하기도 했다. 그는 자신의 학문을 80살이 넘은 노구에도 지속적으로 연구하고 활동하는 학운복이 있었다. 학자의 복중에 최고복은 제자복이라고 할 수 있는데, 그런 제자복 중에서도 최고복은 자식에게 자신의 학문을 전수하는 가학(家學) 제자복이다. 삼정은 자신의 학문인 정역을 그의 셋째 아들 권호용에게 전수하였으니, 가학으로서 제자복도 누렸다. 그야말로 학자에게 있어서 삼복을 모두 갖춘 이였다.

삼정은 무엇보다 충남대 교직원이면서 자신의 학문을 이룬 사람이었다. 그렇게 할 수 있던 것은 무엇 때문일까? 무엇보다도 자기 학문에 대한, 자기 자신에 대한 확고한 의지가 있었기 때문이 아닐까. 도서관 고서실을 자신의 연구실 삼아, 고서실로 찾아오는 대학원생을 제자 삼아 자신만의 학문세계를 만들었다. '하늘은 스스로 돕는 사람을 돕는다' 그리고 '하늘은 스스로 확신하는 사람에게 확신을 준다'고 생각한다. 그렇게 스스로 돕고 스스로 확신한 삼정은 스스로 절차탁마와 주경야독으로 자신의 학문을 만들었으며, 하늘도 그에게 그것을 허락했던 것이다.

중도일보 기사(1991.8.2)

삼정이 구십춘광(九十春光)의 노구(老軀) 때까지 학문을 할 수 있었던 배경에는 그의 삶의 자세도 관련이 있었다고 판단된다. 언제나 수수하고 소박한 삶, 그리고 드러내지 않으면서 자신의 집념을 일관되고 끊임없이 지속하는 삶이 있었다. 이것이 그가 장수하면서 자신의 학문을 지속시킬 수 있었던 힘이 아니었을까 생각해 본다. 언제나 뵐 때마다 검소한 옷매무새, 화내는 모습 한번 보이지 않는 유순한 태도와 차근차근 대화하는 원만한 인간상, 그런 속에서도 학문이나 고전에 관한 해박한 지식과 거침없는 설명, 그것이 그의 내공이었다. 그는 진정 교수보다도 더

한 지성인이요, 숨어있는 실력자였다.

충남대가 개교 70주년을 맞았다. 사람으로 치면 고희(古稀)인 셈이다. 지나온 70년을 돌아보고, 맞이할 100년을 기대하며 삼정 권영원 선생과 같은 새로운 삼정을 기다려 본다.

헌신과 희생

70년 CNU의
리더스피릿

XII

국가에 헌신하고 명예롭게 산화한 충남대 ROTCian

- 권영주 중위, 박승환 소령, 김광석 소령을 중심으로 -

서영식 · 김종서

들어가는 말

명예는 이성적이며 사회적인 존재인 인간이 자신과 타인에 의한 존중과 평가의 결과로 얻게 되는 최고의 가치감정이다. 따라서 명예는 어느 사회나 집단을 막론하고 조화롭고 균형감 있는 사회활동을 위해서, 그리고 올바른 자의식 형성을 위해서 우리 인간이 반드시 갖추어야 할 덕목으로 평가되어 왔다. 이러한 의미에서 동서고금의 수많은 사상가와 철학자들은 명예를 '삶에서 추구해야 할 최고의 가치' 가운데 하나로 간주하였다. 어느 사회나 조직을 막론하고 명예 관념 속에는 구성원들의 집단적인 가치 의식과 윤리적 태도가 투영되어 있는 것이다.

명예의 가치를 중시한 철학자들 중에서 서양의 경우 대표적인 인물로 소크라테스를 들 수 있다. 그는 "명예로운 죽음은 불명예스러운 삶보다 낫다"고 말하면서, 서양철학사상 최초로 자신의 명예와 정신적 가치를 지키기 위해 초개와 같이 목숨을 버렸다. 그는 명예를 추구하는 사람은 올바른 인격과 이성적인 판단능력을 갖추고 세상에서 조화로운 삶을 위해 노력해야 하지만, 내면에서 들리는 양심의 소리에 반하는 행동은 가장 불명예스럽고 치욕적이며 죽음보다 못한 일임을 알았기 때문이다.

오늘날 자존심과 명예를 지키기 위해 죽음에 이르는 경우는 흔치 않겠지만, 이 가치 개념이 개인과 사회 그리고 국가를 지탱하는 바탕이라는 점은 이론의 여지가 없을 것이다. 그리고 진정한 명예는 현실적인 정치권력이나 재력을 통해서 세간에서 유명인으로 행세하거나, 부정한 방법을 동원해서라도 치부(致富)함으로써 도달할 수 있는 것이 결코 아니다. 오히려 명예는 내면적인 자긍심과 겸양지덕에 기초한 높은 수준의 도덕성과 자기 확신을 전제로 하는 개념이며, 나아가 행위주체가 공동체의 구성원으로서 자신에게 주어진 임무를 충실히 수행하는 가운데 타인의 존경심을 자발적으로 유도함으로써 주어지는 것이다.

군대는 인류사에서 명예와 자존감을 중시하는 대표적인 집단에 속한다. 대한민국 군대의 궁극적 지향 가치가 '충성 · 명예 · 단결'이라는 사실도 이 점을 뒷받침한다. 특히

충남대 116학군단 전경

군대에서 병사들을 지휘 통솔하며 지휘관의 역할을 수행하는 장교에게 명예는 세상 그 무엇과도 바꿀 수 없는 최상의 가치이다. 지휘관이 추구하는 명예는 전장에서의 승리, 진급, 무공훈장, 표창 등 여러 가지 차원에서 거론할 수 있겠지만, 그중에서도 최상의 명예는 부하와 병사들로부터 절대적인 신뢰를 받음으로써 생사의 갈림길에 선 전장에서 자신의 의지와 명령에 따라 일치단결하는 상태일 것이다. 그렇다면 지휘관은 과연 어떤 자세와 행동을 바탕으로 부하의 존경과 신뢰를 이끌어 낼 수 있는가? 동서고금에 걸쳐 가장 유명하고 또한 가장 뛰어난 군사전략서로 평가받고 있는 『손자병법(孫子兵法)』의 지형편(地形篇)에는, "병사를 어린아이처럼 보살펴주면 함께 깊은 계곡물 속으로 뛰어들 수 있고, 병사를 자식처럼 아껴주면 함께 죽을 수도 있다"는 표현이 등장한다. 이 말 속에는 지휘관이 누릴 수 있는 최상의 명예는, 부하들을 인격적으로 평등한 존재로 인정하고 세상에서 가장 귀한 존재로 여기는 마음가짐을 헌신과 희생을 통해 행동으로 실천할 때 주어지는 덕목이라는 사실이 함축되어 있다.

60여 년의 전통을 지닌 충남대 학생군사교육단(116 ROTC)에서는 부하사랑과 살신성인을 통해 진정한 명예의 의미를 이해하고 실천한 인물

이 여러 명 배출되었다. 故권영주 중위(權永周, 1955.10.25-1980.2.9), 故박승환 소령(朴承煥 1961.7.27-1990.2.5), 故김광석 소령(金光錫 1970.2.20.-1998.4.1)이 바로 그들이다. 이 글에서는 충남대 ROTC 출신 육군 장교로서 국가와 민족을 위해 헌신하다가 군사작전 수행 중 절체절명의 위기상황이 발생하자 자신의 안위를 돌보지 않은 채 부하들을 사지에서 구하고 명예롭게 산화한 동문들을 소개함으로써, 그들의 애국혼과 선공후사의 자세를 되새기고자 한다.[1)]

권영주 중위

—

지난 2007년 5월 전쟁기념관은 최전방 전차부대 야간훈련 도중 불의의 사고가 발생하자 일신의 안위를 돌보지 않은 채 부하들을 구하고 순직한 권영주 중위(충남대 ROTC 17기)를 이달의 호국인물로 선정한다고 발표했다. 권 중위는 1961년 대한민국 학생군사교육단(Reserve Officer's Training Corps)이 창설된 이래 이 조직 최초의 호국 인물로 선정된 것이다.

25세의 꽃다운 나이에 타계한 권영주 중위는 어떤 인물이었는가? 또한 구체적으로는 어떤 이유로 호국인물에 선정되었으며, 사후 40여 년의 세월이 지난 오늘날까지 살신성인의 표상으로 후배 군인들뿐만 아니라 많은 국민들의 추앙을 받고 있는 까닭은 무엇인가?

유소년기와 초중고 학창시절

권영주는 1955년 10월 25일 전라북도 무주군 설천면 심곡리에서 6남

권영주 중위

1녀의 장남으로 출생하였다.[2)] 부친 故권경호 선생은 공무원을 역임하고 퇴직 후에는 정미소를 운영하였으며, 큰 아들이 먼저 세상을 떠난 지 20년 후인 지난 1999년 3월에 작고하였다. 어머니 현봉순 여사는 지금도 후손들과 함께 고향마을에 생존해 있다. 권영주의 첫째 동생이며 중고등학교 시절 대전에서 함께 자취하며 생활했던 권형균 씨의 기억에 따르면, 50-60년대 대부분의 시골 가정이 그렇듯이 자식만 7남매인 대가족의 집안 형편이 그다지 넉넉하지는 않았으나, 집안 분위기는 주변 어느 가정보다 화목하고 단란했다. 소년 권영주는 어렸을 때부터 집안의 장남으로서 남다른 책임감과 자부심을 지니고 있었으며, 생업과 가사에 분주한 부모님을 대신해서 항상 동생들을 챙기고 돌봐주는 믿음직하고 착한 성품의 맏형이었다. 또한 어린 시절부터 남달리 총명했던 그는 고향인 무주군 설천면에 위치한 초등학교(당시 학교명은 구천국민학교)에 다니면서 선생님과 부모님의 기대를 한 몸에 받으며 모범생으로 성장하였다.

권영주의 부모님은 평소 어려운 형편 속에서도 자식 교육만큼은 남다른 열정을 지니고 있었는데, 특히 초등학교 시절부터 착실한 우등생이었던 큰 아들을 졸업과 동시에 인근 대도시인 대전으로 유학 보낸다. 중학교(대성중학교)를 우수한 성적으로 졸업한 권영주 군은 당시 중부권 최고의 명문학교로 손꼽혔던 대전고등학교에 입학하였다. 그는 청운의 꿈을 품고 절차탁마한 3년간의 학업 기간 내내 최상위권 성적을 유지하였으며, 원만하면서도 활기찬 성품을 바탕으로 학생회 간부를 도맡아 하는 등 동급생 사이에서 항상 리더십을 발휘했던 것으로 생활기록부에 기록되어 있다.

졸업을 앞두고 진학할 대학을 정해야 할 시기가 도래하자, 권영주는 주위의 만류에도 불구하고 서울 소재 명문대학 진학의 꿈을 접고 지역 거점국립대학인 충남대 입학을 결정한다. 집안 형편은 그다지 넉넉하지 못한데 아직 나이 어린 동생이 다섯 명이나 있는 상황에서 서울 소재 대학에 입학할 경우 학비와 생활비 등을 감당하기 어렵고 부모님께도 적지 않은 부담을 줄 수밖에 없다는 현실적 판단이 작용한 것이다.

청운의 꿈을 펼친 학군사관후보생 시절

20세의 청년으로 성장한 권영주는 1975년 3월 충남대 공과대학 정밀기계공학과에 성적우수 장학생으로 입학한다. 어린 시절부터 매사에 완벽주의자로 평가받았던 그는 몸에 배인 성실함과 반듯한 생활태도를 바탕으로, 신입생 시절부터 학과 교수진은 물론이거니와 동년배의 학우들 사이에서 신망을 얻으며 생활하였다. 2학년이 되자 당시 대부분의 청년들과 마찬가지로 그에게도 군입대 여부가 서서히 고민거리로 다가왔고, 이에 권영주는 소년 시절부터 선망의 대상이었던 장교 생활을 직접 경험하기 위해 116학생군사교육단에 입단한다.

권영주와 충남대 ROTC 동기이며 2022년 현재 충남대 학군 17기 동기회장을 맡고 있는 김선봉 씨(65세)에 따르면, 권영주 후보생은 대학 시절 다섯 살 아래였던 둘째 동생과 대전에서 함께 자취하며 학업과 ROTC 훈련을 병행하였는데, 옆에서 보기에도 동생을 친자식처럼 보살피며 뒷바라지를 했다고 한다. 또한 김선봉 회장은 그가 평소 학업에 충실한 모범생이었을 뿐만 아니라, 만능 스포츠맨으로서 합기도와 태권도 유단자(4단)였으며 학교 축구 대표선수로 활약한 것으로 기억하고 있다.

충남대 116학군단 첫 번째 임관식(1963)[3)]

잘 알려져 있듯이 대한민국 ROTC는 학생군사교육단이 설치되어 있는 국내 4년제 대학에 재학 중인 학생들 중에서 우수한 자원을 선발하여, 제반규정에 따른 군사교육을 실시하고 임관종합평가에 최종적으로 합격하면 졸업과 동시에 장교로 임관시키는 제도이다. 학군사관(學軍士官)후보생으로 선발된 학생들은 3학년 때부터 2년 동안 각자의 전공과목 학습과 더불어 기초적인 군사학 교과목을 공부하게 된다. 나아가 하계와 동계방학 기간 동안 각종 군사훈련을 이수한 후에, 최종적으로 장교로서의 자질을 평가하는 임관시험을 거쳐 졸업과 동시에 소위로 임관하게 된다.

대한민국 ROTC는 본래 모병제 국가인 미국 ROTC의 기본 취지와 특성을 징병제와 남북분단 상황이라는 한반도의 현실에 적합하게 변화를 주어 정착시킨 제도이다. 즉 모병제 국가에서 국가 긴급 상황이 발생해 병역을 징병제로 변경할 때 장교로 징병할 인원을 미리 육성하는 제도인 것이다. 이 때문에 이 제도의 연원에 해당되는 미국 ROTC는 예비역 소위를 육성하는 것을 기본 방침으로 하되, 훈련받은 인원 중 성적과 품행이 뛰어난 일부의 인원만 현역 장교로서 자대에 배치된다. 이에 반해 대한민국 국군의 경우 일부 인원이 아닌 전체 인원을 임관과 동시에 현역 소위로 각 부대에 배치한다.

1961년부터 2022년 현재까지 약 20만 명의 학군(ROTC)출신 장교가 배출된 것으로 알려져 있다. 특히 그동안 ROTC 출신으로 백 명에 육박하는 장성이 배출되었으며, 현역 군인 뿐만 아니라 재계, 정계, 교육계, 언론계 등 한국사회 각계각층에서 오피니언 리더의 역할을 수행하고 있다.

외유내강을 실천한 전방부대 소대장 시절

권영주 후보생은 1979년 2월 충남대 졸업과 동시에 육군 소위(학군 제17기)로 임관한다. 곧이어 그는 신임 장교가 자대 배치 전에 반드시 거쳐야 하는 병과교육(기갑학교)을 우수한 성적으로 수료한 후, 최전방 강원도 인제에 위치한 제3군단 2전차대대 1중대에서 3소대장의 보직을 맡게 된다. 권 소위는 불의의 사고가 발생하기 전까지 약 8개월 정도 소대장으로서 자대 근무를 수행했는데, 이 과정에서 그의 고귀한 인품을 엿볼 수 있는 수많은 일화와 미담을 남겼다.

권 소위와 학군 임관 동기로서 같은 부대에서 동료 소대장으로 근무했던 장병모 씨(현재 비엘엔에이치(주)부설연구소 수석연구원)의 회고에 따르면, 권 소위는 분주한 하루 일과를 마치거나 야간 당직사관 근무가 끝나고 조금이라도 시간적 여유가 생기면 독신장교숙소(BOQ)에서 부대 내의 부사관 자녀들을 대상으로 무료 과외를 진행하였다고 한다.[4] 한두 세대 전에 전방부대에서 군생활을 경험해 본 사람이라면 쉽게 공감할 수 있듯이, 당시 전방지역은 문화시설이나 교육환경이 대도시는 물론이고 후방의 농어촌 지역보다도 훨씬 열악했다. 게다가 전방지역은 주변에 변변한 보습학원이 있는 경우도 드물었기 때문에 직업군인인 부모와 유소년 시절을 함께 보내기 마련인 청소년들의 경우 충분히 학업 경쟁력을 쌓을 기회가 거의 주어지지 않았다. 학창시절 어려운 가정환경 속에서도 항상 모범생의 길을 걸었던 권영주 소위는 이처럼 열악한 상황을 결코 외면하지 않았다. 그는 긴장과 스트레스의 연속인 전방부대 소대장 역할을 충실히 수행하는 와중에도, 당시로서는 교육 혜택의 사각지대에 놓여있던 동료 부사관들의 자제를 친동생처럼 돌보며 학력신장에 결정적인 도움을 제공했던 것이다.

소대장 시절의 권영주 소위(왼쪽 첫번째)

다른 한 편 권 소위는 어린 시절부터 7남매의 장남으로서 가정에서 뚜렷한 책임의식을 지니고 있었으며, 특히 부모님에 대한 효심이 지극했던 것으로 알려져 있다. 그는 그다지 많지 않던 초급장교 월급 중 일정액수를 매달 정기적으로 부모님께 보내드림으로써 어려운 가정형편에 조금이라도 보탬이 될 수 있도록 정성을 다했으나, 정작 자신은 항상 병사들과 동고동락하면서 근검절약을 실천하는 모습을 보였다. 특히 권 소위가 소대장 역할을 수행하면서 맺은 병사들과의 관계는 일반적인 경우보다 훨씬 더 인간미 넘쳤던 것으로 장병모 씨는 기억하고 있다. 또한 당시 권 소위와 함께 군 생활을 했던 다수의 옛 동료와 소대원들은 그가 주어진 임무는 어떤 난관을 무릅쓰고서라도 반드시 완수하지만, 평소 생활에서는 부드럽고 친화력 있는 성격을 바탕으로 모든 일에 솔선수범함으로써 주위 사람들에게 호감을 주었으며, 여가시간에는 축구 등 특기인 운동을 통해 자칫 지루하고 나태해지기 쉬운 병영생활에 활력을 불어넣고자 노력하는 장교였다고 회상한다.

불의의 사고를 넘어선 살신성인의 자세

소대장으로 근무하는 동안 남다른 책임감과 탁월한 업무수행 능력으로 부대장의 신임과 부하들의 존경을 한 몸에 받던 권영주 소위는 1980년 2월 9일 새벽 동계 전투 사격훈련을 무사히 마치고 부대로 복귀하며 성공적인 작전수행에 따른 일말의 안도감을 느끼고 있었다. 그러나 주둔지 도착을 얼마 남겨놓지 않은 새벽 3시 40분경 불의의 사고가 발생하고 만다. 권 소위가 지휘하는 3소대는 주둔지까지 훈련을 겸하여 적외선 밀폐조종으로 전차를 이동 중이었다. 이때 소대장 권 소위가 탑승한 전차가 좁은 교량을 통과하는 순간 전차 조종수의 진로판단 실수로 전차가 교량 난간을 들이받고 약 3미터 높이의 강으로 추락하여 전복된 것이다. 찰나의 순간에 불의의 사고가 발생하였고, 전차 내부에서는 이미 유독가스로 인해 구성원 대부분이 혼절한 상태였다. 위기의 상황에서 가까스로 정신을 차린 권 소위는 실신 상태의 전차대원들을 한명씩 차례로 좁은 해치를 통해 밖으로 빼내는 구출작업을 신속히 진행하였다. 즉 그는 전차의 전복으로 전원이 차단되어 내부가 암흑과 같이 어두워지고 과열된 배기통으로 인한 화재로 유독가스가 전차 내부에 스며들어 숨쉬기조차 어려운 상황에서도 최대한 침착함을 유지하며, 기절한 포수와 탄약수 등 무려 4명의 부하를 필사의 노력으로 해치

권영주 중위 동상(충남대 116학군단)

밖으로 내보내서 생명을 구한 것이다. 그러나 마지막까지 전차 내부에 남아 있던 권 소위는 네 번째 병사를 내보낸 순간 탈진하여 밖으로 탈출하지 못한 채, 유독가스에 질식되고 화염에 휩싸여 장렬한 최후를 맞이하게 된다. 평소 "First there, last out"(가장 먼저 적진을 밟고 맨 마지막에 나올 것이며 내 뒤에 누구도 남기지 않는다)을 모토로 삼았던 권 소위는 자신의 생명을 보전할 수 있는 기회를 과감히 버리고, 대신 소대장으로서 부하들의 목숨을 구하는 일에 전념했던 것이다.

사고 당시 권 소위의 전차 후방에서 같은 방향으로 이동 중이던 동료 소대장 장병모 소위는 무전을 통해 사고 상황을 접하고 황급히 현장으로 내달렸으나 이미 전차는 화염에 휩싸여 접근이 불가능한 상태였다. 그는 당시 상황을 다음과 같이 술회했다. "'차 떨어졌다!' '불났다'라는 무전을 듣고 불길한 예감이 들었어요. 너무나 안타까워서 41년이 지난 지금도 그때를 생각하면 정신이 아찔합니다. 군의관과 둘이 시신을 닦았는데 눈물만 흐르더군요. 온몸이 전차 내부의 전선줄로 감겨 있었고 불에 그을린 처참한 모습이었죠. 그날 훈련 출발 전 영하 25도의 혹한 속에서 함께 먹었던 누룽지 한 그릇이 마지막 식사였어요. (...)"[5)]

사고 발생 직후 국방부 조사단은 사고경위를 조사하는 한편, 살아남은 전차 구성원 및 현장 목격자들을 통해 당시 권영주 소위의 행적을 상세히 살펴보았다. 이에 대한민국 정부는 그의 투철한 군인정신과 살신성인의 자세를 기리며 중위로 1계급 특진과 더불어 보국훈장 삼일장을 추서하였다. 또한 당시 국방일보를 비롯한 각종 언론에서는

권영주 중위의 묘(서울 현충원)

권 중위의 부하 사랑과 선공후사 정신을 평가하는 특집기사와 보도가 줄을 이었다. 사고 며칠 후 유가족과 동료 부대원 그리고 주요 군 관계자가 참석한 가운데 권영주 중위의 장례식이 엄숙히 진행되었으며, 유해는 서울 동작동 국립묘지 제29묘역 2934번 묘에 안장되었다. 장례식 당시 권 중위의 동료와 부하 등 수 많은 전우들이 그의 죽음을 애통해했으나, 권 중위의 아버지는 오히려 "권영주 소위, 저 나라에 가서도 국가를 잊지 말고 끝까지 지켜라. 아버지도 곧 만날 것이다"라는 내용의 글을 적어 관 위에 얹은 뒤 부대원들에게 "아들이 떳떳한 전사를 해 자랑스럽다"고 말하며 눈물 한 방울 흘리지 않았다. 부친의 의연한 모습을 지켜본 장례식 참석자들이 다시 한번 눈물을 쏟았다고 당시 언론은 전하고 있다.

지난해 권영주 중위 순직 41주년을 맞아 『국방일보』와의 추모 인터뷰(2021.6.22.)에 응한 하영모 ROTC 17기 총동기회장은 "육사에 강재구 소령이 있다면 ROTC에는 권영주 중위가 있다"고 자랑스럽게 말하였다. 김선봉 충남대 ROTC 17기 회장 역시 권 중위의 숭고한 희생정신이 21세기 대한민국의 주역이 될 젊은이들에게 널리 전파되어 서번트 리더십의 표상으로 자리 잡을 수 있기를 바란다는 희망을 피력하였다.[6)]

40여 년간 이어진 추모의 물결

권영주 중위 순직 이후 그의 애국정신과 살신성인을 기리기 위해 다양한 추모 및 선양활동이 이어져 왔다. 시간 순서에 따라 간략히 소개하면 다음과 같다.

사건이 발생한 해인 1980년 여름(6월 30일), 당시 광주 상무대에 위치한 육군기갑학교(현재 명칭은 육군기계화학교) 교정에 권영주 중위 동상이 세워졌다. 권 중위의 희생정신을 기리기 위해 육군 기갑장교단과 ROTC장교단이 성금을 모아 제작한 것이다. 또한 같은 시기 육군기갑학교의 종합교실은 영주관으로 명칭이 변경되었다. 육군기계화학교는 1994년 전남 장성군 삼서면으로 이전하였는데 이 때 권 중위 동상도 함께 이전되었으며, 매년 현충일에는 학교장 주관 하에 참배행사를 진행한다.

대전고등학교는 54회 동문인 권영주 중위 1주기를 맞은 1981년 2월 9일, 그의 인간애와 희생정신을 기리고자 교정(한모동산)에 '권영주동문 추모비'를 세웠다.

권영주 중위 추모비(대전고등학교)

권영주 중위와 충남대에서 사관후보생 생활을 함께 했던 116 ROTC 17기 동기회는 순직 10주년을 맞이한 지난 1990년, 충남대 학군단 연병장이 내려다보이는 언덕 위에 고인의 동상을 건립하였다. 또한 지난 2008년 6월 26일에는 세월의 풍파로 인해 노후화된 동상을 보수하고 주변을 새롭게 단장하는 사업을 성공적으로 완수하고 기념식을 개최했다. 특히 1990년 이후 충남대 학군단에서는 매년 현충일에 즈음하여 총장 및 학내 주요 보직교수, ROTC 충남대 총동문회장단, 인접 부대장 등 교내외 인사가 참석한 가운데 권영주 중위 추모행사를 진행함으로써 그의 숭고한 애국정신을 기리고 있다. 나아가 지난 2021년부터는 '권영주 중위 헌신賞'을 제정하여 충남대 학군단 소속 우수 사관후보생들에게 상을 수여함으로써 참되고 용감한 군인으로 성장하도록 격려하고 있다.

2007년 5월 전쟁기념관은 권영주 중위를 '이달의 호국 인물'로 선정하였다. 권 중위는 1961년 대한민국 ROTC 창설 이래 최초의 호국 인물이 된 것이다. 권 중위에 대한 현양행사는 5월 3일(목) 전쟁기념관 호국추모실에서 유족과 육군 등 유관단체 주요인사, 권수봉 ROTC 17기 총동기회장, 송승호 17기 현역회장 등 40여 명의 동기생이 함께 한 가운데 엄숙히 거행되었다.

2011년 늦가을(11.1) 충청북도 괴산에 위치한 육군학생군사학교에서는 ROTC 17기 동기생 338명과 14개 단체가 합심하여 마련한 1억 원의 성금을 기반으로 권영주 중위 동상이 세워졌다.

권영주 중위 동상
(육군학생군사학교)

권영주 중위 40주기 추모식
(충남대 116학군단 권영주 중위 동상 앞, 2020.6.5)

ROTC 17기(성균관대)로 군생활을 했던 故 현재혁 교수(2021.6.25 작고, 1993년부터 2020년까지 충남대학교 공과대학 환경공학과 재직)는 폐암으로 투병 중이던 지난 2020년 6월, 권영주 중위 순직 40주기를 맞아 116학군단에 발전기금 육백만원을 기부하였다. 당시 故 현재혁 교수는 "ROTC 동기인 故 권영주 중위를 만나거나 직접적인 인연을 맺지는 않았지만 권 중위의 모교인 충남대에서 학생들을 가르치는 것에 항상 자부심을 느끼고 있었다"며 "충남대 ROTC 후배들이 권영주 중위 정신을 계승하고 당당한 호국간성으로 성장하기를 바라는 마음에 발전기금을 기부하게 됐다"고 말했다.[7)]

또한 권영주 중위가 근무했던 전방부대(강원도 인제군 소재)에서는 최근 권영주 중위 기념비를 제작하였고, 2022년 9월 23일(금) 권 중위의 유가족, 사고 당시 소대원, 116학군단 간부 및 후보생, 해당 부대원 등이 참석한 가운데 제막식을 개최하였다. 또한 당시 권 중위가 소속되어 근무했던 부대를 "권영주대대"로 그리고 시설물을 "권영주관"으로 지정하였다.

권영주 중위가 근무했던 부대의 현재 모습
(강원도 인제군, 2022. 9)

권영주 중위의 근무부대에 설치된 기념비

박승환 소령

—

박승환 소령은 1990년 2월 5일 강원도 최전방 사단의 GOP 경계부대 중대장으로서 임무 수행을 위한 투입 전 교육 일환으로 중대원들을 지휘하여 수류탄 투척 훈련을 실시하고 있었다. 박 소령은 훈련 막바지에 2발의 불발탄이 발생하자, 위험성이 큰 불발탄 처리를 위한 사전작업으로 불발된 수류탄의 정확한 위치를 표시하기 위해 중대원들을 안전지역으로 대피시킨 후 투척지점으로 내려가 확인하던 도중 수류탄이 폭발함으로써 순직하였다.

박승환 소령은 중대원들이 큰 위험에 처할 수 있는 상황에서 어떤 마음가짐으로 위험을 감수하고 직접 불발탄 처리를 위한 조치를 하려고 했을까? 그가 군의 리더로서 보여준 책임의식과 사명감이 개인주의가 만연한 오늘날 우리에게 주는 교훈은 무엇일까?

유년과 학창시절

박승환의 고향은 충청남도 논산군 은진면 연서리이며, 평생을 교직에 헌신한 부친 故 박필상 선생과 故 조이순 여사 사이에서 3남 2녀의 장남으로 태어났다. 부친은 1959년 충남대 응용식물학과에 입학하여 ROTC 1기생으로서 학군단의 모든 군사교육을 성공적으로 마쳤으나, 장교로 임관하기 전에 실시하는 신원조회에서 먼 친척으로 인해 연좌제에 연루되어 최종적으로 임관을 하지 못하였다. 이에 부친은 부득이 사병으로 군복무를 마친 후 평생 초등학교에서 교편을 잡으며 후학 양성에 헌신하였다.

여동생 박현주 씨 기억 속의 가정은 부친의 교사 봉급과 모친의 농사일을 통하여 경제적으로는 큰 어려움은 없었지만, 부모님의 근검절약 정신과 성실함을 체험적으로 터득하게 되었으며, 자식 사랑과 형제애를 삶 속에서 배우며 자랐다고 한다.

장남으로 태어난 박승환은 부모님의 관심과 사랑 가운데 고향인 충남 논산의 은진초등학교와 논산중학교를 졸업하였다. 박현주 씨는 대전에서 함께 자취하던 고등학생 시절에 저녁상을 차려놓고 졸면서 자신을 기다리던 모습, 미장원에 데려가서 머리를 자르는 모습을 뿌듯한 표정으로 지켜보던 모습, 겨울에 벙어리 장갑을 사들고 동생을 기다리던 자상하고 따뜻했던 오빠의 모습을 기억하고 있었다.

박승환은 중고등학교 시절에는 우등생으로 공부도 잘하였고 반장을 도맡아 할 정도로 리더십이 있었으며, 특히 중학교 시절에 더블베이스 연주를 하며 교내 교향악단 활동을 병행할 정도로 음악에도 관심이 많았다. 그러나 그는 고등학교에 진학하면 공부에 전념하라는 부모님 권유대로 음악 활동을 잠시 중단하고 대전에서 학업에 전념하게 된다.

박승환 소위

박승환은 대전 대신고등학교에 입학하여 공부에 열중하면서도, 기독교 신앙생활을 통하여 영적으로 많은 성장을 하게 된다. 특히 기독교 불모지인 집안에서 신앙생활을 시작하여 목회자가 된 작은 아버지는 박승환이 집안에서 믿음의 씨앗이 된 사실을 항상 자랑스럽고 감사하다고 말한 것으로 전해진다. 이처럼 박승환은 성실하고 활동적인 학교생활을 바탕으로 우수한 성적으로 학교를 졸업한 후 충남대 물리학과(80학번)에 입학하게 되었다.

대학에 입학해서는 학업과 신앙생활(CCC)에 열중하였으며, 부친의 권유와 영향을 받아 3학년 때 ROTC에 입단하여 후보생 생활을 병행하였다. 그는 동기생들과 항상 잘 어울리며 학업에도 최선을 다하는 모범적인 학생이었다. 그가 우수한 성적으로 대학을 졸업함과 동시에 학군사관 22기로 임관하자(1984년 3월 2일), 부친은 장남이 자신의 꿈을 대신 이루었다며 무척 자랑스러워하였다고 형제들은 기억하고 있다.

박승환 소위는 임관과 동시에 특전사에서 군생활을 시작하였다. 그는 특전사에서 5년 동안 근무한 후 고등군사반 교육(OAC)을 마치고 1989년 7월에 보병 7사단 8연대 9중대장으로 부임하였으며, 이후 사고가 발생한 1990년 2월 5일까지 지휘관으로서 열과 성을 다하여 임무를 수행하였다. 현재 유가족으로는 2남 2녀의 형제들과 부인 및 1남 1녀의 자녀가 있다.

운명을 바꾼 특전사에서의 군생활

박승환 소위는 임관하는 초급 장교들이 대부분 회피하는 특전사에 자원하여 특전사령부 예하 5공수 특전여단 23대대 10지역대 8중대에서 부중대장(부팀장)으로 군생활을 시작하였다. 같은 팀에서 군생활을 했던 송윤석씨(예비역 중사)의 기억에 따르면, 박 소위는 반듯하고 패기 넘치며 강인한 체력을 바탕으로 항상 솔선수범하는 장교였다. 또한 송윤석씨는

특전사 해상훈련 중인 박승환 대위

박 소위가 팀원 모두가 좋아하는 전우였으며, 천리행군 등 중요한 훈련이 있을 때마다 가족이 손수 만든 김밥으로 전우들을 격려하는 멋진 군인으로 기억하고 있다. 대대에서 함께 근무했던 동기생 노규남 소위 역시 박승환 소위를 비록 체구는 작지만 강인한 체력을 갖고 있었으며, 독실한 신앙생활과 함께 적극적이고 솔선수범하는 군생활로 팀과 지역대에서 인정받는 훌륭한 동기로 기억하고 있다. 특히 박 소위는 대대장이 장기 복무를 권유할 정도로 지휘관의 각별한 인정을 받았으며, 이에 그는 심사숙고 후 장기 군생활에 지원하여 선발되었다. 이후 그는 대대장 추천으로 여단의 주요 직책인 특전여단장 부관 및 여단 지특장교, 1차 중대장 등의 보직을 마치고, 2차 중대장직 수행을 위한 고등군사반(OAC) 교육을 가게 되었다고 한다.

본래 박승환 소위는 2년 4개월의 단기 복무 후 전역할 장교였으나 특전사에 근무하면서 지휘관으로부터 인정과 신뢰를 받으며 인생의 진로가 바뀌었고, OAC 교육을 마치고 7보병사단에서 중요한 임무를 수행하던 중에 장렬히 순직한 것이다. 박승환 소위가 장기 복무를 결정함으로써 결과적으로 젊은 나이에 순직하게 된 것은 그 자신과 남은 가족들의 여생을 생각할 때 너무나 안타깝고 가슴 아프지만, 다른 측면에서는 위기의 순간에 살신성인의 희생정신을 발휘하여 수십 명 부하의 생명을 지켜냈다는 점에서 매우 자랑스럽고 숭고한 일생이었다고 말할 수 있을 것이다.

너무나 짧고 안타까운 결혼생활

성실하게 대학 생활과 신앙 활동을 이어가던 청년 박승환은 한국대학생선교회(CCC) 충남대학교 리더(순장)로 활약하던 4학년 무렵, 당시

목원대학교 불문과에 재학 중이던 양은영 학생과 운명적으로 만나게 된다. 평소 신앙공동체 안에서 선후배로서 서로에게 호감을 느끼며 지내던 두 사람이 어느 순간 진지한 연인관계를 발전하게 된 것이다. 이후 박승환은 군에 입대한 후에도 양은영 양과 지속적으로 연락을 주고받으며 사랑의 감정을 키웠고, 그녀는 하나님 다음으로 당신을 사랑한다는 박승환 대위의 고백을 받아들여 마침내 두 사람은 1987년 12월에 결혼식을 올리게 된다. 부인 양은영 씨는 결혼 직후 남편이 자신이 힘들어할 것을 예상하고, 당시로서는 군 간부들 사이에서 일종의 관행이었던 관사에 입주하지 않고 부대 근처에 방을 얻어 신혼 생활을 시작하였다고 말한다. 또한 그녀의 기억 속에 남아 있는 남편은 바쁘고 힘든 특수부대 활동 중에도 일단 가정에 돌아오면 힘든 일을 마다하지 않으며 항상 자신을 배려하며 챙기는 진실한 사람이었다.

아내의 입장에서는 남편 박승환 대위가 5공수 여단에서 주요 보직을 마치고, 고등군사반(OAC) 교육 이수 후 7사단 8연대 9중대장으로서 임무 수행 중 순직하기까지 약 2년여의 기간이 평생 결혼생활의 전부였다. 너무나 사랑하는 남편이었지만 특전사에서 근무하던 기간에는 각종 훈련으로 인해 1년 중 거의 절반을 야외에서 생활하였고 이로 인해 군인의 아내로서 여러 가지 힘든 점이 있었지만, 훈련 복귀 후에는 남편이 너무나 자상하고 사랑스러웠기에 힘들고 어려운 시간을 참고 견딜 수 있었다고 한다. 남편 박승환 대위는 아내를 향한 사랑뿐만 아니라 생사고락을 함께 하는 전우들에 대한 애정도 각별하여, 주요 훈련 출동 전에는 아내에게 팀원들 한 끼 분량의 김밥 50여 줄을 부탁했다고 한다. 이에 훈련 전날이면 예외 없이 밤을 새우며 중대원의 김밥을 준비하던 일이 힘들지만 보람된 기억으로 남아 있다고 양은영 씨는 회고하였다.

부인 양은영 씨에 따르면 때로는 외롭고 힘든 2년 남짓한 결혼생활 기간에도 사랑하는 남편이 옆에 있어 행복과 보람을 느낀 시간이었으며, 특히 OAC 교육 중에 태어난 아들은 가장 소중한 사랑의 결실이었다. 그러나 그녀는 이후 7사단 중대장으로 보직되어 훈련 중에 순직한 남편을 생각하면 너무 안타깝고 하늘이 무너지는 느낌이었다고 말한다. 또한 그녀는 오랜 세월 가장으로 살아가는 과정에서 삶을 포기하고 싶을 정도의 한계 상황을 수없이 경험하면서도 남편이 남겨준 두 자녀의 성장을 지켜보면서 하루하루를 견딜 수 있었고 이제는 잘 자라준 자식들이 너무 감사하게 느껴진다고 말한다.[8)]

추모비 앞 박승환 소령 부인과 자녀들

숭고한 희생정신을 발휘한 살신성인의 리더십

박승환 대위는 중대장 직책을 수행하기 위해서 반드시 이수해야 하는 육군 고등군사반(OAC) 교육을 1989년 7월에 우수한 성적으로 수료하고, 곧이어 강원도 화천지역 방어를 담당하는 7사단 8연대 9중대장으로 보직되었다.

일반 보병 중대는 부대 편제와 임무, 훈련 등 여러 면에서 특전사와 큰 차이가 있었지만, 박승환 대위는 매사에 솔선수범하며 중대 지휘에 남다른 열정을 기울였다, 그는 중대원들에 대한 애정과 관심이 남달라서 구성원 모두가 진심으로 따르는 지휘관으로 정평이 나 있었는데, 당시 9중대 행정보급관이었던 박영수 씨의 증언에 따르면 부임 후 얼마 지나지 않아서 전투력 우수중대로 사단장 표창을 수상하는 등 지휘관으로서 탁월한 능력을 보여주기도 하였다.

행군 중인 박승환 중대장(맨 앞)

전방 사단이 담당하는 여러 임무 중에서 가장 중요한 임무는 철책선(GOP) 경계 임무이다. 7사단은 강원도 화천지역의 휴전선 경계와 방어를 담당하는데, 사건 당일 박승환 대위는 중대원들에게 GOP 경계 임무에 필요한 투입 및 임무 수행절차를 지도 중이었다. 투입 전에 숙달해야 하는 훈련에는 여러 가지가 있지만, 경계부대로서 침투하는 적을 사전에 저지 격멸하기 위해서는 무엇보다 실사격과 수류탄 투척에 숙달되어 있어야 하며, 따라서 사병들이 이 두 임무에 숙달되는 것이 훈련의 핵심에 해당한다고 볼 수 있다. 박승환 대위는 간부 위주 편제인 특전사에서 누구보다 많은 훈련을 경험한 바 있지만, 병사 위주로 편성된 보병부대의 교육훈련은 훈련 목적, 방법, 강도 등 여러 면에서 특수부대와 차이가 있었고, 어떤 면에서는 숙달된 간부 위주로 구성된 특전사 시절 보다 훨씬 더 세심한 준비와 관심이 필요한 상황이었다. 이 점을 정확하게 파악하고 있었던 박승환 대위는 누구보다 세밀한 훈련계획을 작성하여 훈련을 실시하였으며, 특히 사고 발생빈도가 높은 수류탄 투척훈련에 지대한 관심을 기울이곤 하였다. 1990년 2월 5일 엄동설한 속에서 진행된 수류탄 투척훈련에서는 폭발하지 않은 2개의 불발탄이 발생하였다. 교육이 종료된 후에 박승환 대위는 중대원들을 안전지대로 대피시킨 후 본인이 직접 불발탄 처리를 위한 사전작업(표지판 설치)을 진행하였는데, 그 과정에서 한 발이 폭발하는 사고가 발생한다.

일반적으로 수류탄 투척 훈련과정에서 불발탄이 생기면 지휘관은 현장에서 상급부대에 보고한 후에 경험이 있는 고참 부사관에게 불발탄 처리를 위한 사전작업 임무를 부여하는 것이 관례이다. 그렇다면 이러한 관례에도 불구하고 박승환 대위가 위험 부담이 큰 작업을 직접 진행한 이유는 무엇이었는가? 우리는 이 대목에서 그가 가장 위험한 순간에 지휘관으로서 보여준 리더십을 떠올릴 수 있다.

박승환 소령 추모비
(7사단 칠성부대)

특전사를 비롯한 특수부대는 적지에서의 임무 수행을 염두에 두고 평소 일반 보병부대 보다 실사격과 폭발물 취급 훈련을 훨씬 더 많이 진행한다. 따라서 임관 직후부터 장기간 특전사에서 근무했던 박승환 대위는 수류탄 투척 등 훈련과정에 도사린 위험성을 체험적으로 잘 알고 있었다. 따라서 그가 직접 불발탄 처리를 위한 사전작업을 하게 된 동기는 휘하 중대원들의 안전을 최우선으로 고려했기 때문이었다. 즉 지휘관으로서 부하들에게 사고처리 임무를 부여할 수도 있었지만, 위험을 감수하고 직접 조치하기로 마음 먹고 실행에 옮기는 과정에서 불의의 사고가 발생했던 것이다. 당시 박승환 대위는 사랑하는 부인과 한돌 남짓한 아들을 둔 가장이었지만, 사고 발생 순간에는 자신과 가정보다 오히려 부하들의 안전을 우선시하는 지휘관으로서 법적인 책무 이상의 역할을 수행하다 장렬하게 순직한 것이다.

사고 발생 후 7사단 장병들과 유가족의 애도 속에서 장례식이 엄숙히 진행되었으며, 대한민국 정부는 박승환 대위의 투철한 군인정신과 부하 사랑의 자세를 기리며 소령으로 1계급 특진과 더불어 보국훈장 삼일장을 추서하였다. 현재 박승환 소령의 유해는 국립대전현충원 장교 제1묘역(202묘판)에 안장되어 있으며, 묘비번호는 682호이다. 박승환 소령이 임관 직후부터 오랫동안 몸담았던 5공수 특전여단의 옛 전우들과 ROTC 22기 동기생들은 매년 현충일에 가족과 함께 추모행사를 진행하며 그의 명복을 빌고 있다. 7사단 8연대에서는 1990년 6월 20일 강원도 화천군 풍산리 7사단 수류탄 교장 입구에 추모비를 세웠으며, 그의 애국혼과 살신성인 자세를 기리는 차원에서 매년 추모행사를 진행하고 있다. 박승환 소령이 보여준 리더로서의 희생과 헌신은 이기주의가 만연해 있는 오늘날 우리에게 어떤 울림을 주고 있는가?

박승환 소령의 묘
(국립대전현충원)

김광석 소령

—

1998년 4월 1일, 충청 · 전라 · 경상 삼도를 가르는 삼도봉(三道峰)을 거느린 명산으로 산악인들 사이에 잘 알려진 민주지산(眠周之山, 1,241.7m)에서는 육군 최정예부대인 특수전사령부 산하 5공수여단(현재는 국제평화지원단) 부대원 258명이 8박 9일로 기획된 천리행군의 5일째 작전으로 야간침투 훈련을 수행하고 있었다. 최초 행군 시작 단계에서는 비교적 날씨가 양호했으나 해발 천이백여 미터 산 정상 부근에서 갑자기 이상기후 상황이 발생한다. 체감온도가 영하 30도 이하로 떨어지고 30cm

이상의 폭설이 내리는 등 상식적으로 납득하기 어려운 최악의 기상변화 사태가 발생한 것이다. 이로 인해 춘계훈련 상황을 염두에 두고 방한장비를 전혀 구비하지 않은 채 작전 중이던 대원들 중에서 6명이 저체온증과 동상 등으로 순직하는 사고가 발생한다.

후보생 시절의 김광석

당시 순직자 명단을 살펴보면 장교로서는 유일하게 충남대 ROTC 30기 출신인 김광석 대위(5공수 23대대 5지역대 4중대장)가 포함되어 있다. 사건 이후 대한민국 정부는 김 대위에게 다른 순직자들과 달리 1계급 특진과 더불어 훈장(보국훈장 삼일장)을 추서한다. 본능적으로 자신의 안위만을 생각하기 마련인 절체절명의 순간에 목숨을 담보로 위기에 처한 다수의 부하를 구출하다가 장렬히 산화했기 때문이다. 김광석 소령은 도대체 어떤 군인이었으며, 당시 극한의 위기 상황 속에서 어떤 결심으로 리더의 책임을 완수하려 했던 것인가? 그리고 그의 리더로서의 헌신과 희생이 21세기를 살아가는 우리에게 주는 교훈은 무엇인가?

유년과 학창시절

김광석의 고향은 충청남도 아산이며, 부친 故김재준 선생과 모친 윤봉자 여사 사이에서 삼형제 중 막내아들로 태어났다. 그는 충남 아산군 음봉면에 위치한 음봉초등학교에 입학하여 5학년까지 다녔으나, 이후 부친 사업상의 이유로 가족이 경기도 광명시로 이주한다. 둘째 형인 김홍석 씨(55세)에 따르면, 아산에서 초등학교에 다닐 당시 통학 거리가 왕복 10킬로미터에 달했고 항상 도보로 이동해야 했는데, 동생 광석은 단 한 번도 불평하지 않았고 항상 밝고 쾌활한 소년으로 성장하였다. 이후 소년 광석은 광명시에 위치한 철산초등학교, 광남중학교, 명문고등학교를 차례로 졸업한다. 청년이 된 광석은 고등학교를 졸업한 해인 1988년 3월 충남대 농업생명과학대학 낙농학과에 우수한 성적으로 입학하였다. 그는 입학과 동시에 어려워진 가정형편을 고려하여 군장학생 선발시험에 응시하고 당당히 합격한다. 이후 김광석 후보생은 2년간에 걸쳐 학업과 ROTC 후보생 생활을 병행하였으며, 1992년 졸업과 동시에 학군 30기로 임관하였다. 김광석 소위는 임관 후 특수전사령부 예하 5공수여단에서 군 생활을 시작하였는데, 사고가 난 해인 1998년까지 소속 부대 이동 없이 오직 특전맨으로 복무하였다. 현재 유가족으로는 어머니와 형 그리고 부인과 아들이 있다.

강인한 특전사 생활

공수훈련 중인 김광석 소위

김광석 소위는 군장학생으로 선발되어 국가로부터 금전적 지원을 받은 후 임관하였고, 이에 기본 의무복무 기간(28개월)을 마치고 전역하는 ROTC 단기 장교들보다 더 오랫동안 군 생활을 해야 하는 상황이었다.[9] 또한 동일한 이유로 김 소위는 정훈, 인사, 군수 등 본인이 희망하는 비전투 병과(전투 근무 지원병과)를 마음대로 선택할 수도 있었다. 그러나 그는 임관의 때가 다가오자 적지 않은 동기들이 가능하면 피하려한 전투 병과를 선택했을 뿐만 아니라, 그 중에서도 가장 힘들고 어려운 특수부대로 정평이 나 있는 특전사에 자원한다.

김 소위는 부대 내 편제와 활동이 부사관 중심인 특전사에서, 장교로서의 자존심과 명예를 지키기 위해 교육훈련과 군사작전 그리고 일상생활에서 항상 앞장서서 솔선하는 생활을 이어갔다. 이에 그는 순직하는 순간까지 이어진 7년여의 군 생활 동안 십여 차례의 표창을 받으며 부대 내에서 누구보다 유능하고 책임감 있는 장교로 인정받게 된다. 김 대위는 1997년을 넘기며 군장학생 의무복무 기간이 끝나는 시점이 도래하자, 다시 사회로 복귀할 것인지 아니면 군대에서 장교의 명예를 이어갈 것인지 선택해야 하는 상황과 마주한다. 이에 그는 짧은 고민 끝에 장기복무를 최종적으로 선택하게 되고, 이제 영원히 특전맨으로 살아갈 각오를 다지게 된다.

아! 민주지산

군대나 군사훈련에 관심을 가진 사람이라면 알고 있듯이, 특전사 대원들은 복무 기간 동안 천리행군 즉 400km를 수일 내에 완주하는 극한의 훈련을 정기적으로 실시함으로써 특수부대 용사로서의 강인함과 인내심을 실증해 보이곤 한다.

1998년 3월 28일(土), 김광석 대위를 비롯해서 특전사 5공수여단 23특전대대 소속 258명의 대원들은 충남 청양에 위치한 칠갑산에서 출발하여 약 9일 동안 속리산과 월악산을 거쳐 대모산에서 훈련을 종료하는 일정으로 천리행군을 시작한다. 강인한 체력과 정신력을 바탕으로 순조롭게 훈련을 진행하던 특전대원들은 작전 5일차인 4월 1일(水) 오후 1시, 전라북도 무주군 하두 마을에서 출발하여 충청북도 영동군 용화면에 소재한 민주지산에 도착하였다. 곧이어 부대는 산 정상을 넘으며 침투훈련을 병행한 행군을 시작한다.

충청 · 전라 · 경상 삼도를 가르는 삼도봉을 거느린 민주지산은 추풍령 남서쪽 약 25km 지점에 위치하고 있으며 해발 1200여 미터의 높이의 명산인데, 산악인들 사이에서는 산세가 험하기로 유명하다. 4월 1일 오후 1시 행군을 시작할 당시에는 약간의 비만 내릴 것으로 기상청에서 예측하였으나, 작전 개시 한 시간 후부터 많은 양의 비가 내리기 시작하였다. 대원들이 민주지산 6부 능선을 통과하기 시작한 오후 3시부터는 기온이 급강하하여 부슬부슬 내리던 봄비가 갑자기 눈으로 바뀌었다. 또한 오후 4시경 8부 능선을 지날 무렵에는 엎친 데 덮친 격으로 전방시야 관측이 불가능할 정도로 강한 눈보라가 몰아쳤다. 이러한 기상이변은 3월말에 발생하는 경우가 거의 없을 뿐더러, 기상청 역시 변화상황을 전혀 예측하지 못하고 있었다. 따라서 부대원들은 혹한기 행군에 필요한 방한복과 방한화 등을 전혀 착용하지 못한 복장으로 행군을 진행 중이었다. 이후 계속 이어진 악조건 속에서 부대의 행군 속도는 점차 느려지고, 늦은 오후부터 부대원 일부가 의식을 잃고 혀가 말려 들어가며 기도를 막는 상황이 발생한다. 탈진과 저체온증 상태에 빠지기 시작한 것이다. 이에 선두에서 행군을 지휘하던 일부 지휘관들이 기상이변 상황을 피해 훈련일정을 잠시 중단하고 휴식을 취해도 될지 대대본부에 문의하였다. 보고를 받은 대대장은 기상이변이 일시적인 것이며 주어진 기간 안에 작전을 완수해야 한다는 생각을 강하게 가지고 있었기에, 오히려 행군 속도를 높여 산 정상을 빨리 통과할 것을 지시한다. 이에 당일 행군 시작부터 가장 후미 대열에서 부대를 이끌던 김광석 대위는 대원들을 독려하며 가능한 한 빨리 산을 통과할 수 있도록 지휘해 나갔다.

당시 동료 중대장으로서 김광석 대위와 함께 작전을 수행했던 신승

민주지산과 호국영령 추모탑

호 씨(54세, ROTC 30기)의 기억에 따르면, 오후 5시 무렵 부대의 선두에서 작전을 수행한 8지역대 대원들이 민주지산 정상에 최초로 도달하였으나, 급격한 기온 저하로 인해 통신장애 즉 정상적으로 무전기를 사용할 수 없는 상황이 발생하였고, 이에 현지 상태를 대대본부나 타 지역대에 정확히 전달할 수 없었다. 후미에서 뒤따라오던 대원들이 상황의 엄중함을 알고 생존을 위해 비상조치를 취하도록 연락할 수 있는 기회가 사라진 것이다. 이제 산 정상은 강풍과 눈보라로 인해 무릎까지 눈이 쌓이고, 순간 체감온도는 영하 30도에 달했다. 오후 5시 30분부터는 부대에서 탈진하는 인원이 여러 명 발생하였고, 이어서 산 정상인 9부 능선에 도착한 후미 부대에서 첫 사망자가 발생하였다. 이후 저녁 6시 30분부터 부대원들이 산 정상에서 하산하는 와중에 첫 번째 구호소를 설치하고 저체온증으로 의식을 잃은 동료들을 구호하기 시작하였다. 상대적으로 양호한 대원들은 그대로 하산을 시도하였으나, 약 30분 정도 시간이 흐른 오후 7시 10분, 5부 능선을 통과하던 선두 부대에서도 탈진자가 다수 발생하여 부대원들은 급히 2차 구호소를 설치했다. 나머지 대원들은 계속 하산을 시도하였으나 기상악화로 인해 얼마 후 다시 3차 구호소를 설치해야만 했다. 이후 선두에서 하산한 병력 일부가 오후 8시 경에 민가에 도착한다. 이들은 민가의 전화기를 이용해 부대에 상황을 알리고 긴급 구조를 요청하였으며, 주변에 위치한 물한분교에 임시 대피소를 마련한다. 이어서 영동소방서 119구조대는 부대로부터 헬기를 통해 구조해 달라는 요청을 접수하였으나, 최악의 기상 상태로 인해 실질적인 구조작전이 사실상 불가능한 상황이었다. 이후 밤 9시 10분경에 구조대가 도착하여 탈진한 대원들을 후송하기 시작하였으나, 때 아닌 폭설로 뒤덮인 야간의 산 속 깊은 곳에 흩어져 있는 대원들을 구조하기 위해서는 많은 시간이 소요되었다. 결국 이 과정에서 후송 도중 사망한 인원까지 포함하여 모두 6명의 대원이 희생되었다.

특히 4중대장 김광석 대위는 부대원들이 탈진과 저체온증으로 쓰러지기 시작하자 자신의 안위는 돌보지 않은 채 부하들을 살리는 응급구호 활동과 하산지도를 병행하다가 쓰러지게 된다. 즉 김광석 대위는 저녁 6시 20분 경 산 정상 30미터 지점에서 같은 중대 소속 신입 대원인 허재성 하사의 탈진상태를 확인하고 응급조치 및 심폐소생술을 실시한 후, 김창섭 상사 외 4명과 함께 신속히 하산하도록 조치하였으며 이로 인해 허 하사는 생명을 유지하게 된다. 이후 산 정상 부근에서 같은 중대 소속 폭파담당관인 한오환 하사가 추가로 탈진하자 김광석 대위는 마사지와 인공호흡 그리고 심폐소생술을 실시한 후 주위의 부대원들과 함께 한 하사를 임시구호소로 이동시켰다. 곧이어 김광석 대위는 나머지 부대원들에게 하산을 독려하고 앞장서서 마을로 향한 길을 인도하기 시작하였다. 그러나 그는 위기에 처한 부하들을 살리기 위해 짧은 순간에 너무 많이 에너지를 소모한 탓에 정상 하단 400미터 지점에서 탈진하여 쓰러지고, 응급조치에도 불구하고 전우들의 오열 속에 결국 숨을 거두게 된다.

김광석 소령의 묘
(국립대전현충원)

이후 국방부 조사단을 통해 사고발생 원인과 전개과정 그리고 당시 부대원들의 행적 등 그날의 전말이 드러났으며, 지휘관과 관계자들에 대한 신상필벌 조치가 이루어졌다. 혹한의 추위 속에서 임무를 수행하다가 순직한 장병들은 전원 1계급씩 추서되었다. 그런데 장교로서 유일하게 순직한 김광석 소령은 그가 다른 부대원들과 달리 단순히 하산 중 체력 약화와 저체온증으로 인해 쓰러진 것이 아니라, 산 정상 부근에서 위기에 처한 부하들을 구하기 위해 지휘관의 임무를 수행하다가 순직했다는 사실이 함께 했던 대원들의 증언을 통해 밝혀졌다. 이에 대한민국 정부는 그의 투철한 군인정신과 살신성인 그리고 부하 사랑의 자세를 높이 평가하여 훈장(보국훈장 삼일장)을 추서하였다. 며칠 후(1998.4.3) 많은 국민들의 애도와 추모 속에 합동영결식이 특수전사령부장으로 거행되었다. 현재 김광석 소령의 유해는 국립대전현충원 장교 제1묘역(207묘판)에 안장되어 있으며, 묘비번호는 2577이다.

아직도 뜨거운 추모 열기

민주지산 사건 이후 순직한 특전사 장병들의 애국정신과 살신성인을 기리기 위해 다양한 추모행사와 선양사업이 이어져 왔다. 시간 순서에 따라 간략히 소개하면 다음과 같다.

국방부는 민주지산 사건을 계기로 장기간 야외작전을 진행하는 특전사 대원들에게 고어텍스 재질의 방한복을 지급하였으며, 이후 순차적으로 전군에 보급되었다.

사건 1년 후인 1999년, 국방부는 이 사고를 바탕으로 기록영화 〈아! 민주지산〉을 촬영하였다. 영화 속 등장인물은 대부분 사건 당시 실제로 작전에 참여했던 5공수대원들이 직접 맡았다. 영화 속에는 위기의

민주지산 특전 호국영령 추모탑 제막식(2021.6.10)

순간에 꽃피운 김광석 소령의 지휘관 리더십과 살신성인 자세를 엿볼 수 있는 장면이 수차례 등장한다.

1999년 4월 1일, 1주기 추모제가 유가족과 특전사 장병들이 참석한 가운데 위령비가 세워진 위치(사건 발생 지역에서 인접한 상촌면 물한리 도로변)에서 거행되었으며, 이후 2017년까지 매년 같은 장소에서 추모제가 열렸다.

국제평화지원단장(5공수여단의 2010년 7월 이후 개편된 명칭) 고태식 대령(ROTC 26기)은 2017년 3월 28일 17주기 추모행사를 마친 후, 위령비를 기존의 도로변에서 좀 더 넓고 상징성을 갖춘 공간으로 이전할 계획을 세운다.[10] 즉 그는 사건 발생 장소와 근접한 현재의 위치(민주지산 주차장 맞은편의 영동군 체육공원 및 야영장소 일부 168평)를 물색하고 영동군의 협조를 얻어 본격적으로 이전 작업에 착수하였으며, 2017년 12월 4일 위령비 이전 공사를 완료한다. 다른 한 편, 2017년 6월 1일 고태식 단장은 천리행군 종착점을 김광석 소령이 순직한 지점(민주지산 9부 능선 근처 1차 구호소)으로 정하고, 부대원들과 함께 제작한 원점비(가로70cmX세로70cm)를 직접 운반하여 순직 지점에 설치하고 고인이 된 장병들을 추모하였다.

나아가 특전사령부 민군작전처장으로 보직을 옮긴 고태식 대령은 2017년 위령비가 이전된 장소(충북 영동군 상촌면 물한리)에 '특전 호국영령 추모탑'을 건립할 계획을 수립하였고, 국방부의 허락을 받은 직후 공사

총감독 자격으로 제작에 착수하였다. 추모탑의 제작에는 총 1억 6천만 원이 소요되었는데, 116학군단 총동문회, 대한민국 특전사 동지회, 국제평화지원단 장병, 산케이홀딩스 허정현 회장 등 뜻있는 단체와 개인의 후원을 받았다. 약 2년간의 공사 끝에 드디어 2021년 6월 10일 '민주지산 안보공원' 개장식과 '특전 호국영령 추모탑' 제막식을 동시에 개최하게 된다. 추모탑은 '특전호국6위(位)'를 상징하는 6각형을 모티브로 세워졌으며, 6면의 탑 각 면마다 순직자 1명씩의 얼굴을 동판으로 새겨넣었다. 또한 당일 추모행사에는 순직자 유가족과 남영신 육군참모총장, 소영민 특수전사령관, 박세복 영동군수, 보훈 관계자와 예비역 전우 등이 참석해 고인들의 넋을 위로하였다.

추모탑 건립을 기획하고 추진한 고태식 대령은 "「안 되면 되게 하라!」는 특전정신을 바탕으로 끝까지 행군하며, 부여된 임무완수를 위해 목숨 바치길 두려워하지 않았던 선배 전우들의 숭고한 군인정신을 이렇게 추모탑으로나마 기리게 되어 마음의 짐을 덜게 되었다"고 말했다. 그리고 특수전사령관 송영민 중장은 추모사를 통해 "충성과 명예 그리고 단결이라는 특전훈을 가슴에 새기고 몸과 마음을 국가에 바쳤던 우리의 검은 베레 전우들을 영원히 기억하고 이들의 끈끈한 전우애를 본받아 보다 강한 세계 최정예 대체 불가능한 특전사를 만들어 나갈 것"이라고 각오를 밝혔다.[11] 또한 당일 행사에 참석한 김광석 소령의 외아들 김범준 씨(23세)는 "아버지는 행군 당시 한 치의 망설임도 없이 낙오하는 전우들 곁을 끝까

추모식 당일 헬기에서 헌화하는 고태식 대령(2021. 6. 10)

지 지키셨다"며 "아버지를 그 누구보다 존경하고 순직 장병들의 숭고한 정신을 잊지 않고 끝까지 기억해 주시는 군 당국에 감사하다"고 말했다.[12)]

나오는 말

서양의 경우, '명예'(honor)를 중시한 대표적인 민족으로 로마인을 들 수 있다.[13)] 고대 로마사회에서 명예란 단순히 정치권력이나 재력을 통해서 유명인이 되는 것이 아니었다. 오히려 명예는 일시적으로 유용한 것이나 사사로운 이익을 돌보지 않고, 매사에 공명정대한 자세를 견지함으로써 지니게 되는 자기 확신의 감정이다. 따라서 로마사회에서 명예롭기를 원하는 자는 먼저 내면적인 자긍심과 높은 수준의 도덕성을 갖추고 있어야 한다. 외부에서 주어지는 칭찬과 존경심은, 사회구성원인 행위주체가 자신에게 주어진 임무를 충실히 수행하면 따라오는 결과일 따름이다. 실제로 로마인들은 항상 명예를 '유용성'(utilitas)과 대비시키고, 현실 속에서 양자가 상충될 경우에는 개인적인 이익을 버리고 도덕성의 징표인 명예를 택해야 한다는 사회분위기를 형성하였다. 이와 같은 분위기 속에서 로마인들은 자신의 도덕적 · 사회적 의무에 충실하기 위하여 생명까지도 기꺼이 내놓을 수 있었다. 고대사의 흐름 속에서 드러나듯이, 이들이 공동체를 위해 자발적으로 희생을 선택한 것은 명예를 가장 소중하게 생각하였기 때문이다. 그리고 그것은 로마가 고대 세계에서 초일류 제국으로 성장하는 정신적 배경이 되었다.

앞에서 언급되었듯이, 명예는 사회적 존재인 인간이 자신의 역사성을 인식하고 유지하는 과정에서 중요한 역할을 하는 가치개념이다. 그런데 진정한 명예는 피상적인 생각이나 관념의 유희 혹은 편안한 상황에서 생산되는 말이나 글을 통해서 얻어지는 것이 결코 아니다. 명예는 세상이 자신을 필요로 하는 절체절명의 순간에 모든 것을 내던지는 희생과 실천을 통해 비로소 획득하게 된다. 권영주 중위와 박승환 소령 그리고 김광석 소령은 자신에게 주어진 리더의 역할을 충실히 수행하다가, 20대의 꽃다운 나이에 부하들을 살리고 자신은 산화해야 하는 운명을 추호의 망설임 없이 온몸으로 받아들였다. 일찍이 대전제일위인(大田第一偉人) 단재 신채호(丹齋 申采浩, 1880-1936) 선생은, 모름지기 지도자는 '소아'(小我)적 사고방식을 과감히 청산하고 심중(心中)에서 더 확장된 자아의 모습 즉 '대아'(大我)를 발견할 수 있어야 한다고 강조한 바 있다. 권영주와 박승환 그리고 김광석은 충남대와 인연을 맺은 많은 사람들 중에서 단재의 지도자론을 실천한 소수의 인물에 속할 것이다.

충남대는 1952년 한국전쟁 중에 개교한 이래 수많은 어려움과 고비를 넘기며 비약적인 발전을 거듭해 왔고, 올해 2022년에는 개교 70주년을 맞이하게 되었다. 이 기나긴 역사의 흐름 속에서 자신의 영역에서 묵묵히 최선을 다하였으며, 멸사봉공과 살신성인의 자세로 모교의 명예를 드높인 세 동문의 이름을 충남대 구성원들은 결코 잊지 말아야 할 것이다.

XIII

자유와 정의를 위해 불꽃처럼 살다 간 충남대 민주화운동의 증인들

- 오원진 열사와 윤재영 열사를 중심으로 -

서영식·김민석

들어가는 말

주지하듯이 우리 헌법 1장(총강) 1조는 대한민국이 '민주공화국'임을 천명하고 있으며, 또한 4조에서는 정체(政體)가 '자유민주적 기본질서에 입각'하고 있음을 밝히고 있다. 해방 이후 좌우의 극심한 정치적 대립과 혼란 속에서 우리는 자유민주주의 사상을 신생국 대한민국의 건국이념으로 받아들였던 것이다. 그리고 건국 이후 70여 년이 지난 현재 우리 대한민국은 세계적으로도 상당히 성숙한 민주주의 체제가 유지되는 것으로 평가받고 있다. 그러나 이러한 정치 · 사회적 상황이 1945년 광복이나 1948년 정부수립 당시부터 가능했던 것은 결코 아니다. 또한 시대의 흐름 속에서 어느 순간 우연히 주어진 것도 아니다. "자유는 그냥 주어지는 것이 아니다"라는 말이나 "민주주의는 피를 먹고 자라는 나무"라는 표현이 상징하듯이, 20세기 한국 현대사의 흐름 속에는 자유와 민주주의의 가치를 지키기 위해 그리고 정의가 강물처럼 흐르는 사회를 구현하기 위해 자신의 안위를 추호도 돌보지 않은 채 삶을 송두리째 바친 이들이 다수 존재한다. 그들은 21세기로 접어든지 20여 년의 세월이 흐른 오늘날에도 여전히 우리의 가슴 속에 살아 숨쉬고 있다. 또한 현재를 살아가는 우리는 앞으로도 그들이 감내해야 했던 헌신과 희생을 기억해야 할 책임이 있다. 그와 같은 인물 중에서 충남대 출신으로는 대표적으로 오원진(吳元鎭 1952.3.18-1992.9.11)과 윤재영(尹在泳 1965.8.13-1992.10.10)을 꼽을 수 있다.

이 글에서는 지난 20세기 자유민주주의 이념이 권위주의 정권에 의해 자의적으로 왜곡되어 정권 유지의 이념적 수단으로 악용되는 상황을 타파하고, 생의 마지막 순간까지 자유의 쟁취와 민주주의 회복을 위해 헌신했던 오원진과 윤재영 두 동문의 불꽃 같은 삶을 충남대 민주화운동 당시의 활동을 중심으로 조명해 보고자 한다.

오원진 열사[1)]

유소년기와 청소년 학창 시절

오원진 열사 근영

오원진은 아직 한국전쟁이 진행 중이던 1952년 봄 충청북도 청원군 현도면 양지리(현재는 충청북도 청주시 서원구 현도면)에서 칠남매(4남 3녀) 중 넷째로 출생하였다. 그가 태어난 현도면 양지리는 보성 오씨(寶城 吳氏) 집성촌이었으며, 양지리 인근의 다른 마을에도 보성 오씨가 집단으로 거주하는 경우가 많았다. 특히 이 지역 오씨 집안은 선비, 박사, 교수 등 전통적으로 학자를 많이 배출하여 지역 사회에서 각별히 주목받아온 것으로 알려져 있다.

오원진의 고향(양지리)은 행정구역상으로 충청북도에 속해 있으나 실제 지리상으로는 대전 근교인 신탄진과 접경지대에 위치하고 있다. 또한 오원진이 출생할 당시 그리고 성장 과정에서 그의 부친은 대전역 철도공무원으로 근무하였기 때문에, 그에게 대전은 지리적으로 무척 가까울 뿐만 아니라 정서적으로도 매우 친밀한 지역이었다.

고향 마을에서 초등학교(당시 현도국민학교)를 마친 오원진은 이제 본격적으로 학업에 몰두하기 위해 대전에서 상급학교에 진학할 것을 결심한다. 이러한 결정은 공부와 장래에 대한 본인의 의지와 포부도 작용했지만, 어린 시절부터 남달리 총명하여 동년배 사이에서 늘 리더 역할을 도맡아 하였고 학업성적도 우수하여 학교와 가족의 기대를 한 몸에 받은 결과이기도 했다. 또한 한국전쟁 이후 60년대 초반 대부분의 서민 생활이 그러했듯이 자식만 7명인 대가족의 경제 사정이 그다지 넉넉할 리 없었으나, 다른 지역에 비해 학자가 많이 배출된 곳으로 알려진 동네 분위기에 영향을 받은 까닭인지, 오원진의 부모는 어려운 형편에도 자식 교육에 남다른 열정을 쏟았다.

대전에서 중학교(한밭중학)를 우수한 성적으로 졸업한 오원진 군은 1969년 당시 중부권 최고의 명문 고등학교로 손꼽혔던 대전고등학교에 최상위권 성적으로 입학하였다. 그가 청운의 꿈을 품고 고등학교에 입학한 해는, 박정희 대통령과 여당이 정권 연장을 위해 대통령의 3선이 가능하도록 헌법을 개정하여 이른바 삼선개헌(三選改憲) 안이 변칙적으로 국회를 통과한 해(10.17)이다. 따라서 당시 시민사회와 대학가뿐만 아니라 일부 고등학교에서도 삼선개헌에 반대하는 시위와 시국토론회 개최 같은 다양한 저항이 일어났다. 1960년 4·19혁명의 기폭제가 된 것으로 잘 알려진 '3월 8일 학생시위'를 주도하는 등 민주주의를 향한 열망을 분출한 전통을 가지고 있던 대전고 학생들 역시, 1969년 가을(9월 5일) 학교 측과 대립하는 가운데 시국토론회를 개최하여 삼선개헌 시도를 강력히 비판하였다. 당시 1학년이었던 오원진은 학생시위에서 주도적인 역할을 했다고 보기는 어렵지만, 적어도 당시의 험난한 시국상황을 경험하면서 독재에 대한 항거 의지를 불태우고 자유와 정의의 중요성을 되새기는 계기를 마련했을 것으로 추정된다.

청운의 꿈을 펼치며 학창시절을 이어가던 오원진은 이제 졸업을 앞두고 진학할 대학을 선택해야 하는 시점을 맞이한다. 고교 재학시절 내내 최상위권 성적을 유지했던 오원진은 입시에서 평소 원하던 학교(서울 법대)의 입학에 실패하게 되고, 이어서 경제 사정으로 인해 순탄하지 않은 재수 생활을 시작한다. 이 과정에서 오원진은 넉넉하지 못한 집안 형편 등 여러 현실적인 상황에 대해 한동안 고민한 끝에 진학을 위한 상경을 포기한다. 즉 20세의 청년 오원진은 대전 지역사회에 뿌리를 내리고 지금 여기서 새로운 변화의 물결을 주도하겠다는 각오를 다진 후, 다음 해인 1973년 3월 충남대 문과계열에 수석으로 입학한다.

70년대 CNU 민주화운동의 기수

오원진 열사 재학 당시 문과대학 전경

오원진이 대학에 입학하기 한 해 전인 1972년은 직전 대통령선거(1971.4.27)를 통해 더 이상 민주적인 방식으로는 선출도 통치도 불가능함을 깨달은 박정희 대통령이 이른바 유신헌법을 공포하여 억압과 장기집권의 길로 들어서는 시발점이 되는 해였다. 역사적으로 잘 알려져 있듯이, 유신헌법은 국회 해산, 대통령 간접 선출, 법관 임명, 국회의원 1/3 임명, 초사법적 긴급조치 발동 등을 주요 내용으로 하는 악법이었으며, 건국 이후 국민들이 20여 년간 가꾸어온 민주주의의 근간을 뿌리째 흔들어 놓을 수 있는 법률적 폭거였다. 이에 이미 1972년부터 전국 각지의 대학은 물론이고 심지어 일부 고등학교에서도 유신반대 시위가 끝없이 이어졌다. 이처럼 지속된 국민적 차원의 저항에도 불구하고 박정희 대통령이 유신을 통한 장기집권의 뜻을 굽히지 않자 시국은 점점 더 혼란 속으로 빠져들게 된다.

당시 충남대에서도 유신체제에 반대하는 학생들의 저항과 시위가 거세게 일어났는데, 그 중심에는 바로 오원진이 있었다. 그리고 당시의 투쟁은 그의 삶을 이전과는 전혀 다른 방향으로 이끄는 계기가 된다. 즉 이미 대학 입학 당시부터 사회문제와 정치상황에 큰 관심을 보이며 다양한 방식으로 비판적인 의견을 개진함으로써 충남대 학생 그룹에서 주목받아온 오원진은 2학년이 된 1974년 가을부터 약 50여 일간 지속된 유신반대 및 학원민주화 시위에서 주도적인 역할을 한 것이다. 오원진은 10월 14일 낮부터 오백여 명의 학생들이 운집한 가운데 문화동 캠퍼스 대운동장에서 진행된 시국대회를 주도하였으며, 학원민주화를 위한 궐기대회 후에는 유신반대를 외치며 도청 방향으로의 진출을 시도하였다. 오후 내내 지속된 학생들의 학내 가두행진과 교외 진출시도는 경찰과 교직원들의 제지로 결국 무산되었으나, 당일 시위는 대전 시민사회에 큰 반향을 일으켰으며 반대로 수단과 방법을 가리지 않고 권력 연장에 몰두하던 유신정권에는 당혹감을 안겨주었다. 즉 시위가 끝난 직후 당황한 교육부는 충남대에 주동자 색출과 징계를 강력히 요구하였으며, 정부의 압력을 받은 학교 당국은 바로 당일 오원진을 비롯한 6명의 주동학생을 제적하고 10여 명의 학생을 무기정학에 처하는 극단적인 조치를 취하였다. 또한 당시 총장의 결정에 따라 충남대 내 대부분의 단과대학은 무기휴학 상태에 돌입하게 되고 총학생회 역시 강제 해산되었다. 그러나 대다수의 학생들은 정부 눈치 보기에 급급한 대학 당국에 더욱 반발하였으며, 이후 백여 명의 학생들이 도서관을 점거하고 단식농성에 들어가는 등 50여 일간 학내 시위가 이어졌다. 이러한 극단적 대치 상황은 12월 4일 대학본부와 학생대표 측이 시위학생 구제와 총학생회 부활 등 학내 민주화를 전제로 대화에 나서고 상호간 양보와 타협을 도출함으로써 표면상 일단락된다. 유신반대 투쟁 과정에서 촉발되었으며 두 달 가까이 지속된 당시의 학내갈등은 1952년 충남대 개교 이래 발생한 초유의 사태였으며, 시위를 주도했던 오원진은 다른 학생들이 구제되는 대신 당시 혼란 상황에 대한 총체적인 책임을 지고 학교를 떠나게 된다.

학교에서 제적된 이후 오원진은 우선 군대 문제를 해결하기 위해 고향마을에서 방위로 군복무 시간을 가진다. 당시 시민사회운동과 민주화투쟁의 틀 안에서 오원진과 교류를 이어갔던 지인들의 전언에 따르면, 제대 이후 그는 특정 시민단체에서 활동하거나 생업에 종사하기보다는 대전과 서울을 오가며 백기완, 백낙청 등 당시 한국사회에서 민주화운동을 주도한 재야인사나 김대중 등 야당 주요 정치인들을 만나 교류하며 경험의 폭을 넓혀 나갔다. 또한 당시 오원진의 행적을 찾아보면 그는 주로 대전지역 시민사회에서 자신의 역할을 새롭게 정립하는 방안을 다각도로 모색하였으며, 이 과정에서 뜻을 함께하는 청년 운동가들을 규합하는 역할을 자임한 것으로 보인다. 특히 대전고등학교 동기동창인 강구철(姜求哲, 1953-2002)과의 재회는 그에게 큰 활력소가 되었다. 충북 옥천군(군서면 오동리)에서 출생하였고 대전에서 성장한 강구철은 대전고 졸업 후 서울 소재 대학에 입학하였는데(서울대 정치학과), 이미 신입생 시절부터 민주화운동에 참여하였고 시위와 수배 등으로 언론에 자주 등장했던 인물이다. 그는 1973년 10월 유신반대 시위로 구속되었으며, 이듬해에는 이철, 유인태 등 대중 정치인으로 활동한 인사들과 더불어 민청학련 사건의 주범으로 지목돼 징역 15년형을 선고받은 바 있다. 강구철은 1977년 학교에서 제적당하자 고향과 다름없는 대전으로 낙향하여 지역 청년 활동가들과 민주화운동을 주도하는 동시에 소외된 청소년들을 위해 야학교실을 운영하였다. 이 과정에서 오원진과 강구철은 고교 동창이나 투쟁 동지의 관계를 넘어서 피를 나눈 형제 이상으로 친밀한 관계를 유지했다. 이후 아직 한국사회에 성숙한 민주주의가 정착되기 전인 1992년 오원진이 갑작스럽게 죽음을 맞이해야 할 상황이 도래하자, 강구철은 그가 평화롭게 신변을 정리하고 영면할 수 있도록 지인들과 더불어 노력을 기울인 것으로 알려져 있다.

자유와 정의를 향한 80년대의 열정과 헌신

오원진은 유신 반대시위에 대한 책임을 지고 제적당한 이후 수년의 세월이 흐른 1980년 봄 다시 대학으로 돌아올 수 있었다. 그것은 10 · 26 사태와 더불어 유신체제가 종말을 고하고 이어서 80년 5월 중순까지 이른바 '서울의 봄'으로 불린 민주주의 회복 노력이 전국적으로 전개되었고, 이에 권력 공백기를 이용해서 무력으로 정권획득을 도모하던 신군부 세력이 시민대중과 학원을 상대로 전술상 잠시 회유책을 폈기 때문이다.

어쨌든 오원진은 약 5년 만에 학교로 복귀하자마자 그동안 시민사회에서 경험하고 깨달은 바를 학원 내부에서 실천하고자 했으며, 또한 당시 전국 대학가에서 거세게 휘몰아친 민주주의 열망을 반영하여 학생운동의 새 방향을 제시하고자 노력하였다. 특히 그는 이미 지난 70년대 후반부터 청람회를 비롯해서 대전 지역에 조직되었던 몇몇 사회연구 동아리 구성원들과 지속적으로 교류해 왔는데, 80년에 접어들면서 당시 멤버들은 나이와 투쟁 경력에서 한참 앞서있던 오원진의 지도를 바탕으로 각 대학별 학생회 부활과 학원 민주화운동의 구심점을 형성하게 된다.

1980년 봄 충남대에서 진행된 총학생회 부활 과정에서 오원진은 70

년대 중반 유신반대 투쟁과 구속이라는 이력과 올곧고 강직하면서도 주변 사람들에게 한없이 관대하고 친절한 성품으로 인해 운동권 후배들에 의해 자연스럽게 총학생회장 후보로 추대된다. 이후 공식선거(4.15)를 통해 압도적인 지지를 받으며 총학생회장에 당선된 오원진은 1975년 유신정권에 의해 해체된 이후 6년여 만에 부활된 학생자치기구의 첫 번째 대표자가 되었으며, 다시 한번 학원민주화와 학내 문제 해결을 위해 헌신할 것을 후배 학생들 앞에서 다짐한다.

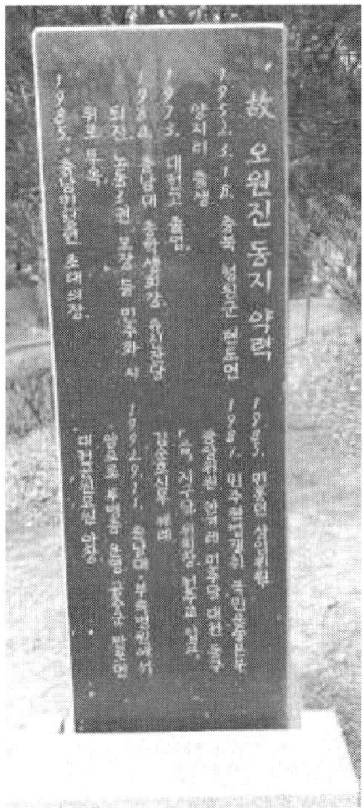

충남대 통일동산 오원진 기념비

오원진은 총학생회장에 당선된 직후부터, 민주화의 열망을 담아 전국 대학가에서 가장 먼저 비상계엄 해제시위를 기획하고 실천에 옮기는 투쟁을 전개하였다. 특히 그가 중심이 된 투쟁 기획과 실천 활동은 역사적으로 알려진 5월 중순 이후 서울 지역 대학들의 시위나 광주민주화운동보다 시기적으로 한참 앞서 진행된 것이었다. 오원진이 당시 신군부 세력의 진의를 파악한다는 명목으로 본격적인 투쟁에 돌입하지 못한 채 머뭇거리던 여타 대학 총학생회와 달리 선도적으로 투쟁방향을 정하고 신속하게 행동에 나설 수 있었던 것은 그의 강직한 성품과 예리한 정세파악 능력에 기인하는 것이었다. 그는 이미 70년대부터 민주화운동을 전개하면서 권위주의 정권의 권력욕을 누구보다 명확히 꿰뚫고 있었던 것이다.

총학생회장이 된 오원진은 1980년 5월 1일을 기해 그동안 준비했던 정치투쟁을 본격적으로 전개하였다. 당일 점심시간 무렵부터 오원진의 주도 하에 문화동 캠퍼스 대운동장에서 진행된 시국강연과 토론회에는 이례적으로 수천 명의 학생이 운집하여 급변하는 정국상황에 대한 비상한 관심과 민주화에 대한 뜨거운 열기를 보였으며, 특히 당시 신군부 세력이 선포한 비상계엄을 즉시 해제하고 집회와 결사의 자유를 보장할 것을 강력히 요구하였다. 또한 학생들은 시국토론이 끝난 후 가두행진을 통해 교문 밖으로 진출하는 과정에서 경찰과 격렬한 공방을 벌였으며, 결국 경찰의 포위망을 뚫고 3,000여 명의 학생들이 대전역까지 진출하여 시위를 이어가다가 저녁 무렵 학교로 복귀하였다. 그런데 시위 이틀 후인 5월 3일 오원진을 비롯한 시위 주도 학생 7명이 경찰에 의해 강제 연행된다. 학생들은 이에 자극받아 이전보다 더욱 격렬한 시위와 농성을 진행하였으며, 이러한 상황은 이후 수일간 지속되었다. 결국 오원진을 비롯한 13명의 총학생회 구성원들은 시위를 주도한 혐의로 구속되는데, 그는 재판 과정에서 시위에 대한 모든 책임을 공개적으로 자신에게 돌린 탓에 재판 대상자들 중에서 가장 무거운 3년 형을 선고받는다. 그리고 그는 2년 3개월여에 걸친 긴 수감생활을 인내와 의지로 극복한 후 출소한다.

출소 직후 오원진은 지난 80년 5월 민주화 투쟁 당시 자신의 주도로 시위에 참여하다가 고초를 겪은 충남대 후배들과 그 가족을 빠짐없이 만나서 사과와 위로의 말을 전한 것으로 알려져 있다. 이제 그는 오랫동안 떠나 있었으며 사실상 세대교체가 이루어진 대학과는 어느 정도 거리를 둔 채 사회운동에 투신하기로 결심한다. 그리고 오원진의 출소와 사회운동 참여 결정으로 인해 한동안 침체되었던 대전지역 시민사회운동은 새로운 활력을 찾게 된다. 우선 그는 1985년 봄(3.15) 대전시 가톨릭문화회관에서 강구철 등 그동안 고락을 함께 해온 동지들과 함께 충남민주화운동청년연합(충남민청) 발족을 주도하고 동시에 초대의장으로 추대된다. 이 조직은 발족 당시 참여자가 수백 명에 달하는 등 지역사회에서 가장 큰 규모의 민주주의 지향 청년조직으로 주목을 받았다. 또한 충남민청은 당시까지 소규모 그룹 차원에서 운동을 진행하던 대전과 충남의 수많은 청년 활동가들의 새로운 소통 공간이 되었으며, 1992년 대중적 청년운동을 표방한 전국조직인 전국청년단체협의회가 창립되면서 자진 해산할 때까지 지역 민주화운동의 구심체 역할을 하였다.

우금티 위령탑 앞에서 역사 왜곡된 비문을 깨부수는 장면(우측 끝, 1985)

오원진은 충남민청 초대 의장으로 투쟁활동을 재개하면서, 전두환 정권의 강압 통치에 항거하며 민주적 가치 확산을 위해 분투하는 동시에 지역 시민운동의 새로운 방향을 모색하였다. 그러나 충남민청은 조직의 물질적 기반이 거의 전무한 상태에서 출범하였으며 소수의 뜻있는 지인들이 보내는 성금에 재정을 의존하는 상황이었기에 변변한 사무실 하나 갖추지 못한 채 수년간 존립하였으며, 각종 사업과 활동을 추진함에 있어서도 재정상의 문제로 적지 않은 어려움을 겪었다. 그러나 그보다 오원진을 훨씬 힘들게 만든 것은 전두환 정권의 지속적인 감시와 물리적 강제력을 동반한 탄압이었다. 출범 당시 대전시 중구 목동의 허름한 건물에 위치해 있던 충남민청 사무실에는 경찰, 지역보안대, 안기부 등의 기관원들이 예고 없이 수시로 방문하여 활동을 감시하였다. 또한 『충남민주선언』 같은 충남민청의 홍보물이나 시위 관련 각종 유인물,

플랭카드 등을 법적인 근거 없이 압수하기 일쑤였다. 나아가 갖가지 구실을 들어 오원진을 비롯한 충남민청 임원들을 임의로 구금하거나 구타하는 일이 반복되었다. 그러나 강인한 정신의 소유자인 동시에 삶에 대해 항상 낙관적인 태도를 유지했던 오원진은 민주화운동을 진행하면서 맞닥뜨려야 했던 온갖 유형의 탄압과 회유에 결코 굴복하지 않았다. 또한 그는 특정한 생업에 종사하지 않고 오직 민주화 투쟁과 사회운동에 전념한 관계로 겪어야 했던 경제적인 궁핍에 대해 단 한 번도 불평하지 않았고 현실 상황을 묵묵히 받아들였다. 오히려 그는 주변 지인들로부터 약간의 경제적인 도움이라도 받게 되면 그날로 자신과 같은 길을 걸으며 고초를 겪었거나 영어(囹圄)의 몸이 된 동료 선후배들을 찾아 자신이 가진 것을 다시 베푸는 생활을 반복하였다.

나아가 오원진은 진정한 자유의 쟁취와 민주주의 확산을 위해서는 지역의 활동가나 청년학생들에게 제대로 된 민주주의 사상과 진보 이념을 전해야 한다는 사명의식을 가지고 있었다. 이에 그는 80년 항쟁으로 인해 옥고를 치른 직후인 1982년 늦가을 평소 같은 뜻을 품고 있던 몇몇 동지들과 함께 대전 최초의 사회과학도서 전문서점인 창의서점(중구 대흥동)을 설립하고 장기간 운영하였다. 대전・충청지역 민주화운동사에서 창의서점이 갖는 위상과 역사적 의의는 이루 말할 수 없이 크다. 사실 창의서점의 설립과 운영 이전까지 대전을 중심으로 한 충청지역의 민주화운동은 자유와 민주주의에 관한 명확한 이해나 사상적 기반을 마련하지 못한 채, 유신 정국과 신군부 세력의 도발로 불거진 각종 정치 현안에 주목하거나 노동영역에서 이슈별로 문제를 제기하는 방식의 일회성 투쟁으로 일관하고 있었다. 그러나 창의서점은 설립과 동시에 지역사회 민주화운동의 거점으로 급부상하였으며, 당시 국내 출판이 금지된 사회과학 도서와 마르크스 원전 등을 구입하거나 복사

할 수 있는 대전 유일의 공간이었다. 또한 서점 내의 세미나실에서는 오원진의 지도하에 수많은 지역 활동가와 청년학생들이 사상논쟁을 벌이거나 새로운 투쟁방향을 마련하였다.

연이은 불운과 갑작스런 죽음 그리고 추모의 물결

20세기 대한민국 민주주의 운동사에서 가장 중요한 해 중 하나인 1987년 가을(9.29), 60년대 후반부터 70년대 중후반 사이에 학생운동에 몸담았던 민주인사 150여 명은 서울 종로구에 위치한 기독교회관 대강당에서 '민주주의와 민족통일을 위한 사회운동'의 창립총회를 개최하였으며 6.29선언을 통해 현실화된 대통령 직선제에서 반드시 승리하여 대한민국에 민주주의를 회복할 것을 다짐하였다. 오원진은 이날 행사에 공동의장 자격으로 참가하였으며, 이후 대전지역에서 정권교체를 위한 투쟁의 선봉에 선다. 그러나 16년 만에 직선제로 실시된 13대 대선(1987.12.26)에서 야권 분열로 인해 원치 않던 결과가 나오자 양 김씨(김영삼, 김대중)의 태도에 실망한 일부 야당인사들과 민주화운동에 헌신했던 청년세대가 힘을 모아 1988년 새로운 진보정당(한겨레민주당)을 창당하게 된다. 오원진 역시 6월 항쟁을 통해 얻은 정권교체의 기회를 어이없이 날려버린 주류 야권세력에 심한 배신감을 느끼던 터라 지역의 대표로서 자연스럽게 진보정당의 창당과 활동에 동참하였다. 이후 그는 창당 후 첫 번째로 실시된 13대 총선(1988년)에 출마(대전 동구)하였으나 당시의 보수적인 지역 상황을 극복하지 못하고 낙선하였다. 이후 한겨레민주당은 구성원 간의 의견대립으로 인해 사분오열되어 법정지구당수가 미달되는 사태가 발생하고, 이로 인해 1991년 중앙선거관리위원회에 의해 공식 해체되고 만다.

오원진 열사의 묘소
(국립5 · 18 민주묘지)

평소 주변 사람들에게 건강하고 당당한 모습을 보였던 오원진은 1992년 초가을 전혀 예상치 못한 상황에서 극한의 신체적 고통을 느끼며 충남대학교병원에서 정밀진단을 받았는데, 진단 결과 뜻밖에도 대장암 말기 판정을 받는다. 그는 죽음이 임박했음을 직감하자 병상에서 가족과 지인들에게 너무 슬퍼하지 말고 평상심을 유지할 것을 간곡히 부탁하였으며, 침착하던 평소보다 더욱 평온한 모습으로 지나간 삶을 회고하며 생의 마지막 시간을 보내게 된다.

오원진은 입원한 지 불과 며칠 만에 항암치료 한 번 제대로 받아보지 못한 채 고단한 생을 마감하게 된다. 이에 그의 가족들은 원통한 마음을 억누르며 유해를 대전공원묘원(세종시 장군면 소재)에 안장하고 명복을 빌었다. 이후 오원진과 고락을 함께 했던 민주화운동 동지와 충남대 선후배들은 유가족의 동의와 협력을 얻어, 1999년 봄(3.28) 유해를 광주광역시에 위치한 '국립5 · 18민주묘지'로 이전 안장하였다. 앞에서 언급하였듯이 오원진은 1980년 봄(5.1) 어느 누구도 신군부 세력에 적극 저항하지 못하고 머뭇거리는 상황에서, 충남대 총학생회장으로서 선도적으로 투쟁방향을 정하고 신속하게 시위행동을 취함으로써 민주화투쟁이 전국적으로 확대되는데 결정적인 계기를 제공하였다. 또한 이로 말미암아 그는 2년 3개월 동안 옥고를 치러야만 했다. 이에 당시의 헌신과 희생이 인정되어 오원진은 사후 5 · 18민주유공자로 추서되었으며, 영면한 지 7년여 만에 민주묘지 안장사업이 진행된 것이다. 묘역

번호는 '4-25'이다.

1992년 가을 오원진과 철학과 후배 윤재영이 젊은 나이에 뜻밖의 죽음을 맞이하자, 다음 해에(1993.12) '애국청년 故 오원진 · 윤재영 동지 추모사업회'가 결성되었다. 이어서 추모사업회 주관 하에 추모조형물과 추모비 제작이 추진되었으며, 오원진이 별세한 지 3년이 지난 1995년 늦가을(11.5), '오원진 · 윤재영 추모비' 제막식이 충남대 노천극장(사회과학대학 뒷편) 앞에서 거행되었다. 최병욱 당시 추모사업회 회장은 "작은 힘을 합쳐 조형물과 비석을 세웠다. 이곳이 민주화의 산실이 되었으면 한다"라고 말했다.[2] 한편 '애국청년 故 오원진 · 윤재영 동지 추모사업회'와 '충남대학교민주동문회'는 지난 1992년 이후 매년 가을 오원진의 추모비와 조형물이 세워진 장소에서 추모제를 거행해 왔으며, 올해(2022년)에는 30주기 추모제가 진행될 예정이다.

오원진과 윤재영 추모조형물
(충남대 통일동산)

2017년 6월 28일 오전 10시, 대전 중앙로역 네거리에서는 오원진과 윤재영이 중심이 되어 진행되었던 대전지역 6 · 10 민주항쟁 30년 주년을 기리는 '기념표석 제막식'이 성대하게 거행되었다. 이날 제막식은 6 · 10민주항쟁 30년 기념사업 대전추진위원회가 주최하고 대전시와 민주화운동기념사업회가 후원했다. 권선택 당시 대전시장은 "87년 대전 항쟁은 전국으로 번지는 들불이 됐다. 이곳은 시민들의 용기와 결단을 되새기는 민주화의 성지"라고 축사했다. 그리고 김병국 당시 대전세종충남 민주화운동계승사업회 이사장은 "이 자리에 서니 87년 전두환 군사독재에 맞선 호헌철폐 독재타도의 열기와 87년 여름 노동자 대투쟁의 함성이 들리는 듯하다. 민주화 과정에서 희생된 박종철 · 이한열 열사와 지역의 오원진 · 윤재영 · 강일석 동지 등의 희생이 오늘날 우리가 누리는 대한민국을 만들었다는 것을 기억해야 한다"고 말했다.[3)]

윤재영 열사

—

1987년 6월 15일 오후, 충남대 재학생 1만여 명은 민주헌법 쟁취와 직선제 개헌 구호를 외치며 유성캠퍼스에서 대전역까지 평화적인 행진을 성공적으로 진행하였다. 이날의 시위는 6월 항쟁이 전국적으로 확산되는 기폭제 역할을 했을 뿐만 아니라, 80년대 충청지역 학생 민주화운동사에서 가장 상징적인 순간으로 기록되어 있다. 그리고 이 항쟁의 중심에는 당시 총학생회장이던 윤재영이 있었다.

시골의 평범한 가정에서 태어나 평소 독서와 사색에 몰두하며 신중하고 내성적인 성향을 지녔던 철학도 윤재영은 어떤 시대적 고뇌와 변신 과정을 거쳐 80년대 학생 민주화운동의 중심에 서게 되었는가? 또한 때 이른 운명(殞命) 이후 30년의 세월이 흐른 오늘날까지 그의 모습이 많은 이의 가슴 속에서 오롯이 살아있는 까닭은 무엇인가?

전통과 문화의 도시 공주와 꿈 많던 유년 시절

윤재영은 1965년 8월 13일 충청남도 공주군 우성면 단지리에서 3남

윤재영 열사
초등학교 졸업사진

2녀의 막내로 출생하였다.[4] 부친 윤경오 선생은 막내아들이 세상을 먼저 등지고 13년이 지난 후인 2005년 별세하였고, 어머니 김점례 여사는 지금도 후손들과 함께 고향에서 건강하게 생활하고 있다. 윤재영은 고향에서 유년기와 청소년 시절을 보냈다. 그는 공주시 우성면에 위치한 우성초등학교(당시는 우성국민학교)와 우성중학교를 졸업하였고, 이후 공주고등학교에서 3년간 학업에 열중하였다.

충청남도의 중심부에 위치하고 있는 공주는 이미 삼국시대에 백제의 수도로서 상당기간 동안 정치와 행정 그리고 문화의 중심지 역할을 수행한 바 있다. 지금도 공주 시내 곳곳에서는 백제시대의 유적들을 쉽게 찾아볼 수 있다. 특히 2015년에는 공주에 위치한 공산성과 송산리 고분군이 유네스코 백제역사 유적지구로 등재된 바 있다. 이처럼 오랜 역사와 전통을 자랑하는 공주는 조선시대에도 충청도의 중심도시 역할을 수행하였으나, 일제 강점기인 1932년에 충청남도 도청이 대전으로 이전함으로써 중부지역 행정 중심지의 기능을 상실하게 된다. 그러나 공주는 유구한 전통을 지녔을 뿐만 아니라 교육과 문화의 도시로 명성이 높은 지역이며, 한국 현대사를 이끌어온 수많은 인물을 배출한 것으로도 유명하다. 공주에서 성장하여 충남대와 인연을 맺고 큰 업적을 쌓은 인물로는 예컨대, 충남지사로서 1952년 개교와 동시에 수년 간 총장서리를 겸임하며 학교의 기틀을 세운 운정 성락서 박사(芸庭 成樂緖 博士, 1905-1988), 초대 총장을 역임한 동고 민태식 박사(東喬 閔泰植 博士, 1903-1981), 8-9대 총장으로서 유성캠퍼스 이전과 대학 현대화에 공헌한 화곡 서명원 박사(華谷 徐明源 博士, 1919-2006) 등을 꼽을 수 있다.

철학과 입학과 시대적 사명의 자각

윤재영은 1984년 고등학교 졸업과 동시에 우수한 성적으로 충남대 문과대학 철학과에 입학한다. 당시 그의 가정은 형편이 넉넉하지 않았던 관계로 오남매 중에서 대학에 입학한 사람은 막내 아들 윤재영이 유일했다. 이러한 현실에서 그는 농사로 생계를 유지하던 부모님의 부담을 덜어드리기 위해 지역 거점국립대 장학생을 선택하게 된 것이다.

청소년 시절부터 문학서적을 탐독하였으며 또한 크고 작은 사회적 이슈에도 관심이 많았던 윤재영은 대학 입학 이후 자신의 흥미와 관심사를 충족시켜 줄 수 있는 인문사회과학 독서토론이나 학습동아리 활동에 적극적으로 참여하는 모습을 보였다. 윤재영과 더불어 충남대 문과대학에서 대학생활을 시작했고 이후 수년간 학생운동에 함께 참여하면서 동년배 친구이자 이념적 동지관계를 오랫동안 유지했던 박노동 대전세종연구원 부원장(사회학박사)의 회상에 따르면, 학창시절 윤재영은 한편으로 매사에 차분하고 신중하며 철학전공 학생답게 논리적으로 사고하고자 노력하는 모습을 보였다.[5] 다른 한편 그는 어떤 사안에 대해서도 남들보다 오랫동안 생각하고 고민하다가 천천히 열정을 드러내곤 했지만, 한번 결심한 바에 대해서는 결코 입장을 바꾸거나 물러서는 법이 없었다. 나아가 윤재영은 평소 학우들 사이에서 매우 뛰어난 공감능력을 보여주었다. 예컨대 그는 학창시절 주된 관심사 중 하나였던 학습동아리 활동 중에 구성원의 말을 항상 끝까지 경청하고 공감하고자 노력하였다. 또한 윤재영은 한 번 토론이 진행되면 논의의 방향과 분위기를 잘 잡아서 생산적인 담론이 전개될 수 있도록 이끄는 리더의 자질을 동시에 지니고 있었다. 이처럼 윤재영은 항상 동아리 활동의 중심에 위치해 있었음에도 불구하고 세미나가 진행되는 날이면 어김

없이 학우들을 자신의 자취방으로 초대하여 손수 밥을 지어서 대접하는 정겨운 심성의 소유자이기도 했다.

충남대 철학과 재학 시절의 윤재영(왼쪽)

윤재영이 대학생활 내내 주도적으로 참여했던 학생운동 과정에서 가장 거부감을 보였던 것은 운동이 교조주의에 매몰되거나 상식을 무시하고 비합리적인 모습을 띠는 상황이었다. 예컨대 그는 당시 운동권 내부에서 유행처럼 번지고 있던 소련서적 탐독이나 일부 주입식 사상교육에 대해 상당히 비판적인 입장을 취했다. 그런 모습은 우리 자신과 사회를 제대로 이해하지도 못한 채 서구의 이론과 사상을 무비판적으로 수용하고 획일적으로 적용하려 했던 기성세대 학자들의 태도와 별반 다르지 않다는 냉철한 판단에 따른 것이었다. 또한 그는 학생운동에 몸담고 헌신한다는 이유로 개인적 일탈을 정당화하는 일부 동료의 태도를 철저히 경계하고 비판함으로써, 운동의 순수성을 지켜내는 동시에 스스로에게 떳떳한 자세를 유지하고자 노력하였다. 박노동 박사의 회고에 따르면, 1986년 1학기 문과대에서는 1학기 중간고사 거부시위가 진행되었고, 동시에 학원자율화 관철 명목으로 문과대 내 일부 공간을 수일간 점거하는 사태가 발생하였다. 당시 윤재영은 철학과 학생회장인 동시에 문과대 학생회의 핵심 멤버였음에도 불구하고, 공간점거가 명분도 실익도 없다며 유일하게 비판적인 태도를 취함으로써 학생회 내부에서 한때 고립되는 상황에 직면하기도 한다. 이 에피소드 역시 그가 매사에 상식과 논리를 토대로 사고하고 행동하는 인물이었음을 보여주는 예라고 말할 수 있다.

80년대 중반 충남대 학생운동의 명실상부한 간판이자 리더였던 윤재영의 가장 큰 화두는, 학생운동의 대중화가 구체적으로 어떻게 성공할 수 있는가에 있었다. 이에 그는 우선 학내에서 민주화운동의 담론 지평과 실천 방안을 구성원 누구나 공감하고 참여할 수 있도록 확장하고 보편화함으로써, 운동권 학생과 일반학생이 동일한 캠퍼스 안에서 생활하면서도 서로를 제대로 이해하지 못하고 외계인 취급하는 비정상적인 상황을 극복하고자 노력하였다. 나아가 그는 80년 광주민주화운동 과정에서 발생한 민중의 희생에 대해 청년 지식인으로서 항상 애틋하고 미안한 마음을 지니고 있어야 함은 물론이거니와, 당시 정권의 탄압에 대항해서 시민사회 전체가 함께 맞서 싸울 수 있는 전략과 실천 방안을 시급히 마련해야 한다는 책임의식을 가지고 있었다. 따라서 그는 학교 울타리 밖에서 대중과 호흡할 수 있는 길을 찾기 위해 고심하였으며, 여름방학 때 진행되는 농활이나 어려운 환경의 청소년들을 대상으로 한 야학교실에 적극적으로 참여하였다. 또한 윤재영은 충남대 총학생회장으로 당선되던 1987년에 단지 학내에만 머물지 않고 충청지역대학생대표자협의회(충대협) 초대의장을 맡아 중부권 학생민주화운동을 실질적으로 주도하였다. 나아가 그는 전국대학생대표자협의회(전대협) 1기 공동부의장 4인 중 한 명으로 취임하는 등 본래의 차분하고 내성적인 성격과 달리 가장 중요한 시기에 투쟁 대열의 선두에 나섰는데, 이 역시 내면의 오래된 고민과 화두를 헌신을 통해 해결하려는 의지와 노력의 산물이었다.

시대정신에 부응한 헌신의 삶

주지하듯이 1987년은 대한민국 정치사에서 가장 중요하고 의미 있는 성취를 이룬 해에 속한다. 그리고 그 성취는 아무런 대가나 노력 없이 공짜로 주어진 것이 결코 아니었다. 새해 벽두부터 정국은 민주헌법 쟁취와 직선제 개헌을 통해 이 땅에서 자유민주주의의 가치를 회복하자는 시민사회의 목소리와 함께 뜨겁게 달아오르고 있었다. 이처럼 중대한 시기에 충남대 학생운동권 그룹은 상대적으로 젊은 윤재영(84학번)을 총학생회장 후보로 추대하였으며, 그는 공식 선거를 통해 재학생들의 압도적인 지지를 받으며 충남대 18대 총학생회장의 역할을 수행하게 된다. 그것은 그가 지난 3년간 학교생활과 학생운동을 통해 보여준 신중하고 겸손하면서도 열정적인 성품, 그리고 시대정신을 파악하고 그것을 학우들과 함께 성취하고자 지속적으로 노력한 모습이 빚어낸 당연한 결과였다.

1987년 3월 20일 충남대 민주광장에서는 수백 명의 학생들이 운집한 가운데 18대 총학생회 결성식이 거행되었다. 이날 윤재영이 이끄는 총학생회는 한편으로 '민주 · 민족 · 자주'를 정치 슬로건으로 내세웠으며, 다른 한편 내부적으로는 일반 학생들의 복지에 더 많은 관심을 기울이고 나아가 학내의 비민주적인 관행을 개선하는 일에 힘을 쏟기로 결의하였다.[6] 이후 다양한 학내 행사를 성공적으로 개최하며 1학기를 마친 윤재영은 여름방학이 시작될 무렵인 6월 15일(화), 총학생회 지도부와 함께 충남대생 1만여 명을 이끌며 유성캠퍼스에서 대전역까지 이어진 가두행진을 성공적으로 진행하였다. 당시 행진과 집회는 다음날 새벽 한시까지 지속되었는데, 가두행진 초반 벌어진 전투경찰과의 실랑이를 제외하면 경찰에 연행된 학생도 전무할 정도로 매우 질서정연하게 진행되었고 또한 평화롭게 종결되었다. 이날의 이례적인 행진과 집회 소식이 언론을 통해 보도되자, 충남대생들의 선구적인 투쟁에 자극받은 전국 각지의 대학 총학생회는 바로 다음날부터 학교별로 혹은 연합하여 거리행진을 시작하였다. 이어서 이른바 넥타이부대로 대변

되는 일반 시민들이 학생들의 민주화 요구에 호응하며 힘을 실어 줌으로써, 시민사회는 불과 2주 만에 6 · 29 선언을 거쳐 직선제 개헌을 쟁취하게 된다. 결국 윤재영이 인도한 6 · 15 행진은 6월 항쟁의 불길이 삽시간에 전국으로 확산되도록 촉매 역할을 하였고, 이를 바탕으로 시민사회는 오랜 염원이던 대통령 직선제를 관철시킬 수 있었다고 말해도 과언이 아닐 것이다.

무더웠던 여름방학이 끝날 무렵인 8월 19일(수) 낮 12시 30분, 충남대 종합운동장에서는 '구국의 강철대오'라는 구호로 잘 알려진 전국대학생대표자협의회(전대협) 결성식이 개최되었다. 당시 언론은 이 날 결성식에 전국 95개 대학에서 약 3500여 명의 학생들이 운집한 것으로 추산하였다. 전대협 역사상 가장 중요한 행사라 할 수 있는 결성식이 의장 소속 학교(고려대)가 아니라 충남대에서 개최된 것은 한편으로 대전이 대한민국의 중심이라는 지리적 측면이 작용했기 때문이다. 그렇지만 더욱 중요한 요인은 평소 학생운동의 대중화에 남다른 관심을 보였던 윤재영이 총학생회장으로서 결성식 유치에 열정을 쏟았으며, 나아가 전대협 1기 부의장으로서 신생 조직의 설립과 운영에서 결정적인 역할을 수행했기 때문이다.

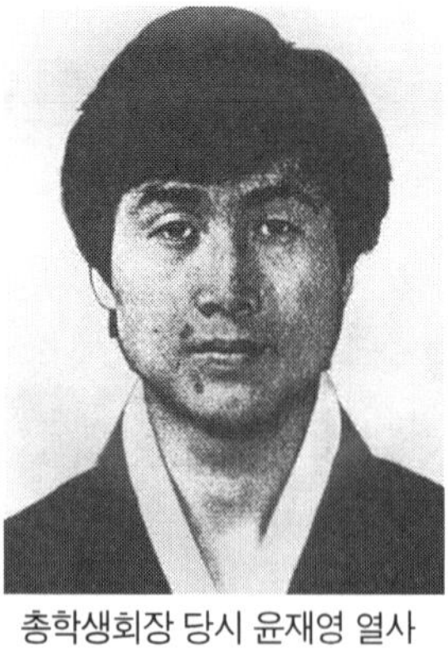

총학생회장 당시 윤재영 열사

1987년도 겨울로 접어들면서 13대 대통령선거가 실시되었다. 당시 NL이 주축인 충남대 총학생회는 일단 김대중 후보에 대한 비판적 지지로 입장을 정하였다. 그러나 잘 알려져 있듯이, 우여곡절 끝에 16년 만에 직선제를 통해 진행된 대선에서 야권과 민주화 세력은 양 김씨의 분열 등으로 인해 수평적 정권교체에 실패하고 만다. 이후 윤재영은 선거과정에서 나타난 기성 정치인들의 패권주의적 행태에 크게 실망하여, 현실적인 이해관계를 떠나 오직 순수한 차원의 민주화운동에 전념하기로 마음을 정한다. 다른 한편 윤재영이 충청권 학생운동의 중심인물로 떠오르자 공안당국은 지속적으로 그의 활동을 감시하고 동선을 추적했을 뿐만 아니라, 공주군 우성면 단지리에 위치한 고향집에도 안기부요원과 관할 지서장이 수시로 찾아와 탐문을 이어갔다. 그러나 평소 일신의 안위를 전혀 돌보지 않았던 윤재영에게 있어 신변상의 위협은 사소한 일에 불과했다.

대통령선거 운동이 막바지에 다다랐을 무렵인 11월 17일(화) 이른 아침, '12 · 12 군사 쿠데타 규탄 시위'를 주도하던 윤재영은 검문검색 도중 공안당국에 체포되고 곧이어 대전교도소에 구속 수감된다. 윤재영은 이듬해인 1988년 2월까지 약 3개월 간 이어진 구속 상태에서 재판을 받다가 집행유예를 선고받고 출옥한다. 이후 그는 학교로 복귀하여 정상적으로 학업을 진행하는 동시에 충남민청 상근실무 간사로 활동하였다. 당시 노태우 정부는 민주화운동 전력이 있는 학생들을 개인 의사와 상관없이 졸업과 동시에 곧바로 입영시키는 정책을 추진하였다. 1989년 이른 봄 대학을 졸업한 윤재영은 이에 반발하여 입영을 거부함으로써 다시 공안당국의 수배를 받는 상황에 내몰리게 된다. 그러나 이 와중에도 윤재영은 민족민주운동의 활성화를 위한 청년들의 조직체인 대전 새길청년회 창립을 주도하였고, 나아가 지역청년운동의 단합을 위해 '충남민청'과의 조직통합에 앞장서는 등 왕성한 활동을 이어나갔다. 그러나 윤재영은 1990년 12월 무렵 조성된 신공안정국으로 인해 신변상의 위협을 크게 느끼게 되어 부득이 서울로 거처를 옮긴다. 그는 이후 수년간 공안당국의 수배를 받으면서도 평소의 지론인 민주화운동의 대중화를 구현하는 차원에서 육체적으로 가장 힘든 건설노동 활

동에 매진하였다.7)

뜻밖의 죽음과 끝없이 이어진 애도

경찰과 안기부 등 공안기관의 추적을 피해 거처를 서울로 옮기고 오랫동안 노동운동에 전념하던 윤재영은 사망하기 한 달여 전인 1992년 9월 8일 고향 공주로 조용히 내려온다. 그는 읍내에서 직장생활을 하던 큰 형 윤구영을 만나서 저녁시간을 함께 하고 추석(9.11)을 맞아 부모님께 드리라며 굴비 선물세트를 전달하고는 홀연히 사라진다. 다시 한 달 정도 시간이 흐른 10월 9일 저녁 무렵 윤재영은 예고 없이 부모님이 거주하던 고향집으로 돌아온다. 근 5년여 만에 막내아들을 다시 만나게 된 윤재영의 부모는 기쁜 마음으로 저녁식사를 함께하며 그동안의 생활과 관련해서 담소를 나누는 등 잠시 나마 오붓한 시간을 갖는다. 수년 만의 귀향과 부모와의 해후로 다소 긴장이 풀린 상태에서 휴식을 취하던 윤재영은 12시 자정을 넘길 무렵 오랜 도피생활 중에 얻은 천식 증세가 갑자기 악화되어 큰 고통을 호소한다. 이에 윤재영의 부친은 이웃에 살던 윤재영의 사촌동생에게 급히 연락하여 아들을 인근 당직병원(공주성모병원) 응급실로 이송시켰다. 그러나 윤재영은 가족들의 절규를 뒤로 한 채 병원으로 이송된 지 얼마 지나지 않아(10월 10일 새벽 1시경) 생을 마감하게 된다.

사망 직후 가족들은 윤재영을 다시 고향집으로 옮겨 집안에 시신을 안치한다. 곧이어 가족들은 가족회의를 통해 장례절차를 생략한 채 당일 오전 10시 경에 대전 정림동 소재 화장터(현재 명칭은 대전 정수원)에서 유해를 화장하기로 결정한다. 그런데 오전에 고향집에서 약식으로 염을 마친 후 가족들과 함께 영구차가 화장터에 도착할 무렵, 소식을 듣고 달려온 충남민청 회원 수십 명이 영구차를 가로막고 가족들에게 대화를 요구하는 상황이 발생한다. 이에 큰 형 윤구영은 가족 대표로서 민청회원들과 장시간 논의를 이어갔고, 결국 충남민청 주관 하에 정식으로 장례절차를 진행하고 충남대에서 노제를 지내기로 결정한다. 그리고 윤재영의 유해는 애초에 가족들에 의해 추진되었던 화장 대신, 그보다 정확히 한 달 먼저 운명하여 대전공원묘원에 안장되어 있던 철학과 선배 오원진 열사의 바로 옆자리에 모시기로 합의한다. 또한 이 과정에서 소요된 비용 전액은 충남민청과 지인들이 감당하였다.

윤재영의 갑작스러운 사망은 가족들뿐만 아니라 그를 아끼던 많은 이들을 슬픔과 충격에 빠뜨렸다. 그의 죽음을 안타까워하는 지인들은 사후 30년이 지난 지금까지도 다양한 추모행사를 이어가고 있다.

윤재영의 형제들은 그가 사망한 해부터 22년간 막내 동생의 제사를 지내왔는데, 매년 기일에는 윤재영과 함께 초창기 전대협을 이끌었던 이인영을 포함해서 다수의 민주화운동 동지들이 빠지지 않고 제사에 동참하였다. 그리고 지금은 전대협 동지회가 주체가 되어 매년 기일마다 대전공원묘원에서 추모제를 지내는 것으로 알려져 있다.

윤재영은 운명한 다음 해인 1993년 제3기 대전민청 총회에서 공로상을 수상하였으며, 또한 같은 해 5월 전대협 영웅상을 수상하였다.

윤재영의 모교인 공주고등학교에서는 기수별로 졸업 30주년을 기념하여 모교를 빛낸 인물 한 명을 선정하는 전통이 있다. 그는 졸업한 지 30년이 되던 지난 2014년, 전체 동기생의 뜻에 따라 행사의 주인공으로 선정되었고 공주고 내 명예의 전당에 헌액 되었다.

윤재영이 운명을 달리한 1992년 이후 매년 10월 둘째 주 토요일에는 충남대민주동문회 주관 하에 사회과학대학 인근에 위치한 오원진 · 윤재영 추모조형물 앞에서 추모제가 거행되었으며, 2022년에는 30주기 추모제가 예정되어 있다.

단재의 얼을 잇는 충청인의 헌신과 자기희생

—

충청도는 흔히 충절의 고장 내지 충의(忠義)의 본산으로 일컬어질 만큼 나라와 민족이 위기에 처할 때마다 개인의 안위를 돌보지 않고 국가 수호와 민족정기 보존에 앞장서온 지역이다. 구한말과 일제 강점기에 나라를 지키고 민족혼을 바로 세우기 위해 분골쇄신했던 분들만 보더라도, 청양의 면암 최익현(勉菴 崔益鉉, 1833-1907) 선생, 천안의 석오 이동녕(石吾 李東寧, 1869-1940) 선생, 홍성의 만해 한용운(萬海 韓龍雲, 1879-1944) 선생과 백야 김좌진(白冶 金佐鎭, 1899-1930) 장군, 천안의 유관순(柳寬順, 1902-1920) 열사, 예산의 매헌 윤봉길(梅軒 尹奉吉, 1908-1932) 의사 등 일일이 헤아리기 어려울 정도로 많은 애국자들이 존재한다.

충남대가 위치한 대전 출신의 대표적인 애국지사로는 단재 신채호(丹齋 申采浩, 1880-1936) 선생을 꼽을 수 있다. 단재는 한밭(충청남도 회덕군 산내면 어남리 도림(桃林)마을, 현재 대전광역시 중구 어남동 233번지)이 낳은 근대 한국의 위대한 선각자이자, 21세기에도 세상이 마땅히 기억하고 평가해야할 '지식인 리더십'(intellectual leadership)의 사표(師表)이다.

단재 신채호 선생

단재는 구한말 민중의 고난과 국권상실 과정을 목도한 20대 청년시절부터 교육과 언론활동을 중심으로 적극적인 애국계몽운동을 전개하였다. 또한 단재는 국권침탈이 본격화된 이후로 유년시절부터 관심을 보였던 한반도역사 연구에 본격적으로 투신하여, 이미 중년기로 접어들기 전에 유교적 중화주의 역사관과 지배자 중심의 왕조사관과 일본의 제국주의 식민사관을 사상적으로 모두 완전히 극복하였다. 나아가 단재는 경술국치(1910.8.29) 직전부터 시작된 망명생활의 극한상황 속에서도 당시 동아시아에 소개된 서구 근대학문의 내용과 방법론을 독자적으로 해석하고 활용하는 방식으로 자주적이면서도 웅혼한 민족주의 역사학을 완성하였다. 수십 년 이어진 망명생활과 더불어 장년기에 접어든 단재는 비타협적인 독립운동 노선을 견지하며 무력에 의한 절대독립론을 주장하기에 이르렀고, 자신의 정치적 이념(민중직접혁명론)을 몸소 실천하다가 적의 치하에서 장렬히 산화한 불굴의 투사의 모습을 남겼다. 당대 최고의 두뇌와 높은 향학열 그리고 민족에 대한 무한한 애정을 바탕으로 언론인, 역사학자, 정치사상가, 독립혁명가 등으로 활약했던 단재의 학문정신과 애국혼은, 선생의 순국 이후 백년 가까운 시간이 흐른 21세기에도 한국 근현대사에서 가장 고귀하고 강렬한 불꽃으로 기억되고 있다.

오원진과 윤재영은 단재 서거 이후 각각 한두 세대가 지난 뒤 대전 근교에서 태어났다. 그리고 그들은 20대 청년시절부터 일찍 생을 마감하는 순간까지 대전을 거점으로 자유의 구현과 민주주의 쟁취를 위해 헌신적인 투쟁 활동을 전개하였다. 이 과정에서 오원진과 윤재영은 백여 년 전 단재가 만주와 연해주를 오가며 전개했던 독립투쟁 방식 그대로 어떤 흔들림이나 외부와의 타협 없이 자신에게 주어진 역사적 사명을 완수하기 위해 불철주야 매진하였다. 이들은 단재의 민족주의 애국혼과 살신성인 정신을 올곧이 이어받았을 뿐만 아니라, 내면의 진심을 입에 발린 말이 아닌 행동과 실천을 통해 증명한 사람들인 것이다. 누군가 단재가 태어나고 성장한 대전에서 그처럼 평생 신념을 굽히지 않고 정의를 위해 살다간 후예를 찾을 수 있는지 묻는다면, 우리는 주저하지 않고 오원진과 윤재영을 자랑스럽게 호명할 수 있을 것이다.

나오는 말

20세기 한국 "민중문학의 실체"로 평가받은 바 있는 시인 박노해의 '다시'(1997)는 다음과 같이 시작된다. "희망찬 사람은 그 자신이 희망이다 / 길 찾는 사람은 그 자신이 새 길이다 (...)" 오원진과 윤재영은 70년대와 80년대 대한민국 민주화운동을 상징하는 인물군에 속한다. 그들은 존재 자체로 CNU 학생운동의 희망이었고, 신념에 찬 투쟁은 새롭고 정의로운 세상을 예고하는 마중물이 되었다.

오원진과 윤재영은 당시 운동권이라는 표현에 내포된 세간의 불편한 시선(확증편향적이며 과격한 이념집단)과는 거리가 먼 인물들이었다. 그들은 평소 지인에게 누구보다 다정다감하고 솔선수범하는 성격이었으며, 자신의 생각이나 정치 이념을 일방적으로 강요하는 일도 전혀 없었다. 오히려 주변 친구나 동지들이 특정 이슈에 함몰되어 과격한 태도를 보일 경우 거리를 두고 냉철하게 사안을 바라볼 것을 주문하곤 했다. 오원진과 윤재영이 젊은 나이에 생을 마감한 지 30년의 세월이

충대인의 기상을 상징하는 백마상

지난 현재까지도 많은 이들이 두 사람을 기억하고 추모하는 이유에는 그들이 보여준 정의구현 의지와 헌신적인 투쟁뿐만 아니라, 올곧으면서도 인간미 넘치는 성품도 분명히 포함되어 있다. 드러커(P. Drucker)의 지적처럼, "한 인물에 대한 최종적인 평가는 그의 품성에 대한 평가"이기 때문이다.

그럼에도 아쉬운 점을 하나만 꼽으라면, 그것은 두 사람 모두 개인의 안위를 돌보지 않은 채 대의를 위한 고난과 헌신을 너무도 당연한 것으로 받아들였다는 사실이다. 이들은 극단의 희생적 행동을 통해 새로운 세상의 불쏘시개가 되었을지언정, 같은 길을 걸었던 일부 인사들과 달리 세월의 흐름 속에서 새로운 세상의 건설과 운영에 직접 참여하지도 그 과실의 달콤함을 단 한 순간 느껴보지도 못한 것이다.

가장 어려운 시절에 보여준 용기 있는 소수의 헌신과 희생을 토대로 지금 여기서 수 많은 사람들이 미래를 꿈꾸며 살아가고 있다. 어떤 식으로든 CNU와 인연을 맺은 우리는 오원진과 윤재영이 보여준 헌신을 한 번쯤 되새기면서, 다시 각자의 역할과 사회적 책무를 성실히 수행해 나가야 할 것이다. 에머슨(R. Emerson, 1803-1882)의 오래된 시 구절을 꺼내 보며 글을 마친다. "한때 이곳에 살았음으로해서 단 한 사람의 인생이라도 행복해지는 것, 이것이 진정한 성공이다."

주석

개척과 변혁

Ⅰ. 인문학으로 대학을 디자인하다: 운정 성락서의 인문학적 비전의 총장 리더십 / 이종성

1) 이 글은 『인문과 예술』 제12호(인문예술연구소, 2022. 06.)에 게재한 「인문학으로 대학을 디자인하다: 운정 성락서의 인문학적 대학 비전의 리더십」을 확대하여 보완한 것임을 밝힌다.

2) 成玉慶 編(2000), 『芸庭 成樂緖先生文集 鴈葉記』, 昌寧成氏 芸圃公派 宗中, 回想社.

3) 국학대학은 해방 이후 정의채가 자신과 같은 집안사람인 위당(爲堂) 정인보(鄭寅普, 1983-1950)에게 민족교육기관 설립을 의논하여 정해진 교명이다. 정인보는 이 대학의 학장이 되어 최현배, 이극로, 양주동 등을 강단에 세웠다(https://namu.wiki/w/국학대학). 운정이 국학대학에서 활동하게 된 배경에는 위당과의 두터운 인연이 큰 역할을 하였다고 볼 수 있다.

4) 『안엽기』, 「연보」, 11-13쪽 참조.

5) 이정우(2021), 「20세기 후반 성락서(成樂緖)의 공공부문 활동에 있어서의 변혁적 리더십-안엽기(『鴈葉記』)를 중심으로-」, 『인문과 예술』 제11호, 성균관대학교 인문예술연구소; 이정우(2021), 「1970년대 운정 성락서의 변혁적 리더십으로서의 유학활동-『안엽기』를 중심으로-」, 『동서철학연구』 제101호, 한국동서철학회.

6) 이 글에서 인용할 『안엽기』의 내용은 가능한 한 현대역으로 수정하여 원용할 것이며, 맞춤법, 띄어쓰기, 인용부호와 괄호를 통한 영어식 개념보완 등이 가해질 것임을 전제한다. 이후 각주의 내용에서는 이에 대한 개별적인 설명은 생략하기로 한다.

7) https://ko.wikipedia.org/wiki/서리_(행정) 참조.

8) 충남대학교 홈페이지 〈총장실, 역대총장〉 참조. 관련 홈페이지 주소는 다음과 같음. https://plus.cnu.ac.kr/_prog/history_president/?site_dvs_cd=kr&menu_dvs_cd=010305&gr=0

9) 『안엽기』, 「수상 · 대담편」, 〈정치인들 좀 더 잘해 줬으면…〉, 279쪽.

10) 운정은 특히 충청남도지사로 재직할 시기에 6 · 25동란 이후 수 많은 피난민들의 구호사업을 비롯한 상이용사들의 구호사업 및 기타 교화사업 등 당시로서는 가장 어려운 사업에 크

게 이바지한 공로가 인정되어 당시 사회부장관이던 박술음(朴術音, 1902-1983)으로부터 〈사회부장관 감사문〉을 받을 만큼 나눔의 실천정신에 적극적이었다(『안엽기』, 「부록」, 〈사회부장관 감사문〉, 289쪽 참조).

11) 『안엽기』, 「수상 · 대담편」, 〈대전KBS대담 '나의 자서전'(1983.12-1984.2.28.)〉, 275쪽 및 『안엽기』, 「부록」, 〈대전 지방의 대부 성락서옹〉, 300쪽 참조.

12) 그는 '효제충신' 및 '삼강오륜'과 같은 유교의 정신을 현대화하여 교육할 필요성이 있음을 주장하며(『안엽기』, 「수상 · 대담편」, 〈나의 인생 설계〉, 233쪽 참조), 그 연장선상에서 화랑오계에 나타난 인간학적 의의 등에 관하여 주목할 것을 요청한다.

13) 충남대학교 60년사 편찬위원회(2012), 『충남대학교 60년사』, 문원미디어, 55쪽 참조.

14) 같은 책, 55쪽.

15) 같은 책, 55쪽 참조.

16) 충남대학교 홈페이지 〈총장실, 역대총장〉 참조. 관련 홈페이지 주소는 앞서 소개한 것과 같음.

17) 『안엽기』, 「수상 · 대담편」, 〈대전KBS대담 '나의 자서전'(1983.12-1984.2.28.)〉, 275쪽 참조.

18) 『안엽기』, 「부록」, 〈충남대학교의 출범, 성락서 총장서리 부임〉, 288쪽.

19) 『안엽기』, 「부록」, 〈대전 지방의 대부 성락서 옹〉, 300쪽 참조.

20) 『안엽기』, 「부록」, 〈충남대학교의 출범, 성락서 총장서리 부임〉, 288쪽.

21) 『안엽기』, 「부록」, 〈대전 지방의 대부 성락서 옹〉, 300-301쪽 참조; KBS대전, 〈한밭대토론〉, 1984년 7월 25일 방영분 참조.

22) 충남대학교 60년사 편찬위원회, 『충남대학교 60년사』, 56쪽.

23) KBS대전, 〈한밭대토론〉, 1984년 7월 25일 방영분 참조. 당시 사회자인 박종권의 운정에 대한 평가 내용 참조.

24) 『안엽기』, 「수상 · 대담편」, 〈회고일우〉, 236쪽 참조.

25) 『안엽기』, 「논설편」, 〈우리를 찾자〉, 66-67쪽 참조.

26) 『안엽기』, 「논설편」, 〈우리를 찾자〉, 67쪽.

27) 이이화는 이 시기 위당의 나이가 49세라고 적고 있으나, 정양원이 정리한 「담원 연보」에 의하면, 위당의 내수동 시기는 45세에서 48세 때의 일이었다. 위당은 1940년 8월 15일까지 내수동 198번지에 거주하다가 그해 가을 창동 733번지로 옮겨 살았다고 한다(정인보(2006), 『담원문록(하)』, 정양완 옮김, 태학사, 562-566쪽 참조).

28) 이이화(2008), 『바람 앞에 절명시를 쓰노라』, 김영사, 113-114쪽 참조.

29) 제1장 초년시대1, 〈정인보 선생께 입문(4회)〉
http://www.graphys.co.kr/bin/bbs/bbs.htm?table=170426204400&st=view&page=1&i

d=4&limit=&keykind=&keyword=&bo_class=1&fpage=&spage=

30) 정인보, 『담원문록(하)』, 529쪽 참조.

31) 『안엽기』, 「논설편」, 〈우리를 찾자〉, 67쪽.

32) 정인보(2012), 『조선사연구(상)』, 문성재 역주, 우리역사연구재단, 58쪽.

33) 같은 책, 62쪽.

34) 같은 책, 100-101쪽 참조.

35) 같은 책, 『조선사연구(상)』, 60쪽.

36) 운정은 "인간이 가장 존귀하다. 인간 존엄을 되찾는 것이 윤리의 전제이며 모든 문명의 축적은 언제나 인간을 위해서만 존재하는 인본적 가치이다"라고 선언한다(『안엽기』, 「논설편」, 〈윤리선언〉, 30쪽).

37) 〈윤리선언〉은 운정이 성균관장을 재임하기 시작한 제2차 임기 중이던 1973년 8월 29일에 발표한 것이다. 그 전문은 『안엽기』, 「논설편」, 30-31쪽에 상재되어 있다.

38) 『안엽기』, 「연설편」, 〈송년사〉, 136쪽 참조.

39) 위당은 상고사 연구에 몰입하여 그 연구 성과를 「오천년간 조선의 얼」이란 제목으로 〈동아일보〉에 발표(1935.1.1.-1936.8.30.)하였고, 광복 직후 1946년 『조선사연구』(서울신문사 간행)로 개제하여 단행본으로 엮어냈다(박성수(1988), 「위당 정인보의 단군문화론」, 『동양학』 18집, 단국대학교 동양학연구소, 209쪽 참조).

40) 『안엽기』, 「논설편」, 〈성균관이 가고 있는 길〉, 73쪽; 『안엽기』, 「연설편」, 〈병진년의 염원〉, 129쪽; 『안엽기』, 「연설편」, 〈회고 갑인〉, 137쪽 등 참조.

41) 『안엽기』, 「논설편」, 〈동방의 전통 사상과 현대 사회〉, 91쪽.

42) 박성수, 「위당 정인보의 단군문화론」, 213쪽 참조.

43) 같은 논문, 220쪽.

44) 『안엽기』, 「논설편」, 〈동방의 전통 사상과 현대 사회〉, 91-92쪽 참조.

45) 정인보, 『조선사연구(상)』, 110쪽.

46) 최영성(2006), 『한국유학통사(하)』, 심산, 550-551쪽 참조.

47) 운정은 자신의 선친 성보영이 경술국치 직후에 광복단과 만주군관학교에 거액의 자금을 제공하였고, 일부는 이시영의 부하였던 민영순에게 전달한 사실이 있었다고 밝힌다(『안엽기』, 「수상 · 대담편」, 〈나의 인생 설계〉, 233-234쪽 및 『안엽기』, 「편찬후기」, 310쪽 참조).

48) 당시 운정의 집에 주재하던 이건복은 어느 날 밤 "너희들도 정신을 차려야 한다. 왜놈의 종노릇만 할 수는 없지 않은가? 나라를 찾아야 한다"고 훈도한 일이 있었다고 한다(『안엽기』, 「수상 · 대담편」, 〈나의 인생 설계〉, 234쪽). 이와 같은 한문 선생님의 훈도는 어린 시절 운정의 마음속에 '민족의 얼'과 '얼의 정신'을 심어주는 데 크게 기여했을 것임에 의심의 여지

가 없다.

49) 『안엽기』, 「수상 · 대담편」, 〈대전KBS대담 '나의 자서전'(1983.12-1984.2.28.〉, 260-261쪽 참조. 보통학교 3학년 시절, 그가 열네 살 무렵에 3 · 1운동이 일어나는데, 그는 이때 공주 제민천에 모인 사람들과 함께 만세운동에 동참했었다고 술회하고 있다(『안엽기』, 「수상 · 대담편」, 〈대전KBS대담 '나의 자서전'(1983.12-1984.2.28.〉, 260-261쪽 참조).

50) 『안엽기』, 「수상 · 대담편」, 〈대전KBS대담 '나의 자서전'(1983.12-1984.2.28〉, 273쪽 및 『안엽기』, 「편찬후기」, 310쪽 참조.

51) 『안엽기』, 「수상 · 대담편」, 〈회고일우〉, 236쪽.

52) 『안엽기』, 「연설편」, 〈충남대학교 총장서리 취임사〉, 236쪽.

53) 『안엽기』, 「수상 · 대담편」, 〈대전KBS대담 '나의 자서전'(1983.12-1984.2.28〉, 276쪽.

54) 『안엽기』, 「문편」, 〈충남대학 관계 제반에 관한 담화문〉, 197쪽.

55) 정기원, 「도서관의 기능과 역할에 대하여-도서관은 시민 지적 성장의 심장」, 〈전북더푸른뉴스〉, 2021.01.13. 참조. http://www.jbtheblue.com/news/article.html?no=3481

56) 국사편찬위원회, 「우리역사넷」, 교과서 용어 해설, 〈조선학 운동〉. http://contents.history.go.kr/front/tg/view.do?treeId=0200&levelId=tg_004_2690&ganada=&pageUnit=10

57) 운정은 위당의 조선학 운동뿐만 아니라 육당(六堂) 최남선(崔南善, 1890-1957)이 중심이었던 광문회의 활동을 동시에 주목한다(『안엽기』, 「논설편」, 〈우리를 찾자〉, 67쪽). 광문회는 "1910년 일제는 조선을 강점한 후 해마다 진귀한 서적과 국보급 문화재를 반출하였다. 이에 충격을 받고 민족 전통의 계승을 위한 고전 간행 및 보급 운동의 필요성을 느껴 최남선" 등이 중심이 되어 조직한 단체이다(『한국민족문화대백과사전』, 〈조선광문회(朝鮮光文會)〉 조 참조. 이에 대한 인터넷 주소는 다음과 같다. http://encykorea.aks.ac.kr/Contents/Item/E0051930). 육당 최남선은 친일 성향으로 전향한 대표적인 인물 가운데 한 사람이지만, 이 시기만 해도 그는 민족주의적인 노선에 서 있었음을 알 수 있다.

58) 정기원, 「도서관의 기능과 역할에 대하여-도서관은 시민 지적 성장의 심장」 참조.

59) 『안엽기』, 「문편」, 〈충남대학 관계 제반에 관한 담화문〉, 197쪽.

60) 충남대는 1953년 5월 25일 문리과대학 교사 1실을 사용하여 구내에 문리과대학 도서관을 개관하였지만(『충남대학교 도서관 오십년사(1953-2003)』(2003), 충남대학교 도서관, 9-10쪽 참조), 이때 도서관으로 사용한 교사라는 것이 창고나 다를 바 없는 상황이었다. 6 · 25전란 중의 상황임을 고려할 때 당시의 상황이 짐작이 가고도 남음이 있다.

61) 운정은 동교가 자신과 둘도 없는 절친한 '죽마고우'였음을 〈고향산하〉라는 수상록에 직접 밝히고 있다(『안엽기』, 「수상 · 대담편」, 〈고향산하〉, 231쪽.

62) 『충남대학교 도서관 오십년사(1953-2003)』, 3쪽 참조.

63) 같은 책, 9쪽.

64) 같은 책, 3쪽 참조.

65) 장암이 도서관장을 맡은 시기는 1957년 4월 8일부터 1957년 12월 31일까지로 매우 짧은 기간이었다(같은 책, 409쪽 참조).

66) 같은 책, 3쪽 참조.

67) 같은 책, 4쪽 참조.

68) 『안엽기』, 「수상 · 대담편」, 〈회고일우〉, 236쪽 참조.

69) 『안엽기』, 「수상 · 대담편」, 〈내가 만난 화곡박사〉, 237쪽 참조.

70) 충남대학교 30년사 편찬위원회(1982), 『충남대학교 30년사』, 삼화인쇄주식회사, 14쪽 참조. 참고로 이들과 함께 조병원(趙秉元, 일반물리), 조종관(趙鍾寬, 수학) 등이 함께 참여한 문리과대학 최초의 교수회이자 충남대 최초의 역사적인 교수회의가 1952년 6월 6일에 출범하였다(『충남대학교 30년사』, 14쪽 참조).

71) 역사의식의 사전적 정의는 "어떠한 사회현상을 역사적 관점이나 시간의 흐름에 따라 파악하고 그 변화 가운데 주체적인 관계를 가지려는 의식"을 말한다. 네이버 국어사전, 〈역사의식〉. 이에 대한 인터넷주소는 다음과 같다. https://ko.dict.naver.com/#/search?query=역사의식

72) 정인보, 『조선사연구(상)』, 101쪽.

73) 『안엽기』, 「연설편」, 〈충남대학교 총장서리 취임사〉, 111쪽 참조.

74) 『안엽기』, 「연설편」, 〈도지사 도의회 시정방침 연설〉, 109-110쪽.

75) 이와 관련한 구체적인 내용은 앞의 절에서 살핀 〈얼의 자각과 민족충대 건설의 꿈〉으로 대신한다.

76) 『대학』, 경1장, "大學之道, 在明明德, 在親民, 在止於至善."

77) 『안엽기』, 「연설편」, 〈충남대학교 총장서리 취임사〉, 111쪽 참조.

78) 『안엽기』, 「논설편」, 〈우리를 찾자〉, 66쪽.

79) 『안엽기』, 「논설편」, 〈우리를 찾자〉, 66-67쪽.

80) 『안엽기』, 「논설편」, 〈윤리 정립의 이념-사회정의로서 재창조-〉, 74쪽.

81) 『안엽기』, 「논설편」, 〈국제동향과 한국-남관극복의 길은 윤리회복-〉, 79쪽 참조.

82) 『맹자』, 「滕文公上」, "人之有道也, 飽食 · 煖衣 · 逸居而無教, 則近於禽獸. 聖人有憂之, 使契爲司徒, 教以人倫: 父子有親, 君臣有義, 夫婦有別, 長幼有序, 朋友有信."

83) 『안엽기』, 「논설편」, 〈국제동향과 한국-남관극복의 길은 윤리회복-〉, 79쪽 참조.

84) 『안엽기』, 「논설편」, 〈국민 윤리 실천의 과제〉, 71쪽 참조.

85) 『안엽기』, 「연설편」, 〈을묘춘왕 정월〉, 128쪽 참조.

86) 『안엽기』, 「논설편」, 〈성균관이 가고 있는 길〉, 73쪽 참조.

87) 『안엽기』, 「논설편」, 〈국민 윤리 실천의 과제〉, 70쪽 참조.

88) 『안엽기』, 「논설편」, 〈윤리 입국의 이념-사회정의로서 재창조-〉, 75쪽 참조.

89) 민동근, 「운정 성락서선생 추모비」, 『안엽기』, xi쪽 및 『안엽기』, 「수상 · 대담편」, 〈대전 KBS대담 '나의 자서전'(1983.12-1984.2.28)〉, 275쪽 참조.

90) 운정은 유학의 도가 '수신-제가-치국-평천하'의 도라고 규정한다. 그는 이것이 수양과 공부의 순서이면서 국가와 민족의 안전을 도모하는 일이라고 간주한다(『운정집』, 「유림월보」 기명 사설」, 〈세계의 움직임과 우리의 각오〉, 37쪽 참조.

91) 『안엽기』, 「논설편」, 〈윤리 입국의 이념-사회정의로서 재창조-〉, 74쪽.

92) 테리 이글턴(2021), 이강선 옮김, 『문화란 무엇인가』, 문예출판사, 193쪽.

93) 같은 책, 193쪽.

94) 운정은 "현대 문명의 위력이 인간의 존엄을 압도하고 인본을 떠나는 물질 편중의 과학주의에 대하여 우리는 그 과학의 진로를 밝혀줄 올바른 빛으로서 우리의 인본적 윤리를 강조하는 바이다"라고 하여, 진정한 나를 통한 윤리실천을 강조하였다(『안엽기』, 「논설편」, 〈윤리선언〉, 30쪽).

95) 『안엽기』, 「부록」, 〈충남대학교의 출범, 성락서 총장서리 부임〉, 288쪽.

96) 『안엽기』, 「연설편」, 〈도지사 도의회 시정방침 연설〉, 110쪽 참조.

97) 『안엽기』, 「수상 · 대담편」, 〈회고일우〉, 236쪽.

98) 『안엽기』, 「연설편」, 〈도지사 도의회 시정방침 연설〉, 110쪽.

99) 『안엽기』, 「수상·대담편」, 〈회고일우〉, 236쪽.

100) 김현진(2021), 「인문학과 텍스트 해석, 그리고 대학의 미래」, 『팬데믹 너머 대학의 미래를 묻다』, 서울대학교출판문화원, 49쪽.

II. 충남대 출범과 동교 민태식 총장의 군자 리더십 / 민황기

1) 민진강(閔鎭綱; 1659~1727)은 자는 사정(士正), 호는 애일당(愛日堂)이고, 의정부 좌찬성을 역임한 입암 민제인의 6대손이며, '여흥민씨 삼세칠효'의 한 인물로 의금부도사를 지낸 삼계 민환의 증손이다. 관직은 통훈대부 남원도호부사를 지냈으며, 우암 송시열이 정읍에서 사약을 받고 죽은 후 상례과정을 일지의 형태로 기술한 책인 『초산일기』가 있으며, 시호

는 효간(孝簡)이다.

2) 여흥민씨 입암공파보 간행 및 편찬위원회(2021), 『여흥민씨 입암공파보』 권2, 도서출판 뿌리정보미디어, 493-494쪽.

3) 충남대학교 오십년사편찬위원회(2002), 『충남대학교 50년사』, 학예인쇄사, 42-64쪽.

4) 성옥경 편(2000), 『운정 성낙서선생문집 안엽기』, 창녕성씨 운포공파종중, 회상사, 258쪽.

5) 민태식(2009), 서정기 편집, 『동교 민태식 박사 문집』 10부, 「자서전」, 「군자의 길」, 한국학술정보(주), 527쪽.

6) 동교 민태식은 제헌국회의원과 충남도지사를 지낸 운정 성낙서와 함께 같은 중학교에 갔었다.

7) 송병관(宋炳瓘; 1875~1945)은 송만식(宋萬植)의 아들로 태어나 족형인 난곡(蘭谷) 송병화(宋炳華)에게 학문을 배웠다. 학문과 덕행이 깊고 문장에 뛰어나 명성이 높았고 이규헌(李圭憲) 등 많은 명사들과 교유하였다. 1910년 국권 피탈 후 보문산에 은거하며 후학양성에 힘썼으며, 시문집인 『극재집』이 있다.

8) 민태식, 『동교 민태식 박사 문집』 10부, 「자서전」, 「군자의 길」, 530쪽.

9) 당시 민태식 교수와 함께 면직 퇴거당한 교수로는 최규남 박사(뒤에 서울대 총장), 이묘묵 박사(뒤에 주영대사), 고형곤 박사(뒤에 전북대 총장), 하경덕 박사(뒤에 서울신문사장) 등 5명이었다(같은 책, 536쪽).

10) 같은 책, 537-538쪽 참조.

11) 같은 책, 560쪽.

12) 같은 책, 67쪽.

13) '구사(九思)'는 『論語』 「季氏」에 나오는 내용으로 군자로서 가지고 있어야 할 아홉 가지 생각이다. 볼 때에는 밝게 볼 것을 생각하고(視思明), 말을 들을 때에는 총명할 것을 생각하고(聽思聰), 안색은 온순하게 할 것을 생각하고(色思溫), 모양은 공손히 할 것을 생각하고(貌思恭), 말할 때에는 정성껏 할 것을 생각하고(言思忠), 일할 때에는 경건하게 할 것을 생각하고(事思敬), 의심날 때에는 질문할 것을 생각하고(疑思問), 화를 내면 하는 일이 어려워지므로 이성으로 억제할 것을 생각하고(忿思難), 재물을 얻을 때에는 의리에 합당한가를 생각할 것(見得思義) 등이다. 이들 아홉 가지 생각 중에서 앞의 네 개는 일신의 측면에서 말한 것이고, 뒤의 다섯 개는 사물의 측면에서 말한 것이다. 율곡 이이는 『擊蒙要訣』에서 몸과 마음을 가지는 데는 구용(九容)보다 더 진실한 것이 없고, 학문을 진취시키고 뜻을 더하는 데는 구사보다 더 절실한 것이 없다고 하였다.

14) '구용(九容)'은 『禮記』에 나오는 아홉 가지 자세의 규범으로서 예절을 가르치는 『小學』이나 율곡 이이의 『擊蒙要訣』 「持身章」에도 나오는 말이다. '구용'은 걸음걸이를 무겁게 하라(足容重). 손가짐을 공손히 하라(手容恭). 눈가짐을 단정히 하라(目容端). 입은 조용히

가지라(口容止). 말소리를 조용히 하라(聲容靜). 머리가짐을 항상 곧게 하라(頭容直). 숨쉬기를 정숙히 하라(氣容肅). 일어설 때는 덕스럽게 하라(立容德). 얼굴 모습은 장하게 하라(色容莊)다.

15) 『論語』「顔淵」에 공자가 안회(顔回)에게 가르친 것으로, 예가 아니면 보지 말고 (非禮勿視), 예가 아니면 듣지 말고 (非禮勿聽), 예가 아니면 말하지 말고 (非禮勿言), 예가 아니면 행동하지 말라(非禮勿動)는 것이다.

16) 『論語』, 「顔淵」, 曾子曰, "吾日三省吾身, 爲人謀而不忠乎, 與朋友交而不信乎, 傳不習乎."

17) 1972년 12월에 발행된 『동교 민태식 박사 고희기념 유교학논총』으로, 송수사(頌壽辭)는 이희승 박사가 글을 지었고, 서문은 이상은 교수가 지었으며, 금장태 교수 논문을 비롯한 25편의 논문이 실려 있다.

18) 동교 민태식이 초대 소장이었던 동양문화연구소 주관으로 2009년 5월에 발행된 『동교 민태식 박사 문집』으로, 서문은 동교의 문인 동양문화연구소장 서정기가 지었으며, 수상, 논설 · 논평, 서예의 길, 경학 해제, 기서발지, 어록 · 대담 · 기사, 강연 · 강의, 논문, 인물연구, 자서전, 신문에 난 촌평, 그리고 부록 등으로 구성되어 있다.

19) 민태식, 『동교 민태식 박사 문집』 부록 2, 「유림계의 큰 별」, 「유학으로 민족자아 찾던 일생」, 568-569쪽.

20) 민태식, 『동교 민태식 박사 문집』 10부, 「자서전」, 「군자의 길」, 574-575쪽.

21) 동교 민태식 박사 고희기념 논총 발행위원회(1972), 『동교 민태식 박사 고희기념 유교학논총』, 동아출판사 공무부, 1쪽.

22) 1984년 12월에 충남대학교 도서관에서 동교 민태식 총장의 유묵 40여 점을 선집(選集)하여 『동교 민태식 유묵』 첩(帖)을 발행하였다.

23) 중국 당나라의 정치가, 서예가. 자는 성현(誠懸), 해서에 능했으며, 벼슬은 공부 상서에 이르렀다. 작품으로 「현비탑비(玄祕塔碑)」, 「신책군비(神策軍碑」 등이 있다.

24) 민태식, 『동교 민태식 박사 문집』 10부, 「자서전」, 「나의 동양철학 산책」, 548쪽.

25) 민태식, 『동교 민태식 박사 문집』 3부, 「서예의 길」, 「서예와 인생」, 161쪽.

26) 『論語』, 「衛靈公」, "(子曰), 君子求諸己, 小人求諸人."

27) 책을 많이 읽고 교양이 쌓여, 몸에서 풍기는 책의 기운.

28) 민태식, 『동교 민태식 박사 문집』 8부, 「논문」, 「완당의 학풍과 사예」, 515쪽.

29) 민태식, 『동교 민태식 박사 문집』 11부, 「신문에 난 촌평」, 「서예란 한자의 뜻과 획의 다양화로 된 추상화로 된 예술」, 552쪽.

30) 민태식, 『동교 민태식 박사 문집』 11부, 「신문에 난 촌평」, 「명사서가의 좌우명」, 553쪽.

31) 민태식, 『동교 민태식 박사 문집』 부록 2, 「유림계의 큰 별」, 「고 동교 민태식 선생의 생애

와 사상」, 576쪽.

32) 민태식, 『동교 민태식 박사 문집』 부록 2, 「유림계의 큰 별」, 「잊을 수 없는 고 동교 민태식 선생」, 580쪽.

33) 충청남도, 공공누리, https://www.kogl.or.kr/recommend/recommendDivView.do?atcUrl=keyword&recommendIdx=37332

34) 충남대학교 삼십년사편찬위원회(1982), 『충남대학교 30년사』, 삼화인쇄주식회사, 25쪽.

35) 충남대학교 오십년사편찬위원회, 『충남대학교 50년사』, 65-85쪽.

36) 충남대학교 삼십년사편찬위원회, 『충남대학교 30년사』, 26쪽.

37) 충남대학교 삼십년사편찬위원회, 『충남대학교 30년사』, 25쪽.

38) 같은 책, 27쪽.

39) 같은 책, 27쪽.

40) 충남대학교 오십년사편찬위원회, 『충남대학교 50년사』, 55쪽.

41) 대전직할시사편찬위원회(1993), 『한밭인물지』, 한밭공론사, 273쪽.

42) 민태식, 『동교 민태식 박사 문집』, 「서문」, 15쪽.

43) 민태식, 『동교 민태식 박사 문집』, 10부, 「자서전」, 「군자의 길」, 547쪽.

44) 『論語』, 「子罕」, "子曰 智者不惑, 仁者不憂, 勇者不懼." 『論語』, 「憲問」, "(子曰), 君子道者三, 我無能焉, 仁者不憂, 知者不惑, 勇者不懼."

45) '달덕(達德)'은 천하와 고금에 함께 얻은 바의 리(理)로 오륜을 아는 지(知)〔智〕와 오륜을 체행하는 인(仁)과 오륜을 힘쓰는 용(勇)을 의미한다(민황기(2019), 「유학의 인본적 리더십」, 『율곡학연구』 제10집, 율곡학회, 174쪽).

46) 『中庸』, 제22장, "(子曰), 好學近乎知, 力行近乎仁, 知恥近乎勇."

47) 경성제국대학 교수, 청초 경학 연구가, 추사 김정희 연구 및 세한도 보관

48) 민태식, 『동교 민태식 박사 문집』 10부, 「자서전」, 「군자의 길」, 533-534쪽.

49) 대전직할시사편찬위원회, 『한밭인물지』, 272쪽.

50) 『論語』, 「雍也」, "(哀公問, 弟子孰爲好學, 孔子對曰), 有顔回者好學, 不遷怒, 不貳過."

51) 대전직할시사편찬위원회, 『한밭인물지』, 273쪽.

52) 같은 책, 272-273쪽.

53) 민태식, 『동교 민태식 박사 문집』 10부, 「자서전」, 「군자의 길」, 536-537쪽.

54) 『孟子』, 「盡心章句 下」, "(孟子曰), 仁也者, 人也." 『中庸』에서도 "仁者, 人也"(제20장)를 말하고 있다.

55) 『孟子』, 「告子章句 上」, "(孟子曰), 仁, 人心也."

56) 『孟子』, 「公孫丑章句 上」, "(孟子曰), 仁則榮, 不仁則辱. 今惡辱而居不仁, 是猶惡濕而居下也. 如惡之, (莫如貴德而尊士.)"

57) 민태식, 『동교 민태식 박사 문집』 10부, 「자서전」, 「군자의 길」, 539-540쪽.

58) 민태식, 『동교 민태식 박사 문집』 부록 2, 「유림계의 큰 별」, 「잊을 수 없는 동교 민태식 선생」, 580쪽.

59) 민태식, 『동교 민태식 박사 문집』 10부, 「자서전」, 「나의 동양철학 산책」, 544-547쪽.

60) 민태식, 『동교 민태식 박사 문집』 10부, 「자서전」, 「군자의 길」, 536쪽.

61) 동교 민태식 박사 고희기념 논총 발행위원회, 『동교 민태식 박사 고희기념 유교학논총』, 7쪽; 민태식, 『동교 민태식 박사 문집』 부록 2, 「유림계의 큰 별」, 「유학으로 민족자아 찾던 일생」, 568쪽 참조.

62) 민태식 , 『동교 민태식 박사 문집』 10부, 「자서전」, 「나의 동양철학 산책」, 547-548쪽.

63) 『論語』, 「里仁」, "君子無終食之間違仁"

64) 민태식, 『동교 민태식 박사 문집』 10부, 「자서전」, 「나의 동양철학 산책」, 549쪽.

65) 『春秋左氏傳』, 「魯桓公」, "上思利民爲忠"

Ⅲ. '건설 총장' 화곡 서명원의 대학 혁신과 리더스피릿 / 이영자

1) 서해길(1985), 「충남대와 화곡」, 『화곡의 일생』, 화곡서명원박사 정년기념회집, 충남대학교, 68쪽.

2) 서명원(1979), 「교육의 생산성」, 충남대 경영대학원 경영자세미나, 29쪽.

3) 서명원(1978), 「변화하는 사회와 적응의 제문제」, 충남대 경영대학원 경영자세미나, 33-34쪽.

4) 이충원(1985), 「행정가들이 보는 화곡 상」, 『화곡의 일생』, 화곡서명원박사 정년기념회집, 충남대학교, 30-31쪽.

5) 오세도(1985), 「충남대와 화곡」, 『화곡의 일생』, 화곡서명원박사 정년기념회집, 충남대학교, 86쪽.

6) 권태원(1985), 「행정가들이 보는 화곡 상」, 『화곡의 일생』, 화곡서명원박사 정년기념회집, 충남대학교, 73쪽.

7) 서명원(2005), 『알면 알수록 더 모르겠네!』, 정민사, 20쪽

8) 같은 책, 29쪽.

9) 같은 책, 42~43쪽.

10) 서장석(1985), 「행정가들이 보는 화곡 상」, 『화곡의 일생』, 화곡서명원박사 정년기념회집,

충남대학교, 29쪽.

11) 서명원, 『알면 알수록 더 모르겠네!』, 74쪽.

12) 같은 책, 74쪽.

13) 같은 책, 80-82쪽.

14) 같은 책, 88-92쪽

15) 같은 책, 117쪽.

16) 같은 책, 123-124쪽.

17) 『한국민족문화대백과』, 한국학중앙연구원(네이버 지식백과, 서명원)

18) 박준희(1985), 「봉사활동과 화곡」, 『화곡의 일생』, 화곡서명원박사 정년기념회집, 충남대학교, 39쪽.

19) 서명원, 『알면 알수록 더 모르겠네!』, 42쪽.

20) 같은 책, 117쪽.

21) 같은 책, 33쪽.

22) 강우묵(1985), 「충남대 총장으로서의 화곡」, 『화곡의 일생』, 화곡서명원박사 정년기념회집, 충남대학교, 21쪽.

23) 서명원, 『알면 알수록 더 모르겠네!』, 375-376쪽.

24) 같은 책, 107-108쪽.

25) 서명원(1989), 「우리나라 대학교육의 당면과제」, 『대학교육』 제40호, 한국대학교육협의회, 58쪽.

26) 서명원, 『알면 알수록 더 모르겠네!』, 256, 258쪽.

27) 김영래(1985), 「충남대 총장으로서의 화곡」, 『화곡의 일생』, 화곡서명원박사 정년기념회집, 충남대학교, 28-29쪽.

28) 서명원, 『알면 알수록 더 모르겠네!』, 259-260쪽.

29) 같은 책, 256, 259쪽.

30) 같은 책, 260쪽.

31) 같은 책, 262쪽.

32) 같은 책, 264쪽.

33) 충남대 홈페이지, 상징물 소개 中

34) 충남대 홈페이지, 상징물 소개 中

35) 나무위키, 「충남대학교」 소개 中

36) 서명원, 『알면 알수록 더 모르겠네!』, 267쪽.

37) 같은 책, 277쪽.

38) 같은 책, 267쪽.

39) 같은 책, 272-273쪽.

40) 김영래, 「충남대 총장으로서의 화곡」, 28-29쪽.

41) 서명원, 『알면 알수록 더 모르겠네!』, 271쪽.

42) 같은 책, 315쪽.

43) 같은 책, 274, 317쪽.

44) 이충건(2006), 「故 서명원 총장家의 '대물림 학교 사랑'」, 『뉴시스』, 2006.09.24.

45) 서명원, 『알면 알수록 더 모르겠네!』, 292-293쪽.

46) 같은 책, 293-294쪽.

47) 같은 책, 294-295쪽.

48) 같은 책, 300-301쪽.

49) 같은 책, 304쪽.

50) 같은 책, 357-359쪽.

51) 같은 책, 318쪽.

52) 같은 책, 312쪽.

53) 같은 책, 165쪽.

54) 같은 책, 363-364쪽.

55) 같은 책, 378쪽.

56) 『論語』, 「子路」, "君子和而不同 小人同而不和."

57) 『論語』, 「陽貨」, "恭則不侮 寬則得衆 信則人任 敏則有功 惠則使人."

58) 공이구(1985), 「인간 화곡」, 『화곡의 일생』, 화곡서명원박사 정년기념회집, 충남대학교, 54쪽.

59) 화곡 자신의 회고록이 자료의 대부분인 관계로 그 이면에 대한 또 다른 평가가 있다면 후대에 다시 조명되길 기대해 본다.

Ⅳ. '명문 충남대' 를 향한 집념의 리더, 중산 정덕기 총장 / 이정우

1) 위로 누이 한명이 있고, 아래로 남동생 1명, 여동생 4명이 있다.(호서사학회(1996), 「중산정덕기박사 약력」, 『호서사학-중산 정덕기박사 화갑기념논총』 23 · 24합집, 19쪽)

2) 정덕기 총장의 사촌동생 정용기 선생의 안내로 2022년 2월 13일 도농리 고향집과 주변의 일가 친척집, 마을 내 하동정씨 세거비, 묘소를 확인하였다.

3) 도농리에 있는 하동정씨 세거비중 한 개는 도농리 637-6번지 마을입구 공터에 옆 둥그나무 아래 있는데, 정용기 선생 말에 의하면 이곳 주변으로 옛날에 느티나무 같은 오래된 나무가 많이 있었다고 한다. 나중에 세워진 한 개는 도농리 938-2번지 마을입구 개울 옆에 있는데, 정용기 선생 말에 의하면 옛날에 이곳에 물레방아간이 있었다고 한다. 두 개의 세거비 가운데 나중에 새로 건립된 비는 종친회장 정찬식 씨와 정덕기 총장이 1984년 8월 19일에 건립한 것이다.

4) 옥천에는 중봉과 관련한 문화유산이 몇 곳 있는데 그중에 중봉이 제자를 가르친 「후율당」이라는 곳이 정덕기 총장의 고향마을 뒷산 너머 안내면 도이리에 있다.

5) 충남대학교 사학과 82학번으로 중산 정덕기 총장의 제자였던 필자에게 그의 외유내강의 성격과 단정한 선비로서의 외모가 주었던 이미지는 지금도 뇌리에 각인되어 있다.

6) 조헌의 별호는 중봉(重峯)으로 많이 알려져 있지만, 그는 후율(後栗)을 사용하기도 했다. 그는 안내면 도이리에 율곡을 계승하는 의미로서, 「후율당」을 짓고 이곳에서 제자들을 가르쳤다.

7) 정덕기 총장의 유자녀 정호정씨의 증언.

8) 현재의 한남대학교 전신이다. 한남대학교는 한남대학교라는 명칭을 사용하기 전에 명칭이 대전대학교였던 적이 있다. 이 학교는 한때 서울의 숭실대학교와 학교를 통합해서 숭전대학교 대전캠퍼스라는 명칭을 사용했는데, 그사이 대전에 있는 혜화학원에서 대학교를 만들어 현재의 대전대학교라는 명칭을 사용하게 되었다. 그 후 숭전대학교가 다시 서울과 대전으로 분리되면서 대전에 있는 숭전대학교는 한남대학교라는 이름을 사용하게 되었다.

9) 정병익은 한의원을 운영했었다고 한다.(정용기 씨의 구술증언)

10) 마을 입구에 있던 이 적선비는 2005년 5월 18일 주변 공사 중 덤프트럭이 들이 받아 파손되는 바람에 2005년 6월 다시 복원해서 세웠다. 복원할 때 일을 주관한 사람은 정병익의 아들 찬구와 찬웅, 그리고 손자 덕기였다.(정덕기(2008), 「사인 정병익공 시혜적선비」, 『뿌리 깊은 나무 샘이 깊은 물』, 충남대학교출판부, 306-309쪽.)

11) 정덕기(2001), 「신언서판(身言書判)의 교훈」, 『인생은 연극이요 인간은 배우다』, 충남대학교출판부, 85-86쪽.

12) 정덕기(2001), 「나의 좌우명」, 『인생은 연극이요 인간은 배우다』, 89-91쪽.

13) 정덕기(1982), 「면학풍토 조성을 위한 건전독서 운동에 관한 연구」, 『새마음논총』 3, 충남대학교 새마을연구소.

14) 같은 논문, 139-140쪽.

15) 정덕기(1985), 「새마을 봉사활동의 역사적 고찰-대학생 봉사활동을 중심으로」, 『새마음논총』 6, 충남대학교 새마을연구소.

16) 정덕기(1984), 「충대정신 함양은 명문 충남대 창조의 관건」, 『보운』 13, 1984. 이 글은 뒤에 『인생은 연극이요 인간은 배우다』, 113-114쪽에 다시 실렸다.

17) 정덕기(1984), 『한밭춘추』, 대전일보사. 이 글은 뒤에 『인생은 연극이요 인간은 배우다』, 181-182쪽에 다시 실렸다.

18) 총장으로서의 활동과 업적 본문 내용 속의 각주가 없는 사진은 모두 『중산 정덕기 총장 퇴임기념문집』에 수록된 자료이다.(충남대학교(1997), 『중산 정덕기 총장 퇴임기념문집』, 동간행위원회)

19) 정덕기(1993), 「지방대학의 육성방안」, 『중도일보』. 이 칼럼은 뒤에 『인생은 연극이요 인간은 배우다』에 다시 실렸다.(정덕기(2001), 같은 책, 185-186쪽)

20) 정덕기(1994), 「지역 사회와 함께 하는 충남대학교」, 『대전직할시보』, 1994.01.25. 이 칼럼은 뒤에 『인생은 연극이요 인간은 배우다』, 189쪽에 다시 실렸다.

21) 정덕기(1995), 「국책지원사업의 활성화」, 『국책사업소식』 1. (정덕기(2001), 『인생은 연극이요 인간은 배우다』, 113쪽)

22) TJB대전방송, 「인물탐방 –충남역사문화연구원 정덕기 원장」, 2005.11.19. 정덕기(2008), 『뿌리 깊은 나무 샘이 깊은 물』, 270쪽.

23) 정덕기(2001), 「충남대를 세계적인 명문대학으로」, 『인생은 연극이요 인간은 배우다』, 116쪽.

24) 정덕기(2008), 「충남대 법학전문대학원 유치」, 『뿌리 깊은 나무 샘이 깊은 물』, 21쪽.

25) 이렇게 기증된 책들은 각각 기증자의 아호(雅號)에 따라, 정덕기 총장의 책은 중산문고(重山文庫), 유원동 박사의 책은 노산문고(魯山文庫), 조종업 교수의 책은 학산문고(鶴山文庫)로 정해졌다. 이들 문고는 2022년 현재 충남대 중앙도서관에 비치되어 있다.

26) 정덕기 총장은 이러한 기증 덕으로 이듬해 대학평가에서 우수 평가를 받을 수 있는 여건이 되기도 했다고 회고했다.(정덕기(2001), 「충남대학교 도서관 법정도서 확보」, 『인생은 연극이요 인간은 배우다』, 123쪽)

27) 정덕기(1995), 「1995년은 '명문 충남대 창조의 해」, 『학내소식』 제132호, 1995.01.01. 이 글은 『인생은 연극이요 인간은 배우다』, 106-107쪽에 다시 실렸다.

28) 이천구 사장은 평생 모은 부동산, 즉 대전시 중구 대흥동 498번지 대지 133평 건평 619평의 지하1층 지상 5층 건물을 1995년 11월 4일 정덕기 총장을 방문해서 기증했다. 이 건물은 당시 대전 시청 건너편(현재 대전시 중구청)에 위치한 건물로 당시 35~50억 원 상당의 건물이었다. 이천구 사장은 서울 중동중학교를 졸업한 것이 최종학력이었다. 그는 '한평생 인

쇄업에 종사하면서 번 돈을 장학 사업을 위해 쓰기로 마음먹고 있었는데, 자신의 아들 이봉철과 큰 사위 윤영로, 셋째 사위 김형배도 충남대 출신으로 모교에서 대학발전 기금을 모금한다는 소식을 듣고 이 건물을 내놓게 되었다'고 했다.(「평생모은 35억 재산 충남대 기증-대전 인쇄업자 이천구씨」, 『중앙일보』, 1995.11.05)

29) 정덕기(1996), 「명문 충대 발전의 해'에 부쳐」, 『충대신문』 제757호, 1996. 1. 22. 이 기사는 정덕기(2001), 「명문 충대의 길-명문 충대 발전의 해'에 부쳐」, 『인생은 연극이요 인간은 배우다』, 111-112쪽에 다시 실렸다.

30) 정덕기(1996), 「96년은 명문 충남대 발전의 해」, 『충대신문』 제757호, 1996.01.22. 이 기사는 『인생은 연극이요 인간은 배우다』, 108-109쪽에 다시 실렸다.

31) 정덕기(1996), 「'명문 충대 발전의 해'에 부쳐」, 『충대신문』 제757호, 1996.01.22. 이 기사는 『인생은 연극이요 인간은 배우다』, 111-112쪽에 다시 실렸다.

32) 정덕기 총장은 응급의료센터의 충남대 유치를 '007유치작전'이라고 평가하기도 했다.(정덕기(2001), 『인생은 연극이요 인간은 배우다』, 133-134쪽)

33) 정덕기(1996), "21세기 세계적 명문대학으로 도약", 「충대신문」 제774호, 1996. 10. 21. 이 글은 뒤에 『인생은 연극이요 인간은 배우다』, 137-138쪽에 다시 실렸다.

34) 충남대학교(1997), 「국제문화센터 기공식」, 『중산 정덕기 총장 퇴임기념문집』, 246쪽, 동간행위원회. 정심화 이복순 여사는 1990년 11월 자신이 평생 모은 50억 원 상당의 재산을 충남대에 기증했다. 이에 충남대는 기탁된 기금으로 '충남대학교 정심화장학회'를 설립하였고, 수년 후에 '정심화국제문화회관'을 건립하였다.

35) 「옥천신문」, 1997.06.07. 이 기사는 뒤에 정덕기(2001), 「자랑스런 동문상」, 『인생은 연극이요 인간은 배우다』, 169쪽에 다시 실렸다.

36) 정덕기(2001), 「개천에서 나온 용의 꿈」, 『인생은 연극이요 인간은 배우다』, 99쪽.

37) 충남대학교 공식블로그, https://blog.naver.com/cnunow

38) 국가등록문화재, 「대전 충남대학교 구 문리과대학」, 문화재청 국가문화유산포털, https://www.heritage.go.kr/heri/cul/culSelectDetail.do?ccbaCpno=4412507360000&pageNo=1_1_1_0

39) 정덕기(1989), 『대전일보』, 1989.05.31. 이글은 뒤에 정덕기(2001), 「자랑스런 동문상」, 『인생은 연극이요 인간은 배우다』, 267-268쪽에 재수록되었다.

40) 중산 정덕기 총장 퇴임기념문집 간행위원회(1997), 『중산 정덕기 총장 퇴임기념문집』.

41) 정덕기(1982), 『한국 근대 농정사 연구』, 형설출판사.

42) 정덕기(1987), 『한국 사회경제사 연구』, 형설출판사.

43) 정덕기(1998), 『한국 사회경제사의 연구사적 고찰』, 충남대학교 출판부.

V. 숭고한 사랑의 표상, 정심화 이복순 / 남기택

1) 김승희(2022), 「가난에 대하여」, 『현대시』 2월호, 20-21쪽.

2) 「충남대 재산기증자 李福順할머니로 확인」, 『연합뉴스』 1990.11.29.

3) 『억척어멈과 그 자식들(Mutter Courage und ihre Kinder)』은 베르톨트 브레히트가 1939년 망명지 스웨덴에서 집필한 희곡이다. 이 작품을 쓰게 된 직접적인 계기는 나치의 전쟁 준비에 대한 덴마크 정부의 태도였다. 덴마크 등 스칸디나비아 제국은 정치적으로는 히틀러의 전쟁을 배척하면서도 경제적으로는 적당히 공조해 이득을 취하려고 했다. 브레히트는 이 작품을 통해서 이런 근시안적인 정책을 비판하려고 했다. 게다가 30년 종교전쟁(1618~1648)은 스칸디나비아 제국과 독일이 관련된 전 유럽의 전쟁이었기 때문에 극작품의 배경으로 적합했다. 다양한 서사적 형식이 사용되고 있어 브레히트 서사극의 정수로 꼽힌다. 〈위키백과〉(https://ko.wikipedia.org)

4) 소격효과(疏隔效果, Verfremdung)는 베르톨트 브레히트가 주창한 개념으로, 그가 살았던 시대 당시 서양 연극계의 주류였던 아리스토텔레스파의 카타르시스 이론을 반박하며 관객이 배우의 연극에 몰입되지 않아야만 비판적인 자세를 취할 수 있다는 주장에서 나온 개념이다. 이를테면 배우가 관객에게 말을 건다거나, 관객들 사이로 걸어간다거나, 앞으로 전개될 내용을 요약해 준다거나, 갑자기 관객에게 질문을 던진다거나, 절정 부분에서 갑자기 극을 중단하는 등 무대와 관객을 철저히 격리시켰다. 기존 서양 연극이 카타르시스 이론 이후 감정이입과 감정동화 작용을 중시해온 것에 비하면 아주 파격적이라 할 수 있다. 브레히트는 감정이입을 통한 연극 감상은 관객의 비판적인 정신을 말살하고 지배 이데올로기에 감화되는 결과를 낳을 뿐이라고 생각했다. 그래서 지배 이데올로기를 비판적으로 바라보기 위해선 관객들이 무대를 최대한 객관적으로 바라봐야 한다고 보았다. 〈나무위키〉(https://namu.wiki)

5) 임채훈, 필자와의 인터뷰, 2022. 5. 7. 한편 이복순 여사의 3주기를 즈음하여 충남대 내의 송덕비가 건립되었는데, 당시의 관련 자료에 따르면 그녀는 1982년에는 지리산 칠불사에 150만 평의 임야와 불전을 시주했던 것으로 기록되어 있다. 「이복순 여사 송덕비 제막」, 『충대신문』, 1996.09.02.

6) 같은 인터뷰.

7) 한국학중앙연구원, 『한국민족문화대백과사전』(http://encykorea.aks.ac.kr/Contents/Item/E0068343) 참조.

8) 황창순(2010), 「문화적 양극화 해소를 위한 기부문화 활성화 정책」, 『문화정책논총』 23, 한

국문화관광연구원, 28쪽.

9) 미국은 비중이 높기도 하지만 절대금액에서는 전 세계 기부금을 다 합친 것보다 더 많다. 미국의 경우 자산이 100만 달러 이상인 부자들의 기부 참여율이 98%에 달하는 등 개인의 비중이 83.6%로 압도적 다수를 차지하고 있다. 기업의 기부액 비중은 4.8%에 불과하고 나머지 11.6%는 재단으로부터의 기부금이다. 또 총 기부액의 70% 이상이 연봉 3만 달러 이하의 평범한 사람들의 호주머니에서 나오고 있다는 지표는 미국인 대부분이 기부에 참여하고 있음을 반증한다. 우리나라의 경우 개인의 비중은 15.8%에 불과하고 기업의 비중이 67.5%로 절대적이다. 나머지는 사회 및 종교재단이 12.2%, 공공기관이 4.5%를 차지하고 있는 현황이다. 최성화(2009), 「한국에도 지도층들의 '빛나는 기부 문화'가 있었다」, 『월간조선』 11월호.

10) 기 소르망(2014), 『복지향상과 기부문화』, 세계경제연구원, 35쪽.

11) 같은 책, 35-36쪽.

12) 「충남대에 '제2김밥할머니'/일서 궂은일 50년…1억5천 전재산기탁」, 『중앙일보』, 1994.03.03.

13) 「평생모은 35억 재산 충남대 기증-대전 인쇄업자 이천구씨」, 『중앙일보』, 1995.11.05.

14) 「27년전 김밥 팔아 50억 기부한 언니 따라…89살 동생도 5억」, 『한겨레』, 2017.12.12.

15) 이에 대한 여론의 상징으로 〈MBC 뉴스데스크〉 1992년 8월 16일 자 보도를 들 수 있다.

16) 정장열(1990), 「개인재산 희사한 화제의 3인, 추운 세밑을 훈훈하게 했다」, 『주간조선』 1130호, 36-37쪽.

17) 이진숙, 「추모사」, 이복순 여사 제29주기 추모식, 2021.08.06.

18) 정덕기(2002), 「21세기 세계적 명문대학으로 도약」, 『인생은 연극이요 인간은 배우다』, 충남대학교출판부, 137쪽.

19) 충남대학교 정심화국제문화회관(https://jsh.cnu.ac.kr/smain.html); 「충남대 정심화홀… '숭고한 기부정신'으로 태어나다」, 『중도일보』, 2021.07.26 참조.

20) 「경과보고」, 이복순 여사 제29주기 추모식, 2021.08.06.

21) 「충남대 박준표 동문, 미국 북콜로라도 주립대 교수 임용」, 『충청뉴스』, 2019.07.23.

22) 앨런 스윈지우드(1984), 『문학의 사회학』, 정혜선 역, 한길사, 107쪽.

23) 〈MBC 뉴스데스크〉, 1992년 8월 16일 자에 소개된 정심화 여사의 말.

24) 한국교원대학교 · 서울교대 국정도서국어편찬위원회 편(2010), 『국어 : 듣기 · 말하기 · 쓰기 4-1』, (주)미래엔, 38-40쪽.

25) 「'김밥 할머니' 초등 교과서 실려」, 『어린이조선일보』, 2010.03.07.

26) 박애, 자선, 인류애 등으로 번역되는 '필란트로피'는 '채러티(charity)'와 대비되기도 한다.

일반적으로 채러티는 빈자(貧者)에 대한 관대함이나 자비심에 근거한 행위를 말한다. 따라서 채러티는 가난한 사람을 돕고자 아무런 조건 없이 단순히 돈을 주거나 도움을 주는 것이지만, 이런 성격으로 말미암아 비판적 견해가 제기되기도 한다. 그런 행위는 빈자를 점점 더 곤궁에 빠뜨리게 되고 타락시킬 수 있다는 것이다. 이에 비해 필란트로피는 협의의 의미에서 돈을 기부하는 것, 대가 없는 전달 등을 의미한다. 이것은 개인적인 차원보다는 휴머니티라는 집합적인 차원에서, 그리고 인류의 발전과 사회 서비스를 위한 차원에서 기부하는 행위를 의미한다. 이형진, 「필란트로피(Philanthropy)란 무엇인가?」, 아름다운재단 기부문화연구소.(https://research.beautifulfund.org/blog/2014/09/25) 참조.

27) 〈정심화 추모영상〉, 충남대, 2008.04.

Ⅵ. 일하는 보람과 사랑으로 살아온, 유림 이인구 회장의 리더스피릿 / 성을현

1) 출처: 대한민국역사박물관 현대사아카이브 제공
http://archive.much.go.kr/data/01/folderView.do?jobdirSeq=940

2) 출처: 계룡가족

3) 출처: 공공누리
https://www.kogl.or.kr/recommend/recommendDivView.do?atcUrl=keyword&recommendIdx =36806#popDownload

연구와 교육

Ⅶ. 해방기(이후), 지헌영의 고전 정신과 대전 문학 / 이형권

1) 이 용어는 '광복기'와 유사하게 혹은 이질적으로 사용된다. 두 용어는 일제로부터 주권을 회복한 것을 얼마나 능동적으로 해석하느냐에 따라 그 의미가 달라진다. 물론 '해방기'보다는 '광복기'가 주권 회복에 대해 더 능동적인 의미를 부여하는 것이다. 필자는 '광복기'를 더 선호하지만, 이 편저의 용어 통일을 위해 '해방기'라는 용어를 수용하기로 하다. '해방기'를 수용하는 또 하나의 이유는 당시 우리나라의 주권 회복 과정은 실상 두 가지 의미(자주적 역량, 국제적 정세)를 모두 내포하기 때문이다. 즉 '광복기'와 '해방기'라는 용어는 당시의 복잡한 국권회복의 과정을 생각할 때 양자택일적이거나 배타적인 것은 아니다.

2) 장사선은 「해방 문단의 비평사」(김윤식 외(2010), 『한국현대문학사』, 현대문학사, pp.325-

338.)에서 해방기를 세 시기로 구분한다. 즉 1945년 8월-1947년 2월까지를 좌익 전횡기로, 1947년 2월-1948년 8월을 좌우익 논쟁기로, 1948년 8월 이후를 우익 정착기로 본다.

3) 실제로 정훈이나 박희진, 박용래 등의 시인들은 좌익과 우익의 문예지들에 모두 작품을 발표했다. 이는 서울에서 발간된 사화집 가운데 우익 주도의 『해방기념시집』이나 좌익 주도의 『3·1기념시집』에 모두 좌우익의 시인들이 서로 동참했던 것과 사정이 비슷하다.

4) 해방기 대전 지역의 문예지에 대해서는 김현정(2018), 「문학적 계보와 정체」, 『현대문학이론연구』 72집, pp.108-114 참조.

5) 본관은 청주(淸州)이고 호는 장암(藏菴)이다. 그의 부친은 영식(永植)이며, 어머니는 김해 김씨(金海金氏)이다. 그는 비교적 부유한 집안에서 태어나 경제적인 어려움을 겪지 않은 것으로 알려져 있다. 일찍이 현대식 교육을 받은 그는 1926년 대전보통학교를 수료하고, 1931년 대전 공립중학교를 졸업하였다. 이후 연희전문학교에 다녔지만, 재학 시절인 1932년에 항일운동으로 투옥되면서 퇴교를 당했다.

6) 최원규 교수의 증언에 의하면, 충남대 교수 시절 지헌영 선생은 학사 관리에 철저한 것으로 유명했다. 어느 해인가는 30명 졸업 예정자 중 3명만을 졸업 대상자로 선정하기도 했다. 그래서 당시 보직자와 불화를 겪으면서 충남대학교를 그만두었고, 학생들에게는 엄격한 스승으로 정평이 나 있었다고 한다.

7) 이병도(1971), 「서(序)」, 『장암 지헌영선생 화갑기념논총』, 호서문화사, pp.7-8. 원문을 그대로 인용함을 원칙으로 하되, 표기상의 명백한 오류는 정정하여 제시하고, 띄어쓰기는 오늘날의 어법에 맞게 고쳐서 적는다. 이하 마찬가지.

8) 이병도 박사는 지헌영이 자신의 집에 찾아와 밤늦게까지 대화를 하다가 돌아가는 바람에, 스토브 과열로 온 집안에 화마가 덮칠 수도 있었던 불행을 피했다는 일화를 소개하기도 한다. 같은 논문, p.7.

9) 한자어가 혼용된 원문을 인용할 때는 본문의 한자를 한글로 바꾸어 표기할 것이다. 다만 오늘날 잘 쓰이진 않는 단어, 의미 전달에 문제가 있는 단어, 한자를 표기해야 의미가 명확해지는 단어 등은 원문의 한자를 괄호 속에 병기할 것이다.

10) 조종업(1980), 「서(序)」, 『장암 지헌영선생 고희기념논총』, 형설출판사, p.2.

11) 이형권(2000), 「비평문학사」, 박명용 외, 『대전문학사』, 한국예총대전광역시지회, p.235.

12) 지헌영(1956), 『호서문학』 3호, 호서문학회.

13) 클리언즈 브룩스(1997), 『잘 빚어진 항아리』, 이경수 역, 문예출판사.

14) 최원규(1981), 「그 어른의 눈빛과 마주하면」, 『장암 지헌영선생 고희기념논총』, pp.3-4.

15) 지헌영, 「아! 대전아」 부분(대전문인총연합회(2009), 『대전사랑시선집』, 오름, p.391.) 이 시는 1995년 발간된 『장암학보』 제1집에 실려 있으나, 그가 1981년 타계를 했으므로 적어

도 그 이전에 쓰인 것이다. 이 시는 발표 시기보다는 그 내용, 즉 지헌영이 일평생 간직했던 대전 사랑의 정신을 인상 깊게 드러내고 있다는 점이 중요하다.

16) 지헌영, 「아! 대전아」 부분(대전문인총연합회, 같은 책, pp.393-394)

17) 이 시에는 특이한 부호들이 다양하게 활용되고 있는데, 이들이 개별적인 의미를 드러내는 것으로 보이지는 않는다. 다만 현대 도시나 자본주의에 대한 비판적인 시구들과 함께 쓰이고 있는 것으로 보아, 전체적으로 급속도로 도식화, 기호화되어가는 현대 사회의 비인간적인 속성을 표상하는 것으로 이해할 수 있을 듯하다.

18) 지헌영, 「아! 대전아」 부분(대전문인총연합회, 『대전사랑시선집』, pp.396-398.)

19) 홍희표(1993), 「머들령의 산조-정훈론」, 『목원어문학』 제12집, p.11.

20) 정훈은 전북 무주에서 태어나 대전 삼성보통학교를 졸업한 후 상경하여 휘문고보를 다녔는데, 그때 시조시인 가람 이병기 선생과 현대시인 정지용을 스승으로 만나게 된다.(정훈(1983), 「나의 시작반세기」, 『호서문학』 9집, p.22.)

21) 지헌영(1949), 「발(拔)」, 정훈, 『머들령』, 계림사, pp.158-159.

22) E. 슈타이거(1978), 『시학의 근본개념』, 이유영 · 오현일 공역, 삼중당, p.17.

23) 지헌영, 「발(拔)」, 정훈, 『머들령』, pp.159-160.

24) 지배적인 경향이라고 볼 수는 없으나, 정훈의 시 가운데는 시대 현실에 대한 비판적 인식을 드러낸 시편들이 적지 않다. 이런 점에서 『머들령』의 시편들에 대해 “순수문학의 입장보다 조금은 경향적이랄 수 있”고, “어떤 측면에서 보자면 참여문학적인, 행동문학적인 모습을 보여주고 있다”(채규판(1979), 「정훈론」, 원광대학교대학원, p.49.)는 언급은 설득력이 있다.

25) 지헌영(1947), 『향가여요신석』, 정음사, p.3.

26) 신라나 고구려 사회는 실질적으로 철저한 신분제 사회였다는 사실을 상기하면, 지헌영의 작품 구분법은 당대 현실을 있었던 그대로 반영하기 위한 실증 정신에 부합한다고 할 수 있다.

27) 저자의 해석 방식과 언어 감각은 “정읍사(井邑詞)” 원문에, 문학적 감각은 “통설(通說)” 부분에 가장 잘 드러나기 때문에 두 부분만 제시한다.

28) 지헌영, 『향가여요신석』, pp.75-76.

29) 지헌영(1961), 「정읍사 연구」, 고려대학교 아세아문제연구소, 『아세아연구』 7호, p.193. 이 논문은 62쪽에 달하는 방대한 논문으로서 양주동의 견해를 반박하는 데 많은 부분을 할애하고 있다. 지헌영의 치열한 학문 정신을 엿볼 수 있는 논문이다.

30) 양주동은 1920년대 절충주의문학론을 주장한 시인이자 문학평론가, 수필가로서 문예지 『문예공론』을 발간하기도 했다. 17세인 1930년에 『조선의 맥박』이라는 시집을 발간하기도 했고, 이후 고전시가 연구에 몰두하여 『조선고가연구』, 『여요전주(麗謠箋註)』 등의 주목할 만한 업적을 남겼다.(이형권(2017), 『양주동수필선집』, 지식을만드는지식, pp.191-200

참조.)

31) 이 글은 『해방기 대전 문학』(대전문학관, 2018)에 실린 「해방기(이후), 지헌영의 고전 정신과 대전 문학」을 일부 수정, 보완하였음을 밝혀둔다.

Ⅷ. 충남대 법과대학 최초의 해외유학파 여성 법과대학장 사언 정기남 교수 / 손종학 · 최윤석

1) Ki-Nam Chung(1987), Wettbewerbsregelungen im Tarifvertrag, Dissertation, Tübingen (Sofort-Druck Brenner), S. 235 (Lebenslauf) [= Dissertation].

2) https://www.chosun.com/site/data/html_dir/2011/08/12/2011081200015.html

3) 충남대학교 법학연구소 편집위원회(1996), "祉言 鄭奇南 敎授 略曆", 『법학연구』 제7권 제1호, 충남대학교 법학연구소, I면. 이하 "祉言 鄭奇南 敎授 略曆"으로 인용.

4) 祉言 鄭奇南 敎授 略曆, ii면; Dissertation, Lebenslauf (o Fn. 1); 아쉽게도 대전여자고등학교에 문의한 결과 정기남 교수에 관한 어떠한 정보도 찾을 수 없는 상황이다. 그러나 충남대학교에서는 대전여자고등학교를 졸업한 사실은 여러 지인들의 증언 통해 확인할 수 있는 상황이므로 여고졸업에는 의문이 없다. 정기남 교수는 대전여자고등학교를 수석으로 졸업한 것으로 알려져 있는데 이에 관한 정보를 찾을 수가 없는 상황이다.

5) 祉言 鄭奇南 敎授 略曆, ii면; Dissertation, Lebenslauf (o Fn. 1).

6) https://www.moleg.go.kr/menu.es?mid=a10701020000 "[1948 법제처 발족] 법제처는 1948년 8월 15일 대한민국 정부수립과 동시에 당시의 임시행정 기구였던 남조선과도정부 사법부의 법률기초국, 법률조사국과 서무처의 도서관을 인수하여 1실 3국 10과와 도서관으로 발족하였습니다. 기구의 성격은 현재와 같이 국무총리에 소속된 중앙행정기관의 하나로 국무회의에 출석하여 발언할 수 있었습니다. [1954~1960 헌법개정에 따른 조직 변경] 1954년 11월 29일 헌법개정으로 국무총리제가 폐지됨에 따라 독립된 중앙행정기관의 지위를 갖는 법무부 법제실(장관급 기관)로 명칭이 변경되었습니다. 1960년 내각책임제가 실시되어 국무원 사무처가 신설됨에 따라 국무원 사무처 법제국으로 개편되었습니다. [1962~현재 현재의 법제처] 1962년 12월 26일 헌법개정으로 대통령중심제가 실시되어 법제처는 다시 국무총리소속의 중앙행정기관으로 되어 오늘에 이르게 됩니다."

7) Dissertation, Lebenslauf (o Fn. 1).

8) 祉言 鄭奇南 敎授 略曆, ii면.

9) Dissertation, Lebenslauf (o Fn. 1).

10) 대학도시(大學都市, Universitätsstadt).

11) Dissertation, Lebenslauf (o Fn. 1).

12) 문종욱(2002), "忠南大學校 法科大學 50年 略史", 『법학연구』 제13권 21호, 충남대학교 법학연구소, 30면.

13) Dissertation, Lebenslauf (o Fn. 1).

14) Dissertation, Lebenslauf (o Fn. 1). 社言 鄭奇南 教授 略曆, ii면에서 1975년 8월부터 1977년 2월까지 이화여자대학교 법정대학(梨花女子大學校 法政大學), 한국외국어대학(韓國外國語大學), 한양대학교 법정대학(漢陽大學校 法政大學) 강사로 활동하였음을 확인할 수 있음.

15) Dissertation, Lebenslauf (o Fn. 1); 社言 鄭奇南 教授 略曆, ii면에서는 1976년 11월부터 1979년 12월까지 충남대학교 법경대학(忠南大學校 法經大學)의 전임강사(專任講師)로 근무하였음을 확인할 수 있음.

16) Dissertation, Lebenslauf (o Fn. 1).

17) 社言 鄭奇南 教授 略曆, ii면; 법학박사학위 논문제목: "임금협약에 있어서 경쟁규정들(Wettbewerbsregelungen im Tarifvertrag)".

18) 社言 鄭奇南 教授 略曆, ii면.

19) 社言 鄭奇南 教授 略曆, ii면.

20) 社言 鄭奇南 教授 略曆, ii면.

21) 社言 鄭奇南 教授 略曆, iii면~iv면.

22) http://press.cnu.ac.kr/news/articleView.html?idxno=7885

IX. 한국 탄소연구의 대부, 태산 이보성의 실천의 리더스피릿 / 이영석

1) 『태산 이보성 교수 회갑 기념 논문집』, 1992.

2) 같은 논문

3) 이보성(1988), 「나의 연구 일지」, 『과학재단 소식지』 제36호.

4) 이보성(1989), *Chemical Industry and Technology*, Vol.7, No.4, p.459.

5) 유승곤(2021), *Carbon letters*.

6) 이보성(1985), *Chemical Industry and Technology*, Vol.3, No.2, p.133.

7) 이보성, 「회고록」, 『태산 이보성 교수 정년기념 연구논문집』

Ⅹ. 중앙은행 총재가 된 진보적 민족주의 경제학자 솔뫼 전철환 / 류동민

1) 다만 이 부분은 고등학교 후배이기도 한 한신대학교 박영호 명예교수의 회고(박영호, 2005: 231)에 의거한 것이며, 필자가 공식 기록으로는 확인하지 못했다. 물론 군사정권 당시 수많은 시국사건에서 법적 절차 없이 고초를 겪은 사례가 워낙 흔했기 때문에 그 중 하나로 짐작해볼 수 있을 것이다.

2) 개인적 한계란 구체적으로 무엇인가라는 기자의 추가질문에 대해서는 "그냥 개인적인 것으로 해두지요. 유신 등 당시 정치상황에 대한 회의감도 있었고…"로 말끝을 흐리지만 정치적 문제가 있었음을 암시한다.

3) "80년 전국의 대학교수들이 민주화를 요구하는 시국선언을 잇따라 발표할 때 함께 참여했었습니다. 기관에 끌려가기도 했고 이런저런 어려움도 많았습니다."(≪한국일보≫ 1998년 3월 9일자 인터뷰).

4) ≪한국경제신문≫ 1993년 10월 12일자. 다산경제학상은 1982년에 한국경제신문이 제정한 상인데, 1회부터 10회까지는 변형윤(서울대), 조기준(고려대), 조순(서울대) 등 1945년 이후 한국경제학계의 1세대 원로학자들이 주로 수상하였다. 전철환 교수는 제12회 수상자였다.

5) ≪중앙일보≫ 1997년 1월 25일자 기사, 「충남대 6파전 총장선거 시끌벅적」.

6) 김대중의 대중경제론에서 따온 "대중경제회" 혹은 "김대중 경제를 생각하는 모임"에서 나온 말로서 경제정의실천시민연합 및 학현학파(서울상대 변형윤 교수의 호를 따서 불리는 주로 서울대 상과대학 출신의 개혁성향의 경제학자들)의 구성원들과 인적으로 겹치는 부분이 많다.

7) 충남대 경제학과 손명환 명예교수의 회고. 충남대 사회학과 김필동 교수에 따르면, 같은 시기에 사회학과도 창설되었고 역시 민족주의 비교연구회 및 동베를린 간첩단 사건 등으로 어려움을 겪었던 황성모 전 서울대 교수도 전임으로 부임하였다. 당시 정부가 대학 내의 비판적 사회과학 분야에 우호적이지 않았다는 점 등의 여러 가지 정황을 감안하면, 이상의 과정에서 박희범의 정치적 역할이 꽤 컸으리라고 짐작할 수 있다. 전철환 교수의 《한국일보》 1998년 3월 9일자 인터뷰에서도 이 부분을 확인할 수 있다. "공직생활을 중도하차한 후 아예 서울을 떠서 초야에 묻혀 지내고 싶다는 생각이 들었습니다. 마침 경제학과 은사이신 박희범 선생님께서 충남대 총장으로 계셨기 때문에 대전으로 내려가게 된 거지요." 한편 박희범의 내포적 공업화에 대한 아이디어는 전철환 교수가 1985년에 쓴 글에서도 그 흔적을 뚜렷하게 남기고 있다. 즉, "내연(포)적 · 균형적 발전"을 위해서는 "수출 및 성장 지상주의를 완화하여 국내분업관연(소재 · 부품 자급)적 균형성장을 지향"하고, "대외의존성과 외채압력을 극복하기 위한 총제적인 시책"을 실시할 것을 주장하고 있는 것이다(전철환, 1986: 91).

8) 민주화운동기념사업회 사료관 오픈아카이브의 박현채 편에 따르면, "이미 1950년대 후반,

박현채는 정윤형, 안병직, 전철환 등과 후진국연구회라는 서클을 만들어 공부하기도 했다." 한편, 이들 중에서 이경의(숙명여대 경제학과 교수 역임), 정윤형(홍익대 경제학과 교수 역임)은 전철환 교수와 더불어 민족경제론자로 분류될 수 있으며, 안병직(서울대 경제학부 교수 역임)과 이대근(성균관대 경제학과 교수 역임)은 넓은 의미에서 민족경제론의 자장 안에 놓여 있었으나 1980년대 중후반 이후 식민지근대화론 및 뉴라이트로 옮아갔다. 미국 유학 등을 통해 학문적 성향이 다소 변화한 배무기, 정영일(이상 서울대 경제학부 교수 역임) 등도 인적으로는 계속 긴밀한 관계를 유지하였던 듯하다.

9) 제5공화국은 공식적으로는 1981년 2월 전두환 제12대 대통령 취임을 기점으로 한다. 그러나 1979년 10월 26일 박정희 대통령 암살 이후 특히 12월 12일의 반란을 계기로 군부 중 일부 세력이 국가권력을 장악한 시기도 실질적으로는 5공화국에 속한다고 볼 수 있을 것이다.

10) 원래는 『대화』 1977년 9월호에 발표되었던 글이다.

11) 아울러 농업 부문에서의 협동조합적 경영의 가능성을 논의하는 글(전철환, 1983)까지 결합시키면 경제민주주의의 세 차원을 완벽하게 포괄하는 셈이다.

12) 김대중의 대중경제론은 박현채가 집필책임을 맡았던 1971년 시점에서는 민족경제론의 대중적 버전이라고 볼 수 있으나, 1980년대 초반 김대중이 미국 망명 시에 유종근이 집필한 버전에서는 대내지향적 요소가 현저하게 탈색된다. 그럼에도 "세력균형"과 "참여"라는 두 가지 키워드를 축으로 삼는 경제적 민주주의 개념은 계속해서 중요한 역할을 수행하고 있다. 물론 이때 "균형"은 사회 계급 및 계층 간의 세력균형이라는 의미가 점점 약화되는 방향으로 활용되었다. 이에 관한 자세한 문헌 분석으로는 류동민(2010)을 참조하라. 김호기 · 박태균(2019)의 제17장, 「조국근대화론 대 대중경제론 논쟁」도 참조할 수 있다.

13) ≪한국일보≫ 1998년 3월 9일자.

14) ≪한겨레≫ 1999년 3월 27일자.

15) 현대통화이론을 둘러싼 국내 학자들의 다양한 평가와 논쟁에 관해서는 나원준 외(2021)를 참조할 수 있다.

Ⅺ. 충남대 도서관 고서실의 삼정 권영원 / 이정우

1) 이정호(1913-2004)는 경성제대 조선어문학부를 졸업하고 일제식민지배 하에 연희전문학교에서 국어국문학과 교수로 재직했으며 공주대에서 교수를 지냈고, 다시 충남대로 옮겨 철학과 교수와 총장을 지냈다.

2) 삼정이 아들 권호용에게 직접 구술한 내용(권호용, 『정역 수지상수』 9쪽. 2016.6.6. 상생출판). 계룡산 향적산방으로 된 언론기사가 있지만(「김학용의 인물탐구」, 『디트NEWS24』,

2002.03.05), 향적산방은 이후에 이정호 선생과 함께 공부한 또 다른 장소로 보아야 할 것 같다. 아들 권호용에게 구술한 내용이 더 정확한 것으로 생각된다.

3) 권호용(2016), 「자서」, 『정역 수지상수(正易 手指象數』, 사생출판, 9쪽.

4) 암용추가 있는 우적골만이 아니라 숫용추에 이르기까지 계룡산 신도안 전역이 그렇다고 보아야 할 것이다. 당시 이곳에는 130여 종교단체가 존재했다. 필자가 '620사업'이 전개되기 이전, 이곳을 여행한 적이 있는데 그때까지도 이런 양상은 지속되고 있었던 기억이 있다.

5) 독립운동과 관련된 역사문화유산이었기 때문에 신도안 내의 다른 토속 종교시설들이 모두 철거되었지만 삼신당은 존치될 수 있기도 했다.

6) 계룡산 향한리 향적산방이 위치한 곳의 토지는 엄사면 향한리 산 50-1를 중심으로 하여, 이 일대의 향한리 662번지 663번지에 위치해 있다. 향한리 산 50-1번지 지역은 원래 계룡산 국사봉(계룡시에서는 향적산이라고도 한다) 아래 마을 향한리 마을의 동네가 관리하던 동네산(향리산)으로 향한리 동계(洞契) 소유의 땅이었다. 향한리 소유의 땅 위에는 장군암, 향적산방, 거북암, 국조선원(현재 연화사) 등의 사암정사가 있다. 향한리 동계의 동계산은 몇 년 전에 계룡시에서 인수하여 국공유지로 전환되었고 지금도 몇 몇 사암정사는 유지되고 있는데 2022년 현재, 향적산방도 유지되고 있다.

7) 권호용, 「자서」, 9쪽.

8) 삼정은 학산 선생이 공주대 교수로 있으면서 계룡산에 계룡산방(山房-필자주: 향전산방으로 추정)을 하나 구해 놓고 제자를 가르칠 때, 학산 선생을 찾아가서 공부했다고 구술 했다.(「김학용의 인물탐구」)

9) 같은 기사.

10) 교육에 관한 정책 수립과 학교 교육, 인적 자원 등에 관한 일을 주관한 국가의 중앙 행정 기관으로, 지금의 교육부에 해당한다.

11) 1집 1권 저자는 한장경으로 되어 있다.(유형원(1968), 『국역 반계수록』, 한장경 · 권영원 역주, 고전연역회총서)

12) 「김학용의 인물탐구」

13) 권영원 선생은 보통의 키였으니깐 165 ㎝ 내외 정도 되셨다.

14) 「김학용의 인물탐구」

15) 같은 기사.

16) 필자도 대학원 재학시절 고서실의 자료를 많이 활용했고, 그럴 때 권영원 선생에게서 많은 도움을 받았다. 필자뿐 아니라 충남대 특히 인문계열, 문 · 사 · 철 학과의 학인들도 고서실을 많이 출입했고, 권선생의 도움을 받은 것으로 알고 있다.

17) 허목(1975), 『東事』, 권영원 · 김길환 역, 박영사

18) 역사서로서 사(史)가 아닌 사(事)라는 용어를 사용한 대표적인 역사서는 삼국유사(三國遺事)라고 할 수 있겠다.

19) 허목『동사』해제, 6-7쪽.

20) 권영원(1983),『정역구해(正易句解)』, 경인문화사. 이 책은 뒤에 상생출판에서 판권을 인수하여 2011년 6월 13일 다시 발행되었다. 삼정이 1983년 경인문화사 간행본에 작성한 서문이 2011년 상생출판 간행본의 서문과 함께 실려 있어, 2011년 간행본에는 2개의 서문이 실려 있다.(권영원(2011),『정역구해(正易句解)』, 상생출판)

21) 오래 살기를 바라는 마음으로 예의를 드림.

22) 권영원,『정역구해(正易句解)』, 11쪽.

23) 같은 책, 10쪽 1-9행.

24) 호서사학회(1996),『호서사학-중산 정덕기박사 화갑기념논총』22 · 23합집, 호서사학회.

25) 충청남도에서 분리되어 대전광역시로 편재되면서, 초대 시장을 1989년 01월 01일-1990년 12월 27일까지 지냈다.

26) 권영원(1992),『예속고』서언, 대전문화사.

27) 필자가 대전시사편찬위원회에 들렀을 때, 권영원 선생으로부터 중국 비림에 자신이 지은 글귀와 자신의 필체로 쓰여진 글이 비로 세워지게 되었노라면서 기뻐하던 일이 생각난다. 그 당시 권 선생님은 나에게 "한시를 지을 줄 아느냐, 서예를 할 줄 아느냐"면서 여러 말씀을 해준 적이 있다. 그때의 대화 속에서 그의 내공과 실력에 새삼 감탄과 존경을 금치 못했던 것이 기억난다.

28) 조용헌(2019),「조용헌 살롱」,『중앙일보사』, 2019.08.16.

29) 권영원(2010),『정역과 천문역』, 도서출판 동서남북.

30) 권영원(2010),『정역입문과 천문력 부역운(正易入門과 天文學 附易韻)』, 도서출판 동서남북, 5쪽. 이 책은 뒤에 상생출판에서 판권을 인수하여 2013년 1월 25일 다시 발행되었다. 2010년 도서출판 동서남북 간행본과 2013년 상생출판 간행본에 각각 별개로 작성된 삼정의 서문이 있다. 또 2010년 간행본에 부록으로 있던 '역운'은 2013년에 간행될 때도 부록의 성격으로 첨부되었다.

31) 그의 주역 운(韻)에 대한「역운」작성은『주역』에 대한 탁월한 분석과 이해에서 나온 것이라 할 수 있다.

32) 권호용,『정역수지상수』, 10쪽.

33) 학산 이정호에게 있어서 권영원 선생은 첫 번째 제자가 아니었다. 학산은 제자로 받아들인 사람의 호를 작명해 주었는데, 첫 번째 제자가 일정(一正), 두 번째 제자가 이정(二正), 세 번째 제자가 삼정(三正)... 이런 식으로 순서에 따라서 정역을 전수받는 제자라는 이름을 부여

했었다. 권영원 선생은 세 번째 제자였기 때문에 삼정이었고, 그것이 그의 당호가 되었다.

34) 최일범, 「추천의 말씀」, 권호용, 『정역 수지상수』, 5-6쪽.

35) 권호용은 성균관대 대학원에서 정역을 주제로 석사학위를 취득했다.(권호용(2014), 『『正易』의 "乾·坤卦" 解釋과 價値實現 :手指象數를 中心으로』, 성균관대학교 대학원 석사학위논문) 이후 동 대학원 박사학위 과정을 밟고 있다.

36) 「권호용씨 역학 공부 6년 만에 정역 책 출간」, 『디트NEWS24』, 2016.09.22.

37) 2022년 2월 권호용씨는 필자와의 대화에서 "『정역 수지상수』는 자신이 저술한 것이 아니라, 아버님이 알려주시는 것을 자신은 정리만 한 것이다"라고 겸손해 했다. 필자는 그 말을 듣는 순간 '가학은 이런 것이구나'라고 생각하며 감명을 받았다.

헌신과 희생

XIII. 국가에 헌신하고 명예롭게 산화한 충남대 ROTCian - 권영주 중위, 박승환 소령, 김광석 소령을 중심으로 - / 서영식 · 김종서

1) 이 글에서 권영주 중위와 김광석 소령에 대한 부분은 서영식이 집필하였고, 박승환 소령에 대한 부분은 김종서가 집필하였다.

2) 권영주 중위의 유소년기와 초중고 학창시절에 대한 서술내용은 친동생인 권형균 씨(60세)와의 전화 인터뷰를 통해 확인한 내용이다.

3) 출처: 충청남도, 공공누리, https://www.kogl.or.kr/search/search.do

4) cf. 『국방일보』, 2021년 6월 22일 인터뷰 기사
https://kookbang.dema.mil.kr/newsWeb/20210623/1/BBSMSTR_000000100148/view.do

5) https://kookbang.dema.mil.kr/newsWeb/20210623/1/BBSMSTR_000000100148/view.do.

6) https://kookbang.dema.mil.kr/newsWeb/20210623/1/BBSMSTR_000000100148/view.do.

7) 『디트NEWS24』 2020년 6월 1일자 인터뷰 기사
http://www.dtnews24.com/news/articleView.html?idxno=579542

8) 박승환 소령의 아들 박희덕 군은 대학 졸업 후 의류회사에 근무하고 있으며, 딸 박지혜 양은 현재 박사과정 진학이 예정되어 있다.

9) 4년 복무연장

10) 위령비 이전, 민주지산 안보공원 개장, 특전 호국영령 추모탑 제막 등에 관한 이하의 내용은 고태식 前대령과의 인터뷰(2022.2.17)를 통해 확인한 것이다.

11) 『브레이크뉴스』 2021년 6월 10일자 기사
https://www.breaknews.com/sub_read.html?uid=812966

12) 『충북메이커스』 2021년 6월 11일자 기사
http://www.cbmakers.co.kr/news/articleView.html?idxno=1279

13) 로마인의 명예관에 대한 논의는 다음을 참고함. 서영식(2012), 「스토아 철학자 에픽테토스의 명예론」, 박규철 외, 『명예란 무엇인가』, 한국학술정보, p.166 f.

XIII. 자유와 정의를 위해 불꽃처럼 살다 간 충남대 민주화운동의 증인들 - 오원진 열사와 윤재영 열사를 중심으로 - / 서영식 · 김민석

1) 오원진 열사의 민주화운동 행적 서술과 관련해서는 다음의 선행연구들에 힘입은 바가 매우 크다. 대전 · 충남민주화운동사편찬위원회 편(2016), 『대전 · 충남민주화운동사』, 선인; 충남대학교민주동문회 편(2021), 『충남대학교민주화운동사』; 김민석(2022), 「대전민주화운동의 가교, 오원진의 포용과 실천의 리더스피릿」, CNU리더스피릿연구소 외 편, 『20세기 대전의 리더스피릿』, 대전세종연구원, pp.239-264. 또한 오 열사의 막내동생인 오석진 씨와의 전화 인터뷰(2022.7.16)를 통해 그의 민주화운동 행적과 개인적인 상황에 관해 상세히 파악할 수 있었다.

2) 『충대신문』 754호, 1995.11.13.
http://news.cnu.ac.kr/news/articleView.html?idxno=8439

3) https://www.hani.co.kr/arti/society/area/800658.html

4) 윤재영 열사의 청소년 시절과 대학생활 그리고 사망과 장례식 진행에 대한 서술내용 중 일부는 큰형인 윤구영 씨(67세)와의 전화 인터뷰(2022.3.20)를 통해 확인한 내용이다.

5) 박노동 대전세종연구원 부원장과의 인터뷰는 2022년 3월 10일(목, 16:00-18:00, 대전세종연구원 부원장실) 진행되었다.

6) 1987년 충남대 18대 총학생회의 사업방향과 구체적인 활동내용과 관련해서는 다음을 참고. 충남대학교민주동문회 편, 『충남대학교민주화운동사』, p.21 ff.

7) 윤재영이 서울에서 진행한 노동운동과 관련해서, 전대협 1기 의장 출신인 이인영 더불어 민주당 의원은 십여년 전 진행된 한 언론(오마이뉴스 2007.5.12)과의 공동 인터뷰에서 다음과 같이 술회한 바 있다. "재영이가 자기의 진로를 상의해와 조언을 많이 했다. (...) 조언을 받아들여 현장에서 일하다 쇄골을 다쳐 천식이 도졌다. 이 일로 부채의식에 울기도 많이 울고 후회도 많이 했다. 그 뒤에는 '목숨 걸고 뭐 하자'고 말을 못했고, 가졌던 원칙에도 관대해졌다." https://news.v.daum.net/v/20070514113314852

참고문헌

개척과 변혁

Ⅰ. 인문학으로 대학을 디자인하다: 운정 성락서의 인문학적 비전의 총장 리더십

『大學』

『論語』

『孟子』

成玉慶 編(2000), 『芸庭 成樂緖先生文集 鴈葉記』, 昌寧成氏 芸圃公波 宗中, 回想社.

충남대학교 30년사 편찬위원회(1982), 『충남대학교 30년사』, 삼화인쇄주식회사.

충남대학교 60년사 편찬위원회(2012), 『충남대학교 60년사』, 문원미디어.

『충남대학교 도서관 오십년사(1953-2003)』(2003), 충남대학교도서관.

박성수(1988), 「위당 정인보의 단군문화론」, 『동양학』 18집, 단국대학교 동양학연구소.

이이화(2008), 『바람 앞에 절명시를 쓰노라』, 김영사.

정인보(2012), 『조선사연구(상)』, 문성재 역주, 우리역사연구재단.

정인보(2006), 『담원문록(하)』, 정양완 옮김, 태학사.

최영성(2006), 『한국유학통사(하)』, 심산.

테리 이글턴(2021), 『문화란 무엇인가』, 이강선 옮김, 문예출판사.

이정우(2021), 「1970년대 운정 성락서의 변혁적 리더십으로서의 유학활동-『안엽기』를 중심으로-」, 『동서철학연구』 제101호, 한국동서철학회.

이정우(2021), 「20세기 후반 성락서(成樂緖)의 공공부문 활동에 있어서의 변혁적 리더십-안엽기(『鴈葉記』)를 중심으로-」, 『인문과 예술』 제11호, 성균관대학교 인문예술연구소.

국사편찬위원회, 「우리역사네」, 교과서 용어 해설, 〈조선학 운동〉. http://contents.history.go.kr/front/tg/view.do?treeId=0200&levelId=tg_004_2690&ganada=&pageUnit=10

정기원, "도서관의 기능과 역할에 대하여-도서관은 시민 지적 성장의 심장", 「전북더푸른뉴스」, 2021.01.13. http://www.jbtheblue.com/news/article.html?no=3481

https://namu.wiki/w/국학대학

https://namu.wiki/w/가난?from=빈곤층

https://ko.dict.naver.com/#/search?query=역사의식

https://ko.wikipedia.org/wiki/서리_(행정)
https://plus.cnu.ac.kr/_prog/history_president/?site_dvs_cd=kr&menu_dvs_cd=010305&gr=0

II. 충남대 출범과 동교 민태식 총장의 군자 리더십

『春秋左氏傳』
『論語』
『孟子』
『中庸』
『擊蒙要訣』
대전직할시사편찬위원회(1993),『한밭인물지』, 한밭공론사.
동교 민태식 박사 고희기념 논총 발행위원회(1972),『동교 민태식 박사 고희기념 유교학논총』, 동아출판사 공무부.
민태식(2009),『동교 민태식 박사 문집』, 서정기 편집, 한국학술정보(주).
성옥경 편(2000),『운정 성낙서선생문집 안엽기』, 창녕성씨 운포공파종중, 회상사.
여흥민씨 입암공파보 간행 및 편찬위원회(2021),『여흥민씨 입암공파보』, 권2, 도서출판 뿌리정보미디어.
충남대학교 도서관(1984),『동교 민태식 유묵』, 충남대학교.
충남대학교 삼십년사편찬위원회(1982),『충남대학교 30년사』, 삼화인쇄주식회사.
충남대학교 오십년사편찬위원회(2002),『충남대학교 50년사』, 학예인쇄사.
민황기(2019),「유학의 인본적 리더십」,『율곡학연구』 제10집, 율곡학회.

III. '건설 총장' 화곡 서명원의 대학 혁신과 리더스피릿

『論語』
서명원(1978),「변화하는 사회와 적응의 제문제」, 충남대 경영대학원 경영자세미나.
서명원(1979),「교육의 생산성」, 충남대 경영대학원 경영자세미나.
화곡 서명원 박사 회갑기념논문집 간행위원회(1979),『교육학논집:화곡 서명원 박사 회갑기념』, 형설출판사.
화곡 서명원박사 정년기념집 편찬위원회(1985),『화곡의 일생:화곡 서명원 박사 정년기념집』, 충남대학교.

화곡 서명원 박사 정년기념집 편찬위원회 편(1985), 『화곡의 교육학』, 충남대학교.
서명원(1989), 「우리나라 대학교육의 당면과제」, 『대학교육』 제40호, 한국대학교육협의회.
서명원(2005), 『알면 알수록 더 모르겠네:서명원 회고록』, 정민사.
남현우(2019), 「[그땐 그랬지] "성년의 날, 충남대 영탑지에선…"」, 『굿모닝충청』. 2019.04.10.
이충건(2006), 「故 서명원 총장家의 '대물림 학교 사랑'」, 『뉴시스』, 2006.09.24.
최태영(2015), 「충남대가 영원히 기억하는 5인」, 『디트NEWS24』, 2015.08.12.
조완규(2021), 「94세 현역의 꿈, "노벨상 수상자 꼭 봐야겠어요"」, 『서울대 동창신문』 521호, 조완규 전 서울대 총장 인터뷰, 2021.08.30.

Ⅳ. '명문 충남대'를 향한 집념의 리더, 중산 정덕기 총장

정덕기(1982), 「면학풍토 조성을 위한 건전독서 운동에 관한 연구」, 『새마음논총』 3, 충남대학교 새마을연구소.
정덕기(1985), 「새마을 봉사활동의 역사적 고찰-대학생 봉사활동을 중심으로」, 『새마음논총』 6, 충남대학교 새마을연구소.
「충남대 '김밥 할머니' 이복순 여사 28주기 추모식」, 『연합뉴스』, 2020.08.07.
「인쇄소 사장 35억대 전재산 충남대에 기증」, 『조선일보』, 1995.11.04.
「평생모은 35억 재산 충남대 기증」, 『중앙일보』, 1995.11.05.
정덕기(1982), 『한국 근대 농정사 연구』, 형설출판사.
정덕기(1987), 『한국 사회경제사 연구』, 형설출판사.
정덕기(1998), 『한국 사회경제사의 연구사적 고찰』, 충남대학교 출판부.
정덕기(2001), 『인생은 연극이요 인간은 배우다』, 충남대학교출판부.
정덕기(2008), 『뿌리깊은 나무 샘이 깊은 물』, 충남대학교출판부.
충남대학교(1997), 『중산 정덕기 총장 퇴임기념문집』, 동간행위원회.
호서사학회(1996), 「중산정덕기박사 약력」, 『호서사학-중산 정덕기박사 화갑기념논총』 23·24합집.
문화재청 국가문화유산포털, https://www.heritage.go.kr
충남대학교 공식블로그, https://blog.naver.com/cnunow

V. 숭고한 사랑의 표상, 정심화 이복순

「27년전 김밥 팔아 50억 기부한 언니 따라…89살 동생도 5억」, 『한겨레』, 2017.12.12.
「경과보고」, 이복순 여사 제29주기 추모식, 2021.08.06.
「'김밥 할머니' 초등 교과서 실려」, 『어린이조선일보』, 2010.03.07.
「이복순 여사 송덕비 제막」, 『충대신문』, 1996.09.02.
「충남대에 '제2김밥할머니'/일서 궂은일 50년…1억5천 전재산기탁」, 『중앙일보』, 1994.03.03.
「충남대 박준표 동문, 미국 북콜로라도 주립대 교수 임용」, 『충청뉴스』, 2019.07.23.
「충남대 정심화홀... '숭고한 기부정신'으로 태어나다」, 『중도일보』, 2021.07.26.
「평생모은 35억 재산 충남대 기증-대전 인쇄업자 이천구씨」, 『중앙일보』, 1995.11.05.
〈나무위키〉(https://namu.wiki)
〈위키백과〉(https://ko.wikipedia.org)
〈정심화 추모영상〉, 충남대학교, 2008. 4.
〈MBC 뉴스데스크〉, 1992년 8월 16일.
김유경 · 박종철(2016), 「기부문화 확산—기부자의 자아해석 수준과 수혜자의 실체성 지각의 효과」, 『문화산업연구』 16/4, 한국문화산업학회.
김승희, 「가난에 대하여」, 『현대시』 2022년 2월호.
이진숙, 「추모사」, 이복순 여사 제29주기 추모식, 2021. 8. 6.
이형진, 「필란트로피(Philanthropy)란 무엇인가?」, 아름다운재단 기부문화연구소 (https://research.beautifulfund.org/blog/2014/09/25)
임채훈, 필자와의 인터뷰, 2022. 5. 7.
정덕기(2001), 『인생은 연극이요 인간은 배우다』, 충남대학교출판부.
정장열(1990), 「개인재산 희사한 화제의 3인, 추운 세밑을 훈훈하게 했다」(커버스토리), 『주간조선』 1130호.
최성화2009), 「한국에도 지도층들의 '빛나는 기부 문화'가 있었다」, 『월간조선』 11월호.
충남대학교 정심화국제문화회관(https://jsh.cnu.ac.kr/smain.html)
한국교원대학교 · 서울교대 국정도서국어편찬위원회 편(2010), 『국어 : 듣기 · 말하기 · 쓰기 4-1』, (주)미래엔.
황창순(2010), 「문화적 양극화 해소를 위한 기부문화 활성화 정책」, 『문화정책논총』 23, 한국문화관광연구원.

기 소르망(2014), 『복지향상과 기부문화』, 세계경제연구원.
앨런 스윈지우드, 정혜선 역(1984), 『문학의 사회학』, 한길사.

Ⅵ. 일하는 보람과 사랑으로 살아온, 유림 이인구 회장의 리더스피릿

이인구(2015), 『유림 이인구 회고록, 일하는 보람으로 산다(추록)』, 오늘의 문학사.
이인구(2007), 『유림 이인구 회고록, 일하는 보람으로 산다(상)』, 오늘의 문학사.
이인구(2007), 『유림 이인구 회고록, 일하는 보람으로 산다(중)』, 오늘의 문학사.
이인구(2007), 『유림 이인구 회고록, 일하는 보람으로 산다(하)』, 오늘의 문학사.
http://monthly.chosun.com/client/news/viw.asp?nNewsNumb=200103100049

연구와 교육

Ⅶ. 해방기(이후), 지헌영의 고전 정신과 대전 문학

클리언스 브룩스(1997), 『잘 빚어진 항아리』, 이경수 역, 문예출판사.
E. 슈타이거(1978), 『시학의 근본개념』, 이유영 · 오현일 공역, 삼중당.
간행위원회(1980), 『장암 지헌영선생 고희기념논총』, 형설출판사.
간행위원회(1971), 『장암 지헌영선생 화갑기념논총』, 호서문화사.
김윤식 외(2010), 『한국현대문학사』, 현대문학사.
김현정(2018), 「문학적 계보와 정체」, 『현대문학이론연구』 72집.
대전문인총연합회(2000), 『대전사랑시선집』, 오름.
박명용 외(2000), 『대전문학사』, 한국예총대전광역시지회.
이형권(2017), 『양주동수필선집』, 지식을만드는지식.
정 훈(1983), 「나의 시작 반세기」, 『호서문학』 9집.
정 훈(1949), 『머들령』, 계림사.
지헌영(1856), 「방황하는 중견」, 호서문학회, 『호서문학』 3호.
지헌영(1961), 「정읍사 연구」, 고려대학교 아세아문제연구소, 『아세아연구』 7호.
지헌영(1947), 『향가여요신석』, 정음사.
채규판(1979), 「정훈론」, 원광대학교대학원.
홍희표(1993), 「머들령의 산조-정훈론」, 『목원어문학』 제12집.

Ⅷ. 충남대 법과대학 최초의 해외유학파 여성 법과대학장 사언 정기남 교수

문종욱(2002), 「忠南大學校 法科大學 50年 略史」, 『법학연구』 제13권 21호, 충남대학교 법학연구소.

충남대학교 법학연구소 편집위원회(1996), 「社言 鄭奇南 教授 略曆」, 『법학연구』 제7권 제1호, 충남대학교 법학연구소.

Ki-Nam Chung, *Wettbewerbsregelungen im Tarifvertrag*, Dissertation, Tübingen (Sofort-Druck Brenner) 1987

http://press.cnu.ac.kr/news/articleView.html?idxno=7885

https://www.chosun.com/site/data/html_dir/2011/08/12/2011081200015.html

https://www.moleg.go.kr/menu.es?mid=a10701020000

Ⅸ. 한국 탄소연구의 대부, 태산 이보성의 실천의 리더스피릿

『태산 이보성 교수 회갑기념 연구논문집』, 1992.

이보성(1988), 「나의 연구 일지」, 『과학재단 소식지』 88/12 통권 제36호, 1988.

이보성(1989), *Chemistry Industry and Technology*, Vol.7, No.4, 1989.

유승곤(2021), *Carbon letters*, Vol.31, 2021.

이보성(1985), *Chemical Industry and Technology*, Vol.3, No.2, 1985.

「회고록」, 『태산 이보성 교수 정년기념 연구논문집』, 1997.

Ⅹ. 중앙은행 총재가 된 진보적 민족주의 경제학자 솔뫼 전철환

김금수 · 전철환 · 정윤형 외(1995), 『민족경제론과 한국경제』, 창작과비평사.

김윤환 등 저(1981), 『한국경제의 전개과정』, 돌베개.

김호기 · 박태균(2019), 『논쟁으로 읽는 한국현대사』, 메디치.

나원준 외(2021), 『MMT논쟁』, 진인진.

류동민(2007), 「민족경제론이 대중경제론에 미친 영향」, 『기억과 전망』 통권17호, 민주화운동기념사업회.

류동민(2010), 「김대중의 경제사상에 관한 검토: 경제적 민주주의 개념을 중심으로」, 『기억과 전망』 통권23호, 민주화운동기념사업회.

류동민(2013), 「개발독재시기 한국경제발전론과 대중경제론」, 류상영 · 김동노 편저, 『김대중과 대중경제론』, 연세대학교 김대중도서관.

류동민 · 이명헌(2017), 「경제민주주의: 기원과 역사적 맥락」, 『민족문화』 75호, 고려대학교 민족문화연구소.
류상영 · 김동노 편저(2013), 『김대중과 대중경제론』, 연세대학교 김대중도서관.
민주화운동기념사업회 사료관 오픈아카이브, 「한국 지성사를 풍미한 재야 경제학자 박현채」, https://archives.kdemo.or.kr.
박영호(2005), 「전철환 교수를 애도하며」, 전철환, 『자본에도 국적이 있다』, 지식산업사.
박희범(1968), 『한국경제성장론』, 고려대학교 아세아문제연구소.
변형윤(1995), 「賀書」, 김금수 · 전철환 · 정윤형 외, 『민족경제론과 한국경제』, 창작과비평사.
이경의(2021), 『어느 중소기업 연구자 이야기』, 지식산업사.
이병천(1999), 「박정희정권과 발전국가 모형의 형성: 1960년대 초중엽의 정책전환을 중심으로」, 『경제발전연구』 제5권 제2호.
장경순(2004), 「전철환 전 한국은행 총재를 추억하며」, ≪오마이뉴스≫ 2004년 6월 9일자.
전철환(1980), 『사회정의와 경제의 논리』, 한길사.
전철환(1983), 「한국농업의 발전방향과 농촌협동운동」, 『신협운동과 농촌개발』, 신용협동조합연합회.
전철환(1986). 『한국경제론』, 창작사
전철환(1995), 「민족경제론의 구조와 의의」, 김금수 · 전철환 · 정윤형 외, 『민족경제론과 한국경제』, 창작과비평사.
전철환(2005), 『자본에도 국적이 있다』, 지식산업사.
조석곤(2013), 「개발독재시기 한국경제발전론과 대중경제론」, 류상영 · 김동노 편저, 『김대중과 대중경제론』, 연세대학교 김대중도서관.
충남대학교 경제학과(2005), 『충남대학교 경제학과 30년사』

XI. 충남대 도서관 고서실의 삼정 권영원

유형원(1968), 『국역 반계수록』, 한장경 · 권영원 역주, 고전연역회총서
허목(1979), 『동사』, 김길환 · 권영원 역, 박영사
신속(1980), 『농가집성』, 김길환 · 권영원 옮김, 충남대학교 백제연구소 편집, 충청남도 발행.
권영원(1983), 『정역구해(正易句解)』, 경인문화사.
권영원(1985), 『전 · 초입문』, 오성사.
권영원(1992), 『예속고』, 대전문화사.
권영원(2010), 『정역과 천문역』, 도서출판 동서남북.
권영원(2010), 『한국정운』, 도서출판 동서남북.

권영원(2010), 『삼정문집』, 도서출판 동서남북.
권영원(2011), 『정역구해(正易句解)』, 상생출판.
권영원(2013), 『정역과 천문역』, 상생출판.
권호용(2016), 『정역수지상수』, 상생출판.
호서사학회(1996), 『호서사학-중산 정덕기박사 화갑기념논총』 22 · 23합집, 호서사학회,
네이버지도, https://map.naver.com/
「김학용의 인물탐구」, 『디트NEWS24』, 2002.03.05. http://www.dtnews24.com/
조용헌(2019), 「조용헌 살롱」, 『중앙일보사』, https://www.joongang.co.kr/

헌신과 희생

XII. 국가에 헌신하고 명예롭게 산화한 충남대 ROTCian
- 권영주 중위, 박승환 소령, 김광석 소령을 중심으로 -

대한민국 ROTC 60년사 편찬위원회(2021), 『대한민국 ROTC 60년사』, ROTC중앙회.
서영식 외(2012), 『명예란 무엇인가』, 한국학술정보.
https://kookbang.dema.mil.kr/newsWeb/20210623/1/BBSMSTR_000000100148/view.do
http://www.dtnews24.com/news/articleView.html?idxno=579542
https://www.breaknews.com/sub_read.html?uid=812966
http://www.cbmakers.co.kr/news/articleView.html?idxno=1279
https://ko.wikipedia.org/wiki/%ED%95%99%EA%B5%B0%EC%82%AC%EA%B4%80

XIII. 자유와 정의를 위해 불꽃처럼 살다 간 충남대 민주화운동의 증인들
- 오원진 열사와 윤재영 열사를 중심으로 -

대전 · 충남민주화운동사편찬위원회 편(2016), 『대전 · 충남민주화운동사』, 선인.
충남대학교민주동문회 편(2021), 『충남대학교민주화운동사』.
김민석(2022), 「대전민주화운동의 가교, 오원진의 포용과 실천의 리더스피릿」, CNU리더스피릿연구소 외 편, 『20세기 대전의 리더스피릿』, 대전세종연구원.
http://news.cnu.ac.kr/news/articleView.html?idxno=8439
https://www.hani.co.kr/arti/society/area/800658.html
https://news.v.daum.net/v/20070514113314852

개인별 연표

운정 성락서 총장서리(芸庭 成樂緖 1905-1988)

1952. 5. 25. 도립 충남대학교 설립
1952. 9. 9. 총장서리 취임
1952. 10. 16. 충남대학교 후원재단 설립
1953. 4. 문화동 캠퍼스 부지 확보
1953. 5. 25. 문리과대학 도서관 개관
1953. 6. '겉보리 한말 모금운동' 전개
1953. 10. 문화동 캠퍼스 착공
1954. 4. 문화동 캠퍼스 신축 및 농대를 비롯한 학내 기관 이전
1954. 12. 1. 총장서리 사임

동교 민태식 초대 총장(東喬 閔泰植 1903-1981)

1951. 9. 대전 · 충남 지역 전시연합대학 설립 및 학장 취임
1955. 8. 29. 초대 총장 취임
1958. 9. 18. 이부(야간부)대학 설립인가
1959. 6. 29. 「충남대 학보」 창간
1959. 12. 3. 「교수논문집」 창간
1960. 8. 9. 이임

화곡 서명원 8-9대 총장(華谷 徐明源 1919-2006)

1977. 3. 23. 8대 총장 취임
1977. 대덕캠퍼스 부지 확보
1977. 6. 29. 대덕캠퍼스 착공
1982. 영탑지 조성
1982. 5. 23. 백마상 준공
1985. 2. 28 이임
2007. 5. 25. 개교 55주년 기념식 이후 학내에 흉상 설치

중산 정덕기 12대 총장(重山 鄭德基 1936-2017)

1993. 4. 14. 12대 총장 취임
1994. 8. 국책대학(신소재 특성화) 선정
1996. 4. 학연산공동연구관 착공
1997. 3. 30. 이임
2001. 5. 17. 대전 · 충청권역 응급의료센터 개원
2018. 11. 6. 문화동 구 문리과대학 건물, 국가등록문화제(736호)로 지정

정심화 이복순 여사(正心華 李福順 1914-1992)

1991. 1. 10. 정심화 장학회 발족
1992. 8. 4. 국제문화회관 기공식
1997. 3. 7. 국제문화회관 신축기공식
2000. 국제문화회관 완공
2002. 국제문화회관, 정심화국제문화회관으로 명칭 변경

유림 이인구 회장(裕林 李麟求 1932-2017)

1985-1993. 18-21대 총동창회장 역임
1990. 4. 총동창회 장학기금 마련
1994. 10. 청룡관 준공 (현 이인구 인재관)
2021. 6. 계룡건설LAB 신축
2022년 현재 충남대에 총 40억 원 이상 후원 (계룡건설 포함)

장암 지헌영 교수(藏菴 池憲英 1911-1981)

1952. 국어국문학과 교수 부임
1950년대 연구 및 대외활동 - 호서문학회 대표, 대전일보 논설위원 및 사장, 어문연구회 회장, 한국언어문학회 회장, 한글학회 대전지회장, 외솔회 대전지회장 등

사언 정기남 교수(社言 鄭奇南 1931-2011)

1976. 12. 법학과 교수 부임
1987. 11. 독일 튀빙엔대학교 법학박사 학위 취득
1994. 9. 법과대학장 취임

태산 이보성 교수(泰山 李輔成 1932-2020)

1963. 화학공학과 교수 부임
1970. 독일 칼스루에대학교 공학박사 학위 취득
1971. 10. 한국화학공학회 충남지부 설립
1974. CNU 대덕공학부 사업 유치(GTZ Projekt 서독 정부 무상지원)
1990. 4. 7. 공과대학장 취임
1996. 5. 3. 대학원장 취임

솔뫼 전철환 교수(全哲煥 1938-2004)

1976. 경제학과 교수 부임
1983-1989. 금융통화운영위원회 위원
1991. 3. 1. 경상대학장 취임
1998. 3. 1. 한국은행 총재 취임
2003. 재정경제부 공적자금관리위원회 민간위원장

삼정 권영원 선생(三正 權寧遠 1927-2018)

1955-1989. 중앙도서관 고서실 근무
1968. 12. 윤형원의『반계수록』번역 · 출판
1979. 8. 허목의『동사』번역 · 출판
1983.『정역구해』출판
1989년 이후 연구 활동 -『예속고』(1992),『정역입문과 천문력 부역운』(2010),『한국정운』(2010),『삼정문집』(2010) 등

권영주 중위(權永周 1955-1980)

1975. 3. 정밀기계공학과 입학
1979. 3. 졸업 및 육군소위 임관
1980. 2. 9. 강원도 인제군 전방부대(3군단 2전차대대)에서 동계 전투사격 훈련 중 부하들을 구하고 순직 (1계급 특진 및 보국훈장 삼일장 추서, 국립서울현충원 안장)
1981. 2. 9. 모교인 대전고등학교에 추모비 건립
1990. 5. 22. 충남대 학군단 영내에 동상 건립
2007. 5. 전쟁기념관 이달의 호국인물 선정
2011. 11. 1. 육군학생군사학교 영내에 동상 건립
2019. 6. 5. 40주기 추모식 거행
2022. 9. 23. 권 중위 소속 전방부대에서 기념비 제막식 거행

박승환 소령(朴承煥 1961-1990)

1980. 3. 물리학과 입학

1984. 3. 졸업 및 육군소위 임관

1990. 2. 5. 강원도 화천군 전방부대(7사단 8연대 9중대)에서 GOP 경계 임무를 위한 수류탄 투척 훈련 중 부하들을 구하고 순직(1계급 특진 및 보국훈장 삼일장 추서, 국립대전현충원 안장)

1990. 6. 20. 7사단 영내에 추모비 건립

김광석 소령(金光錫 1970-1998)

1988. 3. 낙농학과 입학

1992. 3. 졸업 및 육군소위 임관

1998. 4. 1. 충북 영동군 민주지산에서 5공수여단(현 국제평화지원단) 특수전 훈련 중 부하들을 구하고 순직 (1계급 특진 및 보국훈장 삼일장 추서, 국립대전현충원 안장)

1999. 국방부 기록영화('아! 민주지산') 제작

1999. 4. 1. 충북 영동군 상촌면에 위령비 건립

2021. 6. 10. 민주지산 안보공원 개장식 및 특전호국영령 추모탑 제막식 거행

오원진 열사(吳元鎭 1952-1992)

1973. 3. 철학과 입학

1974. 10. 유신반대 및 학원민주화 시위 주도 후 제적

1980. 5. 1. 총학생회장으로서 민주화를 위한 시위 및 가두행진 주도 후 수감생활(27개월)

1985. 3. 15. 충남민주화운동청년연합 발족 및 초대의장

1987. 9. 29. 민주주의와 민족통일을 위한 사회운동 창립 멤버

1988. 13대 총선 출마 (대전 동구, 한겨레민주당)
1992. 9. 11. 지병으로 별세, 대전공원묘원 안장
1993. 12. '애국청년 故 오원진 · 윤재영 동지 추모사업회' 결성
1995. 11. 5. '오원진 · 윤재영 추모비' 제막식 거행
1999. 3. 28. 5.18민주유공자 선정 및 5.18민주묘지로 유해 이장
2022. 10. 오원진 · 윤재영 30주기 추모제

윤재영 열사(尹在泳 1965-1992)

1984. 3. 철학과 입학
1987. 총학생회장, 충청지역대학생대표자협의회 초대의장, 전국대학생대표자협의회 1기 공동부의장
1987. 6. 15. 대전역 평화행진 및 민주주의 회복을 위한 집회 주도
1987. 11. 17. 공안당국 체포 및 대전교도소 수감생활(3개월)
1989. 2. 졸업 및 새길청년회 창립
1990. 공안당국 수배 중 서울에서 노동운동 시작
1992. 10. 10. 지병으로 별세, 대전공원묘원 안장

저자 소개

김민석(金玟錫) | 충남대학교 충청문화연구소 연구교수

충남대학교에서 한국 현대사 연구로 박사학위를 취득하였다. 저서로 『1960년대 박정희 정권의 농업정책』(2020) 등이 있다. 논문으로 「선거결과를 통해 본 해방 이후 대전의 정치(1945~1987)」(2020), 「박정희 정권기 농촌근대화촉진법 제정의 결과와 성격」(2019), 「1960년대 박정희 정권의 미곡 유통정책 변화와 서울특별시 양곡시장조합의 성격」(2019), 「1960년대 박정희 정권의 농업협동조합 개편과 성격」(2016), 「박정희 정권의 한일어업회담」(2010) 등이 있다. | kms78@cnu.ac.kr

김종서(金鍾瑞) | 충남대학교 국가안보융합학부 강의교수

충남대학교 경영학과를 졸업하고 학군 22기로 임관하였다. 장기간에 걸쳐 군에 복무하고 대령으로 예편하였으며 정책학박사 학위를 취득하였다. 충남대학교 국가안보융합학부 초빙교수를 역임하였으며, 현재 동 대학에서 후진양성에 매진하고 있다. | kjs121113@naver.com

남기택(南基澤) | 강원대학교 자유전공학부 교수

충남대학교에서 현대문학 연구로 박사학위를 취득했다. 현재 강원문학연구회 회장이며, 또한 계간 『문학의 오늘』 편집위원으로 활동 중이다. 저서로 『제도 너머의 문학』(2020), 『강원권 시문학과 정전의 재구성』(2021), 『김수영에서 김수영으로』(2022, 공저) 등이 있다.
| litoem@kangwon.ac.kr

류동민(柳東民) | 충남대학교 경제학과 교수

서울대학교 경제학과를 졸업하고 같은 대학원에서 마르크스의 노동가치론에 관한 연구로 경제학 박사학위를 취득하였다. 서울대학교 경제학과 조교, 기아경제연구소 책임연구원 등을 거쳐 1998년부터 충남대학교 경제학과에 근무하면서 경제학설사, 정치경제학, 분배와 민주주의의 경제학 등의 교과목을 강의하고 있다. 2017년 11월부터 2020년 1월까지 한국연구재단 학술진흥본부장으로 근무한 바 있다. 저서로 『이상하고 아름다운 밥벌이의 경제학』(2022), 『9명의 경제학자들』(2022), 『정치경제학 강의노트』(2022), 『시간은 어떻게 돈이 되었는가』(2018), 『수리 마르크스 경제학』(2016), 『서울은 어떻게 작동하는가』(2016), 『기억의 몽타주』(2013), 『마르크스가 내게 아프냐고 물었다』(2012), 『프로메테우스의 경제학』(2009), 『경제학의 숲에서 길을 찾다』(2009) 등이 있다. | rieudongmin@gmail.com

민황기(閔晃基) | 청운대학교 교양학부 교수

충남대학교에서 선진유학 연구로 박사학위를 취득하였다. 현재 청운대학교 남당학연구소장을 맡고 있으며, 또한 한국사교학술원장으로 활동 중이다. 저서로 『유학사상연구』(2009), 『근현대 대전 충남의 한학가』(2003, 공저), 『왕양명의 철학사상』(1999), 『동양철학의 인간학적 이해』(1998), 『동양사상과 현대사회』(1998, 공저), 『현대문명과 동양윤리적 대응』(1997), 『윤리와 인생』(1996), 『역과 철학』(1993, 공저) 등이 있다. | hkmin3277@naver.com

서영식(徐英植) | 충남대학교 자유전공학부 교수

스위스 루체른대에서 서양고전철학 연구로 박사학위(Dr.phil.)를 취득했다. 현재 충남대에서 자유전공학부장과 리더스피릿연구소장을 맡고 있다. 저서로 『리더와 리더스피릿』(2023), 『청춘의 철학』(2021), 『플라톤철학의 실천이성담론』(2017), Selbsterkenntnis im Charmides(2005) 등이 있다. | youngsik@cnu.ac.kr

성을현(成乙鉉) | 충남대학교 과학기술지식연구소 연구교수

충남대에서 경영학 박사학위를 취득하였다. 저서로 『예술과 경영의 융합 : 예술 경영학과 경영미학』(2021, 공저), 『20세기 대전의 리더스피릿』(2021, 공저), 『혁신플랫폼 기반의 과학도시 대전 재도약 방향과 과제』(2020, 공저), 『한국 대학의 R&D 모형』(2018, 공저), 『중국 정치경제와 기술혁신』(2018, 공저), 『우리나라 과학기술의 국제적 확산 모형 및 체계』 (2018, 공저), 『국제지역의 기술혁신능력과 글로벌 생산네트워크』(2017, 공저), 『독일 프라운호퍼모형의 국제적 확산 : 한국 정부출연연구소 적용 사례』(2017, 공저), 『연구개발사례의 확산지화 : TDX, 4M DRAM, CDMA』(2015, 공저), 『(시대별 사건으로 보는) 창조선도단계의 과학기술발전경험』 (2015, 공저), 『중국 中關村을 빛낸 벤처 CEO 20인』(2004, 공저) 등이 있다.
| ehsung@cnu.ac.kr

손종학(孫鐘學) | 충남대학교 법학전문대학원 교수

충남대 법학과를 졸업하고 사법시험에 합격(사법연수원 21기)하여 판사와 변호사를 역임하였다. 저서로 『쉽게 읽는 입법과 법해석 : 만드는 법, 푸는 법』(2023, 공저), 『講解 계약법 1』(2020), 『쟁의행위의 정당성과 민 형사책임』(2019), 『講解 계약법 2』(2018), 『講解 민사실무. 1-2』(2017), 『講解 민사실무. 2』(2017), 『민법총칙』(2010), 『민법강의 1』(2007) 등이 있다.
| abrahamson@hanmail.net

이영석(李暎錫) | 충남대학교 응용화학공학과 교수

충남대에서 공학박사 학위를 취득하였다. 저서로 『탄소소재 및 특성평가 : 리튬이차전지 음극활물질용』(2018), 『가스저장용 탄소재료 제조 및 표면처리 기술』(2009), 『탄소계 나노재료를 이용한 수소저장기술개발 연구』(2006, 공저) 등이 있으며, 전공 분야에서 백여 편의 논문을 발표하였다. | youngslee@cnu.ac.kr

이영자(李英子) | 한밭대학교 교양학부 강의교수

충남대에서 조선 성리학 연구로 박사학위를 취득하였다. 저서로 『충청유학 새롭게 읽기』(2022, 공저), 『충청국학 연구의 현황과 새 지평』(2022, 공저), 『충북지역 한문학 탐색』(2022, 공저), 『방촌 황희의 학문과 사상』(2017, 공저) 등이 있다.

이정우(李政祐) | 배재대학교 주시경교양대학 교수

충남대에서 조선 시대사를 전공하여 박사학위를 취득하였다. 저서로 『천년을 거슬러 만나 본, 세종시 역사인물 12인 이야기』(2023), 『70년 CNU의 리더스피릿』(공저, 2022, 공저), 『20세기 대전의 리더스피릿』(2022, 공저), 『고전의 창으로 본 리더스피릿』(2021, 공저) 등이 있다.
| ljw729@hanmail.net

이종성(李鍾晟) | 충남대학교 철학과 교수

충남대에서 도가철학 연구로 박사학위를 취득하였다. 현재 한국동서철학회 회장을 맡고 있다. 저서로 『동양필로시네마』(2019), 『맨얼굴의 장자』(2017), 『역사 속의 한국철학』(2017), 『율곡과 노자』(2016), 『믿음이란 무엇인가』(2014), 『21세기의 동양철학』(2005, 공저), 『위진현학』(2001, 공저) 등이 있다. | chaos@cnu.ac.kr

이형권(李亨權) | 충남대학교 국어국문학과 교수

충남대에서 현대문학 전공으로 박사학위를 취득하였다. 저서로 『미주 한인 시문학사』(2020), 『1960년대 대전문학』(2020, 공저), 『공감의 시학』(2017), 『그러나 시가 있다』(2014), 『발명되는 감각들』(2011), 『한국시의 현대성과 탈식민성』(2009), 『문학 영화를 만나다』(2008, 공저), 『현대시와 비평정신』(1999), 한국 현대시의 이념과 서정』 (1998) 등이 있다. | klhk@cnu.ac.kr

최윤석(崔允碩) | 충남대학교 법학전문대학원 교수

독일 본대학교에서 법학박사 학위를 취득하였다. 저서로 『쉽게 읽는 입법과 법해석 : 만드는 법, 푸는 법』(2023, 공저) 등이 있다. 논문으로는 「독일 인적회사법의 현대화에 관한 연구 -우리 민법에 주는 시사점을 중심으로-」(2023), 「점유의 법적 성질 -로마법과 독일법이 우리 점유법에 주는 시사점을 중심으로-」(2023), 「2019년 독일 임대차조절법에 따른 차임인상제동에 관한 연구 -도입가능성 검토를 중심으로-」(2023) 등이 있다. | yschoi857@cnu.ac.kr

70년 CNU의 리더스피릿

CNU & Leaderspirit

지은이 CNU리더스피릿연구소 · CNU과학기술지식연구소
1판1쇄 2022년 10월 7일 1판2쇄 2024년 3월 8일
발행인 이진숙 펴낸곳 충남대학교출판문화원
주소 대전광역시 유성구 대학로 99 전화 042-821-6045
홈페이지 http://www.cnupress.co.kr E-mail cnupress@cnu.ac.kr

ISBN 979-11-6503-168-8 04000
979-11-6503-108-4 (세트)

정 가 28,000원